Rudolf Schenda
Das ABC der Tiere

Rudolf Schenda

Das ABC der Tiere

Märchen, Mythen und Geschichten

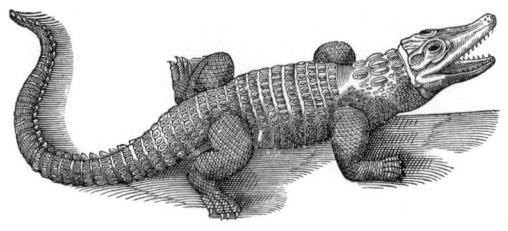

Verlag C. H. Beck

Mit 51 Abbildungen im Text

Die Deutsche Bibliothek – CIP-Einheitsaufnahme

Das *ABC der Tiere* : Märchen, Mythen und Geschichten /
Rudolf Schenda. – München : Beck, 1995
  ISBN 3 406 39889 8
NE: Schenda, Rudolf

ISBN 3 406 39889 8

© C.H.Beck'sche Verlagsbuchhandlung (Oscar Beck),
München 1995
Gesamtherstellung bei Kösel, Kempten
Gedruckt auf alterungsbeständigem (säurefreiem),
aus chlorfrei gebleichtem Zellstoff
hergestelltem Papier
Printed in Germany

Inhalt

Vorwort 7

Das ABC der Tiere

Anhang

Das Gedeihen der Welt hängt davon ab, daß
man mehr Tiere am Leben erhält. Aber die,
die man nicht zu praktischen Zwecken
braucht, sind die wichtigsten. Jede Tierart,
die stirbt, macht es weniger wahrscheinlich,
daß wir leben. Nur angesichts ihrer Gestalten und Stimmen können wir Menschen
bleiben. Unsere Verwandlungen nützen sich
ab, wenn ihr Ursprung erlischt.

Elias Canetti, *Die Fliegenpein*

Vorwort

Das Pferd sei, so schrieb 1753 der französische Aufklärer
Georges-Louis Buffon, «die edelste Eroberung, die der Mann
je gemacht» habe; dieses stolze und feurige Tier (immer ist
das edle Reit- und Streitroß gemeint, nicht das bäuerlich-
biedere Zugpferd) teile mit ihm kühn die Anstrengungen der
Kriege und den Ruhm der Schlachten und ebenso die Vergnü-
gungen der Jagd und des Turniers. Vor allem aber sei «cheval»
(das ja auch dem Manne zum Ehrennamen ‹Kavalier› verholfen hat) dienstfertig und gehorsam, gelehrig und willfährig,
seit Jahrtausenden gezähmt, ja versklavt.

Seit dieser ebenso einseitig männlichen wie herren-
menschlichen Darstellung aus der Zeit des Absolutismus,
seiner prächtigen erzenen Reiterstandbilder und seiner mächtigen Territorialeroberungen sind mehr als zwei Jahrhunderte vergangen. Die Tierverhaltensforschung unseres Jahrhunderts hat uns inzwischen gelehrt, auf unsere Schwestern und
Brüder (wie schon, nach der Legende, Sankt Franziskus die
Tiere nannte) weniger stolze, herablassende oder gar verächt-
liche Blicke zu richten. Gewiß, schon die Zeitgenossen die-

ses Grafen Buffon gründeten Tierschutzvereine, forderten vernunft-, nicht aggressionsgelenktes Verhalten gegenüber den Haustieren; auch haben spätere Forscher wie Charles Darwin oder Ernst Haeckel – sicher nicht als erste! – die absolute Superiorität des Menschen vor allen anderen Lebewesen radikal in Frage gestellt. Ein vertieftes Verständnis für die Eigenwertigkeit aller Tierarten, ja für individuelle Besonderheiten von Einzeltieren, beginnt in der Tat nicht erst mit den modernen Forschern, die sich zu den Tieren gesellen und versuchen, ihre Sozialordnungen zu erkennen, ihre Kommunikationsweisen zu verstehen und gar in ihre Gefühlswelten vorzudringen.

Schon im 12. Jahrhundert erzählt der Mönch Gervasius von Tilbury seinem Kaiser Otto von Braunschweig in einem Wunderbuch von der Klugheit gewisser Tiere: Eichhörnchen, glaubt er, könnten mit Hilfe ihres Schwanzes über Gewässer segeln, Gemsen, berichtet er, riechen den Jäger und entkommen ihm geschwind, die Wildesel, meint er, blasen den Jagdhunden Wasser in die Augen und retten sich listenreich. Gervasius löst damit wunderbare Tiere aus dem Zusammenhang der Heiligenlegende, in der sie bisher schon höchst mirakulöse Taten vollbracht hatten: als Helfer und Heiler, als Boten und als Nahrungsspender, als Pfadfinder und als Ratgeber, als Leibwächter oder Zimmergenossen, als Reisebegleiter und als Transportmittel; später treten diese Wunderwesen neuerlich als Erretter weltlicher Helden im europäischen Zaubermärchen auf. Die Neugierde spätmittelalterlicher Menschen auf seltsame und bedeutungsschwangere Tiere leuchtet uns aus Nachrichten über Jahrmarktsvorführungen und die Einrichtung von Tiergärten ebenso entgegen wie aus den weltlichen und geistlichen Tierbüchern, die Bestiarien genannt werden. Die großen Naturkundigen des 16. und 17. Jahrhunderts – allen voran Männer wie Conrad Gesner (1515–1565) in Zürich und sein englischer Übersetzer Edward Topsell (1572–1625), Ulisse Aldrovandi (1522–1605) in Bologna und der fischbegeisterte Guillaume Rondelet (1507–1566) in Montpellier – sammeln das gesamte Tierwissen der Antike (Aristoteles, Plinius der

Ältere, Claudius Aelianus) und des Mittelalters (Isidor von Sevilla, Alanus von Lille, Albert der Große von Lauingen, Vincent de Beauvais, Thomas von Cantimpré, Konrad von Megenberg), vermischen es geschickt mit eigenen Beobachtungen, stellen es in Wort und Bild einem breiten stadtbürgerlichen Publikum vor und tradieren dabei eine Menge von wunderbaren Tiergeschichten. Die Andachtsschriftsteller, auch sie bedeutende Geschichtenerzähler, sind jahrhundertelang der Meinung, daß die Tiere in ganz besonderem Maße befähigt seien, die Schöpfer- und Wunderkraft Gottes aufzuzeigen, und da die Tiere wie in einem Fingertheater als Gottes Zeigefinger agieren, haben nach der Meinung vieler frommer Schriftsteller wir Menschen unsere Mitkreaturen zu achten und mit Respekt zu behandeln.

Der hochgebildete Jurist am Gerichtsparlament und Bürgermeister von Bordeaux, Michel de Montaigne, hatte bereits 1580 die Möglichkeit solcher Bemühungen vorausgedacht und aus den Naturbeschreibungen der alten Autoritäten und den Nachrichten aus den neuentdeckten Welten Erkenntnisse wie diese hervorgekehrt: Tiere sind denkende Wesen, der Empfindungen (wie etwa der Dankbarkeit) fähig, manche haben schärfere Sinne, als der Mensch sie besitzt; Tiere sind auch gelehrig und sogar mit Tugenden wie Treue oder Tapferkeit begabt. 1666 veröffentlicht der Niederländer Hieronymus Rorarius eine Dissertation zu dem Thema *Daß die wilden Tiere oftmals besser als der Mensch den Verstand gebrauchen.* 1690 erscheint der *Essay Concerning Human Understanding (Versuch über den menschlichen Verstand)* des in Holland lebenden englischen Arztes und Philosophen John Locke. Darin heißt es etwa (III, 6, 2): «Es gibt einige Tiere, die anscheinend ebensoviel Wissen und Verstand besitzen wie manche, die Menschen genannt werden.» So scheut sich denn Laurence Sterne in seinem *Tristram Shandy* (VII, 32; 1765) keineswegs, mit einem Esel ein vernünftiges Gespräch zu führen und ihn ein Mit-Geschöpf («fellow-creature») zu nennen.

Es hat freilich lange gedauert, bis solche Meinungen und Einstellungen der Humanisten und die Forderungen der Aufklärer, den Tieren ihre Eigenwertigkeit zuzugestehen, in der Alltagszoologie und gar erst in der öffentlichen Meinung die Oberhand gewannen. Es ist jedoch diese christlich-humanistische, ja geradezu meditative Attitüde, welche die geduldigen Tierbeobachter der vergangenen hundert Jahre in ihrem Tun beseelt und begeistert hat: Da spannt sich ein weiter Bogen über die Jahrhunderte und die Kontinente von dem stillen, bescheidenen Henri Fabre aus Sérignan in der Provence mit seinen preisgekrönten Büchern, die von hochorganisierten Insektenwelten erzählen, über einen sensiblen Dichter wie Ernst Toller mit seinem Schwalbenbuch bis hin zu dem vortrefflichen Winter-Raben-Beobachter und -Bewunderer unserer Gegenwart, Bernd Heinrich, der uns gelehrt hat, auch die sonst so verachteten schwarzen Vögel (und nicht nur die im US-Staat Maine) zu den intelligentesten Tieren der Erde zu zählen.

Zu erinnern ist an einige andere, nicht weniger vielgelesene Schriftsteller, welche die Intelligenz der Tiere hervorheben, auch wenn wir diese Autoren nicht zu den professionellen Naturwissenschaftlern rechnen können. Ernst Theodor Amadeus Hoffmann hat 1822 seinen märchenhaften *Meister Floh* mit philosophischem Verstand und menschlicher Stimme begabt. Naturnaher als Hoffmann argumentiert zum Beispiel der technikbesessene Abenteuererfinder Jules Verne aus Nantes (1828–1905), der in seinem *Kapitän von 15 Jahren* (1878) den Entomologen Bénédict nicht nur die Lesekunst eines Hundes namens Dingo preisen läßt, sondern auch den hochentwickelten Verstand der Ratten, der Biber, der sprechenden Vögel, der städtebauenden Insekten und gar der Flöhe, die so tolle Kunststücke vollführen. Im Jahre 1903 erschien *Der Hasenroman (Le Roman du lièvre)* des französischen katholischen Dichters Francis Jammes. Er gesteht den Tieren im Geiste des hl. Franz von Assisi ein jeweils besonderes Paradies zu; ein Jenseits nicht im Sinne der Menschen und keineswegs das vollkommene Glück in der Anschauung Gottes. Anzumerken ist indes, daß diese Frage, ob die Tiere eines wie immer gearteten jenseitigen Lebens teilhaftig werden könnten, daß dieses von Jammes schon poetisch geklärte Problem bis heute die streitbaren Franziskaner (pro) und Jesuiten (kontra) Italiens erregt, aber auf der anderen Seite – schlimmer! – zahllose Tier-Materialisten überhaupt noch nicht gekitzelt hat.

Nicht vergessen werden darf ein populär gewordenes Tierbuch des andalusischen Lyrikers und Nobelpreisträgers (1956) Juan Ramon Jiménez (1881–1958), der in seinem Esel-Roman *Platero und ich* (*Platero y yo*, 1917) schon auf die ökologischen Schäden hindeutete, welche die neue Ökonomie des technischen Zeitalters mit sich bringt. Und insbesondere zu nennen ist Hugh Lofting aus Maidenhead (1886–1947); sein *Dr. Dolittle* (1920) erlernt von seiner Papageiin Polynesia die Sprachen der Tiere, damit er ihre Krankheiten um so besser heilen kann, und er nimmt, ein Albert Schweitzer der Veterinärmedizin, die härtesten Entbehrungen auf sich, um seinen Tieren – und selbst den wilden Affen in Afrika! – zu Diensten zu sein. «Tiere sprechen nicht immer mit dem Mund» erklärt ihm Polynesia, «sie reden mit ihren Ohren, mit ihren Füßen, mit ihren Schwänzen – mit ihrem ganzen Körper. Manchmal wollen sie gar kein Geräusch hervorbringen»; und auch dies sagt Polynesia: «Menschen machen mich krank; sie halten sich für so großartig. [...] Dabei haben sie von der Tiersprache nur dieses eine verstehen gelernt: Wenn ein Hund mit dem Schwanz wackelt, dann meint er: ‹Ich freue mich.›»

Der Traum der Menschen, die Sprachen der Tiere verstehen zu können – wenigstens einmal in den Zwölfnächten (Rauhnächten) zwischen Weihnachten und Neujahr! –, ist in der Tat ein alter, und der Märchenheld, der das Reden der Tiere belauschen konnte, zog allemal großen Nutzen aus diesem Glücksumstand. Inzwischen haben wir von den Tierverhaltensforschern und Kommunikationsspezialisten sehr viel mehr über die differenzierten Kultureigenheiten und insbesondere die interanimalischen (zwischentierlichen) Mitteilungstechniken gelernt, aber wir befinden uns trotzdem erst am Anfang eines Verständnisses der Tiersprachen. Noch weniger aber wissen wir, was wohl diese und jene Tiere von uns Menschen denken mögen und was sie zu uns Menschen sagen wollen, ja, wir weigern uns einzugestehen, daß die Tiere überhaupt eine jeweils eigene Einstellung zu und Meinung von uns Menschen haben können.

Nicht nur die Herrschaftsgelüste des Mannes über das Tier, nicht nur die Ernährungsbedürfnisse des Menschen haben den raschen Fortschritt einer allgemeinen positiven Mensch-Tier-Beziehung gehemmt. Wie aus diesem Buch deutlich wird, zeigen die Tiererzählungen durchgehend eine dualistische Tendenz, und sie behalten – und das nunmehr grundlos – diese Schwarzweiß-Färberei bis heute bei. Nicht wenige Tiere erfreuen sich mehrfach zuneigungs-, ja hingebungsvoller Menschenmeinungen, insbesondere die Katze, der Hund, ja selbst der Esel. Aber daneben werden zahllose böse Vorurteile über Säugetiere, Vögel, Reptilien oder Insekten weitergeschleppt, und manche Arten wie das Krokodil oder die Hyäne, hierzulande etwa die Kreuzotter oder die Fledermaus, ja selbst die Spinnen und die Wespen kommen dabei durchgängig schlecht weg. Die Horrorfilmindustrie setzt alle Trickmaschinerien gewissenlos in Bewegung, um uns Haie, Wölfe, schwarze Vögel, Skorpione und Schlangen hassens- und vernichtenswert erscheinen zu lassen.

Einhard Bezzel hat kürzlich in seinem Beitrag zur Artenschutzdiskussion auf das Tierbild deutscher Illustrierten hingewiesen: Die Massenblätter strotzen von und protzen mit Beleidigungen, Herabwürdigungen und ignoranten Verurteilungen, die von «Räuber» über «Lustmolch» bis zu «Killer» reichen. Die Vorurteilsskala des «Speziesismus» erinnert brutal [besser: human!] an das Vokabular des Rassismus und des Kolonialismus (den es auch auf dem Gebiet der Tiergeschichten gibt), und sie hängt mit dem so verbreiteten Fremdenhaß und mit dem ebenso allgegenwärtigen Sexismus eng zusammen. Welteroberer und Technokraten aller Art setzen sich gleichzeitig über die Fakten Tierseele und Tiergefühl, Tierverstand und Tiersprache hinweg und experimentieren, nach Menschenart und dabei die medizinische oder chemo-pharmazeutische Wissenschaft verabsolutierend, mit Hunden, Katzen, Ratten, («Krebs»-)Mäusen oder Meerschweinchen unter dem Vorwand, diese Manipulationen mit

Skalpell und Injektionsnadel dienten dem Fortschritt der Menschheit. Oder sie mißhandeln Schlachtvieh auf pausenlos-mitleidlosen Tiertransporten quer durch ganz Europa mit der marktwirtschaftlich gewinnorientierten und rechthaberischen Behauptung, durch Transportpausen würden sich automatisch die Fleischpreise erhöhen. Alle diese Phänomene haben auf der einen Seite mit übertriebenen Herrschafts-, Besitz- und Gewinnansprüchen sowie täglich wachgehaltener Rambo-Aggressivität in unserer Lustgewinngesellschaft sowie mit verkrüppelter Ethik, mangelnder Toleranz und fehlender Aufklärung auf der anderen Seite zu tun. Vielleicht kann gerade eine kritische Lektüre von Tiergeschichten zu der Erkenntnis beitragen, daß unsere Fremdbilder von Tieren zusammengesetzt sind aus traditionsgelenkten (ehemals naturwissenschaftlichen!) Fehlverständnissen, aus Anthropozentrismen und aus Projektionen unserer eigenen Mängel und abgründigen Bosheiten.

Dies ist also kein zoologisches Buch, obwohl es ohne ein Minimum von tierwissenschaftlichen Erklärungen nicht auskommen kann. Es will auch nicht eine einfache Sammlung von Tiergeschichten sein; solche rasch zusammengestellten Lexika und Anthologien sind in genügender Zahl auf dem Markt. Dieses Buch möchte vielmehr Meinungen und Einstellungen europäischer Menschen zu der einheimischen und zum Teil der exotischen Tierwelt darstellen, wie sie seit der Antike über die Lehren des Mittelalters, der frühen Neuzeit und des Aufklärungszeitalters bis in unsere Gegenwart hinein in Lese- und Lehrbüchern aller Art überliefert worden sind. Kein Pech klebt so zäh wie das der Tradition; kein Karren holpert so langsam voran wie jener der Aufklärung. Wenn wir uns heute bemühen, die Mauer der Vorurteile gegenüber den Tieren einzureißen und mit ihnen einen ernstgemeinten Dialog zu führen, statt sie zu mißbrauchen, dann sollten wir wissen, wie denn diese Mauer im Laufe der Jahrhunderte überhaupt aufgerichtet worden ist – nicht immer aus böser Absicht, übrigens, eher aus Unwissenheit, aus Mangel an Anschauung, aus fehlendem Kontakt. Abermals drängt sich der Vergleich mit den Gründen für den Fremdenhaß auf.

Ein Buch sei wie ein Spiegel, heißt es in einem Aphorismus des Aufklärers Georg Christoph Lichtenberg: wenn ein Affe hineinsehe, könne kein Apostel herausgucken. Ich meine aber doch, die LeserInnen sollten einmal versuchen, mit den Augen von Vernes Dingo, Loftings Polynesia oder Jiménez' Platero in diesen Buch-Spiegel zu schauen. Sie werden dabei, das ist wahr, auf keinen Heiligen treffen, auch auf keinen Affen, aber der Spiegel verweist sie oder ihn immer wieder auf sich selbst und die Mitmenschen als Bilder und Gegenbilder. Hinter den Zerrspiegelgeschichten von angeblich bösen oder wilden Tieren verstecken wir unsere eigenen häßlichen Fratzen, und wenn wir von klugen Tieren erzählen, drücken wir einen geheimen Wunsch aus, den wir uns aber nicht eingestehen wollen: Wir möchten oftmals so frei und so reich und so weise sein und so leben wie sie.

Die im folgenden vorgestellten Tiere bilden nur eine Auswahl aus Hunderten von Lebewesen, über die Geschichten erzählt und Meinungen ausgesprochen wurden und werden; es war aber auch die Wahl zu treffen aus einer Fülle von Erzähltexten alter und neuer Zeit, die der Erzählforschung über diese Tiere insgesamt zur Verfügung stehen. Allein die Zahl der modernen Tier-Bilderbücher (siehe zum Beispiel den Artikel *Pinguin*) dürfte in die Tausende gehen; ohne Zweifel bewirkt das Abnehmen mancher Tierarten und die zunehmende Distanz vor allem der Stadtkinder zu lebenden Tieren ein Anwachsen der Literatur über zoologische Phänomene und Probleme. Freilich würde ein umfangreicheres Lexikon der Tiergeschichten die hier gewonnenen Erkenntnisse nicht vermehren, sondern höchstens verstärken. Auch die beigefügte Bibliographie kann keine vollständige sein; fast alle Monographien, also Bücher, die sich nur mit einer Spezies beschäftigen, mußten – denn auch sie gehen in die Tausende – dabei wegfallen; jede Leserin und jeder Leser wird nicht wenige von ihnen in der nächsten Stadtbibliothek oder beim Buchhändler finden. Auf die bedeutendsten Sammelwerke und einige ältere Geschichtsammlungen konnte jedoch nicht verzichtet werden. Sie liefern das wichtigste Grundlagenmaterial für diesen Versuch, über hundert Tiere fast tausend Geschichten, Zitate und Worterklärungen herbeizurufen, um damit einige liebenswürdige Mitbewohner unserer Erde schlecht und recht zu charakterisieren und sie kurz und bündig, aber nicht ohne kritische Bemerkungen, vorzustellen.

Dieses Buch ist verschiedenen literarischen Traditionen verpflichtet. Die Bestiarien des Spätmittelalters und die Fabelbücher der Neuzeit haben, antike Quellen zitierend und nachzitierend, die Vorlagen variierend und den jeweiligen didaktischen Zwecken anpassend, den Zuhörern und Lesern immer wieder die Tiere als Vertreter der Moral und der Unmoral vorgestellt. Die moderne Kinderbuchliteratur setzt diese Traditionen oftmals fort. In diesem Buch finden sich nun abermals erzählende Texte über die alten, aber auch über neue Tiergeschichten, Meta-Erzählungen also, und es fehlt auch ihnen nicht an moralischen Schlüssen oder doch wenigstens an Aufforderungen, über unser Verhältnis zu den Tieren nachzudenken. Verpflichtet ist dieses Buch auch den barocken und aufklärerischen Kompilationen von Wissenskomplexen (‹Kuriositäten›) aller Art; es ist aus Zettelkästen mit tausenderlei Verweisen zusammengestellt, wobei die Leser versichert sein können, daß das hier Präsentierte nur einen ausgewählten Teil der möglichen Materialausbreitung bietet. Ein letzter Meister solcher Darstellungen war zum Beispiel «der lachende Philosoph» Carl Julius Weber; die besondere Art seines Witzes ließ sich hier sicherlich nicht nachahmen; dafür sind die benutzten Quellen ein wenig zuverlässiger zitiert. Die Versionen aus fremden Sprachen stammen (außer wenn anders angegeben) vom Autor dieses Buches; er hat die schon vorliegenden Übersetzungen der Meister der Weltliteratur, sei es Shakespeares oder La Fontaines, gerne benutzt, aber nur selten passend und vor allem nicht immer tiergerecht gefunden.

Zu danken habe ich Cathi Schenda, welche die Tiere besser kennt als ich, und Susanne Schenda für mancherlei Hinweise; besonderen Dank schulde ich Ruth Geiser, die mir viel von ihrem reichen zoologischen und literarischen Wissen mitgeteilt hat. Dankbar bin ich auch für freundliche Anregungen und technische Hilfen: Rosie Brunner, Luis

Manuel Calvo Salgado, Otto Holzapfel (und dem *Deutschen Volksliedarchiv* in Freiburg/Br.), Simone Mühlemann, Regula Näf (und der von ihr betreuten, ungemein hilfreichen, durch die Bestände aus Max Lüthis Buchbesitz erweiterten Bibliothek der volkskundlichen Abteilung *Europäische Volksliteratur* an der Universität Zürich), Vreni Rutschmann (und dem *Schweizerischen Jugendbuch-Institut*, Zürich) und nicht zuletzt den jungen Frauen in einem Seminar über Tiergeschichten an der Universität Zürich (Winter 1992/93); sie haben mir alle mit ihren Diskussionen und ihrer Mitarbeit viel Mut zu diesem kleinen Lexikon europäischer Tiergeschichten und menschlicher Tier-Vorstellungen gemacht.

Dem Verlag danke ich herzlich für die sorgfältige Einrichtung und Ausstattung dieses Buches.

Zürich, im Herbst 1994   *r. s.*

Adler

Lebend finden wir diesen königlichen Greifvogel (*Aquila,* zur Familie der Falken gehörig) höchstens noch, armselig eingekäfigt, in einem großen Vogelpark. Doch fast alltäglich kommt uns sein Abbild zu Gesicht, sei es in vielen Kirchen, als Symbol des Evangelisten Johannes, sei es (als rechts-sehender Reichsadler) auf der Rückseite mehrerer deutscher Geldmünzen, sei es in den Stadtwappen von Aachen, Goslar oder Frankfurt am Main, sei es im Fernsehen, wenn dieser oder jener Saal des Deutschen Bundestages erglänzt, sei es, mit kaiserlich-doppeltem Kopf (als ‹Doppeladler›), auf einem der österreichischen Hoheitszeichen. Der ‹deutsche Aar› stand einmal – ohne Rücksicht auf die Vielfalt seiner Arten – ganz generell für die Superiorität des einen Volkes gegenüber dem anderen, vor allem dem französischen. Ganz und gar nationalistisch denkt zum Beispiel Friedrich Leopold Stolberg 1784 in seinen *Jamben:*

> [...] mutig schwingt der Adler sich
> der Sonne zu, er läßt im hohlen Ast
> den tagesscheuen Kauz und Uhu schrein,
> sieht auf den giftgeschwollnen welschen Hahn,
> und buntes Hofgeflügel nicht herab [...].

Da erscheinen also in unserer Neuzeit steife und starre heral-dische und patriotische Bilder von einem nunmehr in Europa nahezu ausgestorbenen, einstmals aber kräftig mobilen, dem Licht des Himmels nahen, den Göttern benachbarten Vogel: Zeus ließ ihn in mythischen Zeiten seine Waffen, seine Blit-ze transportieren und gebrauchte ihn als Boten. Der Philo-soph Aristoteles war überzeugt, der Adler könne leicht das Licht der Sonne in seinen Augen ertragen. Gaius Plinius Secundus (genannt der ältere Plinius) 23–79 n. Chr. – er wird in diesem Buch mehrfach zu zitieren sein – erzählt im zehn-ten Buch (X, 6) seiner *Historia naturalis,* einer Enzyklopädie antiken Wissens, die lyrisch-tragische Geschichte von dem Adler von Sestos, der aus Dankbarkeit gegen eine junge Frau, die ihn aufgezogen hatte, diese Tierfreundin mit Wildbret versorgte und, als sie gestorben war, sich auf ihren Scheiterhaufen stürzte, um mit ihr zu verbrennen. Im *Physiologus*, dem ältesten christlichen und ungemein populären Tierbüchlein (3. Jahrhundert n. Chr.), erneuert der alte Adler seine Fittiche und Augen, indem er zur Sonne emporfliegt, sich dort versengt und darauf dreimal in eine reine Quelle taucht, um sich zu verjüngen. Dem Jünger Christi wird durch dieses Beispiel in gleichnishafter Weise geraten, seinen alten Menschen abzulegen und im Namen der Dreifaltigkeit Buße zu tun. Adler: Licht, Feuer, Zuneigung, Dankbarkeit, Opfer, Erneuerung – das sind, im Gegensatz zu den modernen Symbolen, die der Antike geläufigen Assoziationen zum Bild des Adlers.

Bei Darstellungen der vier Elemente dient der Adler als Attribut der Luft. So hoch dort droben ist der Aar stolz auf sich (und seine Flügel) gestellt, der große Einsame:

Der Adler fliegt allein, der Rabe scharenweise:
Gesellschaft braucht der Tor, und Einsamkeit der Weise

– so Friedrich Rückert in seiner *Weisheit des Brahmanen.* Den Schrei des Adlers erklärte eine katalanische Erzählerin (die sich allerdings in der Entomologie nicht gut auskannte) Anfang unseres Jahrhunderts dem Sammler Joan Amades so: der Herrgott habe bei einer Heuschreckenplage den starken Vogel beauftragt, diese Insekten zu verjagen, und der Adler habe sich mit allem Eifer und dem Ruf «Grill! grill!» auf die Grillen gestürzt und sie ausgerottet. Zur Belohnung habe er dann auch besseres Jagdfleisch fressen dürfen.

In der Tat, der Adler braucht kräftigere Nahrung; Füchslein, Gamskitze, Hasen, Igel, Lämmer und Schlangen müssen ihn fürchten, im antiken Mythos nährt er sich gar von der Leber des Prometheus. In einem sizilianischen Märchen des Giuseppe Pitrè (1875) läßt sich denn auch eine Adlerin während ihrer Transportdienste durch die Lüfte von dem Helden *Taugenichts* mit Fleisch füttern, und als die mit-

genommenen Vorräte aufgezehrt sind, ruft sie immer noch
«Fleisch!» und droht, den Helden fallen zu lassen. «Um es
kurz zu machen», so die Erzählerin, «er schnitt sich die Beine
ab, die Schenkel, die linke Hand und den Arm, und sie waren
noch immer nicht bei der Erde angekommen.» Aber keine
Angst – am Ende der langen Flugreise klebt der gefräßige
Vogel dem jungen Mann alle seine Gliedmaßen wieder an.

Im Greifen und im Fliegen ist der König der Vögel und der
Lüfte so stark, daß er Tiere und Kinder mit sich nach oben
reißen kann. Der Adler, so erzählt eine vielsinnige antike Fabel (im Mittelalter ein Exemplum zum Thema Elternliebe),
habe eines Tages der Füchsin ein Junges weggenommen und
in sein Nest hochgetragen. Daraufhin habe die Füchsin den
Baum des Adlers in Brand gesetzt, auf die Gefahr hin, ihr
eigenes Kind mit zu verbrennen. Doch der Adler gab den
Gefangenen aus Angst um das Leben der eigenen Jungen
rasch zurück. Die alten Fabeldichter erzählen auch, die
Schildkröte habe von dem Adler das Fliegen erlernen wollen;
der habe sie in die Luft entführt, aber nur, um sie fallen zu
lassen und ihren Panzer zu sprengen, dann habe er sie aufgefressen. Nach anderen treibt es der Adler, auf Anraten der
Krähe, so mit der Schnecke, aber die Krähe schnappt ihm
dann den guten Bissen weg. In einer weiteren Fabel und noch
in einem neueren mexikanischen Tiermärchen rächt ein
armer Mistkäfer das vom Adler geraubte Federvieh, indem er
die Eier des Raubvogels aus dessen Nest rollt.

Diese raubsüchtigen Adler scheinen auch eine gewisse
Zuneigung zu Kindern gehabt zu haben. Barocke Erzähl-
sammlungen berichten mehrfach von solchen Entführungen.
Bei der französischen Märchendichterin Charlotte Rose de La
Force trägt (1697) ein Adler sogar die Prinzessin *Plus-Belle-
que-Fée* auf den Berg der Abenteuer. Die Volkssänger des
19. Jahrhunderts haben dieses literarisch tradierte Motiv
gerne aufgegriffen. In dem reißerischen Jahrmarktsdruck *Des
Adlers Horst* heißt es holperig:

> Da rauscht es plötzlich über sie,
> und Alles blicket auf:

Ein großer Adler schwinget sich,
in seiner Klau' ein schreiend Kind,
zur blauen Höhe auf,
dem fernen Berge zu.

Doch die tapfere Mutter entwickelt ein ungeahntes Talent zum Bergsteigen und holt das Kind unter Einsatz ihres Lebens aus der Felsen schaurigen Höhen ins Tal herab. Gottfried Keller hatte den Stoff in der Sagensammlung der Geistlichen Peter Joseph Ruppen und Moriz Tscheinen (1872) gefunden, und er verlegt daher 1878 das mütterliche Drama in seiner Kunstballade *Aroleid* ins Wallis:

Da schreit ein Kind, ein Flügel saust
wohl über ihrem Haupt –
Mit ihrem Kind zur Höhe braust
der Aar, der es geraubt!

Bei Keller verschwindet das Kind von Aroleid zunächst auf Nimmerwiedersehen. Doch der Schweizer Sagensammler Arnold Büchli hat dann diese ‹wahre› Geschichte zusammen mit dem Kind in den vierziger Jahren unseres Jahrhunderts in Graubünden wiedergefunden: Beim Heuen hatten Bauern ein kleines Mädchen auf eine Blache gesetzt, ein Adler trug es fort, ein Jäger wollte den Vogel gerade schießen, zögerte aber noch, und dann bemerkte er das Kind. Der Adler «ließ das Kind fallen, etwa beim Signal, nicht hoch herunter. Das war dort auf dem Hügel vor Caspausa. Der Jäger ist hingesprungen und hat das Kind aufgehoben und den Eltern gebracht.» Weniger bösartig als in der Schweiz erscheint die Adlerin in einem schwedischen Märchen: sie entführt zwar einen Knaben in ihr Nest, zieht ihn aber dort gut auf und verhilft ihm später zu einer Prinzessin.

In Volksmärchen und Legenden erweist sich der Aar in der Tat mehrfach als nützliches oder dankbares Tier: Den hl. Veit versorgte ein Adler mit Nahrung; den hl. Servatius schützte ein Adler mit seinen Flügeln vor Sonnenglut; die Leiche des ertränkten hl. Florian wurde von einem Adler bewacht, bis die Frommen ihn begraben konnten. Nicht weniger hilfreich erweist sich unser Vogel, wenn er Menschen für einen geleisteten Dienst an einen gewünschten Ort bringt. Nach Auskunft des *Handwörterbuchs des deutschen Märchens* trägt er – von dieser Rettungsdienst-Seite betrachtet – unermüdlich geraubte Kinder, verirrte Könige, verwirrte Prinzessinnen und deren Liebhaber aus der Unterwelt oder über Land und Meer, zu Schlössern, Lebensquellen oder goldenen Städten. Ein Bauer oder ein Schnitter, heißt es in einem verbreiteten Predigtmärlein, habe einst einen Adler vor einer bösen Schlange errettet; bei einer anderen Gelegenheit bewahrt der dankbare Vogel denselben Mann davor, vergiftetes Wasser zu trinken. Mehrfach warnt der Adler Menschen, die ihm nützlich waren, vor drohenden Gefahren. Eine Adlerfeder genügt, um einen Helden das Fliegen zu lehren, in anderen Fällen hat der Märchenheld die Möglichkeit, den Adler herbeizuzitieren und ihn unlösbare Aufgaben erledigen zu lassen oder ihm zu befehlen, begehrte Güter herbeizuschaffen.

Aus solchen Motiven leuchtet stark das Wunschdenken der Menschen hervor, den Stürmen des Lebens trotzen, über die Wolken hinweg segeln und weite Reisen unternehmen zu können, die harte Erde aus luftiger Höhe zu betrachten und in der weiten Welt Erfahrungen eines besseren Lebens zu sammeln. Die moderne Luftfahrt hat, so gesehen, den Adler – fast – überflüssig werden lassen. Unsere Lüfte wären allerdings ruhiger und sauberer, wenn der Aar ihr alleiniger Herrscher geblieben wäre. Doch erweist sich ein solch nostalgisches Denken auch nur als wolkige Träumerei.

Affe

Es ist nicht ganz korrekt gegenüber der Artenvielfalt der *Simioiden*, *Anthropoiden* und *Pithecoiden*, hier so einfach von *dem* Affen (der im Lateinischen: *simia* übrigens weiblich ist) zu reden. Aber die Volkserzählungen machen zwischen Gibbons, Gorillas, Lemuren, Meerkatzen, Orang-Utans, Pavianen, Rhesusaffen oder Schimpansen nicht viel Unterschied: Der Affe eben höchstens «possierlich ist», drollig, wie ihn Wilhelm Hauff nannte («zumal wenn er vom Apfel frißt»), wahrscheinlicher jedoch unheimlich-bösartig, und von der Menschenähnlichkeit der Ordnung ‹Primaten› mag mancher nach wie vor bei einem Zoobesuch nichts wissen. Doch waren solche Tiere bei vielen alten Völkern hoch angesehen, als Haustiere gehalten, wenn nicht gar heilig und unantastbar.

Der *Physiologus* hingegen, das schon genannte älteste populäre Tierbüchlein aus dem frühen 3. Jahrhundert, vergleicht den Affen mit dem Teufel, und so hat unser Mittelalter auch manch Diabolisches, Sündhaftes und Garstiges (‹turpissima bestia› zum Beispiel: allerdümmstes Vieh) über dieses hochintelligente Tier kolportiert. Nach wie vor sagt man ‹Affe› für einen eitlen, dummen Menschen, der Trinker hat einen ‹Affen sitzen›, der Narr ist ‹vom Affen gebissen›, der Dienstfertige ‹macht einem den Affen›, der Lustige ‹läßt den Affen los› – wir erkennen da weniger ein exklusives Affentheater oder einen Affentanz als eine Affenschande für den Menschen, der von diesem Tier nichts anderes als ein Zerr- oder Strafbild seiner selbst, vor allem aber der Frau, zu malen imstande ist. Anders gesagt: Wir mißbrauchen diese Tiere, um uns die eigene häßliche Fratze im Spiegel der Wahrheit zu ersparen.

Eva, die ohnehin immer Schuldige, soll, da der teuflische Affe dem tüchtig schaffenden, aber offenbar zeitweilig unachtsamen Herrgott Adams Rippe entwendete, aus dem Schwanz des Affen hergestellt worden sein, so erzählt eine alte misogyne Legende. Als Eva Gott über die Zahl ihrer Kinder belog, so heißt es in einer anderen, wurden die versteckten Kinder in Affen verwandelt. Als eine alte Frau den angeblich vermessenen Wunsch äußert, wieder jung zu werden, läßt Christus sie in der Esse eines Schmiedes so stark schrumpfen, daß bei ihrem Anblick zwei schwangere Frauen sich ‹versehen› und Affen zur Welt bringen.

Daß der Affe geil sein soll, wissen wir nicht erst aus Merian C. Coopers *King-Kong*-Film (1933) und seinen Nachäffern in Sensationsheftchen und Erotic-Comics wie *Bimba und Guru*. Kompilatoren des Barock berichten von der

Schwängerung von Frauen durch Affen – mit monströsem Ergebnis, versteht sich. Schon Voltaire hatte in seinem *Candide* (1759, Kap. 16) zwei liebende Affen auftreten lassen, die nackte Mädchen freudvoll in die Hinterbacken beißen. Candide erlegt die Bösewichter mit der Flinte und sieht dann mit Staunen, daß die jungen Frauen den toten Tieren Beweise ihrer Zärtlichkeit entgegenbringen. Wilhelm Hauffs *Junger Engländer in Grünwiesel* (1827; das Motiv beruht auf einer anti-volksaufklärerischen Idee Ludwig Tiecks) wird nur durch seine straff geraffte Zivilisierungskrawatte daran gehindert, sich gegenüber Frauen nicht noch ungezogener zu gebärden, als er es, zum Schrecken der gesitteten Kleinstädter, ohnehin schon tut.

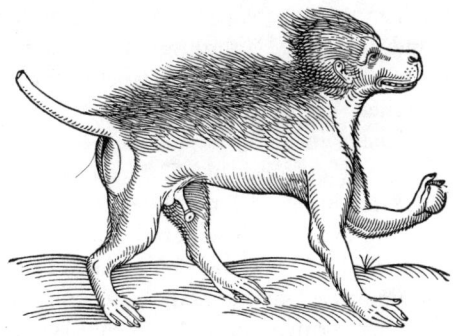

Mit ‹Affenliebe› ist aber nicht diese ‹tierische› Lust gemeint (die sich ja nur wieder als Verhüllung der menschlichen Sexualität erweist), sondern die falsche Zuneigung der Äffin zu ihren Jungen: Der antike Naturschilderer Plinius Secundus, der Bischof Isidor von Sevilla (um 600) und der italienische Enzyklopädist Brunetto Latini (13. Jahrhundert) erzählen gleichermaßen, eine Äffin mit zwei Kindern habe, als sie gejagt wurde, das ihr liebere Kind an sich gepreßt und das andere vernachlässigt, unterwegs aber habe sie das erste fallen lassen, und das andere, das sich an sie klammerte, sei gerettet worden. Die mittelalterliche moralische Auslegung dazu lautet: Die geliebten weltlichen Güter gehen verloren, aber die Sündenlast bleibt allemal, zäh wie Pech, am Menschen kleben.

Affen, heißt es in den alten Exempelbüchern weiter, sind diebisch-dreiste, aber eben doch dumme Kreaturen. Als einer einmal eine Handvoll Linsen gestohlen hatte und eine davon fallen ließ, wollte er diese aufheben und verlor dabei alle anderen. Die Moral hieß seinerzeit: Gib dich mit Wenigem zufrieden – sollten wir hinzufügen: vor allem wenn du stiehlst? Einem Huthändler klauen die Affen seine Ware, doch erhält er sie durch eine List zurück: Er schmeißt seine eigene Kopfbedeckung in den Staub, und da werfen auch die Affen ihre Hüte zu Boden. Wenn diese Diebe gar Menschenkinder rauben, ist höchste Gefahr im Verzug und, zumindest in der deutschen Romantik, Todesstrafe angesagt: Bei Aelianus (VII, 21) lesen wir von einem Affen, der, eine Amme nachahmend, ein Menschenkind packte, aus den Windeln wickelte und im Bade verbrühte. In Clemens Brentanos (Rhein-)*Märchen vom Murmeltier* (einem Mädchen!) nagelt ein Müller einen «närrischen Affen in einer bunten Jacke» als Vogelscheuche an einen Baum, weil das Tier Abraham, des Müllers Kind, entführt hatte! Noch 1865 schrieb Elie Berthet ein Kinderbuch *(L'Enfant des bois)*, das den Raub eines Kindes auf Sumatra durch einen Orang-Utan zum Gegenstand hat: Sechs Jahre lang bleibt Eduard bei den Affen und wird so wild wie sie. Gut, daß wenigstens Prinz Ludwig der Bayer aus den Armen eines Münchener Hofaffen, der den kleinen Knaben auf die Spitze des ‹Affenturms› entführt hatte, glücklich befreit wurde.

Das Nachäffen gehört zur wahren Natur dieser Tiere, und das gerät ihnen oftmals zum Verhängnis: Die Jäger gaukeln ihnen etwas vor, tun zum Beispiel so, als zögen sie sich enge oder bleischwere Schuhe an oder als wüschen sie sich mit einer klebrigen Brühe, und die Affen machen das alles wirklich nach und kommen von den Bleischuhen oder dem Leim nicht mehr los; so werden sie listig gefangen. Ein Affe zerschneidet das schöne Leder eines Schusters; dieser wird darüber so wütend, daß er auf Rache sinnt: Er nimmt ein Rasiermesser und tut so, als schneide er sich die Gurgel durch. Der Affe ahmt ihn nach und begeht in der Tat Selbstmord. Es gibt noch mehr solcher Belege für Affen-Verachtung; sie werfen abermals grelle Schlaglichter auf die Brutalität des Menschen.

Gibt es von diesem Tier nichts Kluges oder doch Ermunterndes zu berichten? Wenigstens in einer alten indischen, chinesischen oder japanischen Fabel schließen ein Land- und ein Seetier, oftmals ein Affe und ein Krokodil, Freundschaft. Die Frau des Krokodils wird dabei vor Eifersucht krank und überzeugt ihren Mann davon, sie brauche des Affen Herz als Heilmittel. So überredet das Krokodil den Affen zu einer Seefahrt, und auf dem Wasser erklärt es dem Freund, es müsse ihm jetzt seine Lebenspumpe herausreißen. Das tue ihm aber schrecklich leid, erwidert der Affe, er habe dummerweise sein Herz an Land gelassen. So muß das geprellte Krokodil zurückschwimmen, und der Affe kann sich retten.

Doch auch im christlichen Bereich, vor allem in der italienischen Renaissance, finden sich einige lobenswerte Affen. Einer heilt einen todkranken Kardinal, indem er ihn mit seinen Possen – er verkleidet sich als Arzt! – zum Lachen bringt. Ein anderer erwirbt sich Verdienste um das Gemeinwesen, als er das zu Unrecht erworbene Geld eines Weinpanschers Münze für Münze aus dem Fenster des Reichen den Armen auf die Gasse wirft. Baldassare Castiglione erzählt in seinem höfischen Erziehungsbuch *Il Cortegiano* (1528, II, Kap. 56) von einem schachspielenden Affen, den portugiesische Matrosen aus der Neuen Welt mitgebracht hatten, und der nicht nur seinen Gegner, einen Edelmann, zweifach besiegt, sondern dabei auch noch listig dessen wütenden Schlägen entgeht. Und lange vor dem Rotkäppchen-Wolf bei Charles Perrault (1628–1703) hatte, wie unter anderen Matteo Bandello (Novelle 65) berichtet, ein Affe des Herzogs von Mailand die Idee, sich die Kleider einer toten Großmutter anzuziehen und in deren Bett zu legen – sehr zum Schrecken der leidtragenden Verwandten!

Endlich ist im 19. und 20. Jahrhundert die Affenehre ein wenig rehabilitiert worden, und sei es auch nur durch Singerien und andere populäre, wenngleich auch nicht immer respektvolle Belustigungen in Bilderbögen und Jugendbüchern. Franz Kafka hat schließlich in seinem *Bericht für eine Aka-*

demie den Affen zum Philosophen erhoben, der uns mit der Laterne der Wahrheit heimleuchtet. Mit dem Begaffen der Zoo-Affen sollte es seitdem vorbei sein – sollte es! Aber Menschen irren öfter als Affen.

Ameise

«*Wollte* man», so schreibt Plinius Secundus im Insekten-Buch (XI, 36) seiner *Historia naturalis*, «die Lasten, die sie tragen, mit ihrer Körpergröße vergleichen, würde man wohl zugeben müssen, daß kein anderes Geschöpf stärker ist als sie», und der römische Militärmann schildert voll Bewunderung, wie die Ameisen die Materialien mit dem Maule schleppen oder mit Hinterbeinen und Schultern vorwärts stemmen. Volkserzählungen von einer Stärke-Wette zwischen der Ameise und dem Raben belegen diesen Respekt vor dem Insekten-David, der den Vogel-Goliath besiegt; und es gibt auch eine Reihe von Geschichten, die den Mut der Ameise gegenüber großen Säugetieren, zum Beispiel dem Elefanten, herausstreichen. In einem französischen Tiermärchen wagt sie es sogar, zusammen mit der Grille und dem Ochsen nach Jerusalem zu pilgern. Dabei könnte man gerade die Ameise doch auch für ein höchst zerbrechliches Wesen halten: Warum sie einen so auffälligen Einschnitt zwischen dem Vorder- und Hinterleib zeigt, das haben sich die Menschen oft gefragt. In den Alpenländern erzählt man, Gott habe dem Petrus die Erschaffung der Insekten überlassen, und der hätte das «z' Mittag» tun sollen, aber Petrus verstand «z' Mitt ab» – und so sehen die armen Tiere denn auch aus! In vielen anderen Gegenden heißt es, Gott habe bei einem Streit zwischen Ameise und Spinne die erstere auf die Erde geworfen, und dabei sei sie fast in zwei Teile zerbrochen.

Wenn freilich auf dem Tausendfrankenschein der Schweizer eine acht Zentimeter große *Formica* (sie ist nur eine von mehr als sechstausend Arten der *Formicidae* und oftmals weniger als acht Millimeter groß) abgebildet ist, dann nicht zum Ansporn muskelstarker Bodybuilder, auch nicht nur als Erinnerung an den Erforscher der Ameisen-Psychologie Auguste Forel (1848–1931), sondern gleichzeitig als Dankbarkeitsymbol für den fleißigen Reichen, der ein solches Kapital wie den krisenfesten Körnervorrat besagter Insekten anzuhäufen imstande ist. Diese Vorbildfunktion für eine bürgerlich-strebsame Tugend entnehmen Moralisten, angefangen bei dem Dominikaner Johannes Nider (frühes 15. Jahrhundert) und seinem *Formicarius*, dann aber vor allem seit dem «pädagogischen» 18. Jahrhundert, aus den *Sprüchen Salomos* (6, 6): «Gehe hin zur Ameise, du Fauler; siehe ihre [Arbeits-]Weise an und lerne.» Wie oft haben nicht die Prediger dieses «vade ad formicam, o piger» den vom Laster der Acedia (einer frühen Art, auf nichts einen Bock zu haben) Befallenen entgegengedonnert – mit dem Ziel, komplexe Gemeinwesen nach der Art von Ameisenhaufen besser zu organisieren: als hocheffiziente Staaten mit unermüdlich sich selbst versorgenden, hierarchisch geordneten und dabei konflikt- und oppositionslosen Untertanen. Grimmelshausen zeigt uns in seinem *Wunderbarlichen Vogelnest* (1672, Kap. 20) die Auswirkung solcher Lehren: Er sieht einen Ameisenhaufen, denkt sofort an den Spruch Salomonis und: «Daraus nun faßte ich allerhand schöne Lehren [...]. Ich wollte hinfort arbeiten, daß mir die Schwarte krachen möchte, um mich ehrlich zu ernähren und niemand beschwerlich zu sein.» Gotthold Ephraim Lessing hat allerdings in seiner Fabel *Der Geist des Salomo*, die aus der jüdischen Tradition stammt, wenigstens den alten Menschen geraten, sie möchten neben der allzeit emsigen auch eine zweite Verhaltensweise von der Ameise lernen, nämlich am Lebensabend die Früchte ihrer Arbeit in Ruhe zu genießen. Wenn in Erzählungen verschiedener Völker die Vermutung geäußert wird, die überaktiven Ameisen, die sogar noch bei Nacht schaffen, könnten verwandelte Menschen sein, dann verkennen sie den wahren Ablauf eines Zivilisierungsprozesses, in welchem sich die Menschen positive tierische Tüchtigkeiten, insbesondere die der Ameisen und der Bienen, zu ihrem Vorteil (oder auch nicht!) zu eigen gemacht haben.

Übrigens könnte der genügsam-friedfertige Fleiß dieser Insekten auch ein Trugbild von Ideologen sein. Schon in der Renaissance erzählte Aeneas Sylvius in seiner *Historia de Europa* (Kap. LIII) von einer gewaltigen Schlacht zwischen großen und kleinen Ameisen. Der nordamerikanische Gesellschaftskritiker Henry David Thoreau, Erfinder des Begriffs der «civil disobedience», des bürgerlichen Ungehorsams, der sich 1845–1847 in eine Einsiedelei am See *Walden* zurückzog, konnte lange genug die Ameisen seiner Wahl- und Waldheimat beobachten, und war überrascht, eines Tages seine ganze Gartenfläche in ein Schlachtfeld verwandelt zu sehen, auf dem sich rote («Republikaner») und schwarze («Imperialisten») Ameisen nicht nur ein *duellum*, sondern ein wahres *bellum*, einen Krieg, lieferten. Ameisen haben also nicht nur Friedfertigkeit auf ihr Panier geschrieben, notfalls wissen sie, ihre individuellen und kollektiven Rechte zu verteidigen. Und reden wir nicht davon, daß sie mit mancherlei anderen Kleintieren nicht gerade sanft umgehen.

Vor allem in der Fabel spielt die Ameise ihre Rolle als vorbildhaftes Tugendtier. Als die Grille bei ihr um Winterhilfe nachsucht, belehrt sie die Bettlerin über die Vorteile der Vorratswirtschaft gegenüber dem unbesorgten Dahinleben der brotlosen Künstlerin, erspart sich aber eine Hilfeleistung mit den hämischen Worten: «Hast du im Sommer gesungen, so kannst du jetzt im Winter tanzen.» Diese Fabel war ungemein beliebt, wie die zahlreichen überlieferten Varianten zeigen; ihre Wohlfahrts-Soziallehre sollte allerdings hier und heute als überholt gelten. Ähnlich streng geht es in der Fabel von der Ameise zu, die ihre Flügel dazu benutzt, mit Nachtigall und Biene Ausflüge zu unternehmen. Als dann der Winter einbricht, läßt sie der Torwächter nicht mehr in ihre Heimatstadt zurückkehren.

Die vielseitige Ameise, die mancherorts auch als Glücksbringerin oder als Schatztier angesehen wird, kann anderseits den in Not Geratenen zu Hilfe kommen. Als eine Taube eine fast schon ertrunkene Ameise mit Hilfe eines Grashalms rettete, so erzählt der französische Fabeldichter Jean de La

Fontaine (1621–1695), erwies das Insekt seine Dankbarkeit, indem es einen Jäger, der die Taube schießen wollte, in die Ferse stach, so daß der Vogel entkommen konnte (II, 12). Schon der *Physiologus* berichtet, daß die Ameisen schlechte Gerste von gutem Weizen trennen könnten. Dieses Motiv taucht in einem provenzalischen Märchen wieder auf: Der Held errettet eine verletzte Ameise, und als er später vor die Aufgabe gestellt wird, einen Sack verstreuter Hirse zusammenzulesen, erledigen das die flinken Insekten im Handumdrehn. In einer korsischen Variante bedankt sich eine Ober-Ameise bei einem jungen Mann, indem sie für ihn einen Haufen Getreide auseinanderklauben läßt, und das, weil er ihrem Staate in einer Hungersnot Körner gespendet hatte. Die tüchtigen Ameisen können also auch einmal in die Grillen-Not geraten, und das tröstet dann doch ein wenig uns alle, die wir nicht immer ganz so fleißig sind wie sie.

Bär

Den braunen Bär *(Ursus arctos)*, der den Beinamen Meister Petz trägt, hat es noch zu des Schweizers Pfarrers, Politikers und Naturforschers Friedrich von Tschudi (1820–1886) Zeiten in Graubünden gegeben. In seinem *Thierleben der Alpenwelt* (1853) schildert er ausführlich den Besuch eines bösen Bären bei einem rhätischen Ziegenstall; das Tier drückt dort die Türe ein und packt sich eine Geiß, beißt sie tot, macht sich über ihr Euter her. «Da kamen die Sennen mit Scheiten, Melkstühlen und anderer Landsturmarmatur – jedoch mit der größen Vorsicht. Einer von ihnen, der in seinen jüngeren Jahren oft auf der Gemsenjagd gewesen, nahm dem Wachtposten die Muskete ab, ging auf den Bären zu, der sich knurrend aufrichtete, und zerschmetterte ihm mit einem starken Schuß die rechte Rippenseite; die Übrigen kamen auch näher und schlugen das wütend um sich hauende Tier ganz tot. Es war ein brauner Bär von 240 Pfund Gewicht.» Und: «Im Jahre 1849 wurde [...] bei Zernetz eine 260 Pfund schwere Bärin und [...] bei Andeer ein 140 Pfund schwerer Bär geschossen. Im April 1851 wurde bei Süs ein junger Bär gefangen.» Bis in die siebziger Jahre wurden jährlich noch vier oder fünf Bären erlegt. Viel länger hat der Bärensegen dann freilich nicht angehalten. Einige Restexemplare blieben noch für eine Generation als angekettete Jahrmarktsattraktionen (mit Nasenring!) erhalten.

Der gefangene und fast gezähmte Meister Petz hat ohne Zweifel die Fähigkeit, sich spielerisch zu betätigen. In dem ebenso ostfriesisch-patriotischen wie rassistischen Abenteuerroman *Onnen Visser* (1885, Kap. 16) der Sophie Wörishöffer gelangt der Titelheld irgendwo im fernen, eiskalten – versteht sich – Rußland der Napoleon-Zeit zu Zigeunern (sie sind ein freundliches, aber halbnacktes, schmutziges «Völkchen» und – selbstverständlich – «Langfinger von Profession»), welche ihn eines Nachts mitnehmen auf eine ebenso abwechslungsreiche wie brutale Tierjagd und später zu einem kleinstädtischen Jahrmarkt, auf dem sie einen Tanzbären namens Ruff zur Schau stellen. Dieses Tier kann vortrefflich Karten spielen: «Der Bär irrte niemals, er brachte

immer eine passende Karte zum Vorschein, und als ihm Mikosch später erklärte, er habe die Partie gewonnen, da verbeugte er sich wieder und rieb wie in großem Vergnügen die Tatzen gegeneinander.» Eine solche Vorführung mag die Wörishöffer in Norddeutschland sehr wohl gesehen haben, denn polnische Bärenführer traten dort, wie an vielen anderen Orten Europas, immer wieder mit ihren nasenberingten und angeketteten Tieren auf den Jahrmärkten auf, wie wir aus verschiedenen Lebenserinnerungen wissen. Auf russischen Bilderbogen sind übrigens Jahrmarktsbären dargestellt, die mit einem als Ziege verkleideten Schausteller tanzen.

Doch das alles gehört der Vergangenheit an, und wer vom Bären erzählen will, muß noch weiter in die Vergangenheit zurückgehen. Seit der Antike trägt eines der wichtigsten Sternbilder – es verweist auf den Nordstern – den Namen des Bären. Die Kirchenväter erzählen, die Bärin bringe ihre Jungen ungestaltet zur Welt und forme sie dann mit ihrer Schnauze nach ihrem Bild und Gleichnis. Viele Jahrhunderte lang taufte man in unseren Breiten die Knaben auf Bärennamen wie Bernhard, Bernward, Berengar (heute bevorzugt Björn oder Urs und Ursula), man glaubte an menschliche Bärensöhne, wie den Jean-de-l'ours in romanischen Märchen, die besondere Körperkraft besaßen. Auch wurden Heilige mit Bärenattributen hoch verehrt: Dem Korbinian und dem Humbert von Marolles trugen Bären nämlich den Reisesack und anderes Gepäck, dem Gallus in der Schweiz schaffte einer Holz ins Haus, dem Luzius diente ein anderer als Zugochse, den heiligen Pilger Romedius im Südtiroler Nontal begleitete noch mal einer brav auf seinen Wanderungen. Ein zahmer Bär soll sich (so die Legendenschreiber Surius und Baronius) auch in einem Nonnenkloster nützlich gemacht haben; wieder ein anderer konnte vom seligen Einsiedler Gregorius (oder Forentius) als Schafhirte abgerichtet werden: Kurzum, da triumphiert die christliche Kultur über die heidnisch-unbewußte Natur.

Und auch sonst ist der Bär dem Menschen oftmals hilfreich, nützlich, wenn nicht gar den Frauen als Bräutigam (wie in verschiedenen europäischen Märchen) und als Bärin den Kindern liebevoll entgegengetreten. In dem alten Volksbuch von *Valentin und Orson* nährt eine Ursa diesen Orson, der ein starker wilder Mensch, nach mancherlei Heldentaten aber ein braver Einsiedler wird. Viele andere Sagen und Märchen kennen den Bärensohn, der von einem Bären mit einer Frau (oder vom Kaiser Annuus mit einer Bärin) gezeugt wurde. Solche Vermischungen hielt man noch im 16. Jahrhundert für durchaus möglich; auch glaubte man, der erschreckende Anblick eines Bären könne bei einer Schwangeren durch ‹Versehen› die Geburt eines Bären hervorrufen. Der Chronist Saxo Grammaticus berichtet im 12. Jahrhundert von einem Bären, der sich in ein Mädchen verliebte, und dieses Motiv hat sich über die barocke Kuriositätenliteratur bis zu Volkserzählungen unseres Jahrhunderts erhalten; 1959 erzählte eine Bäuerin im Département Drôme dem Forscher Charles Joisten von einem Bären, der ein Mädchen entführte, und als ihre Schwestern es ihm mit einer List wieder wegnahmen, habe er bitterlich geweint, und «das hat man ganz weit gehört». Schließlich soll jener Bär nicht vergessen sein, von dem der italienische Humanist Paulus Jovius nach der Erzählung des moskowitischen Botschafters Dmitry berichtet: Ein russischer Bauer sei beim Honigsammeln ausgerutscht und in einen hohlen Baumstamm gefallen, und er habe sich nur mit Hilfe einer Bärin, die ebenfalls nach Süßem suchte, retten können.

Im östlichen Mitteleuropa sollen nach neuesten Nachrichten wieder ein paar scheue Bären in abgelegenen Gebirgszügen auf- oder untergetaucht sein. Das ist eine gute Nachricht. Im Westen lassen sich die letzten Vertreter von Ursus und Ursa (die aber nicht aus der Gegend stammen) in den Zoos bewundern oder im Kino (Jean-Jacques Annaud: *L'Ours*, 1988) oder in einem Zirkus, wo sie, völlig entfremdet, Fahrrad fahren oder auf großen Kugeln balancieren. Der Teddybär (nach dem Präsidenten und Bärenjäger Theodore Roosevelt benannt) darf als die letzte klägliche Plüsch-Schrumpfstufe eines Erdenbewohners gelten, der einst als König der Tiere galt. Auf diese Weise haben die modernen Schneeweißchen und Rosenrot wenigstens noch ihr Kuscheltier. Und die Kinderbuchfiguren *Pu der Bär* (Alan Alexander Milne/Ernest H. Shepard, 1926) und *Paddington* (Michael Bond/Peggy Fortnum, 1958–1966) halten auf ihre humorvolle Art den Bären in bestem Angedenken.

Biber

Beim Fabeldichter Phaedrus und später im alten *Physiologus*-Volksbuch lesen wir, der Biber *(Castor fiber)* sei ein unschuldiges und stilles Tier, und sein Bibergeil gelte als Medizin sehr viel. Wenn der Jäger ihn deshalb verfolge, beiße er sich selbst die Hoden ab; später zeige er dem Jäger seine Entmannung, um ihm zu bedeuten, daß da nichts mehr zu holen sei; so lasse denn der Jäger von ihm ab. Die Moral ist leicht zu erraten: Sagt der Mensch erst seinen Lastern und Lüsten ade, so verliert der Teufel die Lust, ihm weiter nachzustellen. Der frühmittelalterliche Bischof Isidor von Sevilla erklärt entsprechend in seinen *Etymologien (Etymologiae)* den Namen dieses Tiers: «Der Castor wird so genannt, weil er sich selbst kastriert.» Ludovico Ariosto, der große Ependichter der italienischen Renaissance, bezieht sich in seinem *Rasenden Roland (Orlando furioso,* XXVII, 57) auf diese Geschichte, als er den Ritter Mandricardo erklären läßt, wie er Rolands berühmtes Schwert *Durindana* in seine Gewalt gebracht habe:

> Er [Roland] hat auf Art des Bibers sich benommen,
> der auf die Waffen des Geschlechts verzicht',
> sieht er den Jäger sich zu nahe kommen,
> der, wie er weiß, auf diese nur erpicht.

Bibergeil (‹castoreum›) stammt nun freilich nicht von den Hoden, sondern aus den doppelten, bei Castor-Männchen *und* -Weibchen sich findenden, ein paar Zentimeter großen Beuteln (‹Kastorsäcke›), die zwischen Geschlechtsteilen und After hängen. Sie enthalten eine stark riechende, dicke, harz- und fetthaltige Flüssigkeit oder Masse, die durch Salizin, den Bitterstoff der Weidenrinde (welche die Biber so gerne fressen), angereichert ist. Johann Theodor Jablonski schreibt 1767 in seinem *Allgemeinen Lexikon der Künste und Wissenschaften* über dieses Medikament: «Mit [Garten-]Rauten und Essige gemischt, in die Nase gelassen, stärken sie das Gehirn, und benehmen das Hauptweh. Mit Weine getrunken, sind sie ein herrliches Mittel wider die fallende Sucht [Epilepsie], und dienen wider alle Seuchen, die von Kälte entstehen. Wem die Zunge erlahmet, daß er nicht reden kann, der lege gepülvertes Bibergeil darunter; es wird die Zunge bald wieder gut machen.» Meyers Konversations-Lexikon hielt noch 1904 Bibergeil für wirksam gegen Hysterie, Herzschmerzen und Typhus. Es findet noch heute Verwendung in der Parfümindustrie. Ein Wundermittel also? Von einem Wundertier?

Conrad Gesner, der große Zürcher Naturforscher des 16. Jahrhunderts, läßt uns wissen, daß der Biber «ein arglistiges und verschlagenes Tier sei: Denn wann es mit seinen Zähnen an einen Baum setzt (welches es meistens bei Nacht tut), daß es ihn umhauen will, so tut es, als ob es gar wohl wüßte, daß sich viel Sachen auf einmal nit tun lassen und daß nach und nach mit Weile auch schwere Sachen ausgerichtet würden. Läßt derhalben nit ab, und wenn der Baum eines Mannes Schenkels dick, so hauets ihn doch um. Wenn er vermeint, daß der Baum schier fallen werde, siehet er alle [bei jedem] Streich über sich, wohin sich derselbe hänge [neige] und ob er wackele, damit nit etwa im Hauen der Baum auf ihn falle.» Alfred Edmund Brehm läßt den Biber ebenso Gewaltiges wie klug Vorbedachtes bei diesem Umlegen von Bäumen vollbringen: «Stämme bringt er zu Fall, indem er den Stamm ringsum und dann besonders auf der einen Seite nach dem Flusse zu benagt, bis er dahin sich neigt und in das Wasser stürzt. [...] Es kommt vor, daß der Biber selbst Stämme von mehr als mannsdickem Durchmesser abhaut und zum Fallen bringt.» Sollte der Biber auch noch ein Kraftprotz sein?

Schon zu Brehms Kultur-Zeiten waren allerdings von diesen nagenden Holzfällern und Wasserburgarchitekten der Gesnerschen Natur-Zeit nicht mehr viele übriggeblieben. Um die Mitte des 19. Jahrhunderts schreibt der Volksschriftsteller W. O. von Horn (Wilhelm Oertel) in seiner Abenteuergeschichte *Die Biberfänger:* «Heutzutage ist der Biber in Deutschland, ja in Europa, ein sehr seltenes Tier geworden, während man in den Jahren 1656 und 57, also vor 200 Jahren, allein im Churfürstentum Sachsen noch 586 Biber schoß, ihre Zahl also bedeutend sein mußte. Man findet ihn noch, freilich sehr selten, in Bayern und zwar an den Flüssen: Traun, Salzach, Rott, Vills, Isar, Lech und an der Amper.» Meyers Konversations-Lexikon meint vor hundert Jahren, durch «strenge Jagdgesetze» seien einige Biber noch streckenweise an Elbe und Saale zu finden, «vielleicht auch an der Salzach». Heute muß der Wanderer in Westeuropa glücklich sein, wenn er im Bett eines Nebenflusses der Rhône Gestrüpp mit Nagespuren von einem Biber findet. Wollte man in Ruhe eine friedliebende Biberkolonie beobachten, müßte man Reisen an den Don oder in den Ural unternehmen. Ob der Castor wegen seiner Holzwilderei oder wegen seiner nächtlichen Dammbautätigkeit so stark ausgerottet wurde? Meyers Lexikon weiß eine bessere Antwort: «Man jagt die B. des Pelzes und der Geilsäcke halber. Das Fleisch ist wohlschmeckend, und der Schwanz gilt als Leckerbissen. In der katholischen Kirche [sic] darf das Fleisch während der Fasten gegessen werden.»

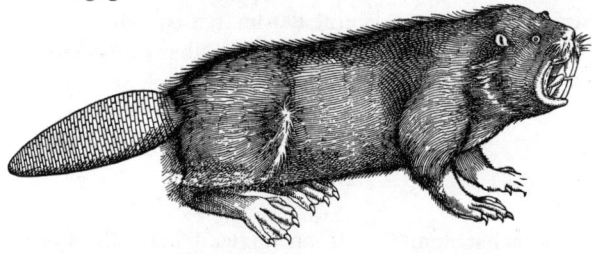

Fisch oder Fleisch? Eine *Politische Fabel* des blinden Gottlieb Konrad Pfeffel aus Colmar (1736–1809) erzählt, wie der Biber sich vor dem Löwen als Fisch und vor dem Walfisch als Landtier ausgibt; doch das Krokodil, in beiden Elementen heimisch, läßt sich nicht düpieren und nimmt sich das tyrannisch geforderte Kopfgeld. Den Eßgelüsten und Fastenausflüchten der frommen Geistlichen kam die Zweideutigkeit der Bibernatur offenbar stark entgegen, aber auch andere Menschen nutzten den Biber wacker aus. Tatsache ist, daß sich insbesondere wärmende Kastorkappen großer Beliebtheit erfreuten und daß so ein leicht geschorener (‹gerupfter›) und dunkelbraun gefärbter *Biberpelz*, wie wir von Mutter Wolffen aus der «Diebskomödie» (1893) von Gerhart Hauptmann wissen, eine für einen Rentier durchaus kleidsame und gegen den Rheumatismus eines Spreeschiffers hilfreich wärmende Sache war.

Erinnerungen an das größte und tüchtigste Nagetier Europas bleiben uns schließlich noch in den platten ‹Biberschwänzen› auf unseren Dächern und hie und da in einem Kinderbuch wie dem des kanadischen Indianers Wäschakwonnesin (‹Grau-Eule›) *Sajo und ihre Biber*, in dem ebenso naturnah wie liebevoll das abenteuerliche Zusammenleben einer jungen Indianerin mit zwei kleinen Bibern, die ihr Vater aus einem zerstörten Biberbau gerettet hat, geschildert wird. Dieser Bestseller aus der Zeit nach dem Ersten Weltkrieg zeigt uns heute, aus der Distanz, wie die Vernichtung von Tierkultur und Randgruppenkultur Hand in Hand gegangen ist (und anderswo so weiterwuchert) und wie das ehemals ökologische Engagement eines weitblickenden Autors heute mehr und mehr eine nostalgische Patina bekommt. Schön waren die Zeiten, als eine der letzten echten Indianerfamilien Kanadas zwei der letzten echten Biberbabys der echten großen Wildnis Nordamerikas hegen und pflegen konnte!

Biene

Sie seien «nächst dem Menschen unzweifelhaft die intelligentesten Bewohner dieses Erdballs», schreibt Maurice Maeterlinck (1862–1949) im Jahre 1901 von der Insektenfamilie der Bienen *(Apis mellifica)*. Dieser verblüffende Satz und das ganze berühmte Buch des belgischen Dichters, das dieses Urteil begründet, zeigt, wie vermessen es ist, das Lob dieses hochorganisierten, staatenbildenden Tieres in ein paar Zeilen zu singen. Schon in der Antike schenkten die Philosophen und Schriftsteller, insbesondere Aristoteles und Varro, diesem so nützlichen, weil Nahrung liefernden, und vorbildhaften Hautflügler (der manchmal auch als Vöglein besungen wurde) breite Aufmerksamkeit; Vergil widmete den Immen und der Imkerei vor zweitausend Jahren das ganze vierte und letzte Kapitel seiner *Georgica*, ein poetisches Stück früher Ethnographie, und dort wird behauptet, «daß sie sich nicht der Begattung erfreun, nicht schlaff ihre Leiber lösen im Liebesgenuß, nicht mühsam Kinder gebären»; sie holten vielmehr ihre Kindlein aus Blättern und Kräutern. Die Theorie der sogenannten Parthenogenese (der jungfräulichen Entstehung) leitete man in der heidnischen Antike und im Christentum aus der Vorstellung ab, die jungen Bienen würden nicht gezeugt, sondern wüchsen aus Blütenstaub (oder aus Tierkadavern) heran, und so wurde die Biene in der Epoche metaphysischen Denkens zum Symbol der Jungfräulichkeit insbesondere der Gottesmutter Maria; der Bienen‹könig› diente als Symbol Jesu Christi, der Bienenkorb als jenes der Kirche. Nach einer verbreiteten Legende wurde eine verlorengegangene Hostie von Bienen mit einem schützenden Bau aus Wachs umgeben, bis das Allerheiligste wieder in die Hände des Priesters gelangte. Die Hierarchie des Bienenstockes mit seinen untertänigen Arbeiterinnen, Ammen, Wächterinnen und Hilfskräften diente noch in frühneuzeitlichen Staatslehren als Bestätigung für die Herrschaftsansprüche der Monarchen und des Kleinadels oder auch der Kirche gegenüber ihren zu Treue und Gehorsam verpflichteten BürgerInnen oder Gemeindemitgliedern.

Wem wir diese nützlichen Bienenvölker zu verdanken haben, erklären uns mehrere europäisch verbreitete Herkunfts-Erzählungen auf andere Weise. Bienen seien aus den Tränen (oder den Schweißtropfen) Christi am Kreuze hervorgegangen; sie hätten sich in Insekten verwandelt und den Herrn gefragt, was sie tun sollten, und da trug er ihnen auf, Honig herzustellen, um der elenden Menschheit das Leben zu erleichtern. Jesus Christus sorgte ebenso dafür, daß die Bienen auch in der kalten Jahreszeit etwas zu saugen fänden, indem er den Rosmarin wachsen ließ, dessen blaue Blüten den südeuropäischen Immen fast das ganze Jahr zur Verfügung stehen. Es leuchtet ein, daß man in alten Zeiten die Biene als ein göttliches Tier betrachtete: Sie liefert den Menschen Nahrung, ohne daß sie, wie Kühe, tagtäglich gepflegt werden müßte. «Bienen und Schafe nähren den Bauern im Schlafe», sagt daher das Sprichwort.

 Plinius Secundus hat in seiner *Naturge-schichte* nicht weniger als zwanzig Kapitel (XI, 4–23) über die Biene geschrieben, sie zeugen von ausgezeichneter Naturbeobach-tung, aber auch von politischem Denken («rempublicam habent» – sie haben ein Staatswesen, sie anerkennen nur das Ge-meinwohl, sie leben arbeitsteilig). Freilich blieb es den Mikroskop-Naturforschern und den praktischen Beobachtern von Bienen‹staaten› im 17. und 18. Jahrhundert vorbehalten, die metaphysische Denkweise endgültig mit einer anthro-pomorphistischen, den Menschen zum Vergleichsmaßstab machenden, zu vertauschen und die innersten Geheimnisse der Bienen‹königin› und ihrer ‹Untertanen› ans Licht zu brin-gen. Maeterlinck hatte in der Einführung zu seinem *Leben der Bienen* seine Mühe mit der Vielzahl der historischen Bienenforscher, von denen er insbesondere den blinden Fran-çois Huber aus Genf (1750–1831) lobt. Dieser ließ seinen Diener François Burnens die Insekten in gläsernen Bienen-stöcken beobachten und diktierte die Schlüsse, die er aus den mündlichen Berichten zog, seinem Sohn Jean Pierre (spä-ter ein tüchtiger Ameisenforscher) in die Feder – schon das ist eine erste wunderbare Historie von Bienen und Men-schen. Es gibt wahrscheinlich Hunderte von Bienengeschich-ten; das Vorgehen und Vergehen, sie hier auf wenigen Seiten zusammenzufassen, erfordert eine offizielle Abbitte gegen-über dem von Maeterlinck beschworenen «Geist des Bienen-stocks».

Sehr viel erstaunlicher ist das vergesellschaftete Leben der Arbeitsbienen, der Drohnen und der Königin (man hielt sie früher für einen Führer [‹Weisel›] oder König), ihre Arbeitstei-lung und ihre Disziplin, die sich höchstens noch mit der der Ameisen vergleichen lassen. Und dazu kommt der ungeheu-re Produktionsfleiß dieser zehntausendköpfigen Gesellschaf-ten. Dieses fraglose und protestlose, modern gesagt: streik-lose Vor-sich-hin-Arbeiten der Honigsammlerinnen und Wabenbauerinnen wurde den Menschen immer wieder als Vorbild präsentiert. Das Nichtstun der Drohnen störte dabei insbesondere die Männer nicht. Christoph Christian Sturm schreibt 1772 in seinen *Betrachtungen über die Werke Gottes*, einem Bestseller der Erbauungsliteratur: «Die Bienen geben von dem Fleiße ein Beispiel, welches [...] vielleicht seines gleichen nicht hat. [...] Laßt uns daher nie träge sein, in dem was uns zu tun obliegt, sondern vielmehr in den Pflichten unseres Berufes, wozu uns der Herr bestimmt hat, die möglichste Treue beweisen.» In der Epoche der ‹Verfleißigung› Mitteleuropas, im ‹pädagogischen› 18. Jahrhundert nämlich und noch mehr im frühindustriellen Aufschwung der ersten Hälfte des 19. Jahrhunderts, wiesen zahllose geistliche und weltliche Volkserzieher auf das Fleiß-Verhalten und die Standes-Zufriedenheit der Bienen hin. Um so mehr begrüßte 1912 eine millionenfache Schar von LeserInnen die liebenswerten Abenteuer der *Biene Maja* (Waldemar Bonsels, 1881–1952), die sich zu einem freiheitlich denkenden Wesen entwickelt, ihre eigene Persönlichkeit entfaltet und trotzdem ihrem Staatswesen nützt.

Fleißig, sauber und unpolitisch – so wünschten sich die Fürsten ihre Völker. Gottlieb Konrad Pfeffel beschreibt kurz nach Beginn der großen Französischen Revolution in einer seiner *Politischen Fabeln*, wie «der Geist der Politik» in einen Bienenstock geraten und «der Arbeit strenge Pflicht» dadurch «völlig aus der Acht» gekommen sei, dergestalt, daß im Winter die Vorräte fehlten, der Bürgerkrieg ausbrach und schließlich der nackte Hunger das Volk aufrieb. Das Politisieren stört das Gemeinwohl, führt zu seinem Untergang – so offensichtlich die Moral; auch sie müßte im heutigen Zeitalter des Mitläufertums mit Nachdruck in ihr Gegenteil verkehrt werden.

Respekt hat der Mensch immer noch vor dem Stachel der Biene und vor dem starken Gift, mit dem Königin oder Arbeiterin sich zur Wehr setzen können. Die Biene habe eines Tages von Jupiter erbeten, erzählt eine antike Fabel, mit ihrem Stachel töten zu können. Der Gott habe ihr die Bitte gewährt, sie jedoch dazu verdammt, daß sie durch den Stich ihrerseits getötet würde. Die Fälle, daß Bienen Menschen getötet haben, sind allerdings höchst selten. Daß

Bienen auch die stärksten Säugetiere zu fällen imstande sind, ist allerdings oftmals behauptet (und von Maeterlinck auch stark relativiert) worden. So erzählt der Lehrer Harald Othmar Lenz in einer Anmerkung zu seiner *Zoologie der alten Griechen und Römer* (1856) von zwei Fällen, in denen Bienenschwärme Pferde überfallen und sie kurzerhand getötet hätten («Das erste erlag sogleich den Stichen, die übrigen starben theils an demselben Tage, theils am folgenden»). Wichtiger als die Darstellung solcher Kuriositäten ist wohl die Feststellung, daß Bienengift als Heilmittel gegen mancherlei Schmerzzustände angewandt werden kann.

Plötzlich auftretende Bienenschwärme, so hieß es einst, seien Vorzeichen für Kriege oder Naturkatastrophen. Heute dürfen wir solche Schwarmgeister als ein positives Signal werten: Wo Bienen noch leben können, gibt es blühende Pflanzen: Rosmarin, Thymian, Quendel oder Lavendel, Kiefern, Kirschbäume, Weiden oder Linden, und sie alle sind gute Zeichen für eine noch halbwegs intakte Natur.

Chamäleon

Plinius Secundus spottete über den Demokritus von Abdera (um 400 v. Chr.), der in einem Buch über das Chamäleon viel abergläubischen Unsinn geschrieben habe, aber Plinius behauptet seinerseits (VIII, 51), dieses Tier nähre sich einzig und allein von der Luft; schrecklich anzusehen sei dabei sein aufgesperrtes Maul, aber sonst sei es ein harmloses Tier. Es ändere ständig die Farbe von Augen, Schwanz, ja dem ganzen Körper und passe sie (außer rot und weiß) listig (richtiger wäre: bei lustvollem Befinden oder anderen Zuständen des Gemüts) der Umgebung an; und auch Claudius Aelianus (etwa 170–240 n. Chr.) erzählt Kurioses über dieses Reptil: Wenn es einer Schlange begegne, nehme es, um sie zu ärgern, einen starken Holzspan quer ins Maul, dann sei der Rachen der Schlange nicht breit genug, um den kleineren Gegner zu verschlingen. Der Grieche Plutarch erklärt uns (im 1. nachchristlichen Jh.) auch, warum unserem Reptil die rote und die weiße Farbe mangelten: Schamgefühl oder Ehrfurcht kenne es ebensowenig wie die Unschuld.

Conrad Gesner wiederum lästert in seinem Tierbuch über Albert den Großen (um 1193–1280), der geschrieben habe, das Chamäleon sei der Drache, den man in Deutschland den Lindwurm nenne. Der humanistisch gebildete Zürcher weiß, daß diese Echse Eier legt, aber die antiken Naturkundigen, auf die er sich beruft, haben ihm nicht mitgeteilt, daß das Tier einen einrollbaren (und nicht einen dem der Ratten ähnlichen) Greifschwanz besitzt, daß es sich auf seinen Zangenfüßen recht bedächtig bewegt und daß es seine Kugelaugen unabhängig voneinander in alle Richtungen wenden kann. Heute wissen wir zudem, daß das Chamäleon zu den Repti-

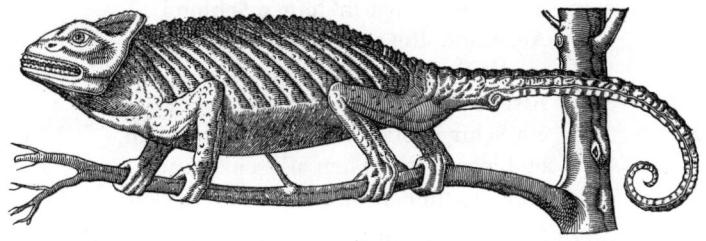

lien und, wie Gecko, Leguan und Waran, zur Unterordnung der Echsen (Sauria) gehört, sein griechischer Name bedeutet ‹Erdlöwe›. In Tat und Wahrheit lebt es nicht von Luft allein, sondern fängt mit einer zehn Zentimeter langen, blitzschnellen und klebrigen Schleuderzunge Insekten. Doch offenbar blieb dieses raffinierte Tier in Europa (nur eine seiner Arten kommt in Südspanien vor) lange Zeit unbekannt.

In einem der ältesten Fabelbücher des Mittelalters, dem *Speculum Sapientiae* des Bischofs Cyrillus, gibt das bunte Chamäleon dem gierigen schwarzen Raben zu verstehen, daß er bei ihm mit seinen Bekehrungsversuchen keine Chancen hat. Das bunte Tier bleibt für die schwarzberockten Moralisten ein eitles Tier. In der Fabel von der Ameise und dem Chamäleon rät das bescheidene einheimische Insekt dem eitlen fremdartigen Schuppentier, das sich mit seiner kurzzeitig schillernden Goldfarbe brüstet, es möge seine Augen schließen, dann halte der Ruhm länger. Auch die Fabeln kennen ihre Art von Feindlichkeit gegenüber Außenseitern.

In der Literatur der Embleme, der Denk- und Sinnbilder, spielt unser schillernder Insektenfänger (in Spanien wurde er deswegen häufig als Haustier gehalten), wie wir durch Klaus Günther Just wissen, eine vieldeutige Rolle: Es verweist auf die Schmeichler, auf die Unbeständigkeit der Welt, aber ebenso auf die Anpassungsfähigkeit des Verliebten, hat also auch positive Mitbedeutungen. Bei Andreas Alciatus etwa, dem trefflichen Emblem-Finder, beziehungsweise bei seinem deutschen Übersetzer Wolfgang Hunger, steht 1542 unter dem Titel *Der Fürsten Heuchler* zu lesen:

> Chamäleon von Luft sich nährt,
> die er stets fängt in' offnen Schlund.
> Auch ohn' Rot und Weiß er sich kehrt
> in alle Farb' in einer Stund.
> Also hat allzeit offnen Mund
> ein Schmeichler, frißt die Arm' gemein
> und lobt dem Fürsten all' sein' Fund,
> ohn' Frommheit und die Wahrheit rein.

In der Umgangssprache allerdings gilt ‹Chamäleon› heute in zahlreichen europäischen Ländern als Sinnbild für einen wetterwendischen, wankelmütigen, wendehalsigen Menschen, insbesondere einen anpassungsfähigen Politiker. Nicht alle antiken Schriftsteller hatten dem Tier schon diese übertragene Bedeutung beigelegt, doch Plutarch braucht sie (im 1. Jahrhundert n. Chr.), um den Alkibiades als höchst opportunistischen Staatsmann zu charakterisieren. Der hl. Hieronymus (4. Jahrhundert) bringt, wie Manfred Bambeck gezeigt hat, diese Echse in Zusammenhang mit den wechselnden lasterhaften Verhaltensweisen des Menschen; der im 6. Jahrhundert lebende Staatsmann und Historiker Aurelius Cassiodorus hat den Vergleich auf einen (fiktiven) Beamten namens Frontosus angewendet, und die Theologen des späteren Mittelalters gebrauchen immer wieder ‹Chamäleon› für Konformisten, Schmeichler, Lügner und Heuchler aller Couleur. Der Karikaturist Jean-Ignace Grandville (1803–1847) hat denn auch 1846 in seinem *Staats- und Familienleben der Tiere* einen solchen politischen Je-nachdem-Redner im Frack und mit einem Chamäleon-Kopf gezeichnet und den Kommentar hinzugefügt: «Das Chamäleon meint, die Redner, welche es bisher gehört, hätten ihm sämtlich wie aus der Seele gesprochen.»

Auf manchen Politiker mag diese negative Einschätzung zutreffen, doch was das Chamäleon anbetrifft, so ist es an der Zeit, seine lobenswerten Eigenschaften besser hervorzukehren: Ruhe, Geduld, Standfestigkeit, Reaktionsfähigkeit, Schnelligkeit, Umsicht, Überblick, Freude an Abwechslung. Solche Tugenden würden einige Zeitgenossen (zum Beispiel solche, die lange an Computern hocken) durchaus zieren.

Dachs

Vom Dachs *(Meles meles* oder *Taxus)*, der zur Familie der Marder gehört, wußten die Alten nicht viel. Plinius schreibt nur dies: «Ist der Dachs in Gefahr, so weiß er eine List: Er bläst seine Haut auf und dehnt sich aus; so kann er die Schläge der Menschen und die Bisse der Hunde abwehren.» Das zeugt zwar nicht gerade von eigener Beobachtung, wohl aber von der Tatsache, daß dieser ‹Meister Grimbart› und sein Weibchen, die ‹Fehe›, schon in der Antike gejagt wurden – wahrscheinlich wegen der erwähnten ‹Haut›, sprich: Fett und Fell. Brockhaus' *Conversations-Lexikon* von 1876 sagt uns, was den Dachs begehrenswert machte: «Das Fell wird besonders von Sattlern verarbeitet, das Fett wird zu Pommaden, das lange Rückenhaar zu Malerpinseln benützt.» Bei der Jagd ging es etwa so zu: «Im Glarnerlande, wo der Dachs bis ziemlich hoch in die Alpen heimisch ist, und auch anderswo üben zuweilen die Jäger eine barbarische Art des Einfangens. Sie stoßen nämlich eine lange Rute in den Bau, an der vorn ein doppelter Kugelzieher (‹Schweineschwanz›) befestigt ist, bohren so das Tier an, ziehen es langsam heraus und schlagen es durch Hiebe auf die Schnauze tot. Jedenfalls ist dasselbe eine ziemlich einträgliche Beute.»

So lesen wir es bei dem schon genannten Friedrich von Tschudi. Dieser schätzte am Dachs das feste Fell, das vortreffliche Fleisch (das man zuerst in Wasser legen mußte, um seinen muffigen Erdgeschmack zu vertreiben) und das Fett, das in den Apotheken gut bezahlt wurde. Noch im 17. Jahrhundert galten Dachsblut und Dachsschmalz als Heilmittel gegen mancherlei Gebrechen. Die brutale Jagdmethode ließ sich rechtfertigen, denn, so Tschudi: «Sich zu irgend Etwas abrichten zu lassen, sind sie ganz unfähig und stehen auf einer sehr niedrigen Stufe der Intelligenz.» Dazu Brockhaus: Dachse zeichneten sich aus «durch ihre Trägheit und mürrische Gemütsart»; und Meyers Konversations-Lexikon echot noch 1895: «Der D. ist ein mißtrauisches, einsiedlerisches,

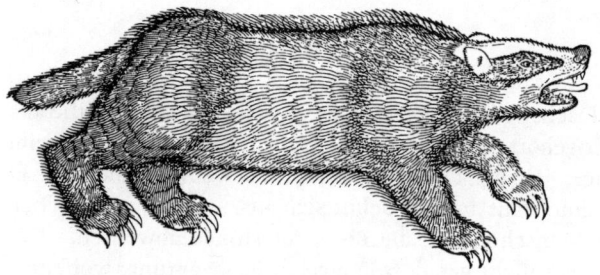

mürrisches Tier», und auch: «Am Tage sonnt er sich vor seinem Bau und macht wohl auch kleine Ausflüge; sein Gang ist sehr langsam und schwerfällig.»

Auch die einzige Fabel, in der unser Dachs auftaucht, schmeichelt ihm kaum. Er habe sich, erzählt sie, als Schwein ausgegeben (in der Tat kennt Gesner einen Schweinedachs!), um vom Schweinefutter etwas abzubekommen, doch als dann der Metzger zur Stelle war, wollte er schnell wieder ein Dachs sein. Kurzum, der Kerl war ein Müßiggänger und Schmarotzer und folglich auch noch dumm, gerade recht, um ihn aus seinem Bau zu jagen und aus seinem Fell wetterfeste Tornister zu machen! Wenn übrigens Martin Luther das hebräische *tachasch* mit ‹Dachs› übersetzte und meinte, die Stiftshütte (2. Mos. 26,14) sei mit Dachsfellen gedeckt gewesen, so dachte auch er dabei an eine große Dachsjagd und an die Brauchbarkeit dieser Art von Tierhäuten; die Stiftshütte war aber (wenn es sie wirklich gegeben hat) wahrscheinlich mit Fellen von Seekühen aus dem Roten Meer gedeckt.

Bei soviel Menschengier nach Fell und Fett (und auch nach Dachsfüßen und -zähnen, die als Amulette gebraucht wurden) lebte denn auch der Dachs in Redensarten länger als in der Natur. Conrad Gesner zählt solche Vergleiche auf: «Er ist so fett wie ein Dachs», sagte man von den Dicken; »er schläft wie ein Dachs» von den Faulen; «er hält sich innen wie ein Dachs» von «Calmäusern oder eingezogenen Menschen». Man hätte doch auch sagen können, einer sei so gemütlich oder ein anderer so diskret wie ein Dachs, oder Frau Meier habe eine so bequeme Wohnung wie die Dachsens, oder gar der Tiefbau-Polier X. oder der Röhrenleger Y. seien so erfahren wie ein Dachs. (Übrigens heißt unser Tier, wegen seiner unterirdischen Tätigkeiten, im Dänischen ‹grævling› oder ‹gravsvin›.) Aber solche positiven Vergleiche sucht man vergebens. Geschätzt werden freilich immer noch der vor dem Rasieren benutzte Pinsel zum Einseifen, der in Frankreich tatsächlich ‹blaireau›, also ‹Dachs› heißt, auch wenn er nicht mehr aus Naturhaaren hergestellt ist, und die weichen Pinsel, mit denen MalerInnen die allerfeinsten Striche ziehen können. An den grausamen Tod von abertausend Dachsen mag dabei niemand denken.

Delphin

Nicht von jedem Säugetier läßt sich soviel Liebenswürdiges erzählen wie von diesem (dem *Delphinus delphis*), einem Zahnwal, der sich so elegant im Meer oder, für uns näher und sogar zum Anfassen, in unseren Delphinarien tummelt. In den altüberlieferten Geschichten und in der Wasserbecken-Show läßt sich freilich nicht immer ausmachen, ob es sich bei dem ‹Delphin› nicht eher um einen Braunfisch oder um den stumpf- und breitschnäuzigen Tümmler *(Tursiops truncatus)* handelt, und nicht selten wird er dabei, wie alle Cetaceen, auch mit einem Fisch verwechselt. In der

Antike gilt er als ein heiliges und geschütztes Tier; er begleitet den Gott der Seefahrer, Apollo Delphinios, oder auch den Meeresgott Poseidon (Neptun), und als Sternbild finden wir ihn am Nordhimmel verewigt. Albrecht Dürer ließ 1503 auf einer Zeichnung die schöne nackte Fortuna mit einem Glück und Liebe bringenden Füllhorn auf einem Delphin reiten; dabei bleibt offen, zu wem das verspielte Reittier die Göttin tragen wird.

Der Delphin als Transportmittel? Schon Taras, Sohn des Poseidon und Gründer der Stadt Taranto, wird auf Münzen als Delphinreiter dargestellt. Der Sänger Arion, so berichtet Herodot, (der Vater der Geschichtsschreibung) aus dem 6. Jahrhundert v. Chr., wurde auf einer Seereise von geldgierigen Matrosen gezwungen, sich ins Meer zu stürzen. Die Geschichte erinnert an die des Propheten Jonas; aber unser Sänger wurde nicht von einem Wal verschlungen, sondern von einem Delphin sicher ans Ufer von Tainaron bei Korinth getragen. Nicht alle Historiker und Geschichtenerfinder mochten damals dieses Reiterstückchen – das uns heute als durchaus denkbar und möglich erscheint – glauben. Eine Fabel des Aesop, *Der Affe und der Delphin*, parodiert dieses Arion-Abenteuer: Ein Delphin läßt da einen schiffbrüchigen Affen aufsitzen und trägt ihn der Küste zu. Ob der Affe ein Athener sei? fragt der Retter. Ja, aus feinster Familie, gibt der Gerettete zur Antwort. Er kenne also auch Piräus? Ja, der sei einer seiner besten Freunde. Verärgert über soviel dumme Aufschneiderei, taucht der Delphin unter und läßt den Affen ertrinken.

Aber das ist nun wieder eine ‹moralische› Erfindung des fabelwitzigen Sklaven Äsop. Naturwissenschaftler der Antike und des Mittelalters kolportieren gerne weitere Heldentaten des schnittigen Zahnwals: Delphine erinnern sich an Wohltaten, und sie helfen (wie der dankbare Löwe oder so manche dankbare Märchentiere) später den Menschen, die ihnen früher Gutes erwiesen haben. Sie ehren auch Verstorbene und verschaffen Ertrunkenen die ihnen gebührende Bestattung in der Erde. Es ist nicht schwierig, in solchen Geschichten die Vorbildmoral zu entdecken: Tiere sind hier, wie auch anderswo, höhere Menschen, und sie zeigen den schlechteren Erdenbewohnern Wege zu tierisch-besserem Verhalten. Die Rettungsgeschichte hat selbstverständlich ihren Weg auch in die moderne Literatur gefunden. Bei August Graf von Platen etwa (*Die Abassiden*, 7. Gesang) liest sich das Ereignis so:

> Einen Delphin sendet ihm Melinda,
> welcher lustig durch die Purpurwogen
> schien zu scherzen um den müden Jüngling.
> Assur schlingt den Arm um ihn, der Delphin
> rauscht der Küste zu. [...].

Franz Graf von Pocci läßt seinen *Kasperl unter den Wilden* den Delphin zwar einen «ausländischen Karpfen» heißen, Kasperl benutzt den vermeintlichen Fisch aber doch als Reittier in die teure Heimat. Und so nimmt es denn nicht wunder, daß sich die beliebteste aller schweizerischen Kaufhaus-Kinderbuchgestalten, nämlich der Papageienmensch Globi (die Zeichnungen stammen von Robert Lips, die Verse von A. Bruggmann), in *Globis Abenteuer auf dem Meeresgrunde* von einem Delphin namens ‹Schwipp› erretten läßt:

> [...] Grosses Unheil ist vermieden.
> ‹Schwipp›, der Retter, lacht zufrieden.
> Freundlich bietet er sich an:
> «Komm, ich diene dir als Kahn!»
> Durch das Meer mit seinen Tücken
> reitet auf dem Schuppen-Rücken
> unser Globi, stolz und keck,
> und so kommt er schnell vom Fleck. [...].

Delphine scheinen (in solchen Geschichten) homoerotische Neigungen zu pflegen, und unter den Männern bevorzugen sie offenbar die schönen Jünglinge (wie Platens Assur). Der Knabe Hyacinthus besaß einen Delphin und nannte ihn den plattnasigen Simon, und der trug ihn, so erzählt der antike Naturwissenschaftler Plinius, von Baiae (bei Neapel) über den Golf nach Puteoli in die Schule und von dort wieder nach Hause zurück. Aber mit dem Begriff der Erotik vermenschlichen wir abermals allzu stark dieses Tier, das seine eigene Intelligenz hat, seine hochentwickelte Feinfühligkeit und Kommunikationsfähigkeit und eine Eigenschaft, die wir, wiederum vermenschlichend, Spieltrieb nennen, die man aber auch als vorsichtigen und behutsamen Umgang mit fremden Dingen und Lebewesen bezeichnen könnte. Alte Mythen meinen, dieses Tier könne nur ein verwandelter Mensch sein. Einige Märchenerzähler meinten folglich, der Delphin sei auch als ‹Tierbräutigam› geeignet, als einer, der sich später als zärtlicher Partner für die Frauen erweist.

Die moderne Cetaceen-Forschung hat dem Delphin viel von seinen geheimnisvollen Affekten und Aspekten genommen; die Praktiker wußten seine Sendesignale und seinen Orientierungssinn auch sogleich auszubeuten, indem sie ihn zum Unterwasser-Kampfschwimmer ausbildeten. Unsere Delphinarien zeigen ihn als einen durch und durch trainierten, in Gefangenschaft und Abhängigkeit erfolgreich lebenden Schauschwimmer und -springer, während seine sich frei bewegenden Artgenossen immer weniger werden. Es liegt an uns, zuzusehen oder auch nicht, wie der liebenswürdige Delphin zu einem nur noch in Märchen- und Kinderbüchern lebenden Wunderfisch, zu einem «ausländischen Karpfen» zusammenschrumpft.

Eichhörnchen

«*Es* ist das Aychhörnlein ein hurtiges und unruhiges Tierlein», schreiben Conrad Gesner und Georg Horst 1669. «Und wiewohl es von Natur etwas wild ist, wird es dennoch so zahm, daß es dem Menschen in den Busen, Ärmel und auf das Haupt lauft und in die Kleider sich versteckt. [...] Wann das Aychhorn, um seine Nahrung zu suchen, an ein Wasser kommt und gern über dasselbe wäre, so sucht es ein Spänlein, darauf setzt es sich, braucht seinen Schwanz anstatt eines Segels, richtet auch denselben nach dem Winde und schiffet also über das Wasser. Man hat sie auch dermaßen über das Wasser schiffen gesehen, daß sie im Maul einen Tannen- oder Zirbelzapfen tragen. So im Sommer die Sonn zu heiß scheinen will, braucht es seinen Schwanz als ein

Dach und machet ihm selbsten damit einen Schatten.» Beim Springen von Ast zu Ast, heißt es dort weiter, wedle das Eichhorn *(Sciurus vulgaris)* mit dem Schwanz, um weiter vorwärts zu kommen. Und schließlich: «So bald es seinen Schwanz ersieht, kriegt es Lust zu springen.» Man sieht, daß der ‹Oachkatzlschwoaf›, von dem, der richtigen Aussprache wegen, die Bayern und die Preußen soviel Aufhebens machen, seinen Ruf zu Recht genießt. Um es mit Gottlieb Konrad Pfeffel (1796) zu sagen:

> Was für die junge Braut der Kranz
> und für das Kirchenlicht der Kragen,
> das ist auch noch in unsern Tagen
> dem Eichhorn und dem Fuchs der Schwanz.

Auch die Kinder wissen die zahme Zutraulichkeit unseres Nagetiers zu schätzen. Karl Friedrich von Klöden gedenkt in seinen Jugenderinnerungen eines Eichkätzchens, das er (um 1790) geschenkt bekam: «Das kleine Geschöpf wurde überaus zahm, zutunlich und drollig, und jeder, der es sah, freute sich darüber. Es kletterte blitzschnell an mir in die Höhe, setzte sich auf meine Schulter und fraß mir aus dem Munde. Alle seine Bewegungen waren geschickt und zierlich. Ich liebte es wie meinen innigsten Freund, und es zeigte auch mir eine große Anhänglichkeit. Als ich es ein halbes Jahr besessen hatte, wurde es von einem großen Hunde totgebissen. Ich war darüber förmlich außer mir und habe im Leben selten einen größeren Schmerz empfunden.»

Nicht alle Erzähler standen dem Eichhorn so positiv gegenüber wie Gesner oder Klöden. «Das Eichhorn ist der Affe unserer Wälder», schrieb Friedrich von Tschudi mit einem unpassenden Vergleich in der Mitte des 19. Jahrhunderts, «und steht dem südlichen Affen in Munterkeit und Possirlichkeit [!] wenig nach, wohl aber ist es weniger dreist und nicht so boshaft [!] wie dieser.» Ein putziges, aber doch nicht sehr hochstehendes Tier also; es werde viel gejagt, meint Tschudi, aber: «Ihr spärliches Fleisch schmeckt im Herbste gut; ihr Pelz ist wenig wert.» Als ob es immer nur um die Meinung der Jäger und der Köche ginge!

Für den Gebrauch in der Tierfabel dürfte das Eichhörnchen, so könnte man denken, nahezu ungeeignet sein. Es läßt sich weder wegen Faul- oder Eitelkeit, Großmannssucht oder Verschlagenheit tadeln, noch kann man es wegen ausnehmender Stärke oder exemplarischer Klugheit loben. Seine Kletterkünste könnte ein Dichter allenfalls gegen die Ungelenkigkeit der Schildkröte ausspielen, die Eleganz seines rotbuschigen Rücklichts gegen die mickerige Heckausstattung des Schweins. Und doch hat der genannte Gottlieb Konrad Pfeffel das Eichhörnchen gegen ein anderes Tier antreten lassen: Der mißmutige Leopard muß dabei von dem schwächeren Tier lernen, daß es so fröhlich lebt, weil es sich eines guten Gewissens erfreut. In seiner Fabel über *Die beyden Eichhörnchen* erzählt Pfeffel andererseits von zwei zunächst unglücklichen, weil schwanzlosen Exemplaren unserer Gattung; doch sie eignen sich die Schwänze von zwei toten Füchsen an, ziehen mit diesem fremden Schmuck geziert zu Hofe und bringen es zu hohen Stellungen, ohne daß ihr Betrug aufgefallen wäre:

> So täuscht die alte Buhlerin
> durch eine modische Perrücke
> und eine Tünche von Carmin
> beim Balle selbst des Kenners Blicke,

heißt es da kritisch zum Thema ‹Kleider machen Leute›.

Aber es erscheint ungerecht, diesem bescheidenen Tierlein zunächst den Schwanz zu nehmen und es dann wegen angemaßter Eleganz zu tadeln. Die Realität ist doch lange Zeit eine ganz andere gewesen, denn die Menschen benutzten die Winterpelze der Eichhörnchen, um damit ihre Muffe und

Kragen zu verbrämen. *Petit gris* vom ‹grauen› Eichhörnchen *(Sciurus cinireus)* wurde aus Nordamerika geliefert und zu Pelzwerk verarbeitet. Heute, da auch diese Waldtiere äußerst selten geworden sind, ließen sich über Menschen und Pelze ganz andere Eitelkeitsfabeln schreiben.

Eidechse

Dieses putzige, elegante vierbeinige Reptil *(Lacerta agilis)* aus der Familie der *Lacertidae* zeigt sich uns wachsam, alert und agil als graue Mauer- oder Zaun-, grüne Smaragd- oder braune Bergeidechse, und es ist schwer einzusehen, warum es früher als Hexentier behandelt wurde und bei den Menschen Angst auslöste, wie es Johann Peter Hebel in einer seiner belehrenden Kalendergeschichten bezeugt: Daß man sich vor den Schlangen fürchte, meint er, sei wohl noch begreiflich, «aber warum sind viele Leute sogar den Eidechsen feind, diesen unschuldigen Tieren, die niemand beleidigen, niemand schaden, vielmehr dem Landmann nützlich werden, indem sie von allerlei kleinen Insekten oder sogenanntem Ungeziefer sich nähren? Höchstens können sie euch ein wenig erschrecken, wenn ihr so in euren stillen Gedanken dahinwandelt, und auf einmal etwas im Laub rauscht.» Man müsse vielleicht vor dem Krokodil Respekt haben, lehrt der Tierschützer Hebel, die kleine Eidechse jedoch sei für den «verständigen Mann» ein Grund zur Freude; er «bewundert ihre unnachahmliche Geschwindigkeit und sieht mit Vergnügen ihren unschuldigen Spielen zu. Dann geht er mit guten Gedanken seines Weges weiter [...].»

Aber die Eidechse läßt uns bei genauerer Beobachtung noch mehr von ihrem Charakter erkennen: «Ich verbrachte einmal zwei Monate damit», erzählt die englische Reiseschriftstellerin Dame Freya Stark (1893–1993) in ihrer Essaysammlung *Perseus in the Wind*, «einen kleinen Eidechs [im Englischen männlich!] zu zähmen, den ich vor arabischen Beduinen des Südens gerettet hatte, bis er mir aus der Hand fraß und mich kannte. Wenn er Angst bekam, blähte er sich bis zur Größe eines kleinen Ballons auf, und er schrumpfte wieder zusammen, wenn er die Sicherheit meiner Hand verspürte. Er hatte kleine, leuchtende, dreieckige schwarze Augen, hielt gerne seinen Kopf zu einer Seite geneigt und schaute daraus hervor mit der Weisheit eines Pan, die fröhlich und weit von uns entfernt zu sein schien, und seine Augen – bei mir allein, wenn ich ihn streichelte – drehten sich plötzlich in ihren Höhlen im Kreise; das ist für Eidechsen eine seltsame, aber, so sagen es die Bücher, natürliche Art, Zuneigung auszudrücken.» Und bei so vertrautem Umgang mit dem kleinen Reptil entdeckt Freya Stark noch andere menschliche Eigenschaften in ihrem Eidechs: «Mut, Angst, Zuneigung, Ärger, und diese gehen zurück auf eine Stammesgeschichte, die ungeheuer viel älter ist als die unsere.» Vielleicht hatte Frau Stark Heinrich Heine gelesen? In seiner *Stadt Lucca* finden sich ähnliche Loblieder auf die Eidechsen «mit ihren klugen Schwänzchen und spitzfindigen Äuglein», auf dieses «ironische Geschlecht», diese sprechenden und erzählenden Tierchen, die «gleichsam die geheimen Annalen der Natur aufbewahren» und «wunderbare Zeichenbilder» auf ihren Leibchen tragen.

Eine katalanische ätiologische (Ursprungs-)Erzählung stellt auch bei der Eidechse den lieben Gott und den Teufel als Weltenschöpfer gegenüber. Gott formt die schöne Eidechse mit vier Füßen und einem Schwanz, der Teufel hingegen stellt ein langes Tier ohne Füße noch Schwanz her, nämlich die Schlange. Die Eidechse, heißt es da, sei seitdem der Feind

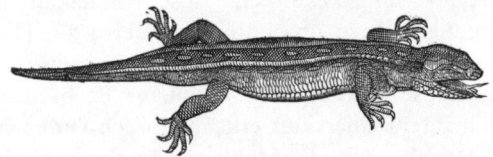

der Schlange und beschütze den Menschen gegen dieses Teufelstier: «Wenn ihm eine Schlange Böses tun will, dann rennt die Eidechse herbei, klopft ihm mit ihrem Schwanz ins Gesicht und warnt ihn vor der Gefahr.»

So gilt denn auch vielen dieses Kriechtier als glückbringend; die Landbewohner in der Gegend von Mantova und anderswo denken gar, es gebe Eidechsen mit zwei Schwänzen, und wenn man eine solche finde, müsse man sie fangen und immer bei sich tragen, um der glücklichste Mensch der Welt zu sein. Im Italienischen heißt sie ja auch ‹lucertola›; das Volk sieht sie wegen ihrer Freude am Sonnenschein als ein Wesen, das mit Licht (‹luce›) zu tun hat: In der Tat ist sie in der Antike oftmals mit dem Sonnengott Apollo in Verbindung gebracht worden. Die alten Deutschen, weniger vom Licht verwöhnt, setzten ihren Namen aus einem Wort für die ‹Schlange› (‹egi-›) und einem anderen für den ‹Spinnrocken› (‹dehsa›) zusammen und verwiesen damit auf die Behendigkeit und Schlankheit dieses Tieres. Andere Völker, andere Eidechsen-Assoziationen: In Spanien kann man mit ‹lagarto› einen Filou und mit ‹lagarta› ein Weib mit wechselvollem Lebenswandel bezeichnen. Im Französischen meint ‹lézarde›, die weibliche Form des männlichen ‹lézard›, einen gezackten Riß in einer Mauer, so als handle es sich dabei um den raschen Schatten einer dort lebenden Eidechse oder als lebe sie in diesem Mauerriß.

Die Vorstellung von der Eidechse in der Wand stammt aus der Antike. Der *Physiologus* erzählt, die «Sonnen-Echse» werde im Alter blind: «Was macht sie dann in ihrer feinen Art? Sie sucht sich eine Mauer, die zum Sonnenaufgang schaut, und sie schlüpft in eine Spalte dieser Mauer. Wenn dann die Sonne aufgeht und sie hineinblickt, werden ihre Augen wieder geöffnet, und die Echse wird gesund»; der Mensch soll dementsprechend die «Augen seines Herzens» gegenüber Christus auftun. In der Lehrdichtung des Mittelalters wiederholt sich diese Vorstellung von der Eidechse in der Mauerspalte, und sie findet sich sogar noch in einem sardischen Märchen unserer Zeit: Eine kinderlose Frau schaut eine Eidechse an und beneidet sie, weil sie Kinder haben kann. Gott bestraft sie deswegen mit der Geburt einer Eidechse; diese ungewünschte Leibesfrucht lebt dann in einer Mauerritze, wo man sie sehr schön singen hört. Ein Prinz verliebt sich in diese Stimme, da er aber die Eidechse nicht bekommen kann, wird er krank. Da beschließt diese, ihr Versteck zu verlassen und sich auf den Weg zu machen, um den jungen Mann zu heilen; drei Feen helfen ihr bei ihrer Verwandlung in ein schönes Mädchen, das den armen Prinzen bald wieder gesunden läßt. Und schließlich kommt es zur Hochzeit mit dieser Eidechsenprinzessin.

Bei dem neapolitanischen Barockdichter Giambattista Basile kommt es im achten Märchen des ersten Erzähltages seines *Pentamerone* (1634) zu der Begegnung eines armen Familienvates mit einer dicken Eidechse, die von ihm seine jüngste Tochter fordert. Die Frau des Armen ist von dieser Sache sehr eingenommen: Vielleicht sei es eine Echse mit zwei Schwänzen, meint sie, bringe ihnen daher Glück? Das Töchterchen geht also in den Palast des Zaubertieres (es handelt sich selbstverständlich um eine Fee) und begegnet dort einem Prinzen, der sie gern mit sich nach Hause nimmt, zumal sie von der Eidechse eine hübsche Mitgift von sieben Millionen Gulden bekommt. Doch leider vergißt die Braut, der Gast- und Goldgeberin zu danken, und wird zur Strafe in ein Wesen mit häßlichem Ziegengesicht verwandelt. Erst nachdem sie hinreichend beschämt und zur Reue bereit ist, gewinnt sie, dank der liebenswerten Eidechsenfee, ihre frühere Gestalt zurück und wird mit ihrem Prinzen glücklich.

Weniger märchenhaft geht es in einer Kindergeschichte vom Ende des 19. Jahrhunderts zu. Auf einem Bilderbogen der Firma Pellerin in Epinal wird uns in zwanzig Bildchen die ebenso abenteuerliche wie einfältige moralisierende Geschichte von der Goldenen Eidechse erzählt. Der bescheidene Schäferjunge Pierre wird darin von einem bösen Adoptivprinzen namens Raoul gequält, weil Pierre eine goldene Eidechse vor den Bosheiten des adligen Knaben schützen will. Pierre kommt ins Gefängnis, aber die goldene Eidechse zeigt ihm einen Weg nach draußen und just in das Schlafzimmer des Königs, wo die böse Königin mit einigen schurkischen Höflingen dessen Ermordung plant. Pierre enthüllt dem König dieses Komplott und zerbricht den Zauberstab der Königin, die nichts anderes als eine böse Fee ist. Da verwandelt sich die Fee in eine Eule, Raoul, ihr Sohn, in eine Spinne, und Pierre erhält die echte Königstochter zur Frau.

In Sprichwort und Tierfabel kommt die Eidechse weniger positiv weg als in unseren Märchen. Sie wolle wohl gern ein Krokodil sein, heißt es da, oder so lang wie eine Schlange, und die Moral lautet folglich, der Mensch solle sich mit seinem geringen Stande zufriedengeben. Vergessen wir diese Verunglimpfung unserer schönen Eidechse, bewundern wir sie zusammen mit Johann Peter Hebel und halten wir sie mit unseren italienischen Nachbarn für eine Glücksbringerin, auch wenn sie nur einen – und zudem zerbrechlichen! – Schwanz hat.

Elefant

«Mit Maschinengewehren herdenweise niedergemäht, mit Speeren und Lanzen, mit Gift und mit Feuer Tag und Nacht verfolgt, an ihren letzten Zufluchtsorten aufgestöbert und erbarmungslos abgeschlachtet – das ist heute das Los der Elefanten.» So hieß es noch vor zehn Jahren in dem Rettungsaufruf einer Hilfsorganisation, die sich für den Erhalt der letzten afrikanischen Elefanten und für einen Stop des Handels mit dem ‹weißen Gold› einsetzte: «Das Elfenbein muß verfemt, verpönt, muß wertloser werden als Falschgeld», hieß es da. Inzwischen mag die Großwildjagd in einigen afrikanischen und indischen Staaten eingeschränkt und den Elefanten eine Überlebenschance in Nationalparks eingeräumt worden sein; die Gattung Elefant *(Loxodonta africana* und in Asien: *Elephas maximus)*, das gewaltigste (und größtohrige) Säugetier der Erde, ist trotzdem vom Aussterben bedroht.

Da er in Europa nicht heimisch war, war er hierzulande nur gelegentlich in herumziehenden Menagerien zu sehen; diese Auftritte wurden immer wieder in illustrierten Flugblättern festgehalten: in Frankfurt und Nürnberg 1629, für ganz Deutschland und die Schweiz um 1651, in Eßlingen oder Zürich 1773, in Venedig 1774, in Moskau 1796; auf einem dieser Plakate aus dem 17. Jahrhundert heißt es unter der Abbildung eines solchen Wundertiers: «Zu wissen sei männiglich, daß allhie ankommen [ist] ein Orientalischer

Elefant, 10 Jahr alt und 10 Schuh hoch, welchen die Natur mit wunderlichem Verstand begabet hat: Wer solchen Lust zu sehen, der verfüge sich stündlich alle Tag zu der Heuwag; eine alt Person gibt 2 Batzen, ein klein Kind ein Batzen.»

Im Jahre 1866 ging eine solche Elefanten-Schaustellung in Murten im Kanton Bern höchst ungewöhnlich aus: Die Kunstreitertruppe Bell und Myers führte an einem Wochenmarkttag auch zwei Elefanten vor; eines dieser Tiere tötete in der Nacht seinen ‹Cornac›, einen Engländer namens Moffat in wilder (vielleicht aber auch gut überlegter?) Wut. Der Rat der Kleinstadt beschloß im Einverständnis mit den Besitzern, den angsterregenden Elefanten zu erschießen. Eine Kanone samt dem Artilleriehauptmann Daniel Stock wurde aus Fribourg herbeigeschafft, die Hauptstraße geräumt, der Elefant aus seinem Stall gelockt. Der erste Schuß des trefflichen Artilleristen genügte, um den Elefanten zu erledigen und die Treppe des Gasthofs zum Adler zu beschädigen. Murtens Einwohner waren aus unerhörter Gefahr errettet worden; die Leiche des Elefanten landete im Berner Naturhistorischen Museum und trug dem Murtener Stadtrat einen Erlös von dreitausend Franken ein. Noch heute soll sich im Anatomischen Institut der Universität Bern das Gerippe dieses Tieres finden – ein Denkmal für einen Elefanten, der wahrscheinlich intelligenter war als seine in der Elefantenkunde wenig bewanderten Mörder. In der gewaltigen *Elephantographia curiosa* des Georg Christoph Petri von Hartenfels (1715) oder in August Wilhelm Schlegels Aufsatz *Zur Geschichte des Elefanten* (in der *Indischen Bibliothek* 1823) hätten sie viel Lobendes über die Bescheidenheit, Verschwiegenheit, Zurückhaltung, Hilfsbereitschaft und Klugheit dieses Tieres, das sie allerdings nicht hätten überreizen sollen, nachlesen können. Übrigens zeigt George Orwell in seiner bekannten Erzählung *Shooting the Elephant*, wie er als englischer ‹Sahib› in die Lage geriet, einen wütend gewordenen Elefanten erschießen zu müssen, ohne das zu wollen; das Prestige der englischen Nation stand dabei auf dem Spiel.

Und ferner gab es die Elefanten in Stein gehauen als Denkmäler, so in Rom, schwarz in Catania oder gleich vierfach in

Chambéry. Auf diese Weise bewundert und erhöht, hat der Elefant, mehr als andere Tiere, die Phantasie der Menschen – und nicht zuletzt der Kinder – beflügelt. Im gesamten Mittelalter war er nur aus den Berichten der antiken Naturwissenschaftler bekannt, und so schlich sich in seine Beschreibungen so manche nur symbolisch zu verstehende Schilderung ein: Der Elefant sei ein keusches Wesen, jedoch in der Lage, Menschen zu verschlingen; vor der Begattung esse das Weibchen von der Frucht der Mandragora und lasse auch das Männchen davon essen; das Elefantenbaby werde

von einem Drachen bedroht, und so sei der Drache der ärgste Feind des Elefanten; das Grunzen einer Sau könne das Riesentier ganz und gar nicht vertragen, auch der Geruch von Mäusen sei ihm zuwider; der Elefant habe keine Kniegelenke, und der Mensch könne ihn fangen, sobald er sich zum Schlafen stehend an einen Baum lehne, welchen die Jäger dann flugs umsägten (diese Geschichte erzählt Conrad Gesner sogar noch 1551); die alten Elefanten könnten dem Darniederliegenden nicht helfen, wohl aber ein ganz junges Tier; der Elefant könne Schlangen aus ihren Höhlen heraussaugen, und durch das Verbrennen seiner Knochen könne man

Schlangen vertreiben, und so fort. In mittelalterlichen Bild-darstellungen trägt der Elefant gerne einen kurz geratenen Turm, und auf diesem stehen Ritter oder Krieger, welche auf ihre Feinde am Erdboden einschlagen – eine Reminiszenz an die alten Kampfelefanten der Antike. Zwei Jungfrauen, so erzählen die *Gesta Romanorum* um das Jahr 1300, würden in den Wald geschickt, die eine mit einer Schüssel, die andere mit einem Schwert. Ein Elefant schlafe im Schoß der einen Dame ein, die zweite töte ihn, die erste fülle ihre Schüssel mit seinem Blut. Gemeint ist der Opfertod, den Christus durch Eva erleiden muß; Maria, die Gottesgebärerin, kann die Menschheit mit Christi Blut erlösen. Solche doppelsin-nigen Vorstellungen der Antike und des christlichen Mittel-alters wirken bis in die Emblemliteratur des Barockzeitalters hinein fort.

Michel de Montaigne ist, am Ende des 16. Jahrhunderts, wieder einmal der erste, welcher mit Entschiedenheit die Intelligenz auch der Elefanten zu preisen weiß: In den großen Schlachten der Antike hätten sie es verstanden, sich selbst und anderen die Speere der Feinde sorgsam aus der Haut zu ziehen; sie seien auch musikalisch und könnten mit ihren Genossen Rundtänze aufführen. Da sei einmal ein Elefant in Syrien gewesen, dem sein Treiber jeweils die Hälfte des Fut-ters vorenthalten habe. Als eines Tages der Besitzer des Tie-res ihm seine ganze Portion Gerste zugewiesen, habe es, mit einem verräterischen Blick auf den Treiber, die Hälfte davon beiseitegelegt. Ein anderer Treiber habe seinem Elefanten Sand unter das Futter gestreut, damit es nach mehr aussehe, und das Tier habe sich gerächt, indem es Asche in den Fleischtopf des Treibers schüttete.

Die Rache des Elefanten ist dann ein beliebtes Thema der Unterhaltungsliteratur geblieben (Patricia Highsmith tauscht ihn allerdings in einem ihrer Tierkrimis gegen ein Kamel aus). Ein Elefant auf Sumatra habe einst einem Schneider, so erzählt zum Beispiel der ‹Wandsbecker Bote› Matthias Clau-dius im Jahre 1777 (und später, nach ihm, einige Lesebücher), ein paar Äpfel wegfressen wollen. «Der Schneider wollte die Äpfel lieber selbst essen, und als der Rüssel wieder kam, stach er mit einer Nadel hinein, und der Elefant sagte ‹P″r″r″r″r″rm› und ging weiter zur Tränke, trank sich satt und nahm einen Rüssel voll Wasser mit zurück. Und als er wieder an den Schneider kam, stellte er sich gerade vor ihm hin und blies ihm das Wasser ins Gesicht und über den ganzen Leib, und ging weg.» Claudius macht sich dabei über die Intellektuellen lustig, die meinen, sie stünden höher als Elefanten oder Biber, wenn sie behaupteten, man habe noch nie gehört, «daß 'n Elefant einen Hexameter gemacht, oder die Biber einen Musenalmanach herausgegeben hätten».

Viele Elefantengeschichten sind verständlicherweise indischen Ursprungs. So erzählt das *Pañcatantra*, eine alte indische Fabelsammlung, wie der Elefant ein Volk von Mäusen verschont. Zum Dank dafür befreien ihn später die kleinen Tiere aus dem Netz der Jäger (AaTh 75). Oder umgekehrt: Der Elefant zertrampelt das Nest einer Lerche, diese ruft Frosch, Krähe und die Bienen zur Hilfe, der Frosch lockt den Elefanten in einen vertrockneten Teich, die Krähe pickt ihm die Augen aus, und die Bienen stechen den Elefanten schließlich tot (AaTh 248 A). Aus dem Indischen stammt auch die Fabel vom weisen Hasen, der den König der Elefanten tadelt, weil seine Untertanen auf dem Weg zum Brunnen des Mondes die Wohnungen der Hasen zerstört haben. Um seinen mahnenden Worten Nachdruck zu verleihen, läßt der Hase den Elefanten die Oberfläche des Brunnens, welche den Mond spiegelt, berühren; nun bekommt der Elefant wirklich Angst vor der Wut des zitternden Mondes und läßt die Hasen fortan in Frieden leben (AaTh 92 A). In einem Schwank hängt sich ein Mann an den Schwanz eines Elefanten, der zum Himmel fliegt; bei einem zweiten Flug hängen sich noch andere Männer an die Beine des ersten, doch dieser läßt während des Fluges dummerweise den Schwanz des Tieres los (AaTh 1250 B).

Für die alten Inder ist der Elefant ein verehrungswürdiges, hilfreiches, sozial denkendes Wesen, das gern mit anderen Tieren zusammenlebt; er kommt als Götterbote vom Himmel, gilt als König der Tiere und rettet mehrfach Menschen aus Gefahr. Auch afrikanische Märchen erzählen gern von den Beziehungen des Elefanten zu anderen Tieren. Mit dem listigen Hasen, so erzählen die Akamba in Kenia, läßt sich der Elefant in einen Wettlauf ein und verliert dabei seine Hinterbacken, die der Hase seinen Freunden zum Essen vorsetzt. Die Hausa in Westafrika erzählen, wie das schlaue Kaninchen den Elefanten und die Giraffe Feldarbeiten für sich verrichten läßt, dann aber die gesamte Ernte allein behält. In einer liberianischen Tiergeschichte erschrecken die Elefanten über die Gefräßigkeit einer Ziege und haben seitdem Respekt vor dem kleineren Tier; in einer anderen bringt der Schakal den Elefanten und den Wal dazu, ein Tauziehen zu veranstalten. Die Moral ist jeweils, daß der Kleine sehr wohl in der Lage ist, dem Großen die Zähne zu zeigen oder ihn mit List zu überwinden. In Europa scheint das erzählende Volk eher von der Macht des Gewaltigen überzeugt gewesen zu sein. Den Rüssel des Elefanten erklärte eine Erzählerin aus Barcelona dem Geschichtensammler Joan Amades folgendermaßen: Der Kerl habe eines Tages mit der Ziege Karten gespielt und ihr dabei alles Geld abgewonnen, darüber hinaus habe sie schließlich sogar noch ihren Schwanz hergeben müssen. Den habe sich der Elefant als Preis an die Nase geklebt, und so habe er jetzt zwei Schwänze und die Ziege nur noch einen Stummel.

In den sechziger Jahren unseres Jahrhunderts gelangte eine neue Art von Witzen über die USA nach Europa und eroberte in kurzer Zeit die Öffentlichkeit – und nicht nur die Jugend: die Elefantenwitze, eine Art von Rätseln, in denen eine von vornherein absurde Frage gestellt und die Antwort so gegeben wird, als sei alles völlig in der Ordnung. Etwa so: Wie viele Elefanten passen in einen Volkswagen? Antwort: Vier: zwei vorne und zwei hinten. Oder: Woran merkst du, daß ein Elefant bei dir in der Badewanne sitzt? Antwort: An einem schwachen Geruch nach Erdnüssen. Oder: Was tut ein Elefant, wenn er nicht mehr vom Baum herunterkommt? Antwort: Er setzt sich auf ein Blatt und wartet, bis es Herbst wird. Beliebt waren seinerzeit auch Witze, in denen Elefant und Maus als Protagonisten auftraten: Die beiden kommen zum Beispiel aufs Standesamt: «Wir wollen heiraten.»

«Was?», sagt der Standesbeamte, «ihr wollt heiraten?» Sagt die Maus: «Wir wollen nicht, wir müssen.» Und zum Schluß: Ein Elefant kommt in einen Pralinenladen und sagt: «Bitte, ich möchte Rumkugeln.» Und der Verkäufer: «Aber bitte nicht hier.»

Die unübersehbare Körpermasse des ‹Jumbo›, der in der Werbung immer dann herhalten muß, wenn es um etwas klotzig Kompaktes und Solides geht, kontrastiert ebenso wie seine enorme Leistungskraft mit seiner offenbar ausgeprägten Sensibilität oder seiner undurchschaubaren, geheimnisvollen Psyche. Äußerer Schein und inneres Sein wollen da offenbar nicht so recht zusammenpassen, und aus dieser Spannung sind nicht nur Fehlreaktionen der Menschen (wie der Leute von Murten) entstanden, sondern vor allem die Jahrtausende alte hohe Symbolkraft und der umfassende Erzählwert dieses Tieres. Seit eh und je – und nicht erst seit Jean de Brunhoffs *Babar* (aus den dreißiger Jahren) – sind Kinderbücher mit Elefanten außerordentlich beliebt, und es gibt wohl kaum ein Stofftiere liebendes Kind, das nicht auch ein kuscheliges Rüsseltier besäße. In der Tierliteratur gibt es blaue, goldene, rote sowie dann und wann weiße Elefanten; aus seinem Namen machen Witzbolde bald einen Krokofanten, bald ein Elefozeros. Bertolt Brecht schilt den Elefanten dumm, der zwanzig Bäume auf einmal schleppt und sich dabei ein Bein bricht, anderseits ist bei ihm der Elefant Herrn Keuners Lieblingstier, weil er «List mit Stärke» vereint. James Krüss läßt den Elefanten zwitschern; Christian Morgenstern macht ein Gedicht über den «großen Elefanten, [...] der immer so macht, hin und her». Joachim Ringelnatz meinte: »Ein Elefant von vorn sieht fast so aus wie ein Nilpferd von rückwärts.» Wer noch mehr verrückte Elefanten-Phantasien lesen möchte, sei auf die Anthologie *Es war einmal ein Elefant* (1980) von Jürgen Becker verwiesen. Der literarische Elefant lebt lustiger als je zuvor. Um so mehr sollte es unser aller Anliegen sein, dieses hohe Tier auch für die Realität zu retten.

Elster

Fragt man den klugen Mann auf der Straße nach einem Wort, das er mit ‹Elster› verbindet, so sagt der erste: «diebisch» und der zweite: «geschwätzig», und diese Antworten kommen nicht von ungefähr, sie haben jeweils eine lange Tradition.

Die diebische Elster (La gazza ladra) heißt eine ehemals gern gespielte und gehörte, muntere bis tragische Oper von Gioacchino Rossini (sie wurde 1817 in Mailand uraufgeführt; unter den Zuschauern befand sich auch der Schriftsteller Stendhal, und in seinem Rossini-Buch erzählt er ausführlich von diesem Ereignis); Rossinis Librettist, Giovanni Gherardini, kannte eine seinerzeit in Frankreich wohlbekannte Kriminalstory von einer Bauernmagd, die auf den Verdacht, einen silbernen Löffel gestohlen zu haben, zum Tode verurteilt wurde. Nach der Hinrichtung der Unschuldigen stellte sich heraus, daß der Löffel im Nest einer Elster lag. Die MitbürgerInnen stifteten daraufhin dem Opfer zu Ehren eine jährliche Messe, welche ‹Elstermesse› genannt wurde. In Rossinis Werk, einer ‹opera semiseria›, wird das des Diebstahls bezichtigte Dienstmädchen, Ninetta, im letzten Augenblick vor den Nachstellungen des bösen Bürgermeisters und vor dem Tode gerettet; zwei junge Burschen entdecken gerade noch rechtzeitig Silberlöffel und -gabel bei der Elster, welche ihr Nest im Glockenturm gebaut hatte.

Das alles klingt nicht gerade einleuchtend, blieb aber doch als Thema lange Zeit populär. *La pie voleuse/Die diebische Elster* ist zum Beispiel der Titel eines gern gekauften Einblattdrucks mit vier Bildchen der Firma Wentzel in Wissembourg/Weißenburg im Elsaß, und die dort erzählte Geschichte verläuft immer noch nach dem alten Opernschema, allerdings, wie es sich für die Kolportage gehört, mit einem sehr viel düstereren Ende. Auch auf dem Bilderbogen hat sich eine Zofe namens Henriette (adliger Abstammung) der Nachstellungen eines lüsternen Greises zu erwehren, und der Zurückgewiesene faßt den schurkischen Plan, sich zu rächen. Als im Hause der Dienstherrin Juwelen auf ungeklärte Weise verschwinden, sieht der Alte seine Stunde gekommen: Er beschuldigt das junge Blut des Diebstahls, und Henriette wird in der Tat gehängt. Ihr Bruder eilt zu spät herbei und stürzt vor Schreck tot zu Boden. Im Fallen reißt er jedoch ein Gefäß um, dem die von der Elster gestohlenen Juwelen entrollen – aber ach, das weckt die Toten nicht mehr auf! Beim Leser bleibt ein schales Gefühl dumpfen Hasses gegen den schwarz-weißen Vogel Langschwanz zurück. Ja, die Elster ist eine ganz gemeine Diebin; sie stiehlt, wie ein böhmisches Mönchsmärlein zeigt, sogar noch, nachdem sie in ein Kloster eingetreten ist.

Daß die Elster *(Pica caudata)* sprechen könne und ein zwar krächzendes, aber auch gewandtes Mundwerk habe, ist seit Plinius dem Älteren (er starb im Jahr 79 n. Chr. beim Ausbruch des Vesuv) eine ebenso verbreitete Vorstellung. «Pica heißt sie», schreibt Isidor von Sevilla im 7. Jahrhundert in seinen *Etymologien,* «weil sie gleichsam ‹poetica› ist, denn sie kann die Wörter so artikulieren wie der Mensch.» Das Wort ‹Gazette› für ‹Zeitung› oder ‹Klatschblatt› leitet sich zwar nicht von der geschwätzigen italienischen ‹gazza› ab (wohl aber von einer venezianischen Silbermünze, die ‹gazeta› [zu arabisch/griechisch ‹gaza›, Schatz] hieß), doch verwandelt schon der römische Dichter Ovid in seinen *Metamorphosen* eine Schwätzerin in eine Elster; unser Hans Sachs gebraucht den Ausdruck «[...] schwetzen gleich wie die Elstern und die Hetzen» (‹Atze› und ‹Atzel› sind andere deutsche Namen für die Elster); die Italiener bezeichnen mit ‹gazza› ein weibliches Plappermaul, und auch im Französischen kann man eine wortreiche Dame eine ‹pie› nennen. Unser großer Fabeldichter Christian Fürchtegott Gellert (1715–1769) läßt die geschwätzige Elster dem Fuchs erklären, er habe fünf Beine, denn auch sein Schwanz bewege sich beim Laufen, und Gellert kommentiert:

Ja, dieses hat uns noch gefehlt;
wie freu ich mich, daß es bei Tieren
auch große Geister gibt, die alles demonstrieren!
Mir hat's der Fuchs für ganz gewiß erzählt.

Je minder sie verstehn, sprach dieses schlaue Vieh,
um desto mehr beweisen sie.

Schwätzen und Klatschen liegen nahe beisammen. Wie verräterisch sich eine Elster aufführen kann, zeigt eine Geschichte aus dem mittelalterlichen Moralbüchlein von den *Sieben weisen Meistern*. Da betrügt eine Frau ihren Herrn Gemahl mit einem jungen Burschen. Die in einem Käfig auf dem Hof gehaltene Elster – sie kann fließend sprechen – verpetzt die Ehebrecherin dem Manne, und der stellt die Frau zur Rede. Aber das sei doch alles von der Elster erfunden, sagt die Sünderin, und das will sie ihrem Gatten auch beweisen. In der folgenden Nacht schüttet sie Kieselsteine und Wasser über den Elsternkäfig herab. Morgens erzählt die Elster dem Hausherrn, es habe in der Nacht gehagelt und geregnet. Na siehst du, sagt die Frau, wie die Elster lügt, sie ist schamlos genug, es in einer mondhellen Nacht hageln zu lassen! Der Mann dreht dem angeblich falschen Vogel den Hals um, aber Weiberlügen haben eben doch kurze Beine: Der Betrogene entdeckt, bei Besichtigung der Umgebung des Vogelkäfigs, die Machenschaften seiner Frau und verläßt sie voller Entsetzen über ihre Ruchlosigkeit.

Anklänge an diese uralte Geschichte finden sich bis in die englische Straßenballade des 19. Jahrhunderts. Da erzählten die Bänkelsänger zum Beispiel folgendes: Ein Mädchen habe sich mit dem Geistlichen eingelassen, während ihr Verlobter auf See war. Nach der Rückkehr des Matrosen erzählt ihm die Elster, was sich inzwischen in der Heimat zugetragen hat. Es kommt zu einem Gerichtsprozeß wegen gebrochenen Eheversprechens, und dabei tritt die Elster als Zeugin auf. Damit zerbricht nun jeglicher Rest von Liebesglück; der Verlobte geht, der Pfarrer flieht, und das treulose Mädchen bleibt unversorgt sitzen.

Die Tierfabeln unterstreichen noch einmal die Redseligkeit unseres Vogels. Weil die Elster soviel schwätzt und nicht aufpaßt, kann ihr der Rabe oder der Fuchs die Jungen aus dem Nest rauben. Auch als Verräterin ihrer eigenen Genossinnen tritt die Elster auf: Sie verspricht ihnen, der

Vogler werde ihnen die menschliche Sprache beibringen; so gehen die betrogenen Elstern dem Jäger ins Netz. Als die Elster bittet, in den Rat der Adler aufgenommen zu werden, erhält sie folglich einen abschlägigen Bescheid: Schwätzerinnen können die großen Greifvögel in ihrem Parlament nicht dulden. Elsternfabeln bestärken also die angeblich schweigsameren Männer in ihren alten Vorurteilen von der Geschwätzigkeit der Weiber.

Aber Elstern haben auch positive Eigenschaften; sie sind zum Beispiel nicht nur Schreihälse, sondern besitzen auch Schlagfertigkeit. Heinrich Bebel, ein Tübinger Humanist, und Johannes Gast, ein Basler Kollege, erzählen jeweils in ihren lateinischen Schwanksammlungen, die Elster eines Weinhändlers zu Augsburg habe den Preis des Weines stets mit lauter Stimme ausgerufen: «Hier gibt's Wein zu vier Pfennig den Krug!» Und sie habe auch dann noch geschrien, als nach einer mißratenen Weinernte der Preis auf sechs Pfennige gestiegen war: «Hier kostet der Wein vier Pfennige!» Der Weinhändler hält das allerdings für geschäftsschädigend und schleudert seine Elster wütend in den Straßenschlamm. Da schüttelt der Vogel unverdrossen seine Federn, und als er neben sich eine andere ganz verdreckte Elster sieht, sagt er zu der: «Hast du auch den Wein zu vier Pfennig ausgerufen?»

Man könnte die Elster auch als einen Protestvogel oder als Nonkonformistin loben, denn sie weigerte sich, nach einer englischen Volkserzählung, in Noahs Arche zu steigen, blieb auf der Spitze des Mastes sitzen und schimpfte auf die Welt. Und so gesehen würde es einem kritischen Zeitungsblatt nicht schlecht anstehen, wenn es sich *Die Elster* nennen würde.

Ente

In der Ordnung der Schwimmvögel und der Familie der
Zahnschnäbler ist die Unterordnung der Enten wegen ihres
Artenreichtums besonders bemerkenswert. Stockente *(Anas
boscas)* und Hausente *(Anas boscas domestica)* sind nur
die bekanntesten dieser Arten, und es ist schwer zu ent-
scheiden, ob die Knäkente schöner als die Krikente, die Löf-
felente eleganter als die Brautente, die Fuchsente farbiger als
die Brandente sei. Die Ente mag ein schlechter Läufer sein,
sie schwimmt dafür um so besser, sie ist zwar hungrig, aber
genügsam in ihren Futteransprüchen, braucht indes frisches,
fließendes Wasser. Sie liefert dem Menschen Fleisch, Eier und
Federn und macht dabei nicht viel Geschrei. *Hänsel und Gretel* aus Grimms Märchen (KHM 15) gelangen bekanntlich bei
ihrer Flucht vor der Hexe an ein Gewässer ohne Steg, und da
ruft Gretel (die inzwischen die Führung übernommen hat):

> Entchen, Entchen,
> da steht Gretel und Hänsel.
> Kein Steg und keine Brücke,
> nimm uns auf deinen weißen Rücken,

und weil die Kinder sich so freundlich vorstellen, trägt der
starke Vogel, hier «Tierchen» genannt, eines nach dem anderen (für zwei wird's dem Entchen zu schwer, wie Gretel klug

vorausahnt) zum gegenüberliegenden Ufer. So hilfreich ist unsere Ente auch in anderen Märchen, außerdem liefert sie in der wilden Wirklichkeit den jagdlustigen Männern mancherlei Abwechslungen und verschafft ihnen gerne das Gefühl, mit ihren ‹decoys›, den hölzernen, bemalten Lockenten, schrecklich listig und mit ihren Schrotflinten ungemein erfolgreich zu sein. So eine bescheidene Ente ist schneller erlegt als ein stolzer, flinker Hirsch.

Wenn übrigens «alle meine Entlein», die nach dem Kinderlied und in Wirklichkeit auf dem nächstgelegenen See schwimmen, so aussehen, als könnten sie nicht fliegen, dann liegt das daran, daß ihnen ein Entenhüter die Flügel gestutzt hat. In dem Theaterstück *Die Wildente* (*Vildanden*, 1885) des Norwegers Henrik Ibsen spielt so eine flügellahme Ente eine symbolische Rolle: Sie lebt auf dem Dachboden eines Bürgerhauses und dient Vater und Sohn zu imaginären Jagdspielen, und sie wird damit zu einem Symbol für Illusion und düstere Wirklichkeit, für Lüge und Wahrheit, wie sie bei den Ekdals nebeneinander hausen. ‹Ente› oder ‹blaue Ente› steht in der Tat seit Martin Luther für eine erfundene Nachricht, eine Zeitungslüge; im Französischen bedeutet ‹canard› (‹Ente›) ein Sensationsflugblatt, und noch heute heißt die bekannteste satirische Zeitung Frankreichs *Le canard enchaîné (Die angekettete Ente).*

Die Ente liefert nicht so viel und nicht so unterschiedliches Fleisch wie ein dicker Truthahn, sie macht eben kein besonderes Aufhebens von sich, in Märchen erscheint sie zumeist nur als austauschbare Requisite, und es läßt sich über sie als Heldin nur wenig erzählen. Im Mittelalter hieß es, der Erpel (oder ein anderer Vogel) töte jeweils sein zehntes Junges (so als ob er nur bis neun zählen wollte), fordere also in der eigenen Familie ein Opfer. Geoffrey Chaucer (1340–1400), der mittelenglische Dichter, sagt deshalb in seinem *Parliament of Fowles (Vogelparlament)*, der Enterich sei «stroyer of his owne kynde», Zerstörer seiner eigenen Art. Irische Märchen tradieren diese Vorstellung von einem lebendigen Zehnten weiter. Die zehn Küken lassen aber auch die Interpretation zu, daß die Ente eine zahlreiche Nachkommenschaft aufzuziehen imstande war und ist. Oder auch nicht: Enteneier zumindest lassen es sich gefallen, daß Hennen sie ausbrüten, und nach dem Schlüpfen der Küken ergeben sich dann die Probleme, wie schon alte Erzählungen beispielhaft zu bestätigen wissen: Die Henne mahnt das Entlein, ja nicht ins Wasser zu gehen, doch das Kleine weiß es aus purem Instinkt besser und springt unverzagt in sein Element. Der vorhin zitierte Christian Fürchtegott Gellert beschreibt diese Szene in seinem Lehrgedicht *Die junge Ente* folgendermaßen:

> Die Henne läuft mit strupfichtem Gefieder
> das Ufer zehnmal auf und nieder,
> und will ihr Kind aus der Gefahr befrein;
> setzt zehnmal an, und fliegt doch nicht hinein;
> denn die Natur heißt sie das Wasser scheun.
> Doch nichts erschreckt den Mut der Ente;
> sie schwimmt beherzt in ihrem Elemente,
> und fragt die Henne ganz erfreut,
> warum sie denn so ängstlich schreit?

Die Moral zu dieser Fabel lautet: «Wen die Natur zu der Gefahr bestimmt, dem hat sie auch den Mut zu der Gefahr gegeben.» Das klingt allerdings martialischer, als es zu der häuslich-biederen Ente eigentlich paßt.

So ist zum Beispiel der Disney-Erpel Donald Duck, dessen erster Vater (seit 1936) Al Taliaferro und dessen wichtigster Zeichner (seit 1943) Carl Barks hieß, nicht immer ein mutiger Vogel, eher ein selbstsüchtiger Prahlhans; er zählt zumeist, da er sich gerne überschätzt, zu den jämmerlichen Verlierern; er fällt auf den Schnabel, so wie du und ich auf die Nase fallen. Aber gerade das ist der Grund, warum die ganze Phantasiewelt von Entenhausen so ungemein beliebt ist, nicht nur wegen Donald allein, sondern auch durch den reichen Onkel Dagobert (im Englischen heißt er Scrooge, wie die Figur des Geizkragens aus Charles Dickens' *Christmas Carol*, und McDuck, um ihn als Schotten noch geiziger erscheinen zu lassen) und Donalds Neffen Tick, Trick und Track (Huey, Louie und Dewey, gesprochen: Júi, Lúi und

Dúi) oder wegen der Entenfreundin Daisy Duck und dem Vetter namens Gustav Gans (Gus Goose). Gut, daß unser Donald nur ein Onkel ist und nicht der strenge Vater, so können ihm seine Neffen die tollsten Streiche spielen, ohne daß ein bedeutendes patriarchalisches Autoritätsdenkmal unserer Gesellschaft ins Wanken geriete.

Es gibt nur *ein Häßliches Entlein* in der Weltliteratur, aber es ist von der liebenswerten Sorte und ebenfalls eine bedeutende Identifikationsfigur für Kinder und andere unterdrückte Wesen. Gemeint ist *Den grimme Ælling* von Hans Christian Andersen, welchen alle anderen Enten und auch die Gänse, Hennen und Kinder verspotten, jagen, zwacken und puffen, bis sich das vermeintliche «kalekutische» Monstrum zu einem schönen großen Schwan entwickelt. Wie sagt unser dänischer Dichter? «Es schadet nichts, in einem Entenhof geboren zu sein, wenn man nur in einem Schwanenei gelegen hat!»

Esel

Selten wurde einem Tier so oft und so übel das Fell gegerbt wie dem Esel *(Asinus)* und der Eselin. Dabei haben sie doch für Hunderte von Menschengenerationen und fast überall auf der Welt die Lastträger gespielt und zwar so effektiv wie Tausende von Trucks, die es damals – dem Himmel sei Dank! – noch nicht gab. Man hat das Tier, sobald ihm das Pferd und der Räderkarren den Rang abgelaufen hatten, vor allem nördlich der Alpen gescholten, geschunden und geschurigelt und seinen schimpflichen Namen auf Menschen übertragen, die man dumm heißen wollte, und ‹Der ist ein gesattelter Esel› bedeutet gar, einer sei erzdumm. Der französische Philosoph Jean Buridan soll im 14. Jahrhundert in Paris behauptet haben, wenn man einen Esel in gleichem Abstand zwischen zwei gleich große Heuhaufen stelle, verhungere er mit Gewißheit, da er von beiden Objekten gleich stark angezogen würde und so zu keinem Willensentscheid kommen könne. Man fragt sich, ob Buridan oder sein Esel der größere Dummkopf war, doch heißt es dann zur Entschuldigung des Professors, er habe diese Geschichte gar nicht geschrieben.

Jedenfalls stand schon damals der Esel in Nordeuropa nicht in demselben Ansehen, wie er es in den Mittelmeerländern seit Jahrtausenden genoß. Wollte man in der frühen Neuzeit einen Nordeuropäer in besonderer Weise bestrafen und beschämen, ließ man ihn rücklings auf einem Esel reiten und gab ihm dessen Schwanz in die Hand; zuletzt wurde dieser Rechtsbrauch 1814 in Leipzig an Messedieben vollzogen. Zahllose Schullehrer haben Kindern papierene Eselsohren aufgesetzt oder sie auf die ‹Eselsbank› verwiesen, um

sie zu demütigen; Eselsohren trägt auch der Narr an seiner Kappe, damit die andern ihn gleich als Dummkopf erkennen. Die Prinzessin (in Charles Perraults Märchen von der *Peau d'Âne*) fordert von ihrem lüsternen Vater die Haut seines geldproduzierenden Esels und zieht sie sich über, um den inzestuösen Nachstellungen zu entgehen: häßlicher geht es nicht mehr! Die Stimme des Esels wird für so ohrenbeleidigend gehalten, daß man das ganze Tier für unmusikalisch erklärt und ‹Esel an der Leier› oder ‹Esel bei der Laute› etwas völlig Absurdes bedeutet. In Christian Fürchtegott Gellerts Fabel vom *Grünen Esel* kommt so ein Tier doch wenigstens einmal für ein paar Tage zu einem gewissen Ansehen, denn sein Herr hat ihn bunt angemalt; doch:

Drei Tage waren kaum vergangen:
so war es um den Wert des armen Tiers geschehn.
Das Volk bezeigte kein Verlangen,
den grünen Esel mehr zu sehn.
Und so bewundernswert er anfangs schien:
so dacht itzt doch kein Mensch mit einer Silb an ihn.

So seien wenigstens hier dem Esel und der Eselin ein paar Worte des Lobes gewidmet. Immerhin erzählt schon Herodot im fünften vorchristlichen Jahrhundert vom Perserkönig Darius, daß er in einem Krieg gegen die starke Reiterei der Skythen eine wirkungsvolle Hilfe von seiten seiner persischen Esel und Maulesel erhielt, denn die skythischen Pferde scheuten vor diesen Langohren und besonders vor deren erregten Stimmen und ergriffen die Flucht. Auch hatte doch so ein Tier vor zweitausend Jahren das Privileg, an der Krippe des Jesusknaben stehen zu dürfen; die Heilige Familie flüchtete später auf einem Esel nach Ägypten, und als Jesus herangewachsen war, ritt er – worauf denn sonst? – auf einem Esel in Jerusalem ein.

Im Alten Testament kommen übrigens der und die kleine Graue mindestens achtzigmal vor, und meist im positiven Sinne. Auf Geheiß des Pharaos sendet zum Beispiel Joseph, der Sohn Rachels und Jakobs, seinem Vater durch seine Brüder zehn Esel mit verschiedenen Gütern beladen und zehn Eselinnen mit Speisen aus der ägyptischen Kornkammer (1. Mos. 45,23). Die kluge Abigail, des bösen Nabal Weib, reitet auf einem Esel zu David, um ihn um Gnade anzuflehen für die Männer ihres Hauses, und nach dem Tode Nabals reitet sie abermals auf ihrem Esel, um Davids Frau zu werden (1. Sam. 25). Als der Seher Bileam (Balaam), der den Engel (und den Willen) des Herrn nicht erkennt, seine Eselin mehrfach mit Schlägen vorantreiben will, da öffnet der Herr den Mund des Tieres, und die Eselin redet zu Bileam, tadelt ihn wegen seiner Härte und meint: «Bin ich nicht deine Eselin, auf der du geritten bist von jeher bis auf diesen Tag? War es je meine Art, mich so gegen dich zu benehmen?» (4. Mos. 22,30). Die Eselin ist sich also ihrer Leistungen und ihres

Wohlverhaltens bewußt; sie stellt sich auf dieselbe Rangstufe wie der Prophet, und sie wendet sich eigentlich an uns alle: Wenn die Tiere gegenüber den Menschen hilfreich und anständig sind, warum sollten wir sie quälen?

Der antike Ackerbau-Schriftsteller Columella lobt im ersten Jahrhundert nach Christus die Genügsamkeit des Esels. Er gebe sich mit Dornen, Zweigen und Blättern zufrieden, brauche nur wenig Pflege, ertrage geduldig Prügel und Entbehrungen und werde selten krank; er sei ein vorzüglicher Arbeiter und überhaupt unentbehrlich, da er die Mühlen in Bewegung setze und den Transport der landwirtschaftlichen Erzeugnisse in die Stadt garantiere. Auch Plinius der Ältere hält den Esel für sehr wertvoll; er bringe mehr Gewinn ein als ein Landgut (das heißt doch, Handel und Verkehr, sprich der Merkantilismus, übertrafen offenbar schon damals die Lehre von der Güterproduktion), er sei wichtig für die Maultierzucht, und am wertvollsten seien die Eselinnen, denn die Frau des Domitius Nero, die weiß- und glatthäutige Poppäa, habe sich immer in der Milch von fünfhundert Eselinnen gebadet.

Ganz zu Recht gab Gerd Heinz-Mohr einem seiner Bücher den Titel *Gott liebt die Esel*. Auch Kinder, die ja bekanntlich die besseren Tierkenner sind, haben die Esel seit langem in ihre Herzen geschlossen, und nicht nur bei der lesenden Jugend berühmt geworden ist der weiche, wuschelige, sanfte, zärtliche und doch so starke Esel Platero aus dem Tierbuch *Platero y yo* (1917) des andalusischen Lyrikers und Nobelpreisträgers (1956) Juan Ramón Jiménez (1881–1958). Solche ruhmreichen Esel haben eine lange Ahnengalerie. Da ist zum Beispiel jener in einer alten Fabel, der nicht zum Parlament der Tiere kommen wollte. Der Löwe schickte also Fuchs und Wolf, um ihn mit Nachdruck holen zu lassen. Doch der Esel meinte, es gäbe da ein altes Dokument, das ihn von seiner Untertänigkeit entbinde; wer wolle, der könne diesen Vertrag unter seinen Hufen lesen. Die Boten zogen lieber ab als sich des Esels Füße von untern anzusehen. Mehrere Autoren des 17. Jahrhunderts haben übrigens Traktate zum Lobe des Esels geschrieben, so der italienische Volksdichter Giulio

Cesare Croce, der bayerische Hofkanzlist Aegidius Albertinus oder der französische Moralist François de la Mothe Vayer.

Es läßt sich jedoch nicht leugnen, daß dieses berühmte Tier, das manchmal den Namen Baldewin (oder Baudouin) trägt, in den Fabeln schlecht wegkommt. Mehrfach werden in dieser lehrhaften Gattung Langohren geschildert, die sich wünschen, etwas anderes, ja, etwas Besseres zu sein, oder sich doch zumindest beruflich verändern möchten. Aber dieses Aufstiegs- oder Mobilitätsdenken (das ja erst im Zeitalter der Demokratien zur Geltung gelangt) bekommt ihnen schlecht. So möchte einer von ihnen (er ist ein weithin bekannter Fabel-Esel) ebenso gehätschelt werden wie seines Herrn Schoßhund; doch als er versucht, so etwas wie Zärtlichkeit zum Ausdruck zu bringen, wird er nur verprügelt. Ein anderer wünscht sich, so gut gehalten zu werden wie das Mastschwein, doch als er dann sieht, wie man das Schwein zur Schlachtbank führt, gibt er sich gerne mit seinem Los und seinem Stand zufrieden. Wenn er sich mit dem Löwen oder dem Eber anfreunden oder anbiedern will, erntet er nur Verachtung. In die Fremde emigriert, findet er Menschen, die zuerst sein Gebrüll fürchten, doch dann wird seine Harmlosigkeit durchschaut, und er muß auch in dem neuen Land für andere arbeiten. Ganz ähnlich meint es die Fabel vom Esel in der Löwenhaut: Zuerst erregt das verkleidete Grautier Furcht oder doch zumindest Aufsehen, dann aber erkennen die Menschen seine wahre Natur und beuten es wieder aus. Von Jupiter erbittet sich der Esel eines Gärtners einen neuen Herrn; der Gott steckt ihn zu einem Gerber, wo es ihm noch übler ergeht. Übrigens bleibt der Fabel-Esel selbst nach seinem Tode ein geprügeltes Tier, denn seine Haut findet als Paukenfell Verwendung.

Der Esel war auch oftmals Gegenstand von bitterbösen Schwänken und Witzen. So erzählt etwa der Italiener Lodovico Domenichi in der ersten Hälfte des 16. Jahrhunderts, der Erzbischof von Toledo habe einem Bauern zugerufen, er solle seinen Esel nicht so hart prügeln. Sagt der Bauer zu dem hohen Herrn: Ich wußte nicht, daß mein Esel Freunde bei Hofe hat. Oder ein Mädchen nennt einen Bewerber einen

Esel. Darauf gibt dieser zur Antwort: Wenn du so ein Ochse wärest, wie du eine Kuh bist, dann könnten wir zusammen an der Krippe stehen! Viel gelacht wurde auch über den Esel, der mit Schwämmen oder mit Salz schwer beladen war und der glaubte, er könne sich seine Mühsal erleichtern, indem er sich in kühles Wasser lege. Die allzu schwer gewordene Last zog den Dummkopf in die Tiefe. Daß die Esel freilich ihre eigenen Ansichten über die Verteilung von Dummheit in der Welt hegen, soll ein Künstler folgendermaßen zum Ausdruck gebracht haben: Er malte ein Bild mit einem Eselskopf und schrieb darunter: «Sind wir nicht zweie?» Das mag so manchen Kunstbetrachter oder Eselsverächter zum Nachdenken angeregt haben.

Und auch dieses Eselsbild sollte uns nachsinnen lassen, bevor wir noch einmal den Nächsten einen Esel heißen: «Alle Achtung vor dem Grauen! Sein schwer zur Erde gesenkter Kopf, sein bedächtiger Schritt, seine einfachen, ins Große gehenden Gesichtszüge, sein Ernst, seine einfache Nahrung, sein einfacher grauer Überrock, seine friedliche Natur selbst bei Prügeln, sein bekanntes Benehmen zwischen den beiden gleich weit entfernten Heubündeln, selbst sein Eigensinn machen ihn zum leibhaften Bilde eines Philosophen und zum Stoiker des Tierreichs.» Das schrieb der «lachende» Carl Julius Weber. Er war ein ungemein kluger und witziger Esel.

Eule

Die Rede ist hier von unterschiedlichen scheuen Nachtvögeln *(Strigidae)* mit reichem Federkleid, großen, scharfblickenden Augen und feinem Gehör, langen Flügeln und kurzen Schwänzen, Vögeln mit lautlosem Flug, die aber in Tiergeschichten allesamt ‹Eulen› heißen, auch wenn es sich um das ‹Totenvogel› genannte Käuzchen *(Athene noctua)*, um den kräftigen Uhu (Ohreule, *Bubo*), die Waldohreule *(Asio otus)*, die rundgesichtige Schleiereule *(Strix flammea)* oder um einen anderen Greifvogel dieser Familie handelt. Warum die Eule zu einem Nachtvogel wurde, erzählt uns eine katalanische Geschichte. Als Maria den Jesusknaben zum Tempel begleitete, um ihn dort den Gelehrten vorzustellen, habe eine Eule voll Bewunderung «Ouououh» geschrien. Der Junge fürchtete sich und fing an zu weinen. Maria habe darauf den Vogel vom Tage in die Nacht verbannt.

Allgemein bekannt ist die Redensart ‹Eulen nach Athen tragen›, was soviel bedeutet wie ‹etwas Überflüssiges tun›. Die Eule war nämlich das Sinnbild der Göttin Athene (römisch Minerva), und diese konnte man in der Stadt, die sie gegründet hatte, in vielen Standbildern und noch mehr auf den dort umlaufenden Münzen dargestellt sehen. Ihr Bild galt als glückbringend, war also auf Geldstücken sehr wohl angebracht. Da die Eule bei Nacht so fleißig und ständig auf der Suche nach nahrhaften Entdeckungen ist – und die Schleiereule benützt dabei ihr Kopfgefieder als Schallverstärker und vernimmt damit Laute, die zehnmal leiser sind als solche, die der Mensch gerade noch vernimmt –, gilt sie auch als ein Sinnbild des nächtlichen Studiums und damit ganz allgemein der Gelehrsamkeit. Wenn dann gar ein Verleger ‹Ullstein› heißt, macht er die Eule sicherlich zu seinem Signet. Daß dieser liebenswürdige Vogel sogar meint, lesen und schreiben zu können (seine Orthographie ist freilich nicht immer ganz korrekt) und daß man bei ihm jederzeit an die Türe klopfen darf, um sich einen guten Rat zu holen, das zeigt uns Alan Alexander Milne in seinem berühmten Kinderbuch *Pu der Bär* (es erschien als *Winnie-the-Pooh* erstmals 1928) mit seinem hilfsbereiten Owl (die Eule ist hier männlich), der seine hübsche Wohnung in einem alten Kastanienbaum hat. Leider stürzt bekanntlich diese Behausung bei einem Sturm (in dem zweiten Pu-Buch: *The House at Pooh Corner*) um, was zu den merkwürdigsten Verwicklungen führt, wobei die Leser aber auch sehen können, wie Owl bei Katastrophen die vornehmste britische Ruhe bewahrt.

Ihr lateinischer Name ‹strix› gehört zum Zeitwort ‹stringere›, ‹zusammendrücken›, und das mittellateinische Wort ‹striga›, Hexe (italienisch ‹strega›) ist von ihrem Namen abgeleitet; das erinnert an den alten Aberglauben, daß diese Nachtwesen die Kinder ersticken oder die Erwachsenen würgen. In der Walpurgisnacht von Goethes *Faust* erscheint die Hexe Baubo, deren Name auch an ‹bubo› erinnert, nahe neben der «Stimme», die sagt:

> Übern Ilsenstein!
> Da guckt ich der Eule ins Nest hinein:
> Die macht' ein paar Augen!

Der Nachtruf des Käuzchens vermag noch heute, Todesgedanken zu wecken; das dumpfe «Buhu» (das dem ‹bubo› den Namen gab) klingt um so unheimlicher, als man das Tier, wie den Herrn Tod oder die Frau Tödin, nicht sieht noch hört und doch in seinem Banne steht.

Ein wenig bekannter Schwank aus den *Kinder- und Hausmärchen* der Brüder Grimm (KHM 174) läßt noch etwas von der Furcht spüren, welche die Menschen einst vor Eulen hegten. Die Geschichte erzählt von einer Eule, die in der Scheune eines deutschen Kleinstädtchens gesichtet wurde und den Männern schreckliche Angst einjagte. Da macht sich der stärkste Kerl des Ortes anheischig, das wilde Tier zu erlegen: «Als [...] die Eule sah, daß er an sie wollte, auch von der Menge und dem Geschrei des Volks verwirrt war und nicht wußte, wohinaus, so verdrehte sie die Augen, sträubte die Federn, sperrte die Flügel auf, gnappte mit dem Schnabel und ließ ihr schuhu, schuhu mit rauher Stimme hören. ‹Stoß zu, stoß zu!› rief die Menge draußen dem tapfern Helden zu. ‹Wer hier stände, wo ich stehe›, antwortete er, ‹der würde nicht stoß zu rufen.› Er setzte zwar den Fuß noch eine Staffel höher, dann aber fing er an zu zittern und machte sich halb ohnmächtig auf den Rückweg.» Die Schildbürger beschließen darauf, die Scheune samt der Eule auf Gemeindekosten zu verbrennen. Die gelehrten Märchenforscher wissen, daß mit dem hier verspotteten Schilda das Städtchen Peine in Niedersachsen gemeint war.

«Es muß auch solche Käuze geben», sagt Goethes Faust in Frau Marthes Garten zu Gretchen und verteidigt damit den von ihr als «Schelm» bezeichneten teuflischen Mephisto. Da eine sitzende Eule bei Tage seltsame, unsichere Bewegungen macht und da sie den Umgang mit Menschen scheut, nennt man einen sonderbaren Menschen einen ‹Kauz›. Der bekannteste deutsche Kauz und Narr war ‹Dil Ulenspiegel›. Dieser trägt auf dem Titelholzschnitt zu der Ausgabe von 1515 in der hocherhobenen Rechten eine Eule und in der Linken einen runden Spiegel; auf der Abbildung seines Grabsteins, am Ende des Büchleins, sitzt die Eule auf dem runden Schau-Glas: eine Mahnung an den Betrachter, zu weiser Selbsterkenntnis zu gelangen.

In der Fabeldichtung wird gezeigt, daß die Eule vor allem mit dem Tageslicht ihre Schwierigkeiten hat; sie schimpft, als sie allzufrüh von der Morgenröte überrascht wird. Das Licht wirft auf der anderen Seite dem Nachtvogel seine Hinterhältigkeit und seinen nächtlichen Fleiß vor, die Eule, meint es, verdrehe die Ordnung der Welt. Man sieht auch hier, daß die Geschichte aus der vorindustriellen Epoche stammen muß; in modernen Zeiten könnten wir ohne die tüchtigen NachtarbeiterInnen kaum so sorglos leben; wir dürfen also die Eule ruhig ein bißchen aufwerten. In einer anderen Fabel äußert die Eule den Wunsch, etwas Feineres zu sein, nämlich ein hellsichtiger Greifvogel wie der Falke. Doch als sie dann in die Mauser kommt, schämt sie sich und zieht sich in ihr nächtliches Versteck zurück. Auch hier heißt die antiquierte Moral: Gib dich mit deinem Los zufrieden und strebe nicht nach Veränderung.

Jean de La Fontaine hat uns in seiner Fabel ein grausames Bild eines Eulenvogels (‹chat-huant› bedeutet wörtlich etwa ‹Hu-hu-Kater›) als Jäger hinterlassen. Er lebt in einem hohlen Baum zusammen mit einer Schar von Mäusen. Diesen beißt er jeweils die Beine ab, damit sie nicht entkommen können und füttert sie dann, bis sie schön rund und fett sind, um sie je nach Bedarf zu verspeisen. Das Ganze, sagt La Fontaine in einer Anmerkung, sei keine Fabel, und habe sich, so wunderbar es auch erscheine, wirklich zugetragen. In dem Gedicht selbst weist er auf die hohe Intelligenz des Vogels hin, die solch einem geplanten Vorgehen zugrunde liegen muß:

Wenn *das* man nicht vernünftig handeln nennt,
dann weiß ich nicht, wo man Vernunft erkennt.

Doch in der Anmerkung nimmt er diese damals offenbar
gewagte Theorie wieder zurück: Er habe nicht im Sinn, den
Tieren allgemein eine so weitgehende Vernunft zuzuschrei-
ben; solche Übertreibungen seien jedoch dem Fabeldichter
erlaubt. Jedenfalls möchte La Fontaine mit diesem Exempel
dem Philosophen Descartes beweisen, daß auch Tiere denken können und keineswegs wie ein mechanisches Uhr-
werk handeln. Nur hätte er sich für diese Demonstration
vielleicht ein passenderes Beispiel aus der Naturgeschichte
auswählen können.

Mit den kleineren Vögeln, denen sie ja ebensooft nachstellt wie den Mäusen, lebt die Fabel-Eule allemal im Streit.
Vor allem der Nachtigall ist sie nicht wohlgesonnen, weil sie
ihr im nächtlichen Gesang einen so unübertrefflichen Wider-
part liefert. Die Nachtigall, so erzählen die *Gesta Romanorum* im frühen 14. Jahrhundert, hält sich aus Furcht vor der
Rache der Eule immer in dornigem Gebüsch auf. Hundert
Jahre zuvor hatte ein unbekannter mittelenglischer Dichter
diese Geschichte zum Gegenstand eines Streitpoems *(The
Owl and the Nightingale)* gemacht; dabei wirft die Sängerin
dem großköpfigen, dickbäuchigen Vogel sein gräßliches Ge-
heule, sein häßliches Aussehen und sein scheußliches Benehmen gegen die Kleinen und Schwachen vor. Als Zeugen
ruft die Nachtigall die Menschen auf: auch sie seien der Eule
gram, weil sie ihnen ständig Unheil voraussage. Übrigens
wird die Eule in der Fabel auch als Insektenfresserin vorgeführt. Die laut zirpende Grille, so erzählt Phädrus nach
Äsop, stört den in einer Baumhöhle schlafenden Vogel, und
da sie nicht Ruhe geben will, wird sie zur Strafe aufgefressen.

Alles in allem kann der Tiergeschichtenerzähler die graue
Eule kaum mit goldenen Federn schmücken. Sie wäre,
wenn man sie denn adeln wollte, höchstens eine Fürstin der
Finsternis. Nur die Nacht- und Nach-Denker haben sie auf
ihre Schreibtischaltäre gehoben, und die Werke, die bei solchen Lukubrationen entstehen, werden wiederum in Buch-

handlungen angeboten, die das Zeichen der weisen Eule im Schilde führen. Hier wie dort steht sie, arm in der Färbung, aber mit leuchtenden Augen, so sprach- und so harmlos zwischen all dem Papier, als wüßte sie nichts von ihren nächtlichen Uhu-Rufen und Beutezügen.

Falke

In seiner Schweizerchronik *(Chronicon Helveticum)* erzählt Aegidius Tschudi unter dem Jahre 1352, die Räte der Stadt Zug hätten Gesandte zum Herzog Albrecht von Österreich geschickt mit dem Auftrag, ihn um Hilfe gegen die sie belagernden Eidgenossen zu bitten. «Als aber die Boten vor ihn kamen», liest man da, «ihm ihre Not laut klagten und um unverzügliche Entschüttung [die Stadt Zug zu entsetzen] baten, tat der Herzog, als ob er ihrer nicht achte. Er fragte seinen Falkner, ob die Vögel zu essen hätten. Da sprachen die Boten von Zug: ‹Herr, wenn wir armen Leute Euer Gnaden nicht mehr angelegen sind als die Vögel, so muß es Gott erbarmen.›» Soviel zumindest geht aus dieser (aus der alten Sprachform übersetzten) Anekdote hervor: Die Edelfalken *(Falconidae)* und insbesondere der Jagd- oder Gierfalke *(Falco rusticulus)*, aber auch der Wanderfalke *(Falco peregrinus)* genossen im Spätmittelalter und in der frühen Neuzeit in Adelskreisen, bei Rittern ebenso wie bei Edelfrauen, als Helfer bei der Beizjagd (‹beizen› bedeutet hier ‹vom Falken beißen lassen›) höchstes Ansehen. Der Hohenstaufenkaiser Friedrich II. schrieb in der ersten Hälfte des 13. Jahrhunderts ein Buch über diese Jagdkunst *(De arte venandi cum avibus)*, und die noch berühmtere Falkennovelle des Giovanni Boccaccio entstand um das Jahr 1350. Noch der französische König Franz I. hielt sich fünfzig Falkeniere (welche die Vögel zur Jagd abrichteten) und dreihundert Falken. Die Falkenlust des Adels ist ein Phänomen vor allem des 14. bis 16. Jahrhunderts.

Von dem großen materiellen und ideellen Wert eines Jagdfalken zeugt die erwähnte, ebenso rührende wie für ritterliches Verhalten vorbildhafte Novelle des *Decamerone* (V, 9: *Federigo degli Alberighi*): Ein junger Adliger, Federigo, lebt in Florenz über seine Verhältnisse und verschwendet sein Vermögen; ihm bleibt einzig ein kleines Landgut und ein Falke, den er für die Vogelbeiz braucht. Auf dem Lande hat er eine verwitwete Frau namens Monna Giovanna zur Nachbarin. Deren Söhnlein erkrankt und bittet die Mutter, ob sie ihm nicht Federigos Falken besorgen könne, dann werde er gewiß wieder gesund. Giovanna macht also Federigo einen Besuch. Da er nichts findet, was er ihr anbieten könnte, schlachtet er seinen geliebten Falken und läßt ihn zu einem Mahl zubereiten. Nach dem Essen bittet die Dame, die nichts von dem Opfer ahnt, Federigo, ihr den Falken für ihr Kind zu überlassen. Der Mann gesteht ihr, daß er den Vogel aus Gastfreundschaft getötet hat. Der kranke Knabe stirbt. Die Dame, die von ihren Brüdern gedrängt wird, wieder zu heiraten, nimmt den erprobten Federigo zum Mann, der jetzt wieder zu Wohlstand gelangt, aber auf seine Güter besser achtet.

In der Literaturgeschichte gilt diese Novelle, die von Jean de La Fontaine bis zu Friedrich von Hagedorn oftmals nacherzählt und nachgeahmt wurde, als ein Musterbeispiel ihrer Gattung. Für den Tiergeschichtenforscher hat sie allerdings wesentliche Mängel: Der Falke spielt darin eine ebenso armselig passive Rolle wie der Knabe. Was können sie, so muß man sich doch fragen, dafür, daß der florentinische Friedrich sein Hab und Gut so veruntreut und den Anbau von Gemüse noch nicht gelernt hat? Das Tier ist Opfer menschlicher Mißwirtschaft. Wäre es nicht heroisch genug gewesen, den Falken dem kranken Knaben zu überlassen? Hätte Boccaccio nicht wenigstens die Jagdkünste des Vogels beschreiben können? Aber dem geistlichen Novellendichter lag nichts an einer Tierpsychologie; von Kinderbetreuung verstand er noch weniger. Auch in der märchenhaften Novelle von Sultan Saladin und dem Kreuzritter Torello mit seinem fliegenden Bett (X, 9) dienen die Jagdvögel nur als Erkennungszeichen; eigenständig handeln dürfen sie nicht. Nein, Boccaccio wird der Tüchtigkeit des Falken nicht gerecht.

Literarische Falken, scheint es, haben eine besondere Gabe, Menschen vor Probleme zu stellen. In einem spanischen Schelmenroman von Jerónimo Alcalá Yáñez y Ribera wird erzählt, ein sterbender Vater habe seinen beiden Söhnen drei Falken hinterlassen: jedem von ihnen einen, den dritten sollten sie verkaufen und aus dem Erlös Messen lesen lassen für das Seelenheil des Vaters. Nun machte sich einer der Vögel auf und davon. Die Söhne überlegten nicht lange, welcher der drei Falken das gewesen sein mochte, sie entschieden, das sei der des Vaters, und so behielt jeder seinen, und des Vaters Seelenheil schrieben sie in den Wind. Und wie wird der arme Vater sich im Fegefeuer getröstet haben?

Die Katalanen fragen sich, warum der Falke auf Hühner herabstößt und sie fortträgt, und als Antwort darauf erzählen sie die Geschichte vom Falken, der von den Frauen in den Himmel geschickt wurde, um Gott zu bitten, auch ihnen Nachkommen zu verschaffen, die vom ersten Tag der Geburt an laufen können wie die Küken. Der Falke brachte eine unbefriedigende Antwort, die Frauen verweigerten ihm daraufhin den Botenlohn, worauf dieser ihn sich bis heute in Form von Hausgeflügel nimmt.

Der Falke gilt als schön, schnell, mutig und stark, und zu essen hat er allezeit genug. Er sollte mit seinem Los eigentlich zufrieden sein; in den Tierfabeln wird ihm auch zugebilligt, daß er ansehnlicher als eine Eule und kräftiger als ein Star sei. Aber vollkommen glücklich scheint der Falke – wie der reich begabte Mensch! – trotzdem nicht zu sein: Den Allmächtigen im Himmel fragte der Falke einmal, warum er nicht so schön singen könne wie die Nachtigall? Da erklärte ihm Gott, er habe seine Gaben und Gnaden unter den Tieren aufteilen müssen; so habe er dem Falken Kraft und Geschwindigkeit verliehen; andere Vögel seien mit Gesang begabt worden, und alles auf einmal könne eben niemand haben. Aber, so muß man sich fragen, wie tröstet sich dann ein armer Wicht, dem weder Kraft noch Kunst gegeben ist?

Fische

Die Überschrift dieses Abschnitts steht ausnahmsweise im Plural. Man würde der großen Gruppe der Wirbeltiere *Pisces* mit ihren zehntausend Arten nicht gerecht, wollte man nur vom ‹Fisch› sprechen. Gemeint sind hier hauptsächlich die Knochenfische und die Ordnung der Edelfische; doch unterscheidet die populäre Erzählung nicht nach solchen naturwissenschaftlichen Kategorien, sondern redet entweder von kleinen oder großen Fischen (zu denen dann auch die Wal-‹fische› gezählt werden) oder benennt einzelne aus der Alltagserfahrung bekannte Süßwasser- oder Meeresfische wie Hecht, Karpfen oder Lachs auf der einen, Hering, Schellfisch oder Scholle auf der anderen Seite. Mit ‹Fischen› seien hier, nach einer antiquierten, aber noch halbwegs brauchbaren Definition aus dem 18. Jahrhundert, «alle diejenigen Wasserbewohner» gemeint, «welche sich mittelst der Flossen in ihrem Elemente bewegen».

Schon die Antike liefert uns eine Fülle von Erzählungen über sie. Am bekanntesten ist wohl die von Herodot bereits im fünften vorchristlichen Jahrhundert kolportierte Geschichte von König Polykrates von Samos, der einen ihm teuren, smaragdbesetzten Ring ins Meer warf und ihn wenige Tage später in einem schönen, gefangenen Fisch wiederfand. Hier wandte sich bekanntlich – nach Friedrich Schiller – der Gast (der ägyptische König Amasis) mit Grausen vor so viel geradezu unheimlichem Glück.

Doch die Geschichte gefiel vielen späteren Schriftstellern. Der Evangelist Matthäus (17,27) erzählt zum Beispiel, Jesus und Simon Petrus seien in Kapernaum von den Steuereinnehmern zur Zahlung von je zwei Doppeldrachmen aufgefordert worden. Da sagte Jesus zu dem Fischer: «Damit wir ihnen keinen Anstoß geben, geh an den See, wirf die Angel aus und nimm den ersten Fisch, der heraufkommt, und wenn du sein Maul öffnest, wirst du ein Vierdrachmenstück finden; das nimm und gib es ihnen für mich und dich!» Matthäus sagt uns nicht, ob Petrus wirklich soviel Glück hatte, doch dieses Herodotsche, biblische und in der spätjüdischen und frühchristlichen Literatur kopierte Beispiel vom Fisch als Geld-, Gold-, Ring- oder Perlenspender hat eine Fülle von Nachahmungen gefunden. So erzählt Augustinus in seinem *Gottesstaat* (4. Jahrhundert) von Florentius, einem armen Schneider aus Hippo, der seinen Mantel verloren und deswegen in der Kapelle der Zwanzig Märtyrer gebetet habe. Auf dem Heimweg sieht er einen auf dem Trockenen zappelnden großen Fisch und verkauft ihn an einen christlichen Koch namens Cattosus für dreihundert Bronzemünzen. Der Koch nun findet im Bauch des Fisches noch einen goldenen Ring; den gibt er dem Schneider mit den Worten: «Siehe, wie die Zwanzig Märtyrer dich gekleidet haben!»

Jener auf dürrer Erde nach Luft schnappende Fisch findet sich dann wieder in dem Feenmärchen der Madame d'Aulnoy von der *Schönen mit den goldenen Haaren:* Der Held Avenant befördert den durstigen Karpfen mitleidig ins Wasser, und der Gerettete holt ihm später zum Dank den Ring der Prinzessin aus dem Fluß. Es versteht sich von selbst, daß es bei einer so starken literarischen Überlieferung vor allem im 19. Jahrhundert nur so wimmelt von Märchen, Sagen, Legenden und Volksliedern, in denen sich Geld- und Ring-tragende Fische tummeln.

‹Die großen Fische fressen die Kleinen›, sagt ein kurzes, aber den Lauf der Welt trefflich kennzeichnendes Sprichwort, das auf den hl. Augustinus und andere Kirchenväter zurückgeht, die damit das Hauptprinzip einer hierarchisch aufgebauten Gesellschaftsordnung erklären wollten. Pieter Brueghel betitelt dementsprechend 1556 eine seiner Zeichnungen, die vielfach kopiert wurde: «Groote vischen eten de cleyne.» Im Hoch- und Spätmittelalter diente die Redensart ‹Minor esca maioris›, ‹Der Kleinere dient dem Größeren zum Fraße›, bald der Rechtfertigung von Fürstenwillkür, bald dem Protest der Schwachen gegen die Mächtigen, bald dem tröstlichen Gedanken, daß auch die Großen einen noch größeren wie den Wal (das heißt Gott oder den Teufel) fürchten müssen.

Als eine Art Riesenfisch (gemeint war aber ein Krokodil) stellte man sich auch den biblischen Leviathan (*Hiob*, 40–41) vor, von dem es in Luthers Übersetzung so schön heißt: «Er macht, daß die Tiefe [des Meeres] siedet wie ein Topf, und rührt ihn ineinander, wie man eine Salbe menget.» Ein «großer Fisch» wird dann wieder das Ungeheuer genannt, das den Propheten Jonas auf seiner Seereise von Joppe nach Tarsis verschlang. Auf Grund dieser naturwissenschaftlich wenig präzisen Beschreibungen konnten später gar Vorstellungen von einem Fisch als Weltträger entstehen. Wenn der sich bewegte, dann bebte die ganze Erde, wenn er vollends erwachte, war das Ende der Welt gekommen. Der Name ‹Celebrant› oder ‹Zitter›-Fisch für dieses Weltungeheuer leitet sich aber ganz einfach von ‹Cete grande›, das heißt ‹großer Wal› ab. In der Legende des hl. Brandan erscheint ein Fisch, der so groß ist, daß er das ganze Schiff des Heiligen umschließen kann; der Heilige muß wochenlang in diesem Fisch-Ring fahren. In der Barockliteratur mehrfach erzählt wurde das Abenteuer eines portugiesischen Seefahrers und Welteroberers namens Georg Brito, dem auf dem Wege nach Westindien ein schrecklicher Riesenfisch begegnete, welcher nur durch Exorzismen des Schiffskaplans (der muß ein tapferer Mann gewesen sein!) vertrieben werden konnte. Sogenannte ‹Neue Zeitungen› des 16. und 17. Jahrhunderts berichten dann immer wieder von Zusammenstößen mit solchen Ungeheuern – und die gab es nicht nur im Meer! Ein dreißig Ellen langer Riesenfisch, der 1638 in Preßburg an der Donau bestaunt wurde, hatte zum Beispiel «einen Kopf wie ein Tanzbär, lange Borsten, von der Mitten an Schuppen wie ein Fisch mit allerhand Farben vermischt» – so wußte es die *Wochentliche Ordinari Zeitung* in Zürich. Und in einer englischen Zeitungsballade aus Chester hieß es:

> Sein untres Kinnbein fünf Yards lang
> sein obres dreimal mehr,
> Wie zwölf Joch Ochsen ist er schwer,
> der Fisch von diesem Fang.
> Man brachte ihn nicht weg vom Sand.
> So wirket des Allmächt'gen Hand,
> und so ein seltnes Phänomen
> war noch in England nie zu sehn.

Bei allen Historien von menschenbedrohenden Meerungeheuern sollte man aber nicht vergessen, daß der große Mensch anderseits nicht wenige kleine Fische verzehrt. Seit Jahrtausenden sind Fische bei fast allen Völkern der Erde als Nahrungsmittel hochgeschätzt. Vom köstlichen Fischessen wird denn auch viel erzählt, zumal die gekochten oder gebratenen Fische in der christlichen Fastenzeit dem Fleisch vorgezogen wurden. Eine alte Regel besagt, der Fisch solle nie ins dritte Wasser kommen; gemeint ist, zum Verzehr des gekochten Fisches gehöre ein Glas Wein – selbstverständlich von der reinen Sorte! Der Tübinger Humanist Heinrich Bebel erzählt, Gäste hätten einem Wirt kleine Fische in sein Getränk geworfen und ihn so zu dem Geständnis gezwungen, daß er seinen Wein getauft hatte. Viel gelacht wurde auch über einen weitverbreiteten Schwank, dem die Erzählforscher den Namen *Den großen Fisch befragen* (AaTh 1567 C) gegeben haben. Der neapolitanische Barockdichter Pompeo Sarnelli erzählt ihn 1684 so: Bei einem Freundschaftsmahl wurde einem gewissen Doktor ein Teller mit gebratenen kleinen Fischen vorgesetzt, den habe er an Mund und Ohr gehalten, so als wolle er etwas von ihnen erfahren. Nach dem Warum dieses Tuns gefragt, gab er zur Antwort, sein Vater sei ertrunken und sein Leichnam verschwunden: «Ich habe deshalb diese Fischlein befragt, ob sie ihn je gesehen hätten. Und sie sagten mir, sie wüßten nichts von ihm, weil sie gestern erst geboren worden seien, aber ich solle den fetten Meeraal befragen, der sich in der Küche befindet.» Der Doktor wollte damit andeuten, daß es doch wohl etwas Besseres zu beißen geben müsse als diese armselige Frittura.

Fisch zu essen bedeutet aber noch mehr als nur: sich den Magen zu füllen. Der Fisch ist ja, ob nun lebendig, auf dem Teller serviert oder als Aprilfisch einem Menschen zum Spott auf den Rücken geheftet, ein Symbol für den Phallus, den Geschlechtsverkehr und die Fruchtbarkeit. In Volkserzählungen werden nicht wenige Frauen vom Fischessen schwanger. Im Märchen von den Blutsbrüdern oder den Zwillingen (AaTh 301, 303, KHM 85) wirft ein Fischer seinen Fang zweimal ins Meer zurück; beim dritten Mal verlangt der Fisch, geteilt zu werden, und der Mann soll davon seiner Frau, der Hündin und der Stute geben: Alle drei werden nun schwanger und bringen Zwillinge (oder Drillinge) zur Welt – und damit können die Abenteuer der Heldenbrüder bis zum Kampf mit dem Drachen beginnen. In skandinavischen Märchen kann sogar ein Mann von einem Fisch geschwängert werden; das Kind, ein Mädchen, wird durch die Lösung eines Rätsels von seinem Zauber befreit; es lautet: «Ein Fisch war mein Vater, ein Mann war meine Mutter.»

Dieser kinderzeugende Wasserbewohner ist nicht der einzige Wunderfisch, den die Erzählliteratur hervorgebracht hat. Fische im Märchen erweisen sich als dankbar, wenn sie nicht gegessen, sondern ins Meer zurückgeworfen werden, und sie helfen den Helden bei ihren mannigfachen Aufgaben oder sie transportieren sie über ein trennendes Gewässer, damit sie auf ihrer schwierigen Reise vorankommen. Fische können Krankheiten heilen, wie wir aus der apokryphen Tobias-Legende (Tobias 11,7–14) wissen: Der junge Tobias begegnet einem Engel, und dieser rät ihm, die Augen seines blinden Vaters mit der Galle eines Fisches zu bestreichen; dadurch wird der Vater wieder gesund. In demselben Buch (Tobias 8,2–3) werden Leber und Herz eines Fisches, zu Asche verbrannt, gegen den Dämon Asmodeus eingesetzt, der die Ehe zwischen Tobias und Sarah gefährdet. In einem böhmischen Märchen dienen gebratene Goldfische dazu, eine Prinzessin zu heilen. Selbstverständlich können die Heiligen auch mit diesen Tieren auf wunderbare Weise umgehen: Fische hören ihnen bei ihren Predigten zu oder lauschen ihrem Meßgesang, sie erscheinen freiwillig bei ihnen, um sich essen zu lassen, sie tauchen für sie sogar in Gewässern auf, in denen es sonst gar keine Fische gibt, ja, sie erscheinen schließlich selbst auf dem trockenen Lande. Nicht wenigen heiligmäßig lebenden Mönchen, die sich an Fasttagen ein ebenso schönes wie verbotenes Stück Fleisch gönnen wollten, wurde der Rinderbraten in Fisch verwandelt, um sie nicht sündigen zu lassen.

Aber auch die weltliche Literatur ist voll von wunderbaren Fischen. Hechte zum Beispiel stehen unter anderem in dem

Ruf, ein besonders hohes Alter erreichen zu können; ein 1449 bei Heilbronn gefangener soll 262 Jahre gezählt haben. Hechte sind bekanntlich auch aggressiv; Conrad Gesner berichtet gar in seinem Fischbuch von 1598: «Zu Zeiten soll auch ein Hecht einer Magd den Fuß erwischt haben, welche in dem Wasser ihre Füß gewäschen.» Erasmus Francisci, ein Nürnberger Vielschreiber, berichtet 1690, vor etlichen Jahren habe ein Hecht einen Dieb so lange in die Hand gebissen, bis dieser ergriffen werden konnte. Ein französischer Lügenerzähler des 16. Jahrhunderts, Philippe d'Alcripe (Le Picard), konnte also unverfroren behaupten, er habe einen Hecht gesehen, der einen Hund verschluckt hatte. Ebenso alt ist die Geschichte von einem Frosch, der einen Hecht besiegt haben soll, indem er ihm die Augen auskratzte. Große Berühmtheit erlangte der sogenannte Remora-Fisch; ihm wurde seit der Antike nachgesagt, er könne Schiffe an ihrer Weiterfahrt hindern. Wir müssen es uns hier leider versagen, auch noch von all den wunderbaren Seebewohnern und -bewohnerinnen zu reden, welche seit Odysseus' Meerfahrt die Phantasie nicht nur der Fischer und Schiffer beflügelt haben.

Es könnte sein, daß es mehr verschiedene Geschichten von Fischen gibt als hier und jetzt real existierende Fischarten in der Nord- oder Ostsee. Aus den Gold spendenden Meeresbewohnern sind Tiere geworden, die uns mit Blei und Quecksilber versorgen. Immer wieder schwimmen die Fische zu Tausenden, mit dem weißen Bauch nach oben, unsere Flüsse hinab. Einige unserer Seen sind so tot, daß auch nicht ein Fisch mehr in ihnen überleben kann. Nicht die Gefräßigkeit des großen Menschen hat den Millionen kleinen Fischen den Garaus gemacht, sondern seine Wohlstandskultur und seine Überproduktion an Chemikalien. Selig die Zeiten, als noch die Hechte die Menschen in die Waden oder in die Finger bissen! Goldenes Zeitalter, als noch die großen Fische die kleinen fraßen! Glücklich der Mensch, der noch einen Fisch ohne Ring im Bauch, aber auch ohne Gift in den Kiemen verzehren darf!

Fledermaus

Schon ihr Name deutet auf eine nicht genau definierte und faßbare Existenz. Eine Maus, die flattert – was soll das sein? ‹Chauvesouris› heißt sie im Französischen, ein Säuger ohne Fell, eine ‹Kahlmaus›; dadurch wird sie nicht sympathischer. Die Südeuropäer lassen ihren ‹vespertilio›, ‹pipistrello› oder ‹pipispelo› dem Namen nach am Abend flattern, und da entzieht sich das Tier abermals genauer Betrachtung. Die Fledermaus (sie gehört zu den *Microcheroptera*) sei ein Unruhe stiftendes Tier, meinte ein katalanischer Erzähler; sie sei in der Arche Noah nur herumgetaumelt, habe geflucht und die Ruhe der anderen Tiere gewaltig gestört. Erst aus der jüngeren Naturforschung kennen wir die guten Gründe, welche

die Fledermaus so herumirren lassen: Sie benutzt (für den Menschen unhörbare) Ultraschallwellen zu ihrer Orientierung durch Echopeilung – auf diese Weise kann sie selbst den dünnsten Drähten ausweichen; und durch ihren Taumelflug verhindert sie, daß die von ihr gejagten Nachtschwärmer den von Schallwellen begleiteten Anflug der Fledermaus frühzeitig wahrnehmen und ihr ausweichen. Aus doppeltem Grund ist der Aberglaube töricht, der taumelnde Nachtliebhaber könne sich in Haut oder Haaren eines Menschen verfangen und dort Unheil, etwa Verfilzungen oder gar Kahlheit verursachen. Die Fledermaus läßt sich in solche Aufprallexperimente gewiß nicht ein, und sie sucht nach kleineren und feineren Leckerbissen, nicht nach gepuderten Perücken.

In der Tierfabel wird das Flattertier (ähnlich wie der Biber) auf andere Weise als ein schwankendes Wesen charakterisiert: Im *Krieg der Vögel und der Vierbeinigen* gab sich die Fledermaus zuerst als Vogel aus, und als sie von den Landtieren attackiert wurde, erklärte sie, vielleicht sei sie doch eher eine Maus; auf diese Weise verlor die Abendflatterin das Vertrauen beider Parteien; seitdem scheut sie sich, bei Licht zu jagen und versteckt sich im Halbdunkel der Dämmerung (AaTh 22 A). Andere Fabeldichter erzählen, einmal sei die Fledermaus von einem Wiesel bedroht worden, das gerne Vögel fraß. Da habe sie erklärt, sie sei aber doch bitte eine haarige Maus! Als sie indes von einem anderen Wiesel gestellt wurde, das Lust auf Mäuse hatte, rief sie schnell, sie gehöre ja zu den Vögeln – und so kam sie abermals davon. Jean de La Fontaine (II, 5) legt diese Wankelmütigkeit politisch aus: Es gebe doch auch genügend Menschen, welche bei Gefahr die Schärpe wechselten; der kluge Mann rufe bald: «Es lebe der König!» und bald: «Es lebe die Republik!»

‹Die Fledermaus von Johann Strauß› ist zu einem geflügelten Reim geworden. Diese beliebte Operette stammt aus dem Jahr 1874 und geht auf ein französisches Boulevardstück zurück. Mit unserem Tier hat dieses Musiktheater herzlich wenig zu tun: Der Lebemann Eisenstein hatte früher einmal nach einem Ball seinen Freund Falke betrunken in einem Fledermauskostüm im Park zurückgelassen, so daß dieser am hellichten Tage als Flattertier durch die Stadt laufen mußte. Falke will sich nun auf einem Ball beim Prinzen Orlofsky an Eisenstein rächen, doch eine Fledermaus taucht dabei nicht mehr auf.

Zum schlechten Ruf der Fledermäuse trägt die Tatsache bei, daß die Welteroberer des 16. Jahrhunderts in Südamerika eine Fledermausart *(Desmodontidae)* entdeckten, die mit scharfen Zähnen die Haut von Mensch und Tier ritzt, um das austretende Blut aufzulecken. Aus dieser Beobachtung entwickelte sich der Mythos von blutsaugenden fliegenden Nachttieren, der sich wiederum mit den älteren Sagen über den Urahnen des Dracula (‹Drächlein›) von Bram Stoker (1897), nämlich den blutrünstigen Woiwoden des 15. Jahrhunderts Vlad Țepes (‹der Pfähler›, der aber ein durchaus tüchtiger Herrscher gewesen sein soll) vermischte. Vor allem die Filmindustrie hat die harmlose Fledermaus so stark in die Nähe von schwarz bemantelten Vampiren (angeblich blutsaugenden Toten, die im Grab keine Ruhe finden, sogenannten Widergängern), gerückt, daß dem Aberglauben, die Nachtflatterer hätten es auf unsere Halsschlagadern abgesehen, immer wieder das frische Blut neuer Ignoranz zugeführt wird. Zu loben ist also der Mann, der Abendkurse einrichtete, um seine SchülerInnen mit der Harmlosigkeit und Liebenswürdigkeit von Fledermäusen bekannt zu machen. «Meet Mrs. and Mr. Bat!» sollte es öfter heißen.

Fliege

> Da kommt die Fliege mit Gebrumm
> und surrt ihm vor dem Ohr herum. [...].
> Die böse Fliege! Seht, nun hat se
> sich festgesetzt auf seiner Glatze –

so schildert Wilhelm Busch des Herrn Inspektors Mittagsruh, «nur kommt man oftmals nicht dazu». Sehr alt ist diese Geschichte von der Fliege und dem Glatzköpfigen, und sie läßt unterschiedliche Auslegungen zu. Das «böse» Insekt landet mehrfach auf eines Kahlen Kopf, und der Mensch reagiert halb ärgerlich, halb gelassen: Auch wenn er wiederholt nach dem Störenfried schlagen muß und sich dabei selbst weh tut, so muß er die Fliege schließlich doch treffen; dabei wird sie getötet, während der Kahle nahezu heil aus dem Kampf hervorgeht. Der spätmittelalterliche *Magdeburger Aesop* überträgt die Fabel auf den Ärger, welchen ein Fürst mit den Nichtsnutzen und Störenfrieden in seinem Lande hat – letztendlich müssen solche Burschen ausgerottet werden. Bei Busch nimmt die Fliege zwar auch ein böses Ende, aber wir lachen dabei über den dummen Beamten, der einer so geringen Sache wegen, nicht ohne sich selbst zu schaden, soviel Aufregung verursacht.

Böse stand es in alten Zeiten um den Ruf dieses Zweiflüglers *(Dipteros)*, einmal der Stubenfliege *(Musca domestica)* und mehr noch der Schmeißfliege *(Musca vomitoria)*. Wer weiß schon, in welchem Misthaufen oder Madenspeck sie sich herumgetrieben hat, bevor sie, widerlich!, auf unserem Küchentisch und auf dem frischen Käse herumkriecht? Was läßt sich dagegen tun? «In den Zimmern schützt man sich gegen F. durch Vorsatzfenster von Gaze, mit klebrigen Stoffen überzogene Stöcke, Abkochung von Quassenholz, welche, mit etwas Zucker vermischt, die F. in Menge herbeilockt, aber nur betäubt, und durch Fliegenpapier (s. d).» So Meyers Konversations-Lexikon von 1894 – was für ein Aufwand für so ein Leichtgewicht (70 gehen auf ein Gramm!), und um wieviel gewaltiger noch unser Dreinschlagen in die Natur, wenn wir ein Insektenspray mit Treibgas einsetzen!

Viel von unserer sprühenden Wut geht auf alte Vorstellungen zurück, so etwa die, daß die Fliege durch ‹Urzeugung› aus faulem Fleisch entstehe, daß sie ein Massenprodukt der Hölle sei (Beelzebub, der ‹Herr der Fliegen›, wirkt auch noch in dem Roman von William Golding, *Lord of the Flies* [1954] weiter), daß Heilige dieses ‹Geschmeiß› in Acht und Bann getan (sie fallen beim hl. Bernhard von Clairvaux tot von den Wänden) oder exkommuniziert hätten. Dabei ist doch, genau besehen, die Fliegenplage heute eine harmlosere als etwa zu Benjamin Franklins Zeiten, und selbst der nahm 1794 den Ärger mit den Insekten in Paris von der heiteren Seite, als er «The Flies of the Apartment of Mr. Franklin» einen Dankesbrief an Madame Helvetius schreiben ließ, weil diese alle abscheulich bösartigen Spinnen und Spinnweben aus des Amerikaners Apartment hatte wegwischen lassen: «Seit der Zeit leben wir glücklich und erfreuen uns ohne Furcht der Wohltaten des besagten guten Menschen Franklin, und so erlauben Sie uns, Ihnen Bizz izzzz ouizz a ouizzzz izzzzzzzz zu sagen.» Die alte Plage ist inzwischen auch in den giftgeschwängerten und straßengekehrten Städten geringer als auf dem freien Lande, wo, wie schon Homer wußte, «der Fliegen unzählbar wimmelnde Scharen rastlos durch das Gehege des ländlichen Hirten umherziehn» (*Ilias* II, 469–70) und wo sie «sumsen im Meierhof um die milcherfüllten Eimer» (XVI, 640). Doch selbst auf dem Lande sind Insektizide heutzutage entbehrlich geworden, während einige Spinnweben, wie schon Franklin wußte, hilfreich wirken können.

Auch die Fabeln waren der Fliege nicht wohlgesonnen. Sie überschätze sich maßlos, heißt es da, wenn sie sich auf die Deichselspitze eines Karrens setze und glaube, ausgerechnet sie könne den Fuhrmann spielen und hü und hott schreien. Das Maultier oder die Pferde sagen ihr dann auch klipp und klar, wer in diesem Gespann der eigentliche Wagenlenker sei. Ein spanisches Sprichwort lautet entsprechend: «Aramos, dijo la mosca ... – Los, jetzt pflügen wir, sagte die Fliege, die auf dem Ochsen saß.» In einer ähnlichen Geschichte rühmt sich die Fliege vermessen, sie sei es, die beim Heuabladen die ganze Staubwolke aufgewirbelt habe.

Arrogant ist sie auch gegenüber der Ameise (oder der ebenso fleißigen Biene): Jean de La Fontaine läßt in seiner Version dieser Geschichte (IV, 3) die Fliege damit prahlen, daß sie sich nach Belieben bei Königen und schönen Frauen niederlassen könne. Aber sie möge ihren üblen Ruf bedenken, meint die emsige Arbeiterin ruhig, und überhaupt: Im Winter, wenn die Ameise ein behagliches Leben führe, sei es mit der Fliege schon lange aus und vorbei. Warnend erzählen die Fabeldichter auch, wie die Fliege sich an den Honig macht und dabei klebenbleibt: Kurz sei der Genuß, und das Leben auch. Aber die Fliege sieht das vielleicht doch anders, wie eine weitere Fabel belegt: Da ertrinkt sie in einem Suppentopf und tröstet sich dabei, sie habe sich doch vor dem Sterben wenigstens satt gegessen, voll getrunken und sauber gebadet.

Fliege und Tod – die Dichter bringen sie gern zu schwarzen Bildern zusammen. «Was Fliegen sind den ungerat'nen Knaben», meint Gloster im *König Lear* (IV, 1), «sind für die Götter wir: Sie töten uns zum Spaß.» Der Sizilianer Luigi Pirandello erzählt in seiner Novelle *La mosca* von einer unheimlichen Fliege, die einen jungen Mann mit Milzbrand infiziert hat. Während nun dieser, schwarz [!] und aufgedunsen in einem Stall dahinstirbt, stürzt sich das Insekt auch auf eine winzige Rasierwunde des Vetters, der gerade den Arzt aus der Stadt geholt hat, und dann sitzt die Fliege wieder an der Wand «und putzte sich rasch ihre dünnen Vorderbeinchen, die sie gegeneinanderrieb, als sei sie zufrieden». Widerliche

Bilder der Verwesung evoziert Charles Baudelaire in einem Gedicht mit dem Titel *Ein Aas*, und wieder sind es die Fliegen, die den Schrecken vermehren; sie «brummten über den verfaulten Bauch, aus welchem schwarze Maden-Bataillone krochen». Wenn es ans Sterben geht, so scheint es, ist zumindest eines von diesen Insekten in unserer Nähe: Alter Glaube war es, daß die Seele des Menschen dem Leib in Gestalt einer Fliege entfleucht.

Gibt es denn nichts Lobendes über die Fliegen zu sagen? Dienen nicht ihre schwarzen Schwärme Millionen von Spinnen, Schwalben, Fröschen und Igeln zur alltäglichen Nahrung? Schrumpft nicht unsere Vogelwelt zusammen, wenn die Mücken und Fliegen (eben der Chemikalien wegen!) von allen Wänden fallen? Sind sie nicht ein bedeutendes Glied in einer Nahrungskette, mit deren Zerreißen wir uns nur selber schaden? Doch ist das Lob der Fliege keineswegs ein neues: Schon der alte Lukian aus Samosata hat im zweiten nachchristlichen Jahrhundert ein solches verfaßt, und der spanische Dichter Antonio Machado (1875–1939) lobt in seinem Gedicht *Las moscas* die Fliegen «aller Stunden», alte Freundinnen, die ihm Kindheit und Jugend und überhaupt «todas las cosas» in Erinnerung rufen: Spielsachen, Bücher, Liebesbriefe, die geschlossenen Augenlider der Verstorbenen. Der spanisch-galizische Schriftsteller Wenceslao Fernández Flórez läßt in einer witzigen Erzählung mit dem Titel *Die Fliegenkur* einen Herrn sogar behaupten, den lästigen, unermüdlich stechenden Fliegen der Provinz Pontevedra sei es zu danken, daß er, da sie ihn unablässig in Bewegung hielten, so gesund und kräftig sei und daß die Galizier, auf der Flucht vor ihnen, nach Amerika auswanderten und von dort wiederum ihre Millionen in die Heimat schickten.

Und die Fliege selbst kann auch lachen. Sie lacht über all die närrischen Menschen, die versuchen, sie zu fangen, und dabei meistens zu langsam sind. Vor lauter Lachen sind ihr schon die Augen aus dem Kopf getreten, heißt es in Volkserzählungen. Und sie lacht vor allem dann, wenn ein Narr kräftig nach ihr haut und dabei die Nase eines Schlafenden trifft, oder noch mehr, wenn ein Richter rät, die Fliegen überall zu schlagen und er dann selber der Geschlagene ist. Über solche Scherze lachen freilich nicht nur die Fliegen, sondern vor allem die nicht nur von Fliegen geplagten Kleinen Leute.

Floh

«*Hook[e]* hat in seiner *Micrographie* [1664] angemerkt, daß der Floh durch das Ausdehnen eines sehr zarten Gliedes, welches gleichsam eine Feder ist, zweyhundert mal höher springen könne, als er selbst groß ist.» So liest man es, auf den nicht mehr ganz neuesten Stand der damaligen Mikroskopie des Engländers Robert Hooke und des Niederländers Antonie van Leeuwenhoeck gebracht, in Johann Theodor Jablonskis *Allgemeinem Lexicon der Künste und Wissenschaften* von 1767. 1835 fügt O. L. B. Wollfs *Neues elegantes Conversations-Lexicon für Gebildete aus allen Ständen* diesem wunderbaren Vermögen des kleinen *Pulex irritans* noch ein weiteres hinzu: «[...] ist eines der stärksten Tiere, indem es 80 Mal mehr zieht, als es selbst schwer ist». Demnach sollte man meinen, daß der Floh ein allgemein hochangesehenes Vorbild für Sportler mehrerer Disziplinen sein könnte.

Doch seine Kraftkünste, die oftmals auch in einem ‹Flohzirkus› bei einem ‹Flohbändiger› auf den Märkten oder in Wirtsstuben zu bewundern waren, haben dem Ansehen dieses Sechsbeiners wenig genützt. Isidor von Sevilla dekretiert etymologisch: ‹Pulices›, das kommt ‹ex pulvere›, Flöhe stammen aus dem Dreck. Er nimmt damit die spätere Theorie der ‹Urzeugung› vorweg, und die Katalanen leiten noch heute die Herkunft ihrer ‹polls› (Flöhe) von ‹pols› (Staub) ab.

Wie dieser lästige, wenngleich relativ harmlose Blutsauger in die Welt gekommen sei, das erklärt eine von Salvatore Salomone-Marino aufgezeichnete sizilianische Volkserzählung so: Bei der Erschaffung der Welt habe es weder Floh noch Laus gegeben. Doch eines Tages lebte da ein über hundert Jahre altes Weib (bei den Katalanen ist in dieser Geschichte von einer hübschen jungen Frau die Rede), und die langweilte sich schrecklich und betete zu Gott, er solle ihr doch ein paar Läuschen und Flöhchen überlassen, damit sie etwas zu tun bekomme. Gott erhörte ihr Flehen und schickte ihr eine Menge von diesen Tierchen. Die Alte (oder die Junge) – «suchen und knacken, suchen und knacken» – war jetzt wohl zufriedengestellt, aber Läuse und Flöhe verbreiteten sich – leider – über die ganze Welt. In Sizilien gibt es daher heute noch die Redensart: «Verdammt die Alte, die sie haben wollte!» («Mmaladitta dda vecchia chi l'addisiau!»)

Die Weiber sind wieder einmal an allem schuld, die Frauen werden folglich auch am häufigsten mit diesen Tierchen in Zusammenhang gebracht. In seinem *Rastbüchlein,* einer Schwanksammlung aus dem Jahre 1558, erzählt Michael Lindener von einem Prediger, der den Läusen und den Flöhen ein Loblied singt und meint, die lieben Flöhe seien «von Gott geschaffen, daß sie die Weiber plagten, daß sie ihres unnützen Geschwätzes und [ihrer] bösen Gedanken vergessen, der[er] sie doch voller wären dann der Flöhe, und sonderlich, daß sie [die Flöhe] die faulen Mägde in der Predigt aufweckten und dieselbigen erinnerten und vermahneten, daß sie fleißiger sein sollten im Zuhören [...]». Auf dem Titelblatt von Johann Fischarts *Flöh Hatz Weiber Tratz* (1577) kratzen vier Gevatterinnen ihre geplagten Gliedmaßen; im Text erzählt der Floh dann der Mücke in allen pikanten Einzelheiten von seinen Besuchen bei hübschen Weibern. Barocke Gemälde (so etwa von Georges de la Tour mit einer Magd oder von Giovanni Battista Piazzetta mit einer üppigen jungen Frau) oder illustrierte Flugblätter des 17. Jahrhunderts zeigen nicht wenige Angehörige des weiblichen Geschlechts (keineswegs die Männer!), wie sie, unter mancherlei Entblößungen reizvoller Körperteile, sich der Suche nach diesem Springinsfeld hingeben.

Der Bilderforscher Michael Schilling hat solche Darstellungen wie das Blatt *Von dem Weiber- und Flöhe-Krieg* dem Wunschdenken der Männer zugeordnet, sie möchten bei diesen Auf- und Entdeckungen voyeuristisch zugegen sein; die Sexualphantasien werden dabei in dem überallhin vordringenden und zupackenden Floh materialisiert. An satirischen Flohtraktaten, -schwänken und -liedern, welche dieses Thema in frauenfeindlicher Weise breittreten, hat es dann auch bis ins 19. Jahrhundert hinein nicht gefehlt.

Für populäre Erzählungen dieser Art gilt ein ähnliches Phantasieprinzip. Ein Predigtexempel des Jacques de Vitry malt aus, wie ein Floh sich im Bette einer Äbtissin zu schaffen macht; freilich ohne zum Ziele zu gelangen. Er tauscht dann mit dem Fieber, welches zunächst bei einer armen, aber kräftigen Frau wenig Chancen hatte. In der zweiten Nacht findet der Floh bei der ruhig schlafenden Armen genügend Nahrung, und das Fieber hat bei der verwöhnten geistlichen Dame besten Erfolg. Wenn in dem korsischen (Geneviève Massignon) oder dem sizilianischen (Giuseppe Pitrè) Märchen vom *Basilikummädchen* (AaTh 879) der verliebte Prinz, unter dem Bette der Begehrten liegend, das schlafende Mädchen von unten mit einer «Nadel» «piekt», und sie oder er darauf von stechenden Flöhen erzählt, dann wird der Wunsch oder das Faktum ‹Liebesverkehr› abermals über die Flohmetapher verhüllend, aber doch deutlich genug benannt.

Als durchaus misogyn erweist sich in diesem Zusammenhang auch die Redensart vom Flöhehüten. Auf einem französischen Kupferstich vom Ende des 16. Jahrhunderts *(Représentation du coquu jaloux)* wird drastisch vorgeführt, daß es für einen Narren leichter ist, einen Korb voll hüpfender Flöhe zu hüten als für einen eifersüchtigen Ehemann, das Kleinod seiner Frau mit einem Keuschheitsgürtel zu verwahren, denn schon wartet ein junger Liebhaber mit einem Nachschlüssel auf sein Liebesglück. In Hans Christian Andersens Märchen *Der Springer* ist es, bei einem Wettkampf um die Prinzessin, zwar der ‹Hüpfauf› (aus dem Brustknochen einer Gans gemacht), der in den Schoß des Mädchens springt und sie damit erobert, aber der Floh, der am höchsten hüpft, ist hier doch auch wieder als Werber um Lust und Liebe präsent.

Nun sollte man aus einem Floh keinen Elefanten machen, wie die Franzosen sagen, und bedenken, daß auch Männer von dem *Pulex* irritiert werden, nur zeigen die Vertreter des stärkeren Geschlechts, das sich so gerne über die Flöh-Hatz der Weiber lustig macht, offenbar wenig Humor, wenn das

Insekt sie selber heimsucht. Einer, so erzählt Jean de La Fontaine in seiner Fabel (VIII, 5) von *Mann und Floh*, fleht wehleidig Jupiter um Hilfe an. Aber wegen eines Flohs, meint der Dichter, müsse man doch nicht gleich Blitz und Donnerkeil vom Olymp herabrufen! *Die gestörte und wiedergefundene Nachtruhe* ist eine der wenigen wortlosen Bilderserien unseres Wilhelm Busch. Die nächtlichen Flohqualen des Mannes lassen sich da nicht in Worte fassen, nur die Karikatur kann dieses Mißverhältnis zwischen hilflosem Riesen und tückischem Tierzwerg beschreiben. In einer alten Fabel des Heinrich Steinhöwel (1412–1478) setzt der Mann sich allerdings tapfer zur Wehr: Als der Floh ihm erklärt, das Beißen gehöre zu seiner Natur, tötet er das gleichermaßen lästige wie von sich eingenommene Tierchen. In den Volkserzählungen vom Fuchs und den Flöhen, die auf Gervasius von Tilbury (um 1210) zurückgehen (AaTh 63), führt uns der Listige eine andere Art der Flohvernichtung vor: Mit einem Wollknäuel im Maul steigt er, mit dem Schwanz voraus, nach und nach ins Wasser; seine Flöhe versuchen, sich nach vorne in die Wolle zu retten, werden aber schließlich allesamt ersäuft.

Daß der Magier Mensch (in Gestalt des Leeuwenhoeck) diese Natur des *Pulex* für sein Kulturprodukt Flohzirkus mißbrauche, hat schon Ernst Theodor Amadeus Hoffmann seinen *Meister Floh* (1822) beklagen lassen, und überhaupt ist es dieser phantasievolle Romantiker gewesen, der selbst (den französischen Aufklärer Pierre Bayle zitierend) diesem «kleinen Ungeheuer» das Recht auf eine Seele zugesprochen hat. Zumindest in diesem «Märchen» «zeigt ein kleines, winziges, sonst verachtetes Tier Wissenschaft, Verstand, ja eine wunderbar magische Kraft. Und dieses Tier spricht von Dingen, die allen gewöhnlichen Begriffen unerfaßlich sind, auf eine Weise, als sei das alles nur das tausendmal wiederholte Gestern und Heute des gemeinen Lebens hinter der Bratenschüssel und der Weinflasche.» Das Lob mag ein wenig zu hoch gegriffen sein, doch eines sollten wir dem Meister Floh wenigstens zugestehen: daß er von manchen Gebieten unseres Alltags tieferes Wissen besitzt als wir selbst.

Flußpferd

«*Siehe* da den Behemoth», lesen wir im 40. Kapitel des biblischen Buches Hiob, «den ich neben dir gemacht habe; er frisset Gras wie ein Ochse. Siehe, seine Kraft ist in seinen Lenden, und sein Vermögen in den Sehnen seines Bauchs. Sein Schwanz strecket sich wie eine Zeder, die Sehnen seiner Schenkel sind dicht geflochten. Seine Knochen sind wie eherne Röhren, seine Gebeine sind wie eiserne Stäbe. Er ist der Anfang der Wege Gottes; der ihn gemacht hat, der gab ihm sein Schwert. Die Berge tragen ihm Kräuter, und alle wilden Tiere spielen daselbst. Er liegt gern im Schatten, im Rohr und im Schlamm verborgen. [...] Siehe, er schluckt in sich den Strom und achtet's nicht groß; läßt sich dünken, er wolle den Jordan mit seinem Munde ausschöpfen. Fähet man ihn wohl vor seinen Augen, und durchbohrt ihm mit Strikken seine Nase?» Mit diesem Behemoth, den man sich oft als ein Untier vorstellte, war sehr wahrscheinlich das Nil- oder Flußpferd *(Hippopotamus)* gemeint.

Die Alten hatten noch keine sehr konkrete Vorstellung von diesem massigen Land-Wasser-Bewohner. Herodot schreibt ihm zum Beispiel, wohl von seinem Namen irregeführt, eine Pferdemähne, Pferdeschwanz und Pferdestimme zu; seine Haut sei so dick, daß man Lanzenschäfte daraus machen könne. Plinius Secundus sagt uns, Marcus Scaurus habe in Rom das erste Flußpferd zusammen mit fünf Krokodilen vorgeführt; zu dieser Nil-Schau habe er extra einen Teich oder Kanal ausheben lassen.

Und trotzdem scheint Plinius das Nilpferd nicht richtig gesehen zu haben. Es nähre sich von angebauten Feldern, meint er, und bestimme schon am Tage zuvor, welchen Teil es tags darauf fressen werde, und es lege seine Fußspuren immer so, daß sie hinaus, nicht in das Feld hinein zeigten, so schütze es sich gegen das Aufstellen von Fallen. Plinius meint auch, der Mensch habe das Aderlassen dem Flußpferd abgeschaut: «Wenn es seine andauernde Freßsucht zur Überfütterung verleitet hat, dann kommt an Land und sucht sich eine Stelle, wo kurz zuvor Rohr geschnitten worden ist, und wenn es eine besonders scharf geschnittene Stoppel erblickt, läßt es seinen Körper nieder und sticht sich in eine bestimmte Vene des Beines und entlastet durch den Blutfluß seinen Körper, der sonst vielleicht erkranken würde; die Wunde verstopft es dann wieder mit Schlamm.»

Der *Physiologus* meint drei Jahrhunderte später, das Nilpferd (‹Niluus›) lebe im Flusse, es sehe wie ein Hund aus und sei ein Feind des Krokodils. Es beschmiere sich mit Lehm, steige in das mit offenem Munde schlafende Krokodil und werfe dann dessen Eingeweide nach draußen. Und noch im Hochmittelalter schreibt Brunetto Latini, der Lehrer Dantes, der Hippopotamus sei ein Fisch, sehe aus wie ein Pferd, habe gespaltene Hufe wie ein Rind und Zähne wie ein Wildschwein. Sein Schwanz sei geringelt wie ein Korkenzieher. Und in seinen Kenntnissen vom Fressen und vom Aderlassen dieses seltsamen Tieres ist Latini über Plinius noch nicht hinausgekommen.

Erst die zoologischen Lehrbücher der Aufklärung sind in ihrem Wissen ein bißchen weiter gelangt. Aber Professor Relsserd (Dressler) hat in seiner für die Jugend bestimmten *Naturgeschichte der Tiere* vorzüglich die Jagd auf den Hippopotamus im Sinne: «Die Haut ist daumensdick und läßt daher nicht leicht eine Kugel durch. Der einzige Ort, es zu treffen, ist der Kopf, und zwar entweder an den Schläfen oder auf der Stirn gleich über dem Auge, wo kein Speck und Fleisch liegt. Dieses muß man [die Kinder?] aber genau beobachten und gleich losbrennen, sobald es den Kopf aus dem Wasser steckt, weil es sonst Geruch bekommt, untertaucht und sich lange nicht mehr sehen läßt. [...] Hat man [!] ein solches Tier erlegt, so zieht man ihm die Haut ab und läßt sie, da man sie in Afrika, wo sie zu Hause sind, zu nichts benutzt, für die wilden Tiere liegen. Fleisch und Speck aber, der eine Hand hoch ist, wird abgeschnitten, eingesalzen und auf einem Wagen nach Hause [wessen Hause?] geführt. [...] Fleisch und Speck werden übrigens für einen großen Leckerbissen und eine gesunde Speise gehalten.» Und dann greift Professor Relsserd noch einmal so mitten hinein ins afrikanische Leben und schildert drei Seiten lang eine Nashornjagd der Weißen mit Hilfe der Hottentotten-Treiber: «Uns schlug das Herz, als wir so dastanden, und jede Minute mußten wir erwarten, mit einer solchen ungeheuren, 12 Fuß langen Bestie handgemein zu werden, mit einem Tiere, welches mit seinen furchtbaren Zähnen einen Menschen mitten durchbeißen kann.» Schade, daß der deutsche Professor in Afrika nicht ein bißchen an seinem eigenen Fleisch und Speck angebissen wurde, er hätte dann vielleicht seinen Kindern einen weniger begeisterten Kolonialismus-Unterricht erteilt.

> The broad-backed hippopotamus
> rests on his belly in the mud;
> although he seems so firm to us
> he is merely flesh and blood –

so beginnt eine berühmte Satire des Nobelpreisträgers Thomas Stearns Eliot auf die ‹Wahre Kirche› (1920), und man könnte die Verse etwa so übersetzen:

> Dickhintrig dort das Flußpferd ruht
> mit seinem Bauch im Wasserloch.
> Es scheint uns mächtig stark, und doch
> hat es wie wir nur Fleisch und Blut.

Dieses Gedicht scheint einige Leute angeregt zu haben, es doch einmal mit einem Flußpferdchen als Haustier zu versuchen. Es gibt ja kaum noch ein Tier, ob Krokodil, Wildschwein, Elefant oder was sonst noch als Hausgenosse denkbar ungeeignet erscheinen mag, das nicht für das eitle Prahlen von Menschen («Alle haben einen Hund, aber ich habe ein Rhinoceros!») hätte herhalten müssen. So berichtet die

Zeitschrift *Ein Herz für Tiere* im Februar 1994 von einem «Hippo unterm Küchentisch», und da heißt es: «Was ist noch schlimmer als ein Flußpferd im Bett? Ein schlechtgelauntes Flußpferd! Denn immer wenn Farmersfrau Teresa Warth [in Simbabwe] das kleine Hippo aus dem Bett ihres vierjährigen Sohnes Stephen vertreibt, schmollt es und ignoriert die unsensiblen Zweibeiner.» Selbstverständlich hat die Story etwas mit der Rettung von bedrohten Tieren zu tun. Sehr beruhigend heißt es schließlich: «Mit der Zeit wissen die Warths, was ein Mini-Flußpferd so braucht. Frühstück in der Badewanne, zum Beispiel.» Vielen Menschen, selbst in Europa, würden freilich ein warmes Bett und ein freundliches Frühstück auch ohne Badewanne genügen.

Anfang 1994 machte eine Zürcher Reisefirma Propaganda für ihre Ferienangebote im 24-Stunden-Service mit einem riesigen, weitaufgerissenen Nilpferd-Maul, der daneben gedruckten Frage: «Schnauze voll?» und einer Telefonnummer. Richtig: Die Werbetexter nehmen manchmal, ohne viel zu denken, den Mund zu voll; wir kriegen aber trotzdem Lust, an einen fernen Fluß zu fliegen, wo es keinen Krieg gibt und wo die Hippopotamus aus Fleisch und Blut friedlich im Uferschlamm stehen, ohne uns mit Slogans zu belästigen.

Frosch

Eines scheint bei diesem ebenso mobilen wie angeblich unschönen Tier (aus der Gruppe der *Ranidae*) festzustehen: Für den Gebrauch in der christlichen Kunst oder Legende eignet es sich kaum. Höchstens der hl. Pirmin wird einmal mit Fröschen abgebildet: aber da stellt er sie nicht vor, sondern vertreibt sie, zusammen mit dem Schlangengezücht, von der Insel Reichenau. Das erinnert an die biblische Froschinvasion, die durch Moses und Aaron in einem Zauberwettkampf mit den ägyptischen Weisen als eine der Plagen für den hartherzigen Pharao in Marsch gesetzt und wieder zurückgepfiffen wurde (2. Mos. 7,27–29; 1–10): Wenn der Pharao die Kinder Israels (die in Ägypten hart unterdrückte

Zwangsarbeiter waren) nicht ziehen lasse, sagt Moses zu dem Tyrannen, dann werde der Herr ihm eine Froschplage senden, «daß der Strom soll von Fröschen wimmeln; sie sollen heraufkriechen und kommen in dein Haus, in deine Schlafkammer, auf dein Bette, auch in die Häuser deiner Knechte, unter dein Volk, in deine Backöfen und in deine Teige; und sollen die Frösche auf dich und auf dein Volk und auf alle deine Knechte kriechen». Später dann starb, auf Moses' Schrei zum Herrn hin, diese fürchterliche Masse von Fröschen und verbreitete unangenehme Gerüche – doch das nur nebenbei. Ein anderes Detail dieses Ereignisses fesselt uns mehr, nämlich Frösche in der Schlafkammer.

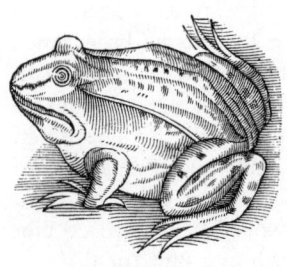

Denn das schwanzlose Amphibium mit den langen Hinterbeinen und den großen Augen, das aus dem Gewässer kriecht und auf ein fürstliches Bette hüpft, ist uns ja aus Grimms Märchen Nummer eins, dem *Froschkönig*, vertrauter als aus dem Buch Exodus. Dieses Tier, so «garstig» es aussehen mag, hat, gegenüber denen aus dem biblischen Bericht, drei Vorteile: Es kommt allein, es stirbt nicht und verwest nicht, sondern es verwandelt sich, im Gegenteil!, durch ein bißchen Gewaltanwendung in einen wunderschönen Prinzen – was wiederum nur im Deutschen (*der* Frosch gegenüber der weiblichen Form ‹rana› und ihren Varianten) möglich ist; im entsprechenden sizilianischen Märchen tritt denn auch ein anderes Tier, ein Mäuserich (denn im Italienischen ist *die* Maus männlich!) an seine Stelle. Jedenfalls ist des Froschkönigs Verwandtschaft mit dem Plagentier aus dem Nil evident. Die populäre Phantasie hat der Bibel mancherlei Motive zu verdanken.

So erhält etwa der Frosch durch den Text der Geheimen Offenbarung (16,13) teuflische Eigenschaften: «Und ich sah aus dem Munde des Drachen und aus dem Munde des Tiers und aus dem Munde des falschen Propheten drei unreine Geister gehen, gleich den Fröschen; denn es sind Geister der

Teufel, die tun Zeichen und gehen aus zu den Königen [...]»
heißt es da. In mittelalterlichen Beispiel-Erzählungen tau-
chen Frösche immer wieder als Beweise für sündhaftes
Tun auf. Kein Wunder, daß die älteren Märchenforscher die
Frösche als «eigenkräftig dämonische Wesen» sahen oder als
«Krankheitserreger, die Bosheitswesen den Menschen in den
Leib zaubern» oder behaupten, «als Inkarnation magischer
Kräfte dienen Frösche und Kröten den Teufelswesen als Spei-
se» – so jedenfalls 1936 das *Handwörterbuch des deutschen
Märchens*. Derartige Dekrete von oben haben nicht dazu bei-
getragen, dieses harmlose Wassertier beliebter zu machen.
Und vielleicht ist der Verzehr von Froschschenkeln so ver-
breitet gewesen, weil die schwächlichen Gourmets meinten,
sich Teufelskräfte einzuverleiben?

Auch in den antiken Tierfabeln kommt unser Frosch
schlecht weg. Bekannt ist die Geschichte von dem Kleinen,
der so groß sein möchte wie ein Stier und sich deshalb so
lange aufbläht, bis er platzt (AaTh 277 A). Heinrich Stein-
höwels Kommentar dazu: «Wenn sich die Armen im Übermut also erheben, daß sie meinen, den Mächtigen gleich
zu sein, dann verfallen und zerbrechen sie von ihrem Hochmut», und: «Aus dem ist das gemeine Sprichwort entsprungen: Du sollst dich nicht zu sehr blähen, damit du nicht
berstest.» Die Moral des Hofmannes Jean de La Fontaine zu
dieser Fabel (I, 3) lautet:

> Wie viele gibt's, die so nach Größe gieren!:
> Die Bürgerhäuser wollen Schlösser imitieren.
> Gesandte hält sich jeder kleine Fürst am Hofe,
> und jeder Herr Marquis will eine Kammerzofe.

Ein anderer starrköpfiger Fabel-Frosch läßt sich von einem
Kumpel nicht davon abraten, in einer Straßenpfütze zu leben. So ereilt ihn das Schicksal in der Gestalt eines Pferdes,
das ihn unter seinen Hufen zertritt (AaTh 278 A). Als die
Frösche Gott um einen König baten, warf er ihnen zunächst
ein Stück Holz in den Teich. Damit waren sie aber (verständlicherweise!) nicht zufrieden. So schickte ihnen Gott
einen Kranich (oder einen Wasserwurm), und der fraß sie

nacheinander auf. Da jammerten die Frösche, sie hätten sich doch mit ihrem ersten König zufriedengeben sollen (AaTh 277).

Martin Luther erzählt nach alten Vorbildern von einer Maus, die den hinterhältigen Frosch bat, sie über ein Wasser zu setzen. «Da sie aber aufs Wasser kamen, tauchet der Frosch hinunter und wollt die Maus ertränken.» Die Maus wehrt sich, doch nun kommt ein Greifvogel daher und packt sie beide (AaTh 278). Und die «Lehre» daraus lautet: «Sieh dich für, mit wem du handelst. Die Welt ist falsch und untreu. Denn welcher Freund es vermag, der steckt den andern in den Sack. Doch schlägt die Untreue allezeit ihren eigenen Herrn, wie dem Frosch hier geschehen ist.»

Frösche und Mäuse leben offenbar seit undenklichen Zeiten in Unfrieden. Aus dem fünften oder vierten vorchristlichen Jahrhundert stammt eine griechische Parodie auf Homers Epen mit dem Titel *Batrachomyomachia*, das heißt «Froschmäusekrieg». Darin erklären Mäuse mit Namen wie Käsefresser den Fröschen, die etwa Schlammschläfer oder Sümpfler heißen, den Krieg, und der Mäuserich Portionenklau bringt die Frösche in eine üble Lage, doch die Krebse kommen den Amphibien zur Hilfe und schlagen die Nagetiere in die Flucht. Grund für diese fürchterliche Schlacht war ein Unfall, den wir schon aus der auch von Luther erzählten Fabel kennen: Der Froschkönig Pausback hatte die Maus Bröselklau ertrinken lassen, weil er sich vor einer Wasserschlange fürchtete. Das Thema dieses antiken Kleinepos taucht dann noch einmal bei dem deutschen Humanisten Georg Rollenhagen (1542–1609) auf. Sein gelehrtes Tierepos mit dem Titel *Froschmeuseler* wiederholt die antike Frosch-Maus-Tragödie und aktualisiert sie in moralischer Absicht für das Zeitalter der Reformation. Kriege seien allemal unsinnig und dumm – das ist eine von Rollenhagens Lehren.

Der Frosch hat sich also seit biblischen Zeiten viel üble Nachrede gefallen lassen müssen. Der Gott Israels hatte nicht seinen besten Tag, als er die Frösche zur Plage erklärte. Auch der Gesang der Tümpelherren hat im Laufe der Geschichte eher Spötter als Liebhaber gefunden. Doch sollten wir uns bewußt sein, daß quakende Frösche ein gutes Zeichen für ein gesund lebendes Gewässer sind, daß sie Zeugnis geben von einer reichen Flora und Fauna in den Bächen und Teichen und um sie herum. Wo zu viele Pestizide versprüht worden sind, hören die Frösche auf zu singen, und man könnte, Johann Gottfried Seume abermals parodierend, mahnen: Wo es quakt, da laß dich ruhig nieder: Tote Tümpel kennen keine Lieder.

Gut, daß es auch Kermit, den berühmtesten Frosch der Neuzeit, gibt! Er hat alle älteren Ideen von dem schleimig-kalt-garstigen Untier revolutioniert. Selbst Miss Piggy, die rosige Schweinedame, verzehrt sich nach ihm wie Ingrid Bergman nach Humphrey Bogart. Kermit ist zwar auch nur ein (von Jim Henson, dem Vater der Muppets erfundener) fiktiver Frosch, aber er übertrifft alle anderen Fabelamphibien an Bildung und pädagogischem Geschick, an Liebenswürdigkeit und Einfallsreichtum, und außerdem ist er ein guter Sänger! Kermit textet zu Recht: «Es ist nicht immer einfach, grün zu sein.» Kurzum: Dieser Kerl ist der freundliche Frosch von nebenan. Man sollte in Zukunft zu einem guten Freunde sagen dürfen: Sei ein Frosch!

Fuchs

Im Februar 1992 wurde im britischen Unterhaus über eine Vorlage diskutiert, welche zum Ziele hatte, die traditionelle Fuchsjagd aus Gründen des Tierschutzes für illegal zu erklären. Zuvor hatte ein von Anhängern der *Liga gegen grausame Sportarten* heimlich gedrehter Videofilm den Briten gezeigt, wie tierverachtend-herzlos sich die aristokratischen Jäger und ihre Hunde gegenüber den in ihren Höhlen versteckten Füchsen verhielten. Doch der Antrag des Labour-Abgeordneten Kevin MacNamara wurde mit 187 zu 175 Stimmen verworfen. Immerhin zeigt das Abstimmungsergebnis, daß ein Meinungsumschwung zugunsten der Wildtiere – die vor Brutalität so geschützt sein sollten wie die Haustiere – in den nächsten Jahren denkbar ist. Doch die negativen Urteile gegen dieses ‹Raub›-Tier sitzen tief.

Der Fuchs *(Canis vulpes)*, der zur Gattung Hund gehört, hat in Europa viele verschiedene Namen: Die Spanier und Portugiesen nennen ihn ‹raposo› nach ‹rabo› (Rübe) für den Schwanz, aber auch in Anlehnung an ‹rapaz›, ‹räuberisch›; die Franzosen heißen ihn ‹renard› nach seinem Namen ‹Reinhard› in den Tierepen vom *Reineke Fuchs*; in den skandinavischen Sprachen heißt er ‹ræv› oder ‹räf› nach einem finnischen Wort für Fuchs, daneben aber auch ‹blåfot›, ‹Blaufuß›; das alles zeugt von unterschiedlichen Einschätzungen des Fuchses bei den einzelnen Völkern; er tritt zudem in einigen Sprachen weiblich auf (lat. ‹vulpes›, spätlat. ‹vulpecula›, ‹kleine Füchsin›, ital. ‹la volpe›, span. ‹la zorra›). Fuchs oder Füchsin galten schon immer als zwar hübsche, langgeschwänzte, leichtfüßige, aber doch auch als listige, verschlagene Tiere. «Sie heißt ‹vulpes›, die Füchsin», schreibt Bischof Isidor von Sevilla in seinen *Etymologien* aus dem 7. Jahrhundert, «weil sie so ‹volupes›, ‹schnellfüßig› ist, denn sie rennt rasch daher, niemals geraden Weges, sondern immer krumm und schief, und sie ist ein betrügerisches Tier voller Nachstellungen und Hinterhalte. Denn wenn sie nichts zu fressen hat, stellt sie sich tot, und wenn dann ein Vogel sozusagen auf den Kadaver herabkommt, packt sie ihn und frißt ihn.» Letztere Geschichte hatte der gelehrte Bischof aus dem lateinischen *Physiologus* oder aus einer noch älteren Tierfabel erfahren; sie sollte sich noch viele Jahrhunderte lebendig erhalten.

So erzählt der französische Lügen-Novellist des 16. Jahrhunderts, Philippe d'Alcripe (Le Picard), in seiner *Neuen Werkstatt hervorragender Wahrheitsberichte* (1579) eine überraschend verkehrte Version von dieser Fuchslist: Ein Vogelsteller habe durch sein Laubversteck einen Reinhard beobachtet, der sich tot stellte, um ein paar Vögel zu fangen: «Nun saßen da auf einer großen Heister eine Anzahl von Elstern, Hähern, Krähen und anderen Vögeln. Die versuchten lange, ihn zu reizen, und dann kamen sie schließlich herunter, die einen zogen die anderen mit, und sie fingen an, ihn zu picken und ihm kräftig die Haare auszureißen, ja sie trieben es so arg, daß er es nicht mehr aushalten konnte. Deshalb schnappte er sich hastig eine Elster, um sie sich schmecken zu lassen, aber er erwischte sie nur beim Schwanz, und sie flog gleich in die Höhe und die andern Vögel ebenso. So wurde der arme Kerl in die Lüfte erhoben, denn er ließ seine Beute nicht fahren. Aber wegen seines Gewichts wurde schließlich der Schwanz der besagten Elster ausgerissen, weswegen Meister Reinhart (mit seinem Mund-voll Federn) aus sechs Lanzen Höhe zur Erde stürzte. Da war er tot, und die Hühner lachten sich eins. Wer andern eine Grube gräbt, der fällt gewöhnlich selbst hinein.»

Auch ein korsisches Frauen-Märchen, das 1955 von Gene-viève Massignon aufgezeichnet wurde, erzählt, wie der Fuchs von seinen Opfern mit seinem eigenen Verstellungstrick her-eingelegt wurde: «Cumara volpa», die Gevatterin Füchsin, stiehlt der Amsel ihre Jungen, obwohl sie ihr versprochen hatte, die Kleinen in Ruhe zu lassen. Die Amsel ruft einen alten Hund namens Cippone zu Hilfe. Doch der will zuerst gut gefüttert sein. Die Amsel verhilft ihm zu einer anstän-digen Käsemahlzeit, und dann legt sich Cippone so hin, als ob er tot sei. Die Amsel ruft die Füchsin: «Cumara volpa, Cip-pone è mortu!» – «Gevatterin, Cippone ist tot!» Zum Beweis setzt sich die Amsel auf den Kopf des Hundes und pickt ihm die Käsereste aus den Zähnen. Da wagt sich auch die Füch-sin heran und legt gar ihre Pfote auf das Hundemaul. «Wie der Hund das sieht, macht er *Hang*! Er schnappt sich Gevatterin Füchsin und bringt sie um. Da war die Amsel ganz zufrieden, daß man die Gevatterin Füchsin umgebracht hatte. ‹Ha›, sagt sie, ‹der haben wir's heimgezahlt!›»

Lassen wir einmal die vielen Tierfabeln beiseite, in denen gewöhnlich der Fuchs einem anderen Tier – vor allem dem plumpen Wolf – einen Streich spielt. Ein hebräisches Tierfabelbuch des Rabbi Berechiah Ha-Nakdan (Haim Schwarzbaum hat es herausgegeben) trägt sogar den Namen *Mishlé Shu'alim*, ‹Fuchs-Fabeln›. Jedermann kennt solche Geschichten aus seinem alten Schullesebuch, obwohl sie dort oftmals fehl am Platze sind. Denn warum sollte ein Pädagoge seinen Kindern die Ellbogenmoral einpauken, daß man mit Verschlagenheit oder Gewaltanwendung am besten durch die Welt kommt? Sollen die Kinder etwa auch einen Kameraden im Eise einfrieren lassen und dann weglaufen? Wieso muß der Bock unten im Brunnen bleiben, während der Fuchs sich über den Rücken seines Helfers rettet? Warum muß der arme Esel auf der Wallfahrt der Tiere, nach seiner Beichte und der von Fuchs und Wolf, allein für die Sünden aller büßen? Weshalb sollte der Rabe seinen Käse verlieren und warum wird er dann auch noch wegen seiner Stimme ausgelacht? Wie es scheint, verbirgt sich da manchmal eine mickerige Moral im Schafspelz frühbürgerlicher Kindererziehung.

Und doch hat der prallgefüllte Listensack des Fuchses die ErzählerInnen und ihre ZuhörerInnen immer wieder fasziniert. Von einem höchst intelligenten Reinhard berichtet der französische Novellist Bonaventure Despériers im Jahre 1557: Ein Amtmann hatte in seinem Hause einige gezähmte Wildtiere, darunter einen Fuchs ohne Schwanz. Das Tier verstand sich gut mit den Dienern, manchmal schien es, als ob es sprechen wolle. Für den Koch stahl der Fuchs allerlei Geflügel mit großer Fertigkeit und ohne sich schnappen zu lassen. Aber als er alt wurde, stiebitzte er die Hühner beim Amtmann selbst und fraß sie auch eigenmäulig auf. Als er hört, daß er dafür bestraft werden soll, läuft er zu den anderen Füchsen über, obwohl er früher zusammen mit den Hunden (deren Sprache er versteht) gegen sie gekämpft hatte. «Aber er gebrauchte die Redekunst so trefflich, daß sie ihm endlich Glauben schenkten und ihn zu ihrem Hauptmann machten.» Schließlich wird er von den Bauern gehetzt und bei einem großen Treiben – wobei auf die Hunde gar kein Verlaß war – aus seinem Bau geholt. Lebendig nach Maine geschleppt, macht man ihm dort einen Tierprozeß, und: «Am Schloß von Maine wurde er aufgehängt und erwürgt.»

Anzumerken ist auch, daß dem schlauen Fuchs so manches noch gewitztere Tier Widerstand leistet; hinter solchen Geschichten verbirgt sich abermals die plebejische Genugtuung an der Aufsässigkeit anderer niederer Leute gegen die Mächtigen. Als der Fuchs ein Eichhörnchen geschnappt hat, sagt das schwächere Tier (es besitzt aber doch einen ebenso schönen Schwanz wie der Stärkere!), der Fuchs solle vor seiner Mahlzeit beten. Der Fuchs (er hat offenbar ein Minimum von frommer Erziehung genossen) kniet in der Tat nieder – da kann das Eichhörnchen entkommen (AaTh 122 B*). Frommen Respekt zeigt der Fuchs seltsamerweise auch bei anderer Gelegenheit: Als er die fetten Gänse fressen will, erwirken sie von ihm eine Galgenfrist: Sie dürfen noch ihr letztes Gebet fertig sprechen. Aber ihr Geschnatter nimmt kein Ende, und so muß der Fuchs von ihnen ablassen (AaTh 227).

Zum betrogenen Betrüger wird der Fuchs auch in der äsopischen Fabel, die ihn mit dem Kranich zusammenbringt (AaTh 60). Reineke lädt den Vogel mit dem langen Schnabel zum Essen ein, serviert ihm aber die Suppe auf einem flachen Teller. Der Kranich erwidert höflich die Einladung, und bei sich zu Hause setzt er, Böses mit Bösem vergeltend, dem Fuchs das Essen in einem hohen, schmalen Kruge vor. Johann Wolfgang von Goethe hat diese Fabel unter dem Titel *Fuchs und Kranich* in ein Lehrstück für menschliche Gastfreundschaft umgewandelt: Fuchs und Kranich laden sich bei dem Dichter ein, und er gibt jedem sein passendes Eßgeschirr und das, was ihm schmeckt: dem Fuchs auf einem Teller junge Tauben und reife Trauben, dem Kranich in einer langhalsigen Flasche Gold- und Silberfische:

Hättet ihr den Fuchs gesehen,
auf der flachen Schüssel hausen,
neidisch müßtet ihr gestehen:
Welch ein Appetit zum Schmausen!

Wenn der Vogel, ganz bedächtig,
sich auf einem Fuße wiegte,
Hals und Schnabel, zart und schmächtig,
zierlich nach den Fischlein schmiegte.

Doch, obwohl gesättigt, beklagen sich die beiden: Man hätte
sie, so schimpfen sie, «am Katzentischchen» genährt, also
unstandesgemäß versorgt.

In der sogenannten *Friedensfabel* (AaTh 62) mischt sich
unter die Fuchskritik ein Zug von Skepsis gegenüber der Botschaft von einer schönen, besseren Welt: Meister Reineke
verkündet dem Hahn oder der Taube, der König der Tiere
habe den allgemeinen Frieden unter den Tieren ausrufen lassen, die lieben Vögel könnten also ohne Scheu näher zu ihm
kommen, er werde ihnen gewiß kein Leid zufügen. Doch der
Hahn durchschaut den Trug und setzt ihm eine noch listi-
gere Lüge entgegen: Er sehe da in der Ferne die Jäger mit einigen munteren Hunden, die wollten sicher auch die Friedens-
botschaft verkünden. Der Fuchs macht sich schleunigst
davon und meint, es könnte ja sein, daß die Hunde von der
Vereinbarung noch nichts gehört hätten.

Der Graubündner Chronist Nicolin Sererhard holt in seiner *Einfalten Delineation gemeiner dreyen Bünden* (1742)
den Fabel-Fuchs auf den Boden verschneiter Berg-Tatsachen
zurück. Eine Gruppe von Gebirgsreisenden sei einige Jahre
zuvor im Bündnerland von einem Schneesturm überrascht
worden. Einer von ihnen, der «etwas schwerleibiger als die
andern» war, blieb hinter seinen Gefährten weit zurück
und grub sich, um bei dem Unwetter nicht zu erfrieren, ein
Schneeloch, das der Wind bald völlig zuwehte. Die Gefahr,
unter dem Schnee auf ewig einzuschlafen, war groß: «Der
Schlummer überfiel ihn bald, indessen hatte sich der Sturm
gelegt, und erfolgte eine Windstille, und siehe, da kam bald
ein Fuchs, grub nach diesem Mann und kratzte ihm auf

seinem Kopf; der Mann huzte hierüber aus seinem Schlummer auf, machte sich bald aus seinem Loch, und weil der Sturm sich gelegt, auch der Mond durch den Nebel um etwas schimmerte, kam er noch vor Tag zu Süß bei den Kameraden an, die ihn für verloren geschätzt. Sehet, so wunderbar ist die Fürsehung Gottes [...].» Und sehet: Der oftmals geschmähte Fuchs kann, als sei er ein Kollege des Bernhardiners Barry, auch zum Lebensretter taugen!

In Wirklichkeit ist Reineke Fuchs ein ganz gewöhnlicher Erdenbewohner. Das, was er nicht erreichen kann (etwa die süßen Trauben), läßt er hängen und erfindet für sein Ungenügen und Unvermögen eine tröstliche Ausrede (die Weinbeeren seien ohnehin sauer gewesen). Da, wo es etwas zu erhaschen gibt, greift er herzhaft zu, um sich und die Seinen über die Runden zu bringen. Welcher kluge Mensch würde im Arbeitsleben, im Zusammenhang mit Freizeitsport und insbesondere beim Einkaufen anders handeln?

Gans

«Als die Gallier nachts klammheimlich das Kapitol erklommen, merkte die müde Mannschaft nichts, auch die Hunde gaben keinen Laut, aber die der Juno geweihten Gänse erhoben ein Geschnatter, flappten mit den Flügeln und weckten die Wachen.» So ähnlich erzählt uns, unter anderen, der römische Historiker Livius (V, 47) die Geschichte von der Errettung der Stadt Rom durch das kluge Federvieh.

Auch Plinius hielt die Gans (Anser) für ein kluges und dem Menschen zugetanes Geflügel: In Aegium, erzählt er (X, 26), sei eine Gans in Liebe zu dem schönen Knaben Amphilochus entbrannt; eine andere sei in die Harfenspielerin des Königs Ptolemäus verliebt gewesen, und dem Philosophen Lacydes sei eine Gans weder auf der Straße noch in den Bädern, bei Tage nicht, noch bei Nacht von der Seite gewichen; folglich hätten diese Vögel doch wohl einen weisen Verstand. Plinius weiß aber auch, daß die Gans, wenn der Mensch sie nur richtig nudelt und (mit Feigen) stopft, eine große Leber bekommt, die sich dann zu einer köstlichen Speise verarbeiten läßt, und zudem ist ihm wohlbekannt, daß die nordischen Gänse, die bei den Germanen ‹gantae› hießen, die feinsten Federn für die Pfühle der verwöhnten RömerInnen liefern. Die durch das Füttern mit süßen Feigen angeschwollene Gänseleber nannten die Alten ‹[iecur] ficatum›, ‹gefeigte› Leber; in den romanischen Sprachen wurde dieses Adjektiv ‹ficatum› (ital. ‹fegato›, franz. ‹foie›) zum Substantiv für ‹Leber› im allgemeinen. Dieses ‹fegato› ist übrigens für die Italiener der Sitz des männlichen Mutes.

Von der Bedeutung und der unheimlichen Atmosphäre des Gänseschlachtens in Swinemünde erzählt Theodor Fontane in den Erinnerungen an seine Kinderjahre: «Eine reguläre Wirtschaftsführung ohne Gänseschlachten konnte nicht wohl gedacht werden. Es handelte sich dabei um mancherlei, zunächst wohl um die Federn zur Herstellung immer neuer Fremdenbetten, vor allem aber auch um die geräucherten Gänsebrüste [...]. Waren, kurz vor Martini, die Gänse zu diesem Zweck in genügender Zahl herangetrieben und auf dem Hofe, wo nun ein entsetzliches Schnattern uns eine Woche lang um unsere Nachtruhe brachte, zu letzter Auffütterung eingepfercht, so wurde auch schon der Tag zu Beginn der Festlichkeit festgesetzt. [...] Nächst der Tür in einem Halbkreise standen die fünf Schlachtpriesterinnen, jede mit einer Gans zwischen den Knien, und sangen, während sie mit einem spitzen Küchenmesser die Schädeldecke des armen Tieres durchbohrten (eine Prozedur, die mir nie klargeworden ist), allerlei Volkslieder, deren Text in einem merkwürdigen Gegensatz sowohl zu dem mörderischen Akt wie zu der Trauermelodie stand.»

Auf welche grausame Arten heutzutage die elsässischen oder polnischen Gänse von den stärkeren, wenngleich nicht klügeren Menschen genudelt oder entfedert werden, das haben wir inzwischen alle, im sichern Lehnstuhl sitzend, irgendwann im Fernsehen angeschaut. Der Konsum von ‹Foie gras›, sprich Gänseleberpastete (einer Erfindung des Maître Close, der um 1760 Koch eines gefräßigen Marschalls war), oder gar von Daunendecken ist deswegen nicht wesentlich zurückgegangen. Vielleicht haben sich die Frauen, denen, wie beim Gänseliesel im Märchen (KHM 89) oder bei Fontanes Schlachtpriesterinnen, die Zucht oder die Zerlegung dieses Geflügels obliegt, wenigstens beim Federnschleißen (welches den Gänsen nicht weh tut) auch ein paar Geschichten von Gänsen erzählt?

Die alte Fabel vom goldenen Gänseei vielleicht? Ein Mann hatte nämlich eine Gans, die goldene Eier legte. Er hätte sich mit diesem Glücksumstand zufriedengeben sollen, doch begehrte er nach einiger Zeit zu wissen, woher diese Goldeier kämen. So schlitzte er also den Wundervogel auf – mit dem Ergebnis, daß er nichts Besonderes fand und daß es nun mit dem Goldsegen ein für allemal vorbei war. – Oder diese Geschichte aus dem Leben der keuschen Geistlichen: Ein junger Mönch, dem die Schönheiten der Welt bislang verborgen gehalten worden waren, erblickte eines Tages ein paar hübsche Mädchen und fragte seinen Abt, was das wohl sei? Das seien Gänse, erwiderte sein geistlicher Vormund, nichts als Gänse. Da meinte der Knabe: Von den Gänsen wolle er wohl gerne einmal naschen. – Und auch dieser Schwank wurde früher gern erzählt: Einem dummen Jungen – in Italien heißt er Bertoldino, in Norddeutschland ist es der Hofnarr Claus Hinze – sagt die Mutter, er solle die Gänslein wohl hüten und sie hübsch beisammen halten, damit sie der Fuchs nicht hole. Er nimmt der Mutter Rat allzu wörtlich und bindet die jungen Vögel mit einem Strick zusammen und um seinen Leib, so daß sie am Abend alle tot sind.

Und hier kommt noch ein in Osteuropa weitverbreiteter Schwank (AaTh 1544 A*): Ein wandernder Handwerksbursche oder Soldat bekommt in einem Hause nur Bohnen zu essen, während im Backofen eine Gans schmort. Er vertauscht die Gans mit einem alten Schuh und steckt den Braten in seinen Ranzen. Als er gefragt wird, was es in der Welt Neues gibt, sagt er (so oder so ähnlich): «General Gänsewitz ist aus Ofen nach Schloß Ranzen marschiert.» Die geizigen Gastgeber halten das für eine Kriegsnachricht und lassen den Dieb mit seiner Beute ziehen.

Eia popeia, was raschelt im Stroh?
Es sind die lieben Gänslein, die haben kein' Schuh.

Daß die Gänse barfuß gehen, wissen die Kinder heute eher aus alten Liedern, denn aus eigener Anschauung. Noch in der ersten Hälfte unseres Jahrhunderts sah und hörte man die Martinsvögel (die oft um den 11.11., dem Tag dieses Heiligen, geschlachtet wurden) in vielen Dörfern scharenweise herumwatscheln und schreien. Der Münchner Barockautor Aegidius Albertinus hat sie genau beobachtet und vergleicht in seinem Buch von *Luciferi Königreich* (1617) das Verhalten der Gänse mit dem der Trunkenbolde: «Wie die Gäns von der einen Seiten auf die andere wackeln, also packeln und wakkeln auch die vollen Zapfen von der einen Seiten und Wand zu der andern, purzeln und fallen jetzt für sich, bald hinter sich. [...] Wie die Gäns barfuß gehen, also müssen die vollen Zapfen letztlich an den Bettelstab geraten, haben kein paar Schuch anzulegen, denn sie jagen's alles durch einen Hals, tun nichts als die Gurgel schmieren und versaufen Haus, Hof und Stadel, [...] werden auch dermaßen arm, daß ihre armen Weiber und Kinder barfuß herumziehen. O wie viele Ritter und Adelsgeschlechter seind zu Gänsreutern geworden? O wie viele Bürgerskinder seind zu verlorenen Söhnen und Gänsbarfüßern worden, nachdem sie ihr Erbgut verpraßt haben?»

Doch sind literarische Gänse nicht nur tölpelhafte Torkel-Wesen. Ludwig Börne, dieser glänzende oppositionelle Publizist (1786–1837), schreibt in seinem Tagebuch aus dem Kurort Soden(-Allendorf) am 9. Mai 1829 von einem Zweikampf zwischen einer «Hofgans» und «einer aus dem Dorfe». «Sie drehten sich einander festhaltend im Kreise herum und walzten auf diese Weise, Brust an Brust gelehnt, Haß atmend, miteinander. Der Staub wurde aufgewühlt, die Federn stoben. Der Kampf dauerte über eine Viertelstunde lang. Endlich mußte die eitle Bauerngans, tüchtig gerupft, mit Schmach bedeckt und von Spott verfolgt, die Flucht ergreifen. Die übrigen Hofgänse hatten natürlich die Partei ihrer Standesgenossin genommen. Es war ein Geschnatter, ein Gepfeife und ein Flügelschlagen, daß es gar nicht zu beschreiben ist.

Besonders zeichnete sich eine alte Gans mit gelbem Halse durch ihre Heftigkeit und Bosheit aus; sie schnaufte vor Wut und kam dem Ersticken nahe.» Börne glaubt, die Sprache dieser konservativen Hofgans – selbstverständlich französisch! – zu verstehen, und er zitiert uns ihre Ansprache, die sich gegen die neuen, liberalen Ideen aus dem Weibervolke richtet. Die Satire auf die Restauration tritt deutlich genug zutage. Gänse lassen sich offenbar zu sehr unterschiedlichen zeitgebundenen Moral-Zwecken heranziehen.

Zu erzählen bliebe noch, wie Charles Perrault zu seinem Buchtitel *Geschichten von meiner Mutter Gans (Contes de ma Mère l'Oye*, 1697) kam. Leider gehen die Meinungen der Gelehrten zu diesem Problem in verschiedene Richtungen. Der eine denkt an eine alte Erzählerin, die mit Gänsen zu tun hatte – aber sollte sie deswegen ‹Mutter Gans› heißen? Oder vielleicht trägt sie diesen Namen wegen des Geschnatters der alten Weiber, wenn sie sich den neuesten Klatsch erzählen? Die alte Frau hat, so meint ein anderer Gelehrter, mit der mythischen Figur der ‹Reine Pédauque› (die Gans heißt spätlateinisch ‹auca›) zu tun, einer Königin mit Gänsefüßen. Auch Bertha, die Frau Pippins des Kleinen und Mutter Karls des Großen, soll ja so große Füße gehabt haben, daß man sie ‹Berthe aux grands pieds› nannte. ‹In den Zeiten als Bertha noch spann› bedeutet im Französischen und Italienischen soviel wie ‹in uralten Zeiten›. Aber was haben die Riesenfüße mit Gänsefüßen oder gar dem Spinnen zu tun? Ein gewagter mythologischer Sprung zu der spinnenden Frau Perchta oder Frau Holle bringt uns auch nicht weiter: Vom Spinnen bekommen die Frauen wunde Finger, aber nicht Gänsefüße; das haben doch auch die Alten gewußt. Auf keiner der Abbildungen von alten Erzählerinnen hat eine der Damen Schwimmhäute. Also bitte! Mögen die Gelehrten sich streiten (der hier Schreibende leitet das Wort ‹oye› vom lateinischen ‹auditu› ab und nennt die Erzählerin ‹Mutter Hörensagen› – aber das ist gewißlich falsch); bis zu einer Erklärung freuen wir uns an den Wunder-vollen Geschichten aller Mütter Gans, ohne uns selbst bei mythologischen Spekulationen den Kragen umzudrehen.

Gazelle

Es gibt in den Steppen und Wüsten Afrikas und Asiens zahlreiche Arten von gesellig lebenden Gazellen und Antilopen (sie gehören alle zur Familie der *Boviden*) wie etwa die (kleinere) Thomson- und die (größere) Grant-Gazelle, den Springbock und die Giraffengazelle; die meisten von ihnen zeichnen sich durch ihre grazile Erscheinung, eine wache Aufmerksamkeit und eine gewaltige Laufgeschwindigkeit aus. Schon Alfred Edmund Brehm wußte über die Springantilopen viel Lobendes zu sagen: «Sie besitzen sehr scharfe Sinne, äugen, vernehmen und wittern ausgezeichnet, sind lecker und empfindlich für äußere Einflüsse. Neugierig, munter, heiter und neckisch wie die Ziegen, benutzen sie gemachte Erfahrungen, stellen Wachen aus, wenn sie Verfolgungen erlitten haben, und werden dann in hohem Grad scheu. Viele zeichnen sich durch Friedfertigkeit aus, andere können recht bösartig sein.» Brehms schönstes Urteil aber lautet: die Antilopen «vergeistigen sich gleichsam während ihrer Bewegung». Das ist gewiß mehr, als man von dem schwerfälligen Bürohocker Mensch sagen kann.

Ihren Namen nimmt die Gazelle (in Nordafrika: *Gazella dorcas*) aus dem Arabischen (‹ghazala›), ihren hohen poetischen Ruf aus dem Hohenlied Salomos, sofern wir uns, mit Brehm, einverstanden erklären, daß ‹Reh› und ‹Hirsch› dort (Hoheslied 2,8–9 und 16–17) ‹Gazelle› bedeuten. Die *Zürcher Bibel* gibt uns die Worte so:

> Horch! mein Geliebter! – Siehe, da kommt er,
> springt daher über die Berge,
> hüpft daher über die Hügel.
> Mein Geliebter gleicht der Gazelle
> oder dem jungen Hirsch. [...]
> Mein Geliebter ist mein, und ich bin sein,
> der auf Lilienauen weidet.
> Bis der Morgenwind weht
> und die Schatten fliehen,
> komm her, mein Geliebter,

tu's der Gazelle gleich
oder dem jungen Hirsch
auf den duftenden Bergen.

Jedenfalls hat das feingliedrige Tier so manchen Dichter beflügelt. Der bekannte Satz «Ein Neger mit Gazelle zagt im Regen nie», hat jedoch nichts mit Poesie zu tun, sondern bildet, da man ihn vorwärts wie rückwärts lesen kann, ein sogenanntes Psalindrom.

In der Antike hatte man von unterschiedlichen Antilopenarten nur wenig genaue Vorstellungen. Oppianos schreibt zum Beispiel in der ersten Hälfte des dritten nachchristlichen Jahrhunderts in seinem poetischen Buch über das Jagdwesen von einem Oryx, das sei ein gräßliches Tier mit spitzigen Hörnern, einerseits schön weiß wie Frühlingsmilch, anderseits kühn und grausam; es fürchte weder Hunde noch Wildschweine und keine brüllenden Stiere noch Löwen, es habe auch schon einige Jäger kurzerhand erstochen. Auf seine Gegner warte der Oryx in aller Ruhe, dann senke er das Haupt und durchsteche sie ohne Mühe. Doch könne sich der Oryx nicht von der Leiche seines Feindes losmachen und müsse mit ihm sterben. Um die gleiche Zeit erzählt der *Physiologus:* «Ist ein Tier auf den Bergen, wird Gazelle genannt. Der Naturkundige sagt von ihm, daß es gar sehr die hohen Berge liebt, seine Nahrung aber findet es in den Gebirgstälern. Und es nimmt von weither wahr alle, die zu ihm herankommen und erkennt, ob sie mit Arglist kommen oder mit Freundschaft.» Diese Charakterisierung wird nun wiederum umgemünzt auf den Heiland, der alles sieht und auch den Judas erkennt, so wie (angeblich!) David vorhergesagt hat: «Der Herr kennt die Seinen» (2. Tim. 2,19). Mit Naturbeobachtung hat das freilich nichts gemein.

Gazellen kommen uns häufiger vor die Augen, als wir glauben mögen, nicht in unseren Tierparks, sondern in den Gasthäusern. Bei einem Prozeß über den Handel mit ausländischen Fleischwaren – er wurde im Januar 1994 in Lausanne geführt – ging es um die Frage, ob sich der Fleischimporteur schuldig mache, wenn einzelne Gastwirte sein afrikanisches

Antilopen- (oder Gazellen-)fleisch als Reh- oder Hirschpfeffer verkauften. In diesem Zusammenhang erfuhr der mündige Bürger aus der Zeitung, daß in der Schweiz zwischen 1984 und 1987 rund 450 Tonnen Antilopenfleisch aus Afrika eingeführt worden waren. Diese Art von Fleischhandel wurde keineswegs gerügt, es ging nur um die Frage, wie die Speisekarten diese Million von leckeren Gerichten zu benennen gehabt hätten. Von nun an wird also unser Rehpfeffer immer häufiger Gazellenlendchen (oder ‹Afrikanische Jägerplatte›?) heißen. Die Werbebranche wird sicher einen Weg finden, uns diese Braten schmackhaft zu machen.

Eine Gazelle im Zoo – auch das ist eine absurde Vorstellung. Besser ist es, sich von diesem Tier schöne, wenn auch manchmal falsche Vorstellungen zu machen, als es in ein noch so weites Gehege einzusperren, allen gaffenden Blikken preisgegeben. Noch absurder ist die Idee, daß sich ein Mensch Felle der Gazelle umhängen könnte: Salomos Geliebter (oder seine Geliebte) brauchte keine Rauchwaren, um schön zu sein.

Geier

«*In* den steilen Kalkfelsen des Salèvegebirges bei Genf und der Tessinergebirge nistet und brütet der ägyptische Geier oder Aasvogel *(Neophron percnopterus)*, ein häßliches, schmutzigweißes Tier mit langem, schwachem Schnabel, schwarzbraunen Flügeln, nackter, gelber Kehle, einem widerlichen Kropfe und ziemlich hohen, bis ans Knie befiederten Beinen. Er ist nicht viel größer als ein Rabe und stinkt wie alle Geier unausstehlich aashaft. Träg und traurig von Temperament, schmutzig, mit abgestoßenem, unordentlichen Gefieder, in Schritt und Flug krähenartig, von vorzüglich feinem Geruch (in dem er die Adler übertrifft, während er ihnen an Schärfe des Blicks nachsteht), lebt er bei uns bloß einzeln und paarweise und frißt Aas, Frösche, Insekten, mit besonderer Gier aber menschliche und tierische Exkremente.»

Selten wurde ein Tier als so abstoßend beschrieben, wie es der schon beim Bären zitierte Friedrich von Tschudi 1875 tat; nur der Geruchssinn des Greifvogels findet Gnade vor den bürgerlichen Tiermoralvorstellungen. Mit dem weißköpfigen Geier *(Vultur fulvus)* macht Tschudi, obwohl er ihn ein wenig gefälliger beschreibt als den Aasvogel, kurzen Prozeß: «Im Jahre 1812 bemerkte ein Jäger diesen großen Geier am Axenberge und erlegte ihn. Später entdeckte ein Knabe einen anderen in der Nähe von Lausanne. Das Tier hatte sich so vollgefressen, daß es, von einem Stein verwundet, sich einfangen ließ. Um Pfingsten 1827 sah man zwei Stück auf dem Schindanger bei Altorf sich gütlich tun; das eine Exemplar wurde dort geschossen, das andere einige Tage nachher im Kanton Bern. Im Jahre 1837 schoß man wieder eines bei Yverdon.» Dem grauen Geier *(Vultur cinereus)* erging es in der Schweiz – wie anderswo in Mitteleuropa – nicht besser: «[...] ist in neuester Zeit zum ersten Male bei Pfäfers erlegt worden, ein zweites Exemplar bei Sargans, welches im Schaffhauser Museum steht, und im November 1866 ein drittes, ein altes Männchen, am Fuße des Pilatus.» Aus dieser brutalen Darstellung geht zweierlei hervor: Der Geier war schon im 19. Jahrhundert ein immer seltener gesichteter Vogel; wenn er denn einem Jäger unter die Augen und vor die Büchse kam, dann wurde er abgeknallt.

Jagdabenteuer mit Geiern befriedigten auch die Konsumenten populärer Lesestoffe. So fügte der Volksschriftsteller W. O. von Horn (das ist der Pfarrer Wilhelm Oertel, 1798–1867) in seine Erzählung *Die Gemsjäger* gerne ein solche «furchtbares» Abenteuer ein: Der Jäger Rudi sieht «diesen Morgen am Gipfel des Eiger, hoch oben im Blau der Lüfte» einen dieser bösen Vögel, und der hat es auf den Mann und seine erlegte Gemse abgesehen. «Rudi sah das gewaltige Tier über sich nicht ohne Entsetzen. Er kannte diese Angriffsweise desselben aus vielfältigen Erzählungen alter Gemsjäger, die Ähnliches erlebt hatten.» Mehrfach greift der Geier an, zuletzt spannte Rudi den Hahn seiner Flinte und «seine Muskelkraft zum Äußersten an, hielt den Lauf auf den Körper des Feindes, der ihn so tückisch [!] angriff, und drückte los. Furchtbar hallte der Donner des Schusses in der Schlucht, [...] nur die Staude, an der er sich jetzt fester hielt, schützte ihn vor dem Hinabgeschleudertwerden», und schließlich «hallt» da «der furchtbare Flügelschlag dieses Riesen der Lüfte, der im Todeskampf lag». Die Abenteuerliteratur trug also zur Hetze gegen die Geier bei. Sie sind heute nur noch, ausgestopft, in Naturkundemuseen oder, in eine Voliere eingestopft, in ‹Vogelparadiesen› zu besichtigen. Vielleicht können sie auch in einem unserer Nationalparks überleben.

Ein anderes gegen die Geier gerichtetes Vorurteil betrifft seine angeblich Gier, Menschen, vor allem unschuldige Kinder, in die Lüfte zu heben, um sie dann in seinem Horst zu verspeisen. Die Reiseliteratur ist voll von solchen Geschichten, die sich zum Teil mit denen von menschenraubenden Adlern vermischen. Der Schweizreisende Johann Georg Kohl behauptet zum Beispiel 1849, «fast jeder Gemsjäger» könne von Begegnungen mit aggressiven Lämmergeiern erzählen (seltsam, daß Tschudi dann höchstens zehn Geier kennt!). Und bei Kohl geht es weiter: «Daß der Lämmergeier unerwachsene Menschen wirklich angreift und fortschleppt, mag zwar von Vielen noch als eine bloße Sage betrachtet werden. Allein, wer unter den Alpenbewohnern selbst eine Zeitlang gelebt hat, dem kann kein Zweifel darüber bleiben.»

Kohl gehört offenbar zur Kategorie der Vielwissenden, die unter den Alpenbewohnern selbst zahlreiche Erfahrungen gesammelt haben, denn die Geier-Geschichten sprudeln nur so aus ihm heraus: In seinem Wohnort «lebte noch bis vor wenigen Jahren eine Frau, die als sechsjähriges Mädchen das Schicksal, von einem solchen Vogel entführt zu werden, erlebt hatte». Gut, daß herbeieilende Hirten das Kind «aus den Klauen des Tieres erretteten»! Von Mürren aus sah man «noch lange den roten Rock eines kleinen Mädchens [...], das ein Lämmergeier dort verzehrte». Gut, daß er den roten Rock zum Zeichen seiner Menschenfresserei übrigließ! Am Brienzer See, so Kohl weiter, sei das gleiche einem Knaben zugestoßen, «dessen Schädel und Knochen man zwischen den Felsen erst nach mehreren Monaten wiederfand. Ein Jäger, der sie entdeckte, packte diese traurigen Reste in seinem Schnupftuche zusammen und überbrachte sie den Eltern. Dies sind drei Fälle aus meiner Nachbarschaft, die sich innerhalb der letzten 100 Jahre ereigneten.» Gut, daß die Jäger immer große Schnupftücher bei sich haben! Wenn man diese Fälle auf alle Alpentäler hochrechne, meint Kohl, dann kämen wohl auf jedes Jahr ein paar Geier-geschädigte Kinder und Eltern. Und dann geht es weiter mit dem Jägerlatein: Einer dieser wagemutigen Kerle habe sich einem angeschossenen Geier genähert, und dieser «schlug seine Fänge so fest und krampfhaft in die Waden des Jägers, daß keine Gewalt imstande war, sie loszubringen. Man mußte das Bein des Geiers abschneiden und nachher alle Krallen aus den Wunden hervorziehen.»

Der allerberühmteste und fast auch liebenswürdige Geier ist freilich der, den eine kräftige Tirolerin, genannt die Geier-Wally, stets zu ihrer Seite hat. Die Rede ist von einer Romanfigur der Wilhelmine von Hillern (1836–1916). Die Autorin war die Tochter der Schauspielerin Charlotte Birch-Pfeiffer und des Schriftstellers Christian Andreas Birch und Gattin des badischen Oberstaatsanwalts Hermann von Hillern, hatte also in ihrem Leben so manches Drama oder Phantasiestücklein erlebt. *Die Geyer-Wally, Eine Geschichte aus den Tyroler Alpen*, erschien 1875 als Roman in Berlin, 1880 gelangte sie auf die Bühne, 1892 in die Scala zu Mailand als Oper *La Wally* mit der Musik von Alfredo Catalani, später trat sie mehrfach im Heimatfilm (Hans Steinhoff, 1940) auf. Und die Walburga Stromminger, und ihr Geier? Sie war schon mit vierzehn Jahren eine Draufgängerin, und eines Tages beschloß sie, die «Buab'n» ihres Heimatdorfes zu beschämen und ein Geiernest in einer Felswand auszunehmen. Dabei ging es folgendermaßen zu: «Ohne langes Besinnen packte sie mit der Linken den jungen Vogel, der nun ein jämmerliches Geschrei anhob, und nahm ihn unter den Arm. Da rauschte es durch die Lüfte, und in demselben Augenblick ward es dunkel um sie her und wie in Sturm und Hagelwetter schlug und brauste es um ihren Kopf. Ihr einziger Gedanke war ‹Die Augen, rette die Augen!› und das Gesicht dicht an die Felswand drückend, focht sie mit dem Messer in ihrer Rechten blindlings gegen das wütende Tier, das mit dem scharfen Schnabel, den Klauen und Fittichen auf sie eindrang.» Doch keine Angst: Wally erlegt den alten Geier, und den jungen nimmt sie mit sich. «‹Aber Wally›, schrien ihr die Leute entgegen, ‹warum hast denn das Junge nit fahren g'last, dann wärst ja den Geier losg'west!› ‹Oh›, sagte sie einfach [aber auf Tyrolerisch!], ‹das arm Tierl kann ja noch nit fliegen, wenn i's losg'lasst hätt', wär's in den Abgrund g'stürzt und hätt' sich zu Tod g'fallen.›»

Diesem tapferen Wort einer Tierschützerin just aus dem Jahre, in welchem auch Tschudis schandbare Beschreibung des Geiers erschien, ist denn auch nichts mehr hinzuzufügen. Leider ist hier nicht der Platz, noch zu erzählen, ob die Geyer-Wally am Ende aller höchst dramatischen Verwicklungen ihren Bären-Joseph kriegt. Der große Vogel namens Hansl schwebt jedenfalls bis zuletzt über den Liebenden.

Gemse

Der große schwedische Natur-Systematiker Carl von Linné (1707–1778) gab diesem Tier den lateinischen Namen *Rupicapra*, das heißt ‹Felsziege›; das deutsche Wort ‹Gemse› oder ‹Gams› ist mit den ungeklärten romanischen Bezeichnungen ‹chamois› oder ‹camoscia› verwandt, die wahrscheinlich so etwas wie ‹Gratwild› bedeuten. Jedenfalls gelten diese Hochgebirgstiere – ob Gais oder Bock oder Kitze – dank ihrer hervorragend ausgebildeten Läufe und Hufe (‹Schalen›) als ungemein klettertüchtig. Das Raubtier, das diesem genügsamen, höchstens nach Salz lüsternen Wiederkäuer, diesem mit ‹Kruken› gehörnten und mit einem Rückenhaar-Streifen gezierten Felsbewohner, diesem durchaus nicht aggressiven, wachsamen Fluchttier vor allem im vergangenen Jahrhundert am gefährlichsten wurde, heißt nicht Bär und nicht Adler, sondern Mensch, besser gesagt: Mann. Die Männer hatten zum Beispiel in der Schweiz den Gamsbestand im Jahre 1885 auf 8500 Tiere reduziert.

Bei der Jagd ging es aber nicht nur um das schmackhafte Fleisch, um das feine, für die Herstellung von Hosen und Handschuhen nützliche Leder, um das zu Stockgriffen verarbeitungsfähige Horn, um die für magisch gehaltenen, aber wirkungslosen Gamsballen oder Gamskugeln aus dem Magen dieser Tiere und auch nicht nur um den vor allem von Männern als Hutschmuck geschätzten ‹Gamsbart›, der aus Haaren ihres Widerrists gefertigt wurde. Der Glarner Geistliche Johann Rudolf Steinmüller erzählt 1802 von einem siebzig Jahre alten Gamsjäger im Wirtshaus zu Reuti, der nicht aufhörte, seine «Heldentaten» zum besten zu geben: «Mit der größten Lebhaftigkeit erzählte er uns, wie er [...] drei alte Gemsen mit einem Schuß und einer Kugel und zweimal zwei auf die gleiche Art erlegt habe.» Gleichzeitig mußte der Alte einsehen, daß es «früher» mehr Wild gegeben habe, aber jetzt sei «dagegen alles wie ausgestorben». Männliches Protz- und Prahlgebaren, Auseinandersetzungen zwischen aristokratischen Jägern und aufsässigen Wilderern, das alles gemischt mit männlich-erotischem Eroberungs-Verhalten (nach der Jagd geht's auf zum Fensterln!), ließen sich vortrefflich mit Hilfe der Gamsjagd fördern und pflegen; die Tiere selbst blieben dabei ‹auf der Strecke›.

Ein Blick in Friedrich von Tschudis schon zitiertes *Thierleben der Alpenwelt* genügt, um die Gamsjagd einem übersteigerten Männerkult zuzuordnen. Er rückt die Gefährlich-

keit dieses «herrlichen» Tieres ins rechte Licht, um den Mannesmut um so wirkungsvoller betonen zu können: «Beim Aufnehmen des Bocks [durch einen Jäger] zeigt er Lebensspuren und erhält einige tüchtige Schläge auf den Schädel; nun erst recht munter geworden, springt er, am einen Lauf festgehalten, auf den drei andern fort [!], reißt den kräftigen Mann eine Strecke mit sich, schleudert ihn endlich in mächtigem Satze beiseite und verschwindet.» Dann aber wird der kühne und kalte Mut der Jäger gepriesen, ihre barfüßige Behendigkeit, ihre Treffsicherheit, ihre Ortskenntnis, und letztendlich präsentiert uns Tschudi ihre Erfolgsstatistiken: «Die berühmtesten Gemsenjäger der glarner Gebirge waren Manuel Walcher, der 458, Rudolf Bläsi von Schwanden, der 675 Stück erlegt hat, Heinrich Heitz von Glarus und David Zwicky von Mollis. Jeder der Letzteren hat über dreizehnhundert Stück geschossen.» Vier Jäger – viertausend erlegte Tiere. Wieviel macht das bei vierhundert Jägern?

David Zwicky brachte es zu einem Vermögen von siebentausend Gulden und zwölf Jagdflinten. Der 57jährige wurde 1796, nachdem man ihn 36 Wochen lang vermißt hatte, im Gebirge als sitzendes Skelett gefunden, «neben ihm sein Doppelgewehr, Geld, Jägertasche und Taschenuhr». Kurzum, ein Epen-Heros mit Gefühl für Macht, Kosten und Leistung pro Zeiteinheit. Der berühmteste Held dieser Art war übrigens Johann Markus Colani mit einer Abschußrekordziffer von 2700 Gemsen; der Erfolgs-Romancier Jakob Christoph Heer hat ihm als *König der Bernina* (1900) ein Denkmal gesetzt.

Die Nichtjäger sind vorsichtiger in ihren Meinungen über den Nutzen und Erfolg der Gemsenjagd. Die slowenische Volkserzählung kennt in der Tat gewinnverheißende Gemsen mit goldenen Klauen, die sie in einen goldspendenden Quell getaucht hatten, aber dem Menschen bringt dieses Gold kein Glück. Im Kanton Sankt Gallen wurde vor der Jagd auf weiße Gemsen gewarnt: sie seien Todesvorboten, oder wer auf sie schieße, müsse eine Woche später ins Grab. Andere populäre Sagen wissen, daß es zu einer Errettung aus höchster Jagdnot eines ‹Tierherren› bedarf, der den Helden am Leben erhält, wenn er endgültig aufhört, das Wild zu jagen. Eine solche Geschichte läuft seit 1793 über Carl Victor von Bonstetten (den Verehrer schweizerischer Hirtenkultur) und die *Idyllen* des Johann Rudolf Wyss in den *Alpenrosen* zu den *Deutschen Sagen* (1816/18; Nr.302) der Brüder Jacob und Wilhelm Grimm.

Auf der anderen Seite sind Steigerungen der Gemsjagd-abenteuer durchaus möglich, wenn etwa der Erzähler (so schon der aufgeklärte Naturforscher Johann Jacob Scheuch-zer) seinen Jagdhelden noch zusätzlich in eine Gletscherspal-te stürzen, aber sich tapfer selbst erretten läßt, oder wenn (wie bei dem deutschen Volksschriftsteller Wilhelm Oertel), der verwundete und vor Schreck ergraute Wilderer Caspar («furchtbar hallte der Donner des Schusses») von dem hoch-anständigen Jäger Rudi aus tiefer Schlucht geborgen wird («sanft legte er den Ohnmächtigen auf den Schnee»). In der *Damen-Zeitung* von 1845 erzählt Ludwig Rellstab von den unglücklichen Brüdern Wälti und (schon wieder) Rudi, wel-che gleichzeitig um die schöne Elsi werben: Wer zuerst eine Gemse erlegt, soll das Mädchen gewinnen! Wälti verun-glückt – was wird Rudi in diesem tragischen Dilemma tun? Aber was wären nun alle diese Heldenkönige ohne die Gemsen und ohne die Gamsbärte auf ihren Hüten gewesen?

Giraffe

Als Hans Sachs im Jahre 1572 ein illustriertes Büchlein über *Des türkischen Kaiser Hofgesind* veröffentlichte, da fügte er seinem Text am Ende das 14 Zentimeter hohe Bild einer männlichen Giraffe *(Giraffa camelopardalis)* hinzu. Das Tier, das etwas Türkisch-Orientalisches ausstrahlen soll, hebt sein linkes Vorderbein wie ein Dressurpferd, es hat einen allzu langgestreckten Leib mit einem Pferdeschwanz und auf dem (ganz richtig getroffenen) sehr langgestreckten Hals einen Kopf mit einer Art Geweih. Diese Giraffe war aber schon zwei Jahre zuvor auf einem Einblattdruck mit einem Holz-schnitt von Hans Weigel erschienen und in einem Spruch von Hans Sachs als «Wunder Thier» namens «Ziraffo» (so würde ein venezianischer Vorführer ‹Giraffe› aussprechen) bezeichnet worden.

Die Giraffe war seinerzeit in Nürnberg zu sehen gewesen, und das, zumindest als Abbild, auch nicht zum ersten Mal. Ein Einblattdruck von Wolff Resch mit einem Holzschnitt von Niklas Stoer zeigt im Jahre 1529 eine sehr viel größere Giraffe mit dem kuriosen Text: «Hie steht ein Tier recht kunterfeckt [getreu abgebildet], Drummetare genannt, welches der Türkisch Keyser einem Burger zu Florenz geschenkt hat.» Das vermeintliche Dromedar ist aber mit seinem langen Hals und seinem gesprenkelten Fell eindeutig als Giraffe zu identifizieren. Conrad Gesner und Georg Horst nennen 1669 dieses Schautier («Ist in das Teutschland geschickt worden im Jahr 1559») «Kamelpard» und bringen dazu insgesamt vier verschiedene Abbildungen, von denen nur der Kupferstich auf dem Titelblatt eine gewisse Ähnlichkeit mit einer Giraffe hat. Gesehen haben sie von ihrem Kameloparden nur ein älteres Nürnberger Flugblatt.

Wie dem auch sei, spätestens seit dem frühen 16. Jahrhundert wurden Giraffen in Europa als exotische Sehenswürdigkeiten von Schaustellern, die aus Italien stammten, vorgeführt. Und bis in die Bilderbogenzeiten des 19. Jahrhunderts hinein lief die Giraffe in Europa eher als ein Bild-Tier denn als ein Zoo-Tier. Daher konnten die Betrachter damals auch noch nicht wissen, daß die Giraffe im Paßschritt (beide Läufe einer Seite gehen zugleich vorwärts) und gewöhnlich bedächtig einhergeht; selbst im Laufen macht sie noch den Eindruck, als bewege sie sich in aller Ruhe, und ihr Köpfchen schwankt samt dem langen Halse in einer schlingernden Bewegung hin und her. Nichts steht bei den alten Bildern von den Freßgewohnheiten der Giraffe: Sie pflückt mit ihrer Zunge das Laub der hohen Bäume und sie ist eine Wiederkäuerin. Und vor allem dies blieb den Lesern verborgen, bis es Alfred Brehm ihnen erzählte: «Sie ist klug und verständig, auch äußerst liebenswürdig und im Verhältnis zu ihrer Größe ein höchst gutmütiges, friedliches und sanftes Geschöpf, welches nicht nur verträglich mit seinesgleichen, sondern auch mit anderen Tieren lebt, solange ihr diese nicht beschwerlich oder gefährlich werden. [...] Durch Ausschlagen beschützt die Giraffenmutter ihr Junges vor der tückisch [!] herbeischleichenden [Raub-]Katze, und die Kraft des Schlages ist so gewaltig, daß er selbst einen Löwen fällen kann.»

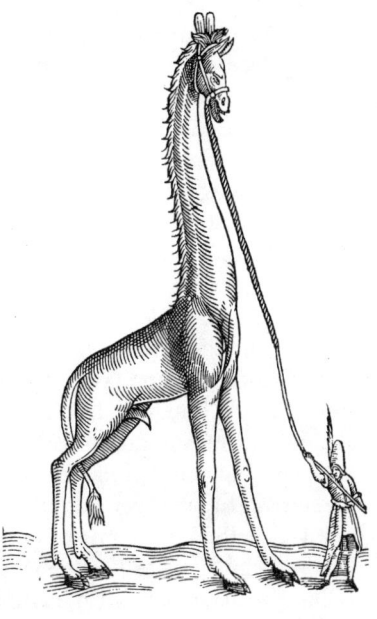

Als übermäßig großes Tier (sie wird bis zu sechs Metern hoch, bei einer Körperlänge von nur 2,25 Metern) hat sich die Giraffe auch mancherlei Spott gefallen lassen müssen. Im erotischen Witz wird mit der Unerreichbarkeit ihrer Küsse gespielt oder mit den Schwierigkeiten, die Zoowärter haben, wenn sie ihr den Kopf waschen wollen. Gewitzelt wird auch über die Anstrengungen, die der Sexprotz Mäuserich auf sich nehmen muß, wenn er die Giraffe bald ‹lieben›, bald küssen soll. Für ein Bildrätsel ist die Zeichnung eines Stücks des Giraffenhalses bestens geeignet; die Lösung heißt: Giraffe geht an einem Fenster im ersten (oder zweiten) Stock vorbei.

Erich Kästner hat in seinem *Verhexten Telefon* (1954) eine zwar humorvolle, aber doch auch nachdenkliche Versgeschichte über den bösen Klaus geschrieben, der auf die Zoogiraffen mit spitzen Steinen wirft; doch die langhalsigen Tiere erteilen ihm eine empfindliche Lektion:

> Jede der Giraffen schnappt ein Ohr.
> Und dann ziehen sie ihn erst mal breit.
> Und dann ziehn sie ihn zu sich empor.
> Kläre steckt vor Schreck den Kopf ins Kleid.

Klaus brüllt so, als stecke er am Spieße.
Doch sie hören gar nicht auf sein Weinen.
Wenn man ihn, schreit er, jetzt gehen ließe,
würfe er nie mehr mit spitzen Steinen.

Weniger lustig ist es, von der Bejagung der Giraffen im vergangenen Jahrhundert zu berichten. So erzählt der «Professor Relsserd», der eigentlich Dressler hieß, in seiner für Kinder geschriebenen *Naturgeschichte der Thiere* von einer Giraffenjagd zu Pferde: «Den andern Tag aber [...] stießen wir wieder auf 7 Stück, wovon eines durch die Hunde von den andern getrennt und weit verfolgt wurde. Endlich blieb es stehen und schlug mit den Hinterfüßen aus, um den Hunden abzuwehren; währenddem gelang es dem einen Engländer anzulegen, und sein Schuß war so gut getroffen, daß es gleich niederstürzte, worüber wir alle eine grenzenlose Freude hatten. Das Fell nahm er mit nach Europa, das Fleisch aber aßen wir und fanden es sehr schmackhaft.»

Die Tatsache, daß wir die Giraffe in den meisten Zoos antreffen und daß der Zirkus Knie einen eigenen Giraffen-Turmwagen für sie gebaut hat, sollte uns nicht darüber hinwegtäuschen, daß sie ein gefährdetes Tier ist. Und insbesondere ihre nächste Verwandte, das zentralafrikanische Okapi, das erst 1901 in Europa bekannt wurde, ist nahezu ausgerottet worden. Man kann ein solches Urwaldtier, wenn es denn in einem europäischen Zoo die gewaltigen Anpassungsschwierigkeiten überlebt hat, nur mit schmerzlichen Schuldgefühlen betrachten.

Hahn, Huhn

Sprichwörtlich ist die Dummheit des Haushuhns, mit diesem törichten Geflügel werden freilich nur Frauen verglichen: Die Henne reproduziert die Spezies, die Glucke sorgt für den Nachwuchs. Ob Henne, ob Glucke, dieses Federvieh hat angeblich nichts als Küken und Körner (Kinder und Küche) im Sinn und keinesfalls Verstand im Kopf; eine Perle

findet es höchstens durch Zufall.
Und zu melden hat die Henne
auch nichts: «Mädchen, die pfeifen, und Hühnern, die kräh'n,
den'n soll man beizeiten die
Hälse umdrehen», dekretiert das
Sprichwort patriarchalisch. Die
Zoologen führen sie unter dem
männlichen Namen *Gallus domesticus.* Dabei gab es doch bei
den alten Römern (so lesen wir
bei dem Historiker Livius) einen
Hühnervogt, der vor einer Schlacht seine Hennen nach deren
kluger Meinung zum Ausgang eines solchen Unternehmens
befragte! Ein höchst populärer Schriftsteller des frühen
19. Jahrhunderts hat dann wenigstens versucht, das Huhn
und seine für die Menschen nützliche Fruchtbarkeit aufzuwerten und insbesondere die Erfindung des gefärbten Oster-
eies gemütvoll-idyllisch in Szene zu setzen: Christoph von
Schmid mit seiner Kindergeschichte, die ihm den Beinamen
«Verfasser der *Ostereier*» eingetragen hat. Aber auch dabei
geht es nicht ab ohne Lob der kinderreichen Mütterlichkeit
der ältesten Glucke in teutschen Landen. Immerhin stellt
hierbei der bayerisch-schwäbische katholische Geistliche an
den Küken eine Fähigkeit fest, die neugeborene Menschen
nicht aufweisen: die soeben aus dem Ei Geschlüpften und
bereits mit Flaum Bekleideten können sich schon selbstän-
dig bewegen und ihr Futter suchen.

Dem Hahn *(Gallus)* anderseits werden europaweit hervor-
stechende männliche Eigenschaften zuerkannt: die scharfen
Sporen, der stolze Gang, das prächtige Gefieder, das hoch
erhobene Haupt, die frühmorgendliche Pünktlichkeit, die
Gewalt des Wortes, der schwellende Zorn, die väterliche
Herrschaft über das ganze Haus, die Kampfeslust, die Helden-
brust. Selbst der Löwe, behauptet Plinius (X, 24), habe Angst
vor ihm. Paradox gesagt: der Hahn ist der wahre Bürgers-
mann des 19. und 20. Jahrhunderts. Warum er gar so durch-
dringend schreien darf, erklären die Katalanen damit, daß er

nach Jesu Geburt als erster die freudige Nachricht unter den Tieren verbreitet habe. Jesus verlieh ihm dann für seine Heroldsdienste das Recht, so laut zu krähen: Noch ein Privileg!

Hoch erhoben wird dieser Vogel auch in der christlichen Symbolik. Eduard Mörike hat dem heruntergekommenen, alt-eisernen Turmhahn von Cleversulzbach eine Idylle gewidmet, die uns zeigt, daß dieser Erhöhte als ungemein scharfer Beobachter zumindest des schwäbischen Dorfalltags und seines Herrleins gelten darf. Philippe d'Alcripe erzählt uns, im 16. Jahrhundert habe es in der Auvergne einen Turmhahn gegeben, der mit Hilfe des Windes und einer raffinierten mechanischen Innerei jede Stunde die richtige Zeit krähen konnte. Doch Philippe wollte damit gewiß die seit dem frühen Mittelalter berühmte, aus Silber getriebene Henne (aus dem Theodolindenschatz in Monza) parodieren, die seitdem in der Literatur und in Volkserzählungen mit vier, sieben oder zwölf Küken Körner picken konnte, als ob sie alle lebendig wären. Daß der Hahn auf so vielen Kirchtürmen sitzt, wurde schon mannigfach kommentiert, und der Romanist Hans Rheinfelder hat uns mit Hilfe eines beliebten mittelalterlichen lateinischen Liedes vom Turmhahn gezeigt, daß mit diesem Symbol, nach der Tradition einiger älterer Kirchenväter, der Pfarrherr gemeint ist, der «wachsame, gewissenhafte, uneigennützige, streitbare Beschirmer der Hühnerschar», der zudem, sich dem Winde entgegendrehend, stets dem bösen Feind mutig ins Auge blickt und der, nicht zuletzt, seinem Hühnerhof die ewigen Wahrheiten predigt – um nicht zu sagen: vorkräht.

Einen sehr sympathischen Hahn stellt uns auch der schon bei der *Ente* erwähnte englische Dichter Geoffrey Chaucer in seinen aus dem 14. Jahrhundert stammenden *Canterbury Tales* vor und zwar in der Erzählung des Nonnenpriesters vom Hahn Chantecler (‹Singehell›), den Chaucer (in der Übersetzung von Wilhelm Hertzberg und John Koch) folgendermaßen lobt:

[Im Hof] Es war ein Hahn drin, der hieß Kanteklär,
kein andrer kräh' im ganzen Land wie der,
und lustiger war seiner Stimme Klang,
als wenn die Orgel dröhnt zum Meßgesang.
Viel sichrer konnte man nach seinem Krähen
als nach der Kirchen- und Abteiuhr gehen.

Nun hat Chantecler einen bösen Traum von einem Fuchs, und da Pertelote, seine liebe Frau, von Träumen keine gute Meinung hegt, hält er ihr, mit überzeugenden Beispielen aus der Antike, einen langen männlichen Vortrag über Traumdeutung. Und in der Tat: Der Fuchs naht an einem Freitag, er überredet den Hahn, er möge mit geschlossenen Augen ein schönes Lied singen, der Hahn in seinem Stolze tut das auch, und schon hat ihn Reineke geschnappt. Doch der schlaue Vogel erfindet eine Gegenlist und schlägt vor, der Fuchs solle das aufgeregte Hühnervolk mit einer Donnerrede zur Ruhe bringen. So öffnet denn seinerseits der Fuchs das dreiste Maul, und der Hahn entkommt auf einen Baum. Augenschließen, Schnauzeaufmachen sind nicht immer ratsam, heißt die Moral.

Den Kindern wurde er jahrhundertelang gleich in den ersten Schultagen vorgestellt: Der Hahn führte mit seinem schrillen Kikeriki (das im Französischen übrigens ‹cocorico› klingt – so unterschiedlich sind die Lautwahrnehmungen der Völker!) in das Alphabet ein. Die Hahnenbilder bewahren ihre Beliebtheit wenn nicht in den Schulfibeln, dann in der Ornamentmalerei nicht nur der Franzosen (die ‹gallus› mit ihrer gallischen Abstammung in Zusammenhang bringen), sondern auch der Portugiesen (‹portogalli›) und der Belgier, welche noch heute Hahnenkämpfe (obwohl sie inzwischen verboten sind) sehr schätzen. Man könnte meinen, es seien die Hähne, die uns die Hühnereier legen.

Eierlegende Hähne soll es allerdings gegeben haben. In einer alten Basler Chronik liest man beim Jahre 1474, es sei auf dem Kollenberg bei Basel ein Hahn verbrannt worden, der ein Ei produziert hatte. «Und ward das Ei auch verbrannt, weil man fürchtete, es würde ein Wurm daraus. Und der

Henker schnitt den Hahnen auf und fand noch drei Eier in ihm liegen.» Mit dem Wurm war ein giftiger Basilisk gemeint. Der Bündner Chronist Nicolin Sererhard erzählt diese uralte Mär noch einmal in der Mitte des 18. Jahrhunderts und zwar so, als sei sie dem Bündner Jann Fausch von dem Hof «aufm Stuz» und seinen «Weibs-Personen» wirklich passiert, und er behauptet sogar: «Ich bin auch etliche Tag nach dieser Begebenheit selbst auf dem Stuz gewesen, da hat man mir noch ein Stücklein von der Eierschalen dieses Eies gezeigt.» Aber Sererhard hatte weder den Hahn noch den giftigen Wurm aus dem Ei zu Gesicht bekommen.

Da die alten Fuchs-Fabeln mit dem Federvieh so wenig respektvoll umgingen, erfindet Philippe d'Alcripe 1579 abermals eine Geschichte aus der verkehrten Welt: Ein Hahn sei in der Normandie von einem tollwütigen Hund gebissen worden und nun seinerseits toll geworden. «Deshalb rannte er über die Felder und durch die Wälder und erwürgte sechzehn Füchse und elf Wildkatzen. Das war ein Teufel von einem Hahn, er starb an der Tollwut, und das war schade, denn er konnte gut singen und die Hennen besteigen.» Und wenn wir es richtig bedenken, dann sind die Hühner, die der Fuchs gestohlen, eine verschwindend kleine Minderheit gegen alle die Henderl, die der Mensch sich einverleibt hat. Mit dem unfreiwillig erduldeten Lebenszweck, als ‹Güggel› oder ‹Broiler› verzehrt zu werden, macht das Hähnchen in der Tat nur noch wenig her. Die Schweizer – sie zählen kaum sieben Millionen Einwohner – verzehren pro Jahr mehr als 70000 Tonnen Hähnchen, Hühnchen und anderes Geflügel, genau gesagt zehneinhalb Kilo pro Kopf und Jahr. Nicht auszudenken, wie viele Hühnchen/Hähnchen im deutschsprachigen Europa jedes Jahr dran glauben müssen: Dieses Phänomen bewegt sich in der Größenordnung um eine Milliarde tote Vögel pro Jahr!

Die verständliche Abscheu vor dieser Art von Bleichfleischproduktion stammt nicht erst aus der modernen Ökologiebewegung. Karl Friedrich Klöden schreibt in seinen Jugenderinnerungen – sie beziehen sich auf das Ende des 18. Jahrhunderts – über die Hühner seiner Eltern: «Wir Kinder beschäftigten uns viel mit diesen Tieren, studierten ihre Charaktere und gewannen sie lieb. Der Tag, an welchem einer unserer Lieblinge geschlachtet wurde, war mir ein Tag der Trauer, und ich hätte von seinem Fleische nichts essen können, wenn auch wer weiß was daraus entstanden wäre. Nicht einmal das Messer, mit welchem ein solches Tier getötet war, durfte mein Brot schneiden.» Der Widerwille gegen Geflügelfleisch «trägt auch die Schuld, daß ich Fleisch überhaupt bei weitem weniger gern genieße als Mehlspeisen, Gemüse und Obst, so daß es mich nur ein geringes Opfer kosten würde, auf allen Fleischgenuß für immer zu verzichten».

Haifische

Wenn hier den Haien *(Selachii)* unter allen Fischen ein besonderer Platz eingeräumt wird, so geschieht das nicht, weil viele von ihnen (es gibt rund 200 Arten) keine Eier legen, sondern lebendige Junge gebären, wohl aber unter dem Druck der amerikanischen Filmserien von weißen und anderen mörderischen Haien (angefangen bei Samuel Fullers *Shark,* 1967), die angeblich nichts anderes im Sinn haben, als Menschen zu bedrohen und Blutmeere über Filmleinwände schwappen zu lassen. Die Darstellung des Hais als eines vornehmlich menschenzerfetzenden Gesellen kann man als ein die Tiere verachtendes und schädigendes Verhalten betrachten, doch ist diese Art von menschlichem Hochmut alt. «Die Haifische sind diejenigen verrufenen Fische, die Menschen und Tiere mörderlich anfallen und verschlingen», heißt es 1783 in der *Naturgeschichte für Kinder* des Aufklärungs-Pädagogen Georg Christian Raff. Und seinen Kindern erzählt er weiter: «Sie ziehen deswegen immer den Schiffen nach und erhaschen und fressen alles, was aus denselben hinausfällt oder hinausgeworfen wird, es seyen nun Menschen oder Pferde, Hunde oder Katzen, Schafe oder Kälber, Unrat oder alte Kleider und Lumpen: Alles muß in ihren fürchterlichen Magen marschieren.» Es fragt sich nur, warum die Menschen ihre Pferde oder Katzen wie Unrat von ihren Schiffen werfen? Der größte Haifisch heißt bei Raff in der Tat «Menschenfresser», und «ganze Pferde fand man schon in seinem Magen». Und der brave Naturkundelehrer erzählt dann eine ganz und gar dem biblischen Jonas-Buch abgeguckte moderne Geschichte:

«Im Jahr 1758 fiel ein Matrose unglücklicherweise von einem Schiff ins Mittelländische Meer. Kaum lag er im Wasser, so kam ein solcher Menschenfresser herbei und nahm den um Hilfe schreienden Unglücklichen in seinen weiten Rachen und verschlang ihn. Kaum aber hatte er den armen Mann im Leibe, so schoß der Schiffskapitän eine Kanone auf ihn los und traf ihn zum Glück so dicht, daß er den Matrosen plötzlich wieder lebendig ausspie und man ihn beinahe ganz unverletzt auffischte und aufs Schiff brachte. Den großen Fresser aber machte man sogleich ganz tot und hing ihn oben auf dem Schiffe auf.» Der neue Jonas sei dann, so Raff, mit diesem Riesenfisch in Europa herumgezogen. Ein billiges Fischerlatein!

Nun stimmt es allerdings, daß der sogenannte Jonashai *(Carcharias versus)* den Schiffen nachschwimmt, um Abfälle zu erhaschen, und daß man ihn mit starken Leinen angeln kann; einen Menschen hat er freilich noch nie gefressen. Selbst der Riesenhai *(Selache maxima, Cetorhynchus maximus),* der bis zu zwölf Meter lang wird, ist ein harmloser Bursche. Es ist aber auch richtig, daß ‹Menschenhaie› *(Carcharidae)* wie der Blauhai *(Carcharias glaucus)* und insbesondere der im Mittelmeer vorkommende *Carcharodon rondeleti* mit ihren scharfen Zahnreihen manchmal kühn und raubgierig dahergeschossen kommen und Menschen angreifen (wenn auch nicht fressen) können; im Prinzip sind sie aber keineswegs auf Zweibeiner (oder gar auf Touristinnen) besonders erpicht, sondern Allesfresser. Tatsache ist jedenfalls, daß dem Menschen tausendmal mehr Haie zum Opfer gefallen sind, als Haie Menschen angegriffen haben.

Hamster

Wenn er nicht so häufig in Erscheinung träte, müßte man den Hamster als ein seltenes Tier bezeichnen. Das mag zunächst paradox erscheinen, aber schon ein Blick in die Bibel zeigt, daß dieser Satz wenigstens zur Hälfte stimmt: Das Buch der Bücher kennt dieses Nagetier nicht. Selbst der berühmte französische Naturkundige Georges-Louis Leclerc, Graf von Buffon (1707–1788), beziehungsweise seine Bearbeiter schreiben  noch 1837 zum Gebrauch der Schuljugend: «Der Hamster ist eine von den berüchtigtsten und schädlichsten Ratten.» Buffon glaubte, diese Tiere brächten sich gegenseitig um und erzählt dazu folgende Geschichte: «Von einem Pärchen, das in demselben Käfig untergebracht war, erdrosselte das Weibchen in der Nacht das Männchen, riß seinen Leib auf und verschlang einen Teil der Eingeweide. Sie werfen ihre Jungen mehrfach im Jahr und sind so schädlich, daß man in einigen deutschen Staaten ein Kopfgeld für sie erhält.»

In Sprichwörtern und Redensarten erscheint dieser Nager höchstens im Zeitwort ‹hamstern›, welches allerdings im letzten Weltkrieg seine Hochblüte erlebte: ‹Hamstern›, das hieß: Fressalien zusammenraffen, sich größere Mengen von Nahrung beschaffen, hieß auch: mehr besitzen als zum Lebensunterhalt nötig war. Die heutige Häufigkeit des als niedlich erachteten, plumpen und kurzbeinigen Tierleins mit dem sprechenden Namen Goldhamster *(Cricetus cricetus)* ergibt sich aus der Tatsache, daß es, obwohl in Mitteleuropa fast ausgerottet, für einen pflegeleichten Hausgenossen und vor allem für ein lebendiges Kinderspielzeug erachtet wird.

Der Hamster, der auch ‹Kornferkel› *(Cricetus frumentarius)* hieß, ist aber eigentlich ein Höhlen-, nicht ein Käfigbewohner; im Herbst füllt er zunächst seine Backentaschen, dann seine Speisekammern mit Wintervorräten, die aus Getreide und anderen Samen, vor allem Hülsenfrüchten wie Erbsen, Linsen und Wicken, bestehen; seine Plusterbacken allein fassen schon gut tausend Weizenkörner, und so kann er so manches Kilo Futter zusammentragen. Früher waren die Hamster (die Männchen wurden Rammler, die Weibchen Betzen genannt) vor allem in Osteuropa bis hin zum Thüringer Wald anzutreffen; ein freilebendes Tier also, kein Objekt menschlich-zärtlicher Zuneigung; eher ein leicht zu jagendes Wild, das dem Menschen Körnervorräte bereitstellte: «Zum Ausgraben benutzt man die Herbstzeit, weil man da zugleich seinen Getreidevorrat erhält. Auch fängt man ihn in Fallen und in großen, in die Erde gegrabenen Töpfen.» So liest man es in der *Naturgeschichte der Thiere* des Professors Relsserd (oder Dressler). Im Fürstentum Gotha soll es vor zweihundert Jahren geradezu eine Hamsterexplosion gegeben haben.

Der Aufklärer Georg Christian Raff, sonst ein Naturliebhaber, aber vor allem auch auf die Nützlichkeit von Tieren bedacht, schreibt dazu 1783 in seiner *Naturgeschichte für Kinder:* «Warum rottet man aber diese groben Diebe nicht aus? Ja ja, das kostet Künste. Wie soll man Tiere ausrotten, die zwo bis drei Ellen tief in der Erde stecken und alle Jahr zweimal sechs, acht bis vierzehn Junge [diese sind nackt und blind] werfen und sich überhaupt so schnell vermehren, daß ein einziges Paar in drei Jahren eine Familie von mehr als siebentausend Stück ziehen kann? Und wie lange leben sie? Fünf bis sechs Jahre. Ei ei, so sind ja die Hamster in mancher Gegend von Deutschland eine wahre Landplage!»

Die Menschen haben sich Mühe gegeben, diese Plage auszurotten. «Sie nehmen ihnen ihre Magazine weg, essen ihr Fleisch und verkaufen ihre Bälge. Ein guter Balg kostet drei bis vier Pfennige», schreibt Raff. Die Jäger waren tüchtig, das muß man sagen. Manche rissen die Kleinen aus dem Winterschlaf und erfreuten sich zu Hause an diesen putzigen Tierchen: «Es ist sehr lustig, sie in einer warmen Stube nach und nach wieder aufleben zu sehen. Wenn man sie kneipt oder ihnen die Beine ausdehnt, so winden und krümmen sie sich auf eine sonderbare Weise, öffnen den Mund sehr weit als ob sie gähnen wollten und röcheln sehr häßlich und fahren so mit dem Röcheln und Gähnen fort, bis sie endlich die Augen öffnen. Nun tummeln sie wie besoffen herum, wollen aufrecht sitzen und können's doch nicht, sondern fallen immer wieder um.» Lustig, nicht wahr? Aus der Belustigung von damals entstand die heutige Massenhamsterhaltung in der zweiten Hälfte unseres Jahrhunderts.

Heute wird man in Westeuropa kaum noch eines dieser Nagetierlein (oder eines, das einmal als das Ziesel [*Arctomys citillus*] bekannt war) in freier Natur erblicken; Goldhamster werden, wie weiße Mäuse, in Brutanstalten gezüchtet und rennen dann bei uns nur noch in Käfigen und vorzüglich in Lauftrommeln herum, ohne ihrem eigentlichen Lebenszweck, dem hurtigen Hamstern, nacheilen zu dürfen und ohne aus ihrer Höhle einen Getreidesilo machen zu können, was doch ihr Selbstbewußtsein ungemein steigern würde. Im Käfig muß er eher einen kläglichen Anblick bieten. Auch hindert ihn sein Gefangenendasein daran, sich einer ausgedehnten und wohlverdienten Winterruhe hinzugeben. Daß ihn, den Geselligen, die Vereinzelung zum Neurotiker machen kann, sollte jedermann einleuchten. Ein Hamster im Hause läßt sich eher in der Gestalt eines Stofftieres rechtfertigen.

Hase

Der Feldhase *(Lepus europaeus)* war einmal einer der bemerkenswertesten Bewohner offener europäischer Landschaften, ein Langohr mit raffiniertem Gehör, ein Schnellfuß, der sich aber nicht von jedem Menschen oder von jedem Fuchs aus der Ruhe bringen ließ, ein Lebenskünstler, der Entbehrungen und schwierige Situationen zu meistern verstand, ein Allesfresser im Bereich der Pflanzenwelt; er war eigentlich, das heißt, wenn er seine vielfach bedrohte Kindheit glücklich überstanden hatte, ein widerstandsfähiger Kerl (das Weibchen war auch ungewöhnlich fruchtbar), der sogar noch weit außerhalb Europas anzutreffen war (in Kalifornien heißt er allerdings *Eselhase*). Er war gut sechzig Zentimeter lang und bis zu sechs Kilogramm schwer, brachte also mehr an die Latte und auf die Waage als das Kaninchen. Doch leider machten ihm die modernen busch- und heckenarmen Agrarverhältnisse ebenso zu schaffen wie die Jäger, die zum Beispiel in Frankreich nicht viel von seiner Gesellschaft übriggelassen haben. Es wäre schön, wenn man von ihm auch in der Gegenwart erzählen könnte.

So allgemein bekannt der Hase auch war, so viele falsche Vorstellungen gab es von ihm. Er schlafe mit offenen Augen, liest man in den antiken Naturbeschreibungen, und ‹Er schläft den Hasenschlaf› bedeutete zu Gesners Zeiten, einer tue nur so, als ob er schliefe. Oder, die hinteren ‹Sprünge› des Hasen seien länger als seine vorderen ‹Läufe›, und so fliehe er besser bergauf als bergab, beziehungsweise die Hunde erreichten ihn eher beim Abwärts- als beim Aufwärtslaufen. Auch hieß es, der Hase sei abwechselnd männlichen und weiblichen Geschlechts, und deswegen könne auch der ‹Rammler› Junge gebären. Grund dafür sei, so Bonaventure Despériers, ein Novellist des 16. Jahrhunderts, daß in Noahs Arche nur ein einziger Hase gewesen sei, der hätte dann notwendigerweise Männchen und Weibchen zugleich sein müssen. Der griechische Erzähler Claudius Aelianus (um 170–235 n. Chr.) berichtet ausführlich: «Von einem Jäger und durchaus glaubwürdigen Mann hörte ich eine Geschichte, die ich für wahr halte und deshalb hierher setze. Er behauptete nämlich, daß auch der männliche Hase gebären und Nachkommen hervorbringen könne. [...] Ein männlicher Hase war einmal in halbtotem Zustand gefangen worden, sein Bauch war angeschwollen, weil er schwanger war. Der Hase wurde nun aufgeschnitten und enthielt drei Häslein, die man herausnahm. Diese, sagte er, lagen zuerst da wie lebloses Fleisch, aber kaum wurden sie von der Sonne bestrahlt und hatten ein bißchen Wärme aufgenommen, kamen sie zu sich und lebten, und eines bewegte sich und schaute auf, und sofort öffnete es seinen Mund und streckte die Zunge heraus auf der Suche nach Nahrung. So schaffte man ein bißchen Milch herbei, und nach und nach brachte man sie hoch und lieferte, so meine ich, ein bemerkenswertes Zeugnis von einer Geburt durch ein Männchen.» Auch berichtet Aelian, der Hase stachele sich mit seinen langen Löffeln selbst zum Rennen an, und die Ohren dienten ihm auch als Steuer beim Hakenschlagen. Doch genug von dem antiken Jägergriechisch!

Die Lateiner nannten dieses Tier *Lepus timidus*, einen ängstlichen Hasen, und sie schlossen diese Eigenschaft, die man besser als Umsicht und Voraussicht bezeichnen würde, aus der hohen Wachsamkeit und der raschen Fluchtbereitschaft des Meister Lampe. Von seiner Furchtsamkeit wurde denn auch viel gefaselt: ‹Das Hasenpanier ergreifen› bedeutet bekanntlich soviel wie ‹die Füße unter die Arme nehmen›; ‹Hasen lassen sich nicht mit der Trommel fangen› bedeutet, man müsse eine Sache mit aller Behutsamkeit angehen. Im Mittelalter wurde sogar behauptet, die Hasen hätten vor dem Rauschen des Meeres und des Waldes Angst. Die Fabel von den Hasen und den Fröschen erweist sich nur mit Vorbehalt als tröstlich: Als eine Schar furchtsamer Hasen zu einem Tümpel hoppelt, um sich dort, ihres Lebens überdrüssig, zu ertränken, sehen sie, wie die Frösche ängstlich fortspringen: es gibt also Tiere, lernen sie, die noch öfter zittern als sie selbst.

Doch die Angst des Hasen, nicht zuletzt die vor dem Jäger, hat ihren guten Grund in der Mordlust des Menschen: Seit dem lateinischen Mittelalter international verbreitet und bis in das Kinderlied des 20. Jahrhunderts bekannt war ein

Gedicht, das *Hasenklage* oder *Des Häsleins Klage* genannt wurde und das, übersetzt, etwa so begann:

> Ich hört ein armes Häselein
> Mit lauter Stimme also schrei'n:
> Hab' ich den Menschen je verletzt,
> Daß er mich so mit Hunden hetzt?

Und das gejagte Tier schildert dann im einzelnen, wie es (nach Ludwig Uhlands Zusammenfassung) «auf dem Markt um halbes Geld verkauft, vom Koch ausgezogen, gebeizt, gespickt, unhöflich von hinten an den Spieß gesteckt, an glühender Kohle mit Fett begossen, dann aufgetragen und zerschnitten, sein Gebein aber weggeworfen werde, daß kein Hahn mehr nach ihm krähe». Oder in den Worten eines Volksliedes aus der ersten Hälfte unseres Jahrhunderts:

> [...] Da werd' ich getragen in ein hohes Haus,
> Da ziehn's mir meine Kleider aus,
> Ich werd' gespickt mit Knofelt und Speck
> Und an den Bratspieß angesteckt.
>   Und als ich nun gebraten bin,
> Trägt mich der Koch zur Tafel hin.
> Herr Wirt, schenk ein braun's Bier und Wein!
> Der arme Has' muß gessen sein.

Von einigen Nonsens-Hasen sei hier auch noch etwas erzählt. Da sind einmal die Langohren aus der verkehrten Welt, die abermals Zeugnis geben von den Rachephantasien oder Herrschaftsgelüsten der immer Unterdrückten und stets Gejagten. Eines dieser Bildchen auf den populären Bilderbogen zeigt, wie der Hase einen Hund hetzt, ein anderes einen Mümmelmann, der, aufrecht stehend, mit einem Gewehr auf den Jäger schießt; ein drittes, wie die Hasen den Jäger in einem feierlichen Leichenbegängnis zu Grabe tragen. Heinrich Hoffmann griff 1845 das zweite Bild in seinem *Struwwelpeter* mit der *Geschichte vom wilden Jäger* wieder auf: Der Jägersmann schnarcht bekanntlich unter den warmen Sonnenstrahlen im grünen Gras, und da nimmt ihm der schlaue Has' die Flinte und auch die Brille weg:

Die Brille hat das Häschen jetzt
sich selbst auf seine Nas' gesetzt;
und schießen will's aus dem Gewehr,
Der Jäger aber fürcht' sich sehr.
Er läuft davon und springt und schreit:
«Zu Hilf, ihr Leut', zu Hilf, ihr Leut'!»

Freilich liefern diese Unten-nach-oben-Verkehrungen auch gleich die Einsicht mit, daß es in der richtigen Welt eben wiederum anders zugeht und daß der Hase sich mit seinem Hundeleben, das Kind mit seinem Noch-nicht-erwachsen-Sein zufriedengeben muß.

Erwähnt werden soll auch der Wunderhase aus Gottfried August Bürgers *Münchhausen* (1786). Der mußte einmal lange einem unglaublich ausdauernden Langohr nachjagen, und als er ihn schließlich erlegt hatte, «was meinen Sie, was ich nun fand? – Vier Läufe hatte mein Hase unter dem Leibe und viere auf dem Rücken. Waren die zwei unteren Paare müde, so warf er sich wie ein geschickter Schwimmer, der auf Bauch und Rücken schwimmen kann, herum, und nun ging es mit den beiden neuen wieder mit verstärkter Geschwindigkeit fort.» Wenig bekannt ist, daß auch Bürger sein Vorbild hatte: Der Hamburger Journalist Eberhard Werner Happel bringt 1689 in seinen *Relationes curiosae* (‹Wissenswerte Nachrichten›) den Bericht und die Abbildung von einem «wunderseltsamen Hasen, welcher Anno 1621 nahe bei der weltberühmten Stadt Ulm in Erasmi Geutschens Garten gefangen wurde. Er hatte einen zweifachen Leib, acht Füße, 4 Ohren und ein doppeltes Gesicht.» Und auch dieser war nicht der erste Hase seiner Art: Ein Einblattdruck aus Oppenheim von 1505 erzählt in Reimpaaren von einem auch in einem Holzschnitt abgebildeten Doppelhasen, den ein Bauer zwischen Niederstersheim und Wachenheim gefunden hatte. Kurzum es handelt sich jeweils um Tiermißgeburten, die sicherlich trotz ihrer vier Beine nicht lebensfähig, geschweige denn münchhausisch-sportlich trainiert waren. Jean Paul hat 1809 in *Dr. Katzenbergers Badereise* noch einmal dieser Doppelhasen gedacht.

Damit mag es genug sein, obwohl noch viel von dem Zeichner Fritz Koch-Gotha und seiner *Häschenschule* (1924), von Schihasen und anderen, von unseren Playboys als ‹Häschen› titulierten jungen Frauen und von den Häschenwitzen der sechziger Jahre zu erzählen wäre. Ein sehr altes Rätsel über unseren Gemüseliebhaber sei allerdings noch hierher gesetzt; die Antwort darauf wird nach dem oben Gesagten nicht schwerfallen. Es heißt: Wann tun dem Hasen die Zähne weh?

Heuschrecke

In seiner Fabel *Das Heupferd oder der Grashüpfer* stellt uns Christian Fürchtegott Gellert vor einen Heuwagen, der zu voll beladen ist, so daß ihn die Pferde nicht mehr von der Stelle fortbewegen können:

> Ein Heupferd, das bei der Gefahr
> Zu oberst auf dem Wiesbaum war,
> Sprang drauf herab und sprach mit Lachen:
> «Ich will's dem Viehe leichter machen.»
> Drauf ward der Wagen fortgerückt.
> «Ei», rief das Heupferd ganz entzückt,
> «Du, Fuhrmann, wirst an mich gedenken:
> Fahr fort! den Dank will ich dir schenken.»

Es ist die kleine Heuschrecke, eine Springerin aus der Ordnung der Geradflügler (deswegen heißen sie *Orthoptera saltatoria*), die sich hier einbildet, die Bewegungen der großen Welt beeinflussen zu können und die sich dem Fuhrmann gegenüber ebenso lustig-närrisch wie gönnerhaft-herrisch aufführt. Der Fabeldichter übersieht dabei, daß die Heuschrecken, wenn sie erst in Massen auftreten, sehr wohl die Menschen in Schrecken versetzen können (aber sie tragen nicht deswegen ihren Namen, sondern, weil sie ‹schrecken›, das heißt ‹springen›). Die Nachricht von einer furchterregenden Heuschreckenplage ist seit biblischen Zeiten bekannt. Gott droht dem Pharao durch Moses: «Weigerst du dich, mein Volk zu lassen, siehe, so will ich morgen Heuschrecken kommen lassen an allen Orten, daß sie das Land bedecken, also daß man das Land nicht sehen könne, [...] und sollen eure grünen Bäume fressen auf dem Felde.» Und die Drohung wird wahrgemacht: «[...] sie bedeckten das Land und verfinsterten es. Und sie fraßen alles Kraut im Lande auf und alle Früchte auf den Bäumen [...] und ließen nichts Grünes übrig an den Bäumen und am Kraut auf dem Felde in ganz Ägyptenland» (Mos. 2,10).

Solche Überfälle durch Massen von gefräßigen Insekten gab es bis in die frühe Neuzeit. So erschien 1542 von einem Augenzeugen ein in der Staatsbibliothek München aufbewahrter Tatsachenbericht, der folgenden Titel trug: «Wahrhaftige und erschrockenliche Neue Zeitung, in Schlesien geschehen in diesem 42. Jahr am Tag der Himmelfahrt Mariae, von unerhörten Heuschrecken. Wie viel derer gewesen und was sie Schaden getan haben, werdet ihr hierin wahrhaftig begriffen finden. 1542, den 15. Augusti.» Die Sensationsschriftsteller des 16. Jahrhunderts schlachteten diese Begebenheit immer wieder aus; so schreibt der protestantische Geistliche und Pamphletist Christoph Irenäus (1522–1595) im Jahre 1578: «Es sind auch im Jahr 1542 Heuschrecken mit großen Haufen, als ich selber gesehen, in Schlesien und einesteils in Meißen geflogen, [und haben] Gras, Laub und Kraut, alles hinweggefressen, wo sie niedergefallen sind.» Die Geistlichen hielten diese Ereignisse, wie andere Naturkatastrophen auch, für Zornzeichen Gottes, welche ein noch größeres Unglück, Krieg oder Pestilenz, vorherbedeuteten. So meint 1597 der Brandenburgische Pfarrer Andreas Angelus in seinem *Wider-Natur- und Wunderbuch* von den Insektenschwärmen in der Mark: «Und ist dies allhier anzumerken, daß die Heuschrecken, wenn sie so haufenweise und in unbekannter Gestalt erscheinen, erstlich eine Strafe Gottes sind, danach auch, daß sie ein zukünftig Unglück bedeuten. Denn daß sie Strafen Gottes sind, sieht man daraus, daß sie alles so rein wegfressen, daß fast nichts Grünes mehr zu sehen bleibt. Daß sie auch etwas Künftiges bedeuten, lehrt die Erfahrung.»

1693 erschien gar aus Anlaß des Heuschreckenschwarms, der in diesem Jahre in Mittenwald einfiel, auf einem Einblattdruck mit dem Titel *Armee-Zug der Heuschrecken* eine Zusammenstellung von allen derartigen Katastrophen, die in Europa seit dem Jahre 272 beobachtet worden waren. Der Pietist Adam Bernd (1676–1748) schreibt in seiner Autobiographie zu diesem Jahre 1693 (er war damals Gymnasiast in Breslau): «Und, da kurz vorher ein ganzes Heer Heuschrecken bei uns durchzog, mit denen ich einmal, da ich in die Vorstadt hinausging, wie mit lauter dicken Schnee-Flocken umgeben war, so fand der Linguist Acoluth [...] auf den Flügeln derselben arabische Buchstaben, vielleicht, weil er zu Hause bei seinem Koran mit vielen arabischen Buchstaben zu tun hatte.»

Mit dieser gefräßigen Wanderheuschrecke (deren Raubzüge heute durch Insektizide längst eingedämmt sind, nicht ohne daß der Mensch dabei auch andere ökologische Schäden in Kauf genommen hätte) ist also nicht viel Staat zu machen. Gut, daß sie in der Grille, die zu den Grabheuschrecken *(Gryllidae)* zählt, und insbesondere in der Feldgrille *(Gryllus campestris)* und in der Hausgrille *Gryllus domesticus)* liebenswürdigere Schwestern hat. Ihr Zirpen ist die Naturmusik der südeuropäischen Länder, das Schlummerlied für müde Touristen, eine Beruhigung auch für den, der sich fragt, ob bei den in der Provence tonnenweise verspritzten Pestiziden Insekten überhaupt noch überleben können.

In Frankreich müssen die Kinder Jean de La Fontaines berühmte Fabel von *Grille und Ameise* – es ist die Nummer eins seiner Sammlung – noch immer auswendig lernen, in Deutschlands Lesebüchern war dieses aus der Antike stammende Moralstück (AaTh 280 A) nicht weniger beliebt, und darin sagt am Ende die Fleißige zu der Leichtsinnigen, die um ein bißchen Winterfutter bettelt, voller Hohn:

> Die ganze Zeit gesungen? Schön!
> Dann könnt Ihr jetzt auch tanzen gehn!

Doch diese alte Fabel enthält bekanntlich einen kleinen entomologischen Irrtum: Zwar stimmt es, daß die Ameise ein fleißiges Geschöpf ist, doch braucht die Grille bei ihr keineswegs im Winter zu betteln, sie hungert auch im Winter nicht.

Eine spöttische Heuschreckengeschichte wird heutzutage noch mancherorts im Bereich der Alpen bis nach Kroatien hinunter als Schildbürgerstreich erzählt. In Bosco Gurín, einem Ort an der schweizerisch-italienischen Grenze, geht sie (in hochdeutscher Übersetzung, nach Emily Gerstner-Hirzel) etwa so: In Verzasca habe es immer schrecklich viele Heuschrecken gegeben. Da habe der Gemeinderat beschlossen, die Insekten mit Gewehren zu erschießen. Und weil der fünfköpfige Gemeindevorstand nicht die Felder zertrampeln wollte, hätte sich der Bürgermeister mit dem Gewehr auf ein Gestell setzen müssen, und die vier anderen hätten ihn durch die Gegend getragen. «Und richtig, am folgenden Tag gingen sie, gingen sie mit ihrer Tragbahre ... der Präsident obendrauf mit dem Gewehr, Munition hatte er genug bei sich, und die vier Gemeinderäte trugen ihn durch die Wiesen. Auf einmal gerät einem Gemeinderat eine Heuschrecke vorne an den Kittel hin [im Original: «a Schtråfful (‹Heustaffel›, ‹Stöffel› sind alte Wörter für unser Tier) vorna åm Tschoopa å»], so vorne hin. Da pfiff er dem Präsidenten [Pfiff], und der Präsident schaut hin. Zeigte er sie ihm. Der Präsident zielt, erschießt die Heuschrecke und auch den Gemeinderat. Er selber fiel natürlich herunter, und da mußte er gleichwohl noch durch die Wiesen laufen, um nach Hause zu kommen.»

Die Heuschrecke hat also den Menschen mancherlei Angst-Grillen in den Kopf gesetzt, hat ihm aber auch geholfen, sich selbst die Grillen zu vertreiben.

Hirsch

Zumeist sehen wir ihn in gemaltem Zustand, dann steht er mächtig da, in eine schaurige oder herrliche Naturlandschaft hineingeölt, und seine Lieblingsbeschäftigung scheint in solcher Stellung das Röhren zu sein. Um es mit Felix Saltens hochpoetischen Bambi-Worten auszudrücken: «Gebieterisches Verlangen rollte dahin in tiefen Klängen, ungeheures Aufstöhnen eines edlen, rasend gewordenen Blutes, das von Urkraft schäumte in Sehnsucht, Zorn und Stolz.» Bei den gemalten Umsetzungen solchen Blut-Stöhnens (welches bei der Brunft [Paarungszeit] Standort und Kampfstärke jedes über fünf Jahre alten Tiers kennzeichnet) reckt der Hirsch den kräftigen Hals und den schlanker werdenden Kopf mit seinem mächtigen Geweih halbschräg in die Höhe. Den Ton hören wir dabei nicht, aber er muß in der Tat imponierend sein, denn des Volkes gereimte Spruchweisheit sagt:

> Wie gut, daß in der Liebe Pein
> die Menschen nicht wie Hirsche schrei'n.

Dergestalt brüllend hat der Engländer Sir Edwin Landseer (1802–1873) den König des Waldes auf die Leinwand gebannt, und so haben ihn Dutzende von Nachahmern immer wieder darstellen wollen. Ansonsten sehen wir ihn auch noch in reduzierter Form, als Nur-noch-Kopf mit mächtigem Geweih. So hängt er in mancherlei Schlössern und Jagdmuseen mehrfach und nicht ohne Staubbelag herum, als Andenken an die Erfolge einer seit eh und je höchst edlen und adeligen Hochwildjagd.

Geschichten vom nicht immer roten Rothirsch *Cervus elaphus* (er gehört zur Familie der *Cervidae*) sind denn auch oftmals von der Jagd geprägt und im Walde lokalisiert. Die Epen-Ritter des Hochmittelalters jagen (in der Nachfolge

des Herakles, der ein Jahr lang die Keryneische Hindin mit ihrem goldenen Geweih verfolgte) gerne einem wunderbaren weißen Hirsch nach, und wenn sie ihn erlegen, dürfen sie sich von ihrer Herzensdame einen Kuß erbitten. Im *Tristan* Gottfrieds von Straßburg hat der weiße Hirsch kein Geweih, aber die Mähne eines Pferdes, und er lockt die Jagdgesellschaft des Königs Marke in eine Minnegrotte. Gelegentlich wird es den Helden bei ihrem Halali wohl auch so ergangen sein wie denen in Ludwig Uhlands Lied vom Weißen Hirsch:

> Und eh' die drei Jäger ihn recht gesehn,
> so war er davon über Tiefen und Höhn.
> Husch husch! piff paff! trara!

Mehreren jagenden Männern (dem Placidas, alias Eustachius, und später dem Hubertus, dem Schutzpatron der Jäger) erschien ein Hirsch mit einem leuchtenden Kreuz (oder gar dem Schweißtuch Christi) im Geweih; sie wurden dadurch zu einem heiligmäßigen Leben bekehrt. Für weniger aktive Heldinnen wie die unglückselige Genoveva von Brabant mit ihrem Söhnlein Schmerzensreich (so bei Christoph von Schmid zu lesen), aber auch für hungrige Heilige männlichen Geschlechts (vor allem irischer Nationalität) wird eine Hirschkuh zur milchspendenden Lebensretterin. So hätte der Einsiedler Goar, erzählen merowingische Chronisten, zum Bischof Rusticus von Trier geschleppt werden sollen, um sich wegen einer Anschuldigung zu verantworten. Doch die Häscher seien in eine Hungersnot geraten und am Verschmachten gewesen. Da habe der Heilige drei Hirschkühe dazu gebracht, ihre Milch zu spenden, und damit sei seine Unschuld erwiesen gewesen. Mehrfach wird auch erzählt, ein Hirsch habe wegunkundigen Fürsten wie Karl dem Großen oder verirrten Wanderern oder (mit zwölf Kerzen im Geweih) der heiligen Ida von Toggenburg auf dem Marsch zur Klosterkirche von Fischingen den richtigen Weg gezeigt. Ein Hirsch, ob weiß oder rot, errettet also aus mancherlei Trübsal.

Auf sein Geweih ist mancher schnellfüßige Fabel-Hirsch besonders stolz gewesen; schließlich leitet er seinen Namen

‹Cervus› oder ‹Hirz› von der indogermanischen Wurzel ‹ker›
ab, die unserem ‹Horn› entspricht. In einer Erzählung des
Aesop bewundert sich das Tier (das bekanntlich oftmals Durst
hat, wie schon der Psalm 41,2 lehrt) im Spiegel einer Wasser-
quelle, findet dabei seine Stangen ausgesprochen schmuck,
doch seine Beine zu mager geraten. Als ihn dann die Hunde
verfolgen, hätten just die dünnen Läufe unser fliehendes
Tier gerettet, wenn nicht das prächtige Geweih im Gebüsch
hängengeblieben wäre. Moral (nach Jean de La Fontaine):

> Das Schöne wird gelobt, das Nützliche mißacht',
> doch hat die Schönheit oft schon Schaden eingebracht.

Anders gesagt: Im Notfall hilft nicht das Make-up, sondern
nur das Körpertraining. Niemand möge auf des Hirsches
Kopfschmuck neidisch sein, meint die ebenso alte Fabel vom
Hasen, der sich ein Geweih wünschte und unter dessen Gewicht zusammenbrach; der Habgierige, meint Marie de France
im 12. Jahrhundert dazu, leide nur Schaden an seiner Ehre.

Alt ist die Vorstellung, der Hirsch könne Böses oder Giftiges aus der Welt schaffen. Der *Physiologus* erzählt im
4. nachchristlichen Jahrhundert, der ‹cervus› sei der Feind
des ‹draco›, also des Drachen oder der Schlange. Die giftige
Schlange fliehe vor ihm in die Spalten der Erde; der Hirsch
fülle dann an einer Quelle seine Nase mit Wasser und blase
es in die Erdspalte, treibe das Untier heraus und zerstampfe
es mit seinen Hufen. Varianten dieser Legende sagen, der
Hirsch verschlucke den Drachen und ertränke ihn mit viel
Wasser in seinem Magen. Gemeint ist wieder einmal Christus, der mit der heiligen Taufe die Erbsünde des Menschen
hinwegnimmt. Plinius weiß in seiner *Naturgeschichte* (VIII,
50) zu berichten, die rechte Stange des Hirsches enthalte eine
Heildroge, und der Geruch verbrannten Horns heile von der
Epilepsie und vertreibe Schlangen. Da die Hirsche ihr Geweih jährlich im Februar/März abwerfen (und dank ihrer Ge-
schlechtshormone vom Stirnbein aus wieder erneuern), lassen sich diese Hornstangen zu mancherlei Nutz, sei es in
Form von Knöpfen oder von Messerheften, aber eben auch
zu Heilmitteln verarbeiten; Hirschhornderivate wie Hirsch-

hornöl oder -geist galten folglich lange Zeit als kräftigende Medikamente, Hirschhornsalz (Sal volatile cornu cervi) hieß ein anerkanntes Treibmittel (so etwas wie kohlensaures Ammoniak) allerdings für Backwaren, nicht für Ungeziefer, und da der Hirsch ein so guter Läufer ist, wird Hirschtalgsalbe nach wie vor für ermüdete Füße gebraucht. Die weiße Dame aus der Hirsch-Apotheke weiß sicher Bescheid!

Der edle Hirsch ist im vergangenen Jahrhundert so stark bejagt worden, daß er in einigen Landstrichen Europas fast ausgestorben war. Die anpassungsfähigen Tiere ließen sich jedoch in unserem Jahrhundert in verschiedenen bergigen Waldzonen oder Nationalparks wieder ansiedeln mit dem Erfolg, daß hie und da eine Übervölkerung mit entsprechenden Wald- und Tierschäden eintrat. Moderne Jagdgesetze versuchen, einem Gleichgewicht von Tierpopulation und Naturschutz gerecht zu werden; so soll sich etwa im Kanton Graubünden der Hirschbestand bei rund zehntausend Tieren einpendeln. Auf diese Weise wird uns sowohl die Familie Hirsch wie auch die edle Hirschjagd und zudem unser allherbstlicher Hirschpfeffer (sofern er nicht aus Antilopenfleisch gemacht ist!) erhalten bleiben.

Hund

Eines der beliebtesten Lesebuchstücke des 19. Jahrhunderts erzählt nach den antiken Fabeldichtern diese Geschichte: Ein Hund sei mit einem Stück Fleisch im Maul nach Hause gerannt und auf seinem Wege an einem Wasserlauf vorbeigekommen. Da habe er in dem Wasserspiegel einen Hund – also sich selbst – erblickt, der ein Stück Fleisch in der Schnauze trug. Aus Gier, sich auch dieses wohlfeile Fressen zu schnappen, habe er sein Fleischstück fallen lassen, der Bach habe es fortgeschwemmt, und so habe er weder die eine noch die andere Beute erhalten.

Hier wird unser liebstes Haustier als ein ‹dummer Hund› hingestellt, in anderen Fabeln scheint er durchaus klug, ja geradezu gerissen zu sein, wie etwa in der Geschichte von

Hund und Schaf, die Martin Luther so erzählt: Der Hund habe das Schaf vor Gericht zitiert: es schulde ihm ein geliehenes Brot. Da das Schaf leugnete, rief der Hund Wolf, Weihe und Geier als Zeugen herbei: «Der Wolf, der sprach: ‹Ich weiß, daß der Hund dem Schaf Brot geliehen hat.› Der Weyh sprach: ‹Ich bin dabei gewest.› Der Geier sprach zum Schaf: ‹Wie kannst du das so unverschämt leugnen?› Also verlor das Schaf seine Sache.» Und Luthers Moral dazu lautet: «Hüte dich vor bösen Nachbarn. [...] Denn es gönnet niemand dem andern was Gutes, das ist der Welt Lauf.»

Der Erforscher von Hundegeschichten wird ständig hin- und hergerissen zwischen der einen Partei, die alles Hündische verachtet (‹Hund› und ‹Hundesohn›, ‹Canaille› und ‹Hundsfott› gebraucht sie denn auch als die schärfsten Schimpfwörter), und der anderen, die ihren Hunden und Hündchen schon auf dieser Welt ein Paradies bereitet, Hundeboutiquen finanziert, jedem zwanzig Kilo schweren Bello in zehn Jahren bis zu 40 000 Mark verfüttert und den verhätschelten Tieren schließlich ein Begräbnis zuteil werden läßt, wie es nicht allen Christenmenschen vergönnt ist. Das heißt, noch streiten sich bekanntlich die Theologen, ob denn der vom Wolf abstammende und seit 12 000 Jahren domestizierte Hund *(Canis familiaris)* mit seinen zweihundert verschiedenen Rassen paradiesfähig sei: die Franziskaner bejahen die Frage liebevoll, die Jesuiten bestreiten sie mit vehement vorgetragenen Vernunftgründen. Und die Boulevardpresse behauptet schließlich, der Papst habe dekretiert, auch den Hunden sei ein Weiterleben im Jenseits verheißen.

Nun, warum nicht, warum eigentlich nicht? Man kann bei dem irischen Erzähler Frank O'Connor in seiner Geschichte vom *Requiem* des Hündchens Timmy nachlesen, warum es ein treues, frommes, leider verstorbenes Tier verdient hat, daß der Pfarrer ihm ein christliches Begräbnis verschaffe und ihm regelmäßig Messen lese: «Ich bin so gut katholisch wie irgendeiner», sagt die alte Dame zum Abschied zu Father Fogarty, «aber ich würde das sogar dem Papst sagen, wenn er jetzt hereinkäme. Sie *haben* eine Seele, die Menschen haben bloß keine Ahnung davon. Alles was lieben kann, hat eine

Seele. Zeigen Sie mir die schlechte Frau, die Gott dankte, daß ihr Mann gestorben war, und dann zeige *ich* Ihnen jemand, der vielleicht *keine* Seele hat, aber sagen Sie mir bloß nicht, Timmy hätte keine gehabt. Und ich weiß, so wahr ich hier stehe, daß ich ihn hier oder anderswo wiedersehen werde.»

Lassen wir einmal alle die Geschichten beiseite, die dem Hund bescheinigen, er sei aggressiv und angstmachend (man denke an die antiken Molosser), ekelhaft («Der Hund frißt wieder, was er ausgespien hat», heißt es 2. Petrus 2,22), faul, gefräßig oder gierig, häßlich und gemein, neidisch, schamlos, unehrenhaft, unsauber und sogar unsozial. Denn solche Behauptungen können ja nur von bösen Zungen stammen, die wahrscheinlich von islamischem Gedankengut beeinflußt sind (dort gilt der Hund grundsätzlich als unreines Tier). Bei uns herrschen eben andere Werte, und Schande über den, der sich an einem Hund vergreift!

In den *Deutschen Sagen* der Brüder Grimm wird dem *Hündchen zu Bretten* sogar ein Denkmal aufgestellt. Jeder weiß, daß man gewisse Hunde sogar zum Fleischer zum Einkaufen schicken kann, ohne daß sie von den Wurstpaketen auch nur eines öffnen würden (außer, wenn [AaTh 201 A*] andere Artgenossen versuchen sollten, sich über die Waren im Einkaufskorb herzumachen!). Das Hündchen von

Bretten ging also, stolz und ehrenhaft, einkaufen. Der bösartige Metzger schnitt ihm den Schwanz ab und legte ihn in das Körbchen, um dem Tierbesitzer eine Schmach zu bereiten. «Das Hündlein aber, beschimpft und verwundet, trug den Korb treulich über die Gasse nach Haus, legte sich nieder und verstarb. Die ganze Stadt trauerte, und das Bild eines Hündleins ohne Schwanz wurde, in Stein ausgehauen, übers Stadttor gesetzt.»

Oftmals sind Hunde als Helfer, Heiler oder Retter aufgetreten. Das steht schon so beim Evangelisten Lukas 16,21: «Doch kamen die Hunde und leckten des Lazarus Schwären», und wir wissen's auch von allen Statuen des heiligen Pilgers Rochus mit seinem Geschwür am muskulösen Oberschenkel. Im Märchen vom Drachentöter treten regelmäßig drei helfende Hunde auf, die zum Beispiel heißen: ‹Bring Speisen›, ‹Zerreiß 'n› und ‹Brich's Eisen›, und die sich ihren Namen entsprechend (freilich nicht ohne Gewalttaten) für den Helden einsetzen. Der Bernhardiner Barry, der vor hundertfünfzig Jahren lebte, hat bekanntlich vierzig Menschen aus Schneenot errettet (aber in Wirklichkeit sind seinem Namen die Rettungseinsätze mehrerer Hunde zugeschrieben worden). Von Retterhunden ist denn auch immer wieder in den Tierillustrierten zu lesen. Bei so vielen Hunds-Heldentaten schweigen wir gerne von jenen Ausnahmedoggen, die Menschen angefallen und in die Beine gebissen haben.

Was wäre der Mensch (gemeint ist: der Mann, mit Ausnahme der Göttin Diana) als Jäger ohne seinen treuen Jagdhund? Das englische Wort ‹hunter› bedeutet übrigens ‹Hundeführer›! Der berühmteste Jagd- und Kampfhund der Weltliteratur ist das gewaltige Tier, das Alexander dem Großen in Indien geschenkt wurde. Hetzte man diesen Hund auf kleinere Gegner, so gähnte er gelangweilt; seinen ungeheuren Mut zeigte er nur gegenüber Tieren vergleichbaren Kalibers: Löwen und Elefanten. Bekannt ist auch Tristans treuer Jagdhund Hiudan; Isoldes Hündchen Petitcreiu ist im Gegensatz dazu ein liebenswürdiges Streicheltierchen. Von einem ungewöhnlich kampftüchtigen Hund namens Harm berichtet eine Verserzählung des 14. Jahrhunderts; sein

Herr, ein verarmter Ritter namens Heinrich, schickt diesen Harm gegen alle Hunde des Kaisers in den Kampf, die dieser siegreich überwindet und erhält als Belohnung ein Rittergut. In einer modernen friulanischen Volkserzählung taucht ein spätes Echo von solchen Kampfhunden auf. Da man bei zwei besonders starken Tieren nicht herausfinden konnte, welches von beiden der Stärkere sei, sperrte man sie in ein Zimmer ein. «Von draußen hört man Kämpfen, Kratzen an der Türe, Bellen. Nach einer Weile: großes Schweigen. Jeder wettete auf den, welchen er für den Stärksten hielt. Man schaut durch die Türe und sieht nichts. Man öffnet die Fensterläden, um besser zu sehen. In einer Ecke lagen zwei Schwänze: Die hatten sich gegenseitig aufgefressen.» Bekannter als diese historischen Hunde-Helden ist wahrscheinlich der in zwei Hälften zertrennte Hund aus der Umgebung des Barons Münchhausen, der nach seiner Zweiteilung verdoppelt weiterjagte (AaTh 1889 L); freilich war es dann schwierig, das Vorderteil wieder richtig mit dem Hinterteil zusammenzubringen.

Daß Hunde ungewöhnliche Zeugnisse von Klugheit ablegen können, war schon in der Antike bekannt. Michel de Montaigne, der französische Philosoph des 16. Jahrhunderts, bringt uns in seinen *Essais* mehrere Beispiele von solchen altberühmten Tieren: Da war zum Beispiel der Hund des Chrysippus, der auf der Suche nach seinem Herrn drei mögliche Wege vor sich fand. Als er die beiden ersten abgeschnuppert hatte, ohne den Gesuchten wittern zu können, stürzte er sich in die dritte Richtung in der logisch gefolgerten Gewißheit, daß sein Herr diesen Weg gegangen sein müsse. Nach Plutarch erzählt Montaigne auch die Geschichte von dem Hund, der ein Gefäß mit Öl entdeckte; der Krug hatte jedoch einen so engen Hals, daß das Tier nicht an die Flüssigkeit gelangen konnte. So warf der Hund denn so lange Kieselsteine in den Krug, bis das Öl ganz nach oben gestiegen und für die hungrige Zunge erreichbar war. Auch der deutsche Humanist Philipp Camerarius bestätigt den Hunden eine ungewöhnlich hohe Intelligenz: «Wenn sie, wie wir Menschen, reden könnten, so würden sie ihre Sache gar künstlich [kunstvoll] und weislich vorbringen.» Sprechende Hunde sollen denn auch hie und da, und nicht nur in Märchen, aufgetreten sein. So soll es 1721 in Berlin einen Hund gegeben haben, der nach sechs Jahren Dressur so abgerichtet war, daß er Salonwörter wie ‹Salat›, ‹Schokolade›, ‹Tee› oder ‹Kaffee› aussprechen konnte. Seit Jesaias 56,10 vor stummen Hunden warnte und die Wächter des Herrn zum Bellen aufrief, ist der beredte Hund ein Sinnbild für den christlichen Prediger. Ein Hund namens Dingo, der lesen kann, taucht in Jules Vernes Abenteuerroman *Ein Kapitän von 15 Jahren* auf.

Auch kriminalistisch denkend (genauer gesagt, mit ihren überaus feinen Sinnesorganen riechend und lauschend) sind Hunde durchaus begabt. Das antike Vorbild für Tiere, welche die Mörder ihrer Herren entdeckten, ist der von Plutarch verewigte Hund, den König Pyrrhus bei einer Leiche sitzend auffand, und der sich dann an die Verfolgung des Mörders machte. Der Hund eines gewissen Otto von Dachau brachte die Hand seines ermordeten Herrn nach Hause und half so, daß man die Leiche auffinden konnte. In einem alten französischen Heldenlied mit dem Titel *Macaire* wird folgendes erzählt: Der Edelmann Aubery de Montdidier wurde meuchlings ermordet. Doch sein Jagdhund bewachte den Ort, wo der Verbrecher ihn verscharrt hatte; nur hie und da lief er heim, um sich etwas zum Fressen zu holen. Man folgte ihm und entdeckte die Untat. Zum Schlosse zurückgekehrt, stürzte sich der Hund auf den Mörder. Dieser leugnete und ließ sich auf ein Gottesurteil in Form eines Duells mit dem Hund ein. Dabei wurde er von dem Hund besiegt und getötet. In Varianten dieser Geschichte wird der Mörder zum Duell zwar halb in die Erde vergraben, doch mit einem Schwert ausgerüstet: Er verliert aber auf jeden Fall. Öfter noch als Mörder sollen Diebe von Hunden entdeckt worden sein. An solchen Geschichten wird niemand zweifeln, wenn er bedenkt, daß dressierte Hunde nach wie vor zur Entdeckung von Diebesgut oder auch von verschütteten Menschen eingesetzt werden.

Schließlich sei an die unnachahmliche Wachsamkeit der Hunde erinnert. ‹Cave canem›, ‹Achtung, Hund!› schrieben schon die alten Römer vor ihre Hauseingänge. Zahllose Schäflein haben dieser tierischen Wachttugend ihr von Wölfen bedrohtes Leben zu verdanken. In dieser Hüterfunktion ist der Hund unbestechlich. Eine alte Fabel sagt, ein Dieb (oder der Wolf) habe den Wächter mit leckerem Brot verlocken wollen, doch das habe ihm ganz und gar nichts genützt. Eine andere Fabel erzählt: Als sich einmal die Schafe beim Schäfer beschwerten, sie schenkten ihm doch Lämmer, Wolle und Käse und erhielten dafür nichts, der Hund aber gebe ihm nichts und erhalte dafür sein Essen, erwiderte der Hund: Aber ich bewache euch sicher gegen Räuber und Wölfe, ohne mich wäret ihr verloren. Die Leute von Saint-Malo ließen übrigens ihre Stadt ausschließlich von Hunden bewachen. Die Wachttiere von Castello di San Pietro (gegenüber der Insel Kos) konnten zur Zeit der Türkenüberfälle Christen von Heiden unterscheiden und zerrissen jeweils nur die Mohammedaner. In Bologna soll es in der Renaissance einen Hund gegeben haben, der Einbrecher von Liebhabern unterscheiden konnte, und so hieß es auf seiner Grabschrift:

> Ich bellte laut bei bösen Dieben,
> bei den Verliebten schwieg ich fein.
> So konnte ich bei Herrn geschätzt,
> bei Damen noch beliebter sein.

Auch Geld kann man einem Hund ruhig anvertrauen: Der antike Naturgelehrte Aelian erzählt von einem Kolophonier, der mit seinem Sklaven nach Teos reiste. Unterwegs verlor der Sklave den Geldbeutel seines Herrn. Doch dessen treuer Hund blieb auf demselben so lange sitzen, bis die Reisenden ihn und das Geld auf ihrem Rückweg wiederfanden; das Tier starb allerdings kurz darauf an Auszehrung.

Hund und Geld – das wäre noch ein eigenes Kapitel wert, denn in der europäischen Sage tauchen immer wieder schwarze Pudel (manchmal mit feurigen Augen) auf, die eine Schatzkiste bewachen. Aber das würde, wie hundert andere Hundegeschichten, in diesem Buche zu weit führen. Verwunderlich bleibt es aber doch, daß unsere Banken so wenige Hunde als Angestellte haben.

Igel

Der Igel, so erzählen die alten Bestiarien nach dem *Physiologus*, sehe wie ein Ferkelchen aus (im Englischen heißt er ja auch ‹hedgehog›, ‹Heckenschwein›), sei aber ganz mit Stacheln bedeckt. Im Herbst gehe er in den Weinberg, schneide sich Trauben ab, so daß sie zu Boden fielen und wälze sich dann in den Trauben. So blieben die Beeren an seinen Stacheln hängen, und er könne sie seinen Jungen nach Hause bringen. Und dann wird der Igel, wie zu erwarten steht, mit dem Teufel verglichen, der nur darauf warte, die sündigen Menschen aufzuspießen und in die Hölle zu tragen.

Warum der Igel wie eine Stachelmaus aussehe, erklärt eine katalanische Geschichte so: Katzen und Mäuse hätten ja einstmals friedlich miteinander gelebt, aber eines Tages habe sich die Katze beim Scherenschleifer die Krallen und die Zähne schärfen lassen. Da habe der schutzlose Igel Gegenmaßnahmen ergreifen müssen. In einer Pechschmelzerei wälzte er sich in flüssigem Harz, dann im Gebüsch in den stacheligsten Pflanzen. Seitdem könne die Katze ihm nichts mehr anhaben, und die Stacheln werde er auch nicht mehr los, nachdem das Harz angetrocknet sei. Eine andere ätiologische (die Herkunft erklärende) Geschichte (auch sie von Joan Amades aufgezeichnet) erzählt, bei der Erschaffung der Welt habe der Teufel Gott nachahmen wollen, als dieser gerade dabei war, das Schwein zu erschaffen; ein teuflischer Spion habe Satan die borstigen und andere Details verraten. Was dann schließlich auf der Teufels-Seite herauskam, war der Igel.

Schwer zu sagen, welche Darstellungen spannender sind: diese Bemühungen um ein Auffinden der Eigengesetzlichkeit des Stacheltieres *(Erinaceus)*, oder die Anstrengungen des Meisters Alfred Edmund Brehm, dem braven Gartentier menschliche Züge zu verleihen, zum Beispiel, wenn er von des Igels (also aus der Sicht des Männchens!) Liebesspiel schreibt: «[...] er zeigt sich, wenn er mit seinem Weibchen zusammen ist, sehr erregt. Er spielt nicht nur mit seiner Gattin [!], sondern stößt außerdem Laute aus, welche man sonst nur bei der größten Aufregung vernimmt. Ein dumpfes Gemurmel oder heiser quiekende Laute oder auch ein helles Schnalzen scheint behagliche Stimmung [...] auszudrücken, während ein eigentümliches Trommeln [...] ein Zeichen von gestörter Gemütlichkeit [!], Wut oder Angst ist. Alle diese Laute werden aber gerade bei der Paarungszeit vernommen, denn der Igel hat ebenfalls [!] seine Not, um ein Weib an sich zu fesseln. Unberufene Nebenbuhler drängen sich auch in sein Gehege und machen ihm den Kopf warm, zumal sein Weibchen sich keineswegs in den Schranken einer gebührenden Treue [!] hält.»

Weniger gemütlich geht es zu, wenn der Mensch dem Igel nachjagt. «Sein Fleisch wird von Zigeunern gegessen», läßt uns Meyers Konversations-Lexikon 1896 wissen, «früher war es in Spanien während der Fasten gebräuchlich; man benutze sonst auch mehrere Teile des Igels als Arzneimittel.» Vom medizinischen Nutzen des Igels in vergangenen Zeiten überliefern Conrad Gesner und sein Herausgeber Georg Horst folgende Verse:

> So man den Igel tut zu puren Aschen brennen,
> sie hilfet denen, die den Harn nicht halten können.
> Die Leber trocknet man und nimmt sie also ein,
> dient in der Wassersucht und stillt der Nieren Pein.
> Die innerliche Haut des Magens trocknen tut,
> gepulvert nehmt sie ein, ist in der Kolik gut.
> Das Igel-Schmalz das tut man allermaßen loben
> in [bei] Brüchen, so man sich gar schwer hat überhoben.

Dieses Rezept fügt sich ganz in die magische Heilungsregel ‹similia similibus›, das heißt ‹gleiche [Krankheiten] mit gleichen [Mitteln]›: Da der Igel ein Tier ist, das stechende

Schmerzen zufügt, heilt er als totes Tier die stechenden Schmerzen.

Das plattdeutsche Märchen *Der Hase und der Igel* (AaTh 275 A) gehört bekanntlich zu den verbreitetsten moralischen Lesebucherzählungen und predigt den Kindern, je nach der gewählten Fassung, dies: ‹Verachte nicht den Geringeren›, ‹Eile mit Weile›, ‹Ehefrauen sind nützliche Tiere›, aber auch: ‹Vertrödle nicht deine Zeit!› Burkard Waldis erzählt schon im 16. Jahrhundert in seinem *Esopus* die alte Fabel von einem Hasen, der sich in eine Rennwette mit dem Igel einläßt, dann aber, im Gefühl, da könne er sich ja viel Zeit lassen, den Sieg verschläft, und er fügt dem Stücklein diese Moral an:

> Mancher sich auf sein' Stärk verläßt,
> ist wahrlich darum nicht der Best:
> schläft desto länger, säumet gern;
> man sagt: mit Mußen kommt man fern.

Besser ist es eben, wird der Herr Lehrer erklären, man steht früh auf und schuftet ohne Unterlaß. Die ganz Schlauen lernen bei dieser Gelegenheit freilich auch ein gegenteilig argumentierendes Paradoxon kennen: ‹Langsamer ist schneller als schnell.› Ins Schulleben übersetzt: Nicht immer ist es der Primus, der es am weitesten bringt. In Varianten dieser Erzählung ist der Igel wohl auch gegen eine Schnecke, einen Krebs oder einen Frosch austauschbar; die kleinen Tiere setzen sich dann jeweils auf den Schwanz des Hasen und lassen sich so ins Ziel befördern. Wie dem auch sei, die Grimmsche Fassung (KHM 187) mit ihrem «Ick bün all hier» ist allemal die vortrefflichste, und: «Wahr mutt se doch sien, mien Söhn, anners kann man se jo nich vertellen.»

Auch der Igel darf also zu jenen kleinen Tieren gerechnet werden, welche den Größeren und Stärkeren die Stirn bieten. Da er sich mit den Stacheln seiner Haut wehren kann, werden die Mächtigen mit ihren Territorialansprüchen sich hüten, ihn einfach zu vereinnahmen. Der blinde Konrad Pfeffel aus Colmar hat das 1780, wenige Jahre vor der großen Revolution, in seiner politischen Fabel *Der Igel* so dargestellt:

Der Löwe saß auf seinem Thron von Knochen
und sann auf Sklaverei und Tod.
Ein Igel kam ihm in den Weg gekrochen;
ha! Wurm!, so brüllte der Despot
und hielt ihn zwischen seinen Klauen:
Mit einem Schluck verschling' ich dich!
Der Igel sprach: verschlingen kannst du mich;
allein du kannst mich nicht verdauen.

Heutzutage haben die Igel ganz andere Potentatenungeheuer
zu fürchten, die gnadenlosen Automobile und ihre Lenker
nämlich. Die reden nicht mehr, lassen sich nicht von dem
Gewürm auf der Straße beeindrucken, sind auf jeden Fall die
Stärkeren und Schnelleren und vernichten einfach, was da
kreucht und nicht fleuchen kann. Die Zahl der verkehrsge-
töteten Igel geht ins Unermeßliche. In allen Zeiten der Erde
zusammengerechnet haben Löwen oder Zigeuner nicht so
viele Igel exekutiert wie der Autoverkehr in den letzten
fünfzig Jahren es getan hat. Das ist ein Grund mehr, um «Les
automobiles à la lanterne!» zu singen.

Kamel

Das einhöckerige Dromedar (eher als das doppelhöckerige
Kamel oder Trampeltier; beide gehören mit den Lamas zu
den *Camelidae*), dieses ungemein nützliche Reit- und Lasttier, ist der Bibel ein vertrauter Begleiter des Menschen.
Abraham bekommt in Ägypten vom Pharao (denn der hat
ein Auge auf Abrahams Weib geworfen) neben Schafen, Rindern, Eseln, Knechten und Mägden auch ‹Kamele› geschenkt
(1. Mos. 12,16), Jakob ließ seine Frauen und Kinder von Kamelen transportieren (1. Mos. 31,17). Als die bösen Brüder
den Joseph in die Zisterne geworfen hatten, kam eine Karawane von Ismaelitern aus Gilead daher; sie hatten auf ihren
Tieren Gummi, Balsam und Harz geladen; mit dieser Kamel-
karawane zog Joseph nach Ägypten (1. Mos. 37,25). Der Herr
segnete Hiob nach all seinen Mühsalen mit vierzehntausend

Schafen und sechstausend Kamelen (Hiob 42,12). Jesus meinte angeblich, es sei leichter, daß ein Kamel durch ein ‹Nadelöhr› gehe als daß ein Reicher ins Himmelreich gelangen könne (Matth. 19,24; Mk. 10,25); beim Evangelisten Lukas ist allerdings an anderer Stelle (13,22) auch von einer engen Türe die Rede. Ein arabisches Sprichwort sagt dann ebenfalls: Zu voll bepacktes Kamel (der Reiche) geht schlecht durch enges Tor (des Paradieses). Im Zusammenhang mit einer Beschimpfung der Pharisäer und Schriftgelehrten braucht Jesus noch ein anderes Kamel-Bild: «Ihr verblendeten Führer, die ihr Mücken seihet, aber Kamele verschluckt!» (Math. 23,24). Die Kirchenväter benutzen den ungeraden Rücken des Kamels zum Vergleich mit den Heiden, die ein krummes Bild von Gott haben; sie benutzen aber auch seine Demut (es neigt seinen Nacken, um sich beladen zu lassen) als Vorbild für den Menschen, der sich vor Gott zu beugen hat, oder als Gleichnis für Christus, der sich freiwillig erniedrigte. Selbstverständlich saß der Prophet Mohammed auf einem Kamel, als er sich auf die Flucht nach Medina begab, und auf einem Kamel ritt er auch ins Paradies. Kurzum: Das Kamel (Camelus dromedarius), das Schiff der Wüste, ist im Orient in vielen Geschichten und Redensarten präsent.

Weniger vertraut mit den Kamelen war der naturkundige Aelianus. Er hielt sie für am Kaspischen Meer beheimatet: «Es sind ihrer ungezählt viele, und die größten sind so groß wie die stärksten Pferde, und sie haben wunderschönes Haar. Ihr Haar ist nämlich so fein, daß man es mit der weichen Milesischen Wolle vergleichen kann. Deswegen kleiden sich die Priester und die reichsten und mächtigsten Männer der Kaspier in Gewänder, die aus Kamelhaar gemacht sind.»

Noch unbekannter war das Kamel lange Zeit in unseren Breiten. Erst seit dem 16. Jahrhundert mehren sich in Mitteleuropa, im Zusammenhang mit den Türkenkriegen, die Kenntnisse von Kamelen. 1529 zeichnete Erhard Schön in Nürnberg ein Dromedar mit seinem türkischen Reiter für eine Flugblattfolge des Druckers Heinrich Guldenmund über die Belagerung Wiens. Als im Jahre 1562 ein türkischer Legat namens Ebrahim Strotschius dem Kaiser Ferdinand vier

Kamele schenkte, da wurde dieses Ereignis in einer ‹Neuen Zeitung› gedruckt. Die Tiere seien «von der Reise von vier Monaten mager und ungestaltig worden», hieß es da, und auf dem Titelholzschnitt konnten Leser und Nichtleser Türken auf Pferden und Kamelen abgebildet sehen. 1573 wurde in Ulm von einem unbekannten Künstler ein Kamel mit der Feder gezeichnet (das Blatt findet sich in der Graphischen Sammlung der Staatsgalerie Stuttgart), und eine Inschrift dazu besagt: «Ein Drometari ist allhie auf den Pfingsttag allhie zu Ulm ankommen und gesehen worden ist 1573.» Das Tier zeigt einen schwach ausgeprägten und einen schlaff zur Seite hängenden Höcker, ist also wohl eher ein Trampeltier *(Camelus bactrianus)* als ein Dromedar. Immerhin ist sein Kopf nicht schlecht getroffen, wenn auch sein Leib und seine Beine eher denen eines Pferdes gleichen.

Vom Anfang des 17. Jahrhunderts stammt ein Schausteller-Blatt mit einem im Holzschnitt dargestellten Kamel, das «Romdarius» genannt wird, und es heißt dort: «Es kann mächtig geschwind laufen in seinen Landen, das sind die Tiere, die in der Sand-See 50 Meilen laufen auf einen Tag, auch werden sie gebraucht auf die Post, sie werden auch gebraucht in Kriegs-Expeditionen, um die groben Stücke [Kanonen] und Munition darauf zu führen. [...]. Es kann dieses Tier in 48 Stunden ohne Fressen marschieren, und wann es frißt, so frißt es nicht viel auf einmal, es kann auch zu Sommers-

zeiten drei Monate ohne Saufen leben, wann es sauft, so sauft es viel auf einmal.» In Regensburg (und wahrscheinlich auch in anderen bayerischen Städten) wurde, so erzählt die Chronik des Christian Gottlieb Dimpfel, 1757 ein Kamel, 1768 von einem gewissen Johann Heemel ein «Trompart» vorgeführt. Im 19. Jahrhundert gelangen dann in Unterrichtsbüchern einige sicherere Nachrichten von Kamelen zu den Kindern, so etwa um 1840 im *Fabeln und Mährchen-Buch* von Johann Peter Lyser. Das Bild Nr. 193 zeigt dort *Das Kamel* – es ist aber ein einhöckeriges Dromedar –, auf welchem ein Äffchen reitet, mit seinem Führer, der eine dicke Trommel rührt, und mit vielen Zuschauern, vor allem Kindern; diese Leute tragen zum Teil südländische Trachten.

Die Tierfabeln gehen nicht gerade freundlich mit dem (den Dichtern zumeist unbekannten) Kamel um. Es habe, heißt es da, einmal Jupiter angefleht, es wolle auch so schöne Hörner haben wie der Ochse. Der Gott war mit dieser Vermessenheit gar nicht einverstanden und stutzte dem Kamel zur Strafe die Ohren. Will man den Fabeln Glauben schenken, so sind die Kamele auch nicht sehr hilfsbereit. Als eines von ihnen stürzt und die anderen um Beistand bittet, verweigern ihm die Genossen ihre Hilfe: Es solle erst einmal versuchen, selbst hochzukommen.

In einem unserer ältesten Fabelbücher (es stammt aus Indien, wurde im 8. Jahrhundert ins Arabische und im 13. ins Spanische übersetzt), das nach zwei Schakalen *Kalilah und Dimnah* genannt wird, gibt es die Fabel von einem unschuldigen Kamel: Der Löwe hatte einst einem Kamel, das sich verlaufen hatte, Frieden und Freundschaft zugesichert. Eines Tages wurde er von einem Elefanten schwer verletzt und war nicht mehr in der Lage, sich und seinen Freunden, nämlich dem Wolf, dem Schakal und der Krähe, Nahrung zu besorgen. Die Krähe schlug dem Löwen vor, man solle einfach das Kamel opfern, doch dieser wies das Ansinnen entrüstet zurück, das Versprechen eines Königs müsse gehalten werden. Auf den Rat der schlauen Krähe beschließen nun die hungrigen Tiere (und das törichte Kamel stimmt dem zu), sie sollten sich alle einzeln dem Löwen zum Fraße anbieten, doch die anderen würden jeweils heftig protestieren. Die Krähe opfert sich als erste: Nein, schreien die anderen, du gibst zu wenig her. Der Schakal bietet sich an: Nein, du stinkst zu sehr. Dann der Wolf: Nein, dann bekommen die anderen die Maul- und Klauenseuche. Schließlich muß sich auch das Kamel als Opfer anbieten, und es hofft, die anderen würden auch bei ihm eine Gegenrede finden. Doch «der Wolf, die Krähe und der Schakal sagten einmütig: ‹Recht hast du. Wie großzügig von dir, das auszusprechen, was wir alle schon wußten!› Und sie stürzten sich auf das Kamel und rissen es in Stücke.»

Aus der langanhaltenden Unkenntnis vom Wesen dieses Tieres und aus solchen Fabeln mag die Vorstellung entstanden sein, es handle sich beim Kamel um ein dummes Tier, das sich, wie angeblich der Esel, gut für ein Schimpfwort eignet. Da Dromedar und Kamel nach den Berichten aller erfahrenen Karawanenführer der Welt ungewöhnlich klug und tüchtig sind, dürfen wir annehmen, daß auch Fabeln und Schimpfbolde irren können.

Kaninchen

Das Wildkaninchen *(Oryctolagus)* und das davon abstammende Hauskaninchen *(Lepus cuniculus)*, das abschätzig Karnickel oder liebevoller auch Küngele, hier und dort auch Lampert (‹Lamprecht›) und fälschlich Kuhl‹hase› oder Stall‹hase› genannt wird, ist mit dem Feldhasen nur weitläufig verwandt. Es ist kleiner, leichtgewichtiger, kurzbeiniger und kurzohriger als Meister Lampe, es kann nicht so schnell rennen, findet aber rasch Unterschlupf in einer seiner Erdhöhlen. Die Jungen des Kaninchens sind zahlreich, weil die Mutter mehrfach geschwängert werden (‹Superfötation›) und vier- bis fünfmal im Jahre werfen kann; die Kleinen sind nackt und blind, während die neugeborenen Häslein schon einen Pelz haben und sehen können. Wie der Hase ist das Kaninchen allerdings, wie Conrad Gesner in seinem Tierbuch sagt, «ein forchtsam, flüchtig Tier», aber die «Küngele [...] werden mit allerlei Farben gesehen: weiß, schwarz, rot, gelblich, braun und andersfarbig, auch gefleckt». Gesner weiß zudem von einer Kaninchenplage zu berichten, nämlich «daß in Hispanien eine Stadt von den Küniglein untergraben und niedergeworfen worden». Schon in der Antike wurde erzählt, gefräßige Kaninchen hätten sich auf den Balearen so sehr vermehrt, daß eine Hungersnot entstanden sei. Meyers Konversations-Lexikon schreibt noch vor hundert Jahren: «Gegenwärtig ist es auch an manchen Orten in Mitteleuropa sehr gemein. Auf Madeira, Jamaica und den Falklandinseln ist es eingebürgert, und in Neuseeland und Australien bildet es eine Landplage, gegen welche alle bisher unternommenen Vertilgungsversuche sich machtlos erwiesen haben.» Es blieb einem französischen Arzt vorbehalten, das Zaubermittel gegen die Kaninchenplage zu verbreiten: Ein seit rund hundert Jahren bekanntes Virus erzeugte vor allem in Australien, in Frankreich seit 1952, die ansteckende und brutale Krankheit der Myxomatose, welche zumindest das französische Kaninchen (‹lapin de garenne›) mit Ödemen und Erblindung schlug und völlig ausrottete. Wo keine Kaninchen mehr leben, muß man sich um so mehr an alte Bilder und Geschichten halten; das tut in unserem Falle in beeindruckender Weise Jean-Jacques Brochier mit seiner *Anthologie du lapin* (1987).

Br'er Rabbit, Bruder Kaninchen, ist eine der herausragendsten Gestalten in der Geschichte der nordamerikanischen Volkserzählung. Er ist ein Gauner und Betrüger, ein Aufsässiger wie Eulenspiegel, der die ganze Welt der Mächtigen zum Narren hält, kurzum ein ‹Trickster›, wie die US-Amerikaner, ein ‹Anansi›, wie die Westafrikaner sagen. List ist seine Stärke, Witz seine Rettung. Als Br'er Rabbitt einmal gefangen wird, erzählt er seinem Aufseher, das Schlimmste, was ihm passieren könne, sei es, in ein Dorngestrüpp geworfen zu werden, davor habe er schreckliche Angst. Sein sadistischer Bewacher wirft ihn daraufhin in die Dornen, und Br'er Rabbitt entkommt, ohne Schaden zu nehmen. Im spanischsprechenden Teil Neu Mexikos war eine Geschichte weit verbreitet, die ‹Rabbit› mit dem starken ‹Coyote› zusammentreffen läßt. «Dieses Mal werde ich dich fressen», sagt Coyote. Das Kaninchen bittet um ein wenig Aufschub, es wolle gerade seine Augen mit Terpentin bestreichen, um einen vorüberkommenden Hochzeitszug besser sehen zu können und dann wolle es auch noch ein bißchen von dem Festmahl abbekommen. Da möchte Coyote auch Terpentin für seine Augen haben und dann am Festmahl teilnehmen. Rabbit gibt ihm das die Augen verätzende Öl, und als Coyote nichts mehr sehen kann, zündet das Kaninchen das Steppengras an, so daß sein Gegner jämmerlich umkommt.

Umgekehrt gibt es eine Menge von Jagdgeschichten, welche vom glücklichen oder listigen Fang eines Kaninchens handeln. In Charles Perraults *Gestiefeltem Kater* zum Beispiel begibt sich der Tierheld, sobald er die Stiefel angezogen hat, auf einen Berg, der mit Kaninchen bevölkert ist, und legt einen Sack aus, in welchen er Kohl und Kleie als Köder gesteckt hat. Mit dem ersten gefangenen und rasch erwürgten Tierchen kann sich dann der Kater stolz zum König begeben, um ihm das Wildbret als ein Geschenk des Grafen von Carabas anzubieten. In Afrika, im Mittelmeerraum und in Südamerika wurde sehr gern die Geschichte vom Kaninchen und dem ‹tar baby›, einer mit Teer oder Leim bestrichenen Puppe, erzählt: Das Kaninchen stiehlt allzuoft Gemüse aus einem Garten; der Bauer stellt eine Leimpuppe auf. Das Kaninchen versucht nun, ein Gespräch mit diesem Wesen anzufangen, und da es nicht antwortet, wird es zornig und schlägt zu, und dabei bleibt es kleben und wird gefangen. In Erweiterungen dieses Grundtypus (AaTh 175) kann sich aber das Kaninchen auch mit List befreien und ein anderes Tier in die Situation des Gefangenen bringen.

Eine Schar von hundert Kaninchen oder Hasen zu hüten gilt als eine unlösbare Aufgabe. In einem verbreiteten Märchentypus (AaTh 570) löst der Märchenheld dieses Problem mit Hilfe eines Pfeifchens, das er von einem hilfreichen Männlein bekommt. Dieses sagt zum Beispiel im *Vogel Greif* der Brüder Grimm (KHM 165) in einem literarisierten Schweizer Dialekt: «Guet, do hesch es Pfifle, und wenn der äine furtlauft, so pfif nume, denn chunt er wieder ume.» In der Tat kann der Junge so seine Kaninchen beisammenhalten. Was uns die Brüder Grimm nicht verraten ist die Tatsache, daß der Kaninchenhüter in anderen Märchenvarianten seine Fähigkeiten auch zu mancherlei erotischem Zweck gebraucht, und das hängt wohl damit zusammen, daß die alten Erzähler bei ‹Kaninchen› auch an deren sexuelle Aktivitäten dachten.

«Det Karnickel hat anjefangen» ist ohne Zweifel eine echt Berliner Redensart, aber wie sie zustande gekommen ist, wäre im Detail nur sehr umständlich zu erzählen. Also kurz und bündig (nach einer Studie von Hermann Kügler): Ende November 1827 erschien im *Berliner Konversationsblatt für Poesie, Literatur und Kritik* ein Gedicht von Friedrich Förster (1798–1868) mit dem Titel *Karnikkeltod.* Es erzählt, wie ein junger Mann mit seinem Hund Presto über den Markt geht und bei einem Grünkohlstand haltmacht. Der Gemüsehändler hat ein Kaninchen mitgebracht, der Hund geht neugierig auf den Stallhasen zu, und:

> Karnikkel denkt: er will ‹backe Kuchen› spielen,
> macht ein Männchen, und in allem Spaß
> tatscht es dem Hund so auf die Nas'.
> Kaum aber tut Presto so was spüren,
> er gleich drauf los, ohne Parlamentieren,
> treibt den Karnikkel zwischen die Körbe zurück
> und bricht ihm erbärmlich das Genick.

Und als nun der Hundebesitzer nach Zeugen für den Vorfall sucht, findet sich wirklich ein Schusterjunge, der die dreisten Worte spricht: «Ich hab' es gesehen: Karnikkel hat angefangen.» Nun waren aber diese banalen Verse vom Dichter Förster nicht einfach als Phantasiestück gemeint, sondern als Fabel auf ein politisches Ereignis der Zeit: Die Engländer hatten im November 1827 bei Navarino die türkisch-ägyptische Flotte unter Ibrahim Pascha vernichtet und behauptet, die Türken hätten den ersten Schuß getan; dieser Kanonenschlag war aber nur ein Salutschuß gewesen. Försters Spruch «Karnickel hat angefangen» war bald in aller Berliner Munde und geriet durch Georg Büchmann – allerdings mit einer späteren Quellenangabe – in den *Zitatenschatz des deutschen Volkes* und damit in den Bereich der Unsterblichkeit. Die Auslegung dieser Berliner Fabel ist keine andere als die in der Geschichte von Wolf und Lamm: Der Stärkere hat immer recht. In Tat und Wahrheit hat diese Herrenmoral nicht nur dieser liebenswerten Tiergattung auf breiter Ebene Schaden zugefügt.

Katze

Allein in der Schweiz leben heutzutage mehr als eine Million Katzen (bei sechs bis sieben Millionen Einwohnern); sie sind dort wie anderswo die beliebtesten Haustiere – nach dem Wellensittich und dem Hund. *Felis* (oder *Felis catus*) heißt die Katze, besser: der Kater in der Wissenschaftssprache; in der Umgangssprache bevorzugen wir Deutsche die weibliche Form, die Romanen jedoch die männliche. ‹Katze› oder ‹chat› oder ‹gatto› sind von einem gemeineuropäischen Wortstamm ‹cat› abgeleitet, der vielleicht soviel wie ‹unser Tier im Hause› bedeutet (und ‹catulus›, ‹Tierchen› kann deswegen auch das Hündchen sein).

Die Erzähler der Vergangenheit haben die Katzen immer wieder im Zusammenhang mit ihren grundsätzlichen ‹Feindschaften›, nämlich in ihren Auseinandersetzungen mit den Hunden und mit den Mäusen gesehen. Warum sich Katze und Hund gar nicht lieben, erklärt die bekannte Geschichte vom *Privileg der Hunde* (AaTh 200): Die Katze hätte, so heißt es darin, ein wichtiges Hundedokument (sein Adelspatent) aufbewahren sollen; sie ließ es aber den Mäusen unter die Zähne fallen, so daß es unbrauchbar wurde. Seitdem seien sich die beiden Tiere spinnefeind. In einem italienischen Volksbüchlein über *Die Hunde und die Katzen* reißt der Kater das Recht des Hundes an sich, eine große Einkaufstasche tragen zu dürfen. Aus dem Streit entsteht ein großer Krieg zwischen Hunden und Katzen.

Die Katze läßt das Mausen nicht, sagt ein beliebtes Sprichwort und meint damit, daß sich unsere natürlichen Anlagen nicht durch eine noch so gute Erziehung verändern lassen

und daß die Welt so bleibt, wie sie ist. Das Thema *Katzen-
und Mäuse-Krieg* ist denn auch wirklich so alt wie die ägyptischen Königreiche, und es war insbesondere in den letzten
Jahrhunderten, nicht ohne politische Nebenbedeutungen, ein
beliebtes Sujet in der Wandmalerei, in Volksbüchlein und auf
Bilderbogen. Ein Amsterdamer Holzschnitt dieser Art zeigt
zum Beispiel die Katzen in ihrer Burg und die Ratten, wie sie
zu Wasser und zu Lande angreifen: mit Schiffen, Kanonen,
Reitern und Fußvolk. Ein kolorierter Holzschnitt aus Lyon
von 1610 erzählt, wie sich der Katzenfürst Mitou mit dem
König der Ratten streitet und wie es dann zur Vernichtung
der Mäuse kommt, denn

> Gott ist vernünftig, und er hat
> der Katze auf dem Land und in der Stadt
> befohlen, daß zu jeder Jahreszeit
> sie uns vom bösen Mäusevolk befreit.

Solche Darstellungen schmecken manchmal nach verkehrter
Welt, und in der Tat gibt es auch Bilderbogen von Mäusen
oder Ratten, die den Kater begraben. In einem Märchen aus
Zentralspanien überlistet eine ins Wasser gefallene Maus den
Kater: sie wolle sich zuerst an der Sonne trocknen, dann
lasse sie sich gerne fressen. Als sie jedoch trocken geworden
ist, rennt sie listig in ein Schlupfloch. Philippe le Picard, der
normannische Lügenerzähler des 16. Jahrhunderts, zeigt uns
auch, wie der Kampf zwischen Katze und Ratte für beide tra-
gisch enden kann: Im tiefsten Winter geraten sie in den
Abfluß einer Dachrinne und bleiben tiefgefroren stecken.
Seine sozialkritische Moral heißt:

> Die großen Räuber haben nur den einen Glauben:
> Stets wollen sie die Kleinen strafen und berauben.

Katzen haben aber auch etwas Unheimliches an sich, weil
sie ihren eigenen Willen durchsetzen und sich zu nichts
abrichten lassen, weil sie nachts mit funkelnden Augen her-
umstreunen und weil wir nicht wissen, wie viele Mäuse oder
Vögelchen sie dabei getötet haben. Theodor Zwinger, ein
Basler Arzt des 16. Jahrhunderts, erzählt in seinem *Theater
des menschlichen Lebens* von Valentin Bolz, einem von Ge-

burt an einäugigen Geistlichen aus dem elsässischen Ruffach. Der sei eines Morgens früh, als es noch pechdunkel war, aufgestanden, habe ein Schwefelholz genommen und sei zum Kamin gegangen, um es in den noch glimmenden Kohlen anzuzünden, denn er wollte sich Licht machen. Bei der Herdasche saß jedoch eine Katze, und als Bolz, der nicht gut genug sehen konnte, das Zündholz ihren  glühenden Augen näherbrachte, «sprang sie mit einem Schrei in die Höhe und brachte dem armen Kerl einen solchen Schrecken bei, daß er, so als hätte er ein Gespenst erblickt, zitternd vor Angst in sein Bett zurückkroch. Bald aber erkannte er seinen Irrtum und mußte darob laut lachen.»

Die Angst vor unheimlichen Katzen ist selbst heute noch vorhanden, etwa wenn wir uns vor einem schwarzen Tier fürchten, das uns von rechts nach links über den Weg läuft. Es gibt aber auch eine Fülle von Sagen, die von teuflischen Katzen erzählen, oder von Hexen, die in solche Tiere verwandelt wurden. Derartige Geschichten haben eine lange Tradition; sie gehen auf die Zeiten der Hexenverfolgungen zurück. So erzählt Caspar Goldwurm, ein Lutheraner des 16. Jahrhunderts, im Jahre 1567, den noch älteren *Hexenhammer* zitierend, in Straßburg habe ein ehrbarer Mann in seinem Hofe Holz gehackt. Dabei wurde er von drei schwarzen Katzen angefallen, aber es gelang ihm, sich ihrer zu erwehren und sie kampfunfähig zu machen. Kurz darauf wurde er in den tiefsten Turm geworfen unter der Anklage, er hätte drei angesehene Matronen der Stadt verprügelt. Der Holzhacker erzählte darauf den Richtern die Geschichte so, wie er sie erlebt hatte, und er wurde freigesprochen. Der Geistliche bedauert dabei zutiefst, daß die Damen nicht als Hexen angeklagt worden waren.

Solche Hexen-Katzen standen auch in dem Rufe, sich rächen zu können. Eine Allgäuer Sage des 19. Jahrhunderts erzählt von einem Schuster aus der Gegend von Stiefenhofen, der häufig Haustiere geprügelt hatte. Als er eines

Nachts den Kirchhof durchqueren mußte, «sah er plötzlich die ganze Umfassungsmauer voller Katzen, die alle einen Buckel machten, als wollten sie jeden Augenblick auf ihn losspringen». Voller Angst gelobte der Schuster, er wolle nie wieder einer Katze etwas zuleide tun, ging rückwärts zum Friedhof hinaus und kam mit heiler Haut davon. Von Ungarndeutschen zeichnete Alfred Cammann noch zu unserer Zeit eine Hexen-Katzensage auf: Einer von den Burschen aus dem Dorf habe die Hunde und Katzen nicht leiden mögen: «Paran Krom is a Khotz khauckt. Unt tea Puasch hot an Staa gnauma unt hot weüjn weafa. Unt wiara kwuarfa hot, hot a ra Watschn kriagt. Jeitz hod a ksokt: ‹Woa teis a Hex?›» (Bei einem Graben ist eine Katze gehockt. Und der Bursch hat einen Stein genommen und hat wollen werfen. Und wie er geworfen hat, hat er eine Ohrfeige gekriegt. Da hat er gesagt: «War das eine Hexe?») Diese Art Sagen mögen auch als Beiträge zur Tierschutzidee gemeint gewesen sein, sie arbeiten jedoch fortgesetzt mit der alten Vorstellung von Katzen, in deren Fellen böse Frauen stecken. Und diese Vorstellung wird, wie wir aus der Erforschung moderner Sagen wissen, bis heute wachgehalten.

Wir sollten diese Überreste des finsteren Spätmittelalters vergessen und nach anderen, freundlicheren Katzenbildern suchen. Hier ein Beispiel (von einer Frau, versteht sich). Die schon bei der Eidechse erwähnte weitgereiste Dame Freya Stark erzählt in ihrem *Perseus in the Wind*: «Ein paar Jahre vor dem Krieg verlieh der Stadtrat von Venedig einen Orden und einen täglichen Teller Milch einer Katze, die in Freundschaft mit einer Nachbarin an der Ecke desselben Kanals lebte. Beide hatten gleichzeitig ihren Wurf Kätzchen, und sie teilten zweifellos Abenteuer und Klatsch, bis die Nachbarin eines Tages ausrutschte und ertrank. Ihre Freundin sprang ihr nach und versuchte vergeblich, sie zu erretten. Sie adoptierte dann die verwaiste Familie und säugte die Kleinen zusammen mit ihren eigenen, und der Stadtrat von Venedig anerkannte und belohnte diese Tat.» Stark sträubt sich in diesem Zusammenhang abermals, den Tieren nur einen feineren Instinkt zuzugestehen, nicht aber auch Gefühle, wie wir Menschen sie, angeblich ausschließlich, besitzen. Auch Katzen wissen, so meint sie zu Recht, was Zufriedenheit, Hilfsbereitschaft und sogar Liebe bedeuten.

Zu erinnern ist in diesem Zusammenhang an Märchen, in denen von hilfreichen Katzen die Rede ist, angefangen beim *Gestiefelten Kater* (AaTh 545 B) des Italieners Giovanfrancesco Straparola (1550/53) oder des Franzosen Charles Perrault (1697), wo dem Helden jeweils durch die Listen des raffinierten Tiers ein rapider sozialer Aufstieg gelingt, über den weitverbreiteten Märchentypus vom verlorenen und zurückgewonnenen *Zauberring* (AaTh 560), in welchem eine Katze dem jungen Burschen über alle Gefahren hinweghilft, bis hin zu der Geschichte von der *Katze im katzenlosen Land* (AaTh 1651), in der ein Held (in England heißt er Whittington) mit seiner Katze in ein mäuseverseuchtes Land kommt, wo er das Tier gegen ein Vermögen verkaufen kann. Diese alte Story hat auch ein modernes Gegenstück in dem Zeitungsbericht (Dezember 1979) über die südafrikanische Marion-Insel, die zunächst von einer Rattenplage heimgesucht war. Dort wurden, so stand zu lesen, 1947 drei Hauskatzen angesiedelt, die sich nicht nur an die Ausrottung der Nagetiere machten, sondern sich auch dermaßen fortpflanzten (1976 zählte man 6000 Katzen!), daß sie selbst zu einer Plage wurden, weil sie auch die Vogelnester der Insel überfielen und sechshunderttausend Vögel töteten. So war die südafrikanische Regierung gezwungen, auf der Insel hundert mit Enteritis (Darmentzündung) infizierte Katzen einzuführen, welche nun ihrerseits die Katzenbevölkerung so stark dezimierten, daß die Tierschutzvereine um Hilfe schrien. Wenn die Geschichte nicht wahr ist, dann ist sie nicht einmal gut erfunden!

Nicht beschreiben läßt sich hier, wie viele Tausende von Katzen und Kätzchen sich als Abbildungen oder Figurinen, in Kinderbüchern oder in der Werbung, auf Höschen oder Hemdchen, aus Porzellan oder Plastik, an Cafés, Speiselokalen oder Nachtklubs in unserer modernen Welt finden. Diese *Katzenkultur* haben Regina und Dirk Streitenfeld 1987 ausführlich beschrieben. ‹Alles für die Katz›, könnte man mehrdeutig sagen.

Kranich

Mit fünfzig Stundenkilometern Geschwindigkeit ziehen die
Kraniche im Oktober/November und bei Tage wie bei Nacht
zu Tausenden von Nordosteuropa nach dem Süden; sie erreichen Indien und Mittelafrika. Große Vögel (aus der Familie
der *Gruidae*) sind das mit langem Leib und hagerem Hals
und bis zu 2,4 Metern breiten Flügeln. Aschgrau von Farbe
ist der gemeine Kranich *(Grus grus)*; der langbeinige Wat-
vogel bewegt sich anmutig in der Nähe von Gewässern und
spielt mit Steinchen und Holzstückchen, wenn er nicht gerade mit dem Fressen von Feldfrüchten, Würmern oder Insekten oder gar mit einem Lurch (aber nie mit einem Fisch)
beschäftigt ist.

Ausgesprochen schön ist das Gefieder dieses Vogels nicht;
so kann sich der Fabel-Pfau wohl über ihn lustig machen.
Doch der Kranich weiß, daß seine Stärke im Fliegen, nicht in
der Pracht der Federn liegt. Der immer hellwach erscheinen-
de und intelligente Kranich gilt auch als liebenswürdig, doch
kann er durchaus, wenn er in Scharen auftritt, den Acker-
bauern Schaden antun.

Alt ist das Wachsamkeitssinnbild des Kranichs, der auf
einem seiner Stelzenbeine steht und mit dem anderen einen
Stein festhält, um nicht einzuschlafen. Die Baumaschine
‹Kran› trägt ihren Namen wegen ihres schlanken Beins und
ihres langen Halses zu Recht; daß so ein steifer Kran elegant
sei, kann man allerdings nicht behaupten. Wenn die Franzosen eine Dirne als ‹grue› bezeichnen, dann haben sie wohl
deren nächtliches Wachen, langbeiniges Schreiten, freundliche Zuneigung, aber auch ihre Fähigkeit zum Futterbesorgen
im Sinn.

Alt ist auch die Vorstellung von Kranichmenschen, die im
Mittelalter zu den Mirabilia mundi, den Wundern der fernen asiatischen oder afrikanischen Welt, gehörten: sie haben
einen Menschenleib mit langem Hals und Vogelkopf. Im
Volksbuch vom *Herzog Ernst* (aus dem 15. Jahrhundert) begegnet der Held einem ganzen Heer von solchen Wunderwesen: «Der König des Landes und der Stadt war zwiegestalt,

also: von der Sohlen bis an die Achsel war er als ein andrer Mensch, und das Oberteil eines Kranichs Gestalt.» Seine ebenso monströsen Bürger hielten eine schöne indische Jungfrau gefangen, und die sah «den König unwilliglich mit zornlichen Augen, doch erschrockenlich an, der ihr mit seinem langen Kranichhals und spitzigen Schnabel bot den Kuß». Kein Wunder, daß die junge Frau bei so spitzer Liebeswerbung um Hilfe schrie, kein Wunder auch, daß die deutschen Ritter Ernst und Wetzel sich gleich an die Befreiung der Dame machten – doch leider starb sie (wie die Frauen in modernen Kriminalromanen) jammervoll bei dieser Unternehmung. Schließlich kommt es zu einem heftigen Gefecht zwischen den Normal- und den Vogelmenschen; die Gesellen vom Schiffe eilen Ernst und Wetzel zu Hilfe: «Und mit viel Mannschlacht und Mord der Kranichleute nahmen sie ihre Herren und führten sie mit Gewalt und großer Arbeit aus der Stadt.»

Dieser Stoff beflügelte noch lange die Phantasie der Zeitungsmacher. Auf einem Kölner Flugblatt von 1660, das von einer französischen Vorlage kopiert ist, heißt es: «Dies ist die Gestalt einer wunderbarlichen Mißgeburt, gefunden in der Insel Madagascar in Afrika durch einen Schiff-Capitain des Herrn Feldmarschall von Milleraye. Ist jetzt gegenwärtig zu Nantes in der Bretagny; wird aber bald zu Paris zu sehen sein.» 1664 steht unter dem Bild eines Kranichmenschen: «Dies ist der Tarter, den der Herr Graf Nikolaus von Serin gefangen bekommen Anno 1664.» Dieser «Tatare» trägt Pfeil und Bogen in seinen Händen.

Die *Kraniche des Ibykus* (AaTh 960 A) sind beileibe keine Erfindung unseres Friedrich Schiller aus dem Jahr 1797, aber so manche Zeilen aus seiner Ballade haben in den heutigen Zeiten der modernen Völkerwanderungen wieder allerhöchste Aktualität gewonnen:

[...] Und in Poseidons Fichtenhain
tritt er mit frommem Schauder ein.
Nichts regt sich um ihn her, nur Schwärme
von Kranichen begleiten ihn,
die fernhin nach des Südens Wärme
in graulichtem Geschwader ziehn.

«Seid mir gegrüßt, befreundte Scharen,
die mir zur See Begleiter waren!
Zum guten Zeichen nehm ich euch,
mein Los, es ist dem euren gleich.
Von fern her kommen wir gezogen
und flehen um ein wirtlich Dach.
Sei uns der Gastliche gewogen,
der von dem Fremdling wehrt die Schmach!»

Die Moralisten der frühen Neuzeit haben die Geschichte des Plutarch immer und immer wieder nacherzählt, und die Prediger haben sie von der Kanzel verkündet mit der bekannten Moral: Verbrechen lohnt sich nicht. Martin Luther erzählte sie in einem seiner (lateinisch aufgeschriebenen) *Tischgespräche* übrigens so: «Ein Wanderer fiel unter die Räuber, und als er von ihnen erschlagen wurde, sah er noch im Sterben Krähen vorüberfliegen, und er rief ihnen zu: ‹Ich bitte Euch, rächet meinen Tod!› Drei Tage später kamen die Räuber in die Stadt, und als ein großer Zug Raben in das Haus flog, in welchem sie wohnten, sagte einer von ihnen spöttisch: Da kommen die Krähen, die den Tod des Kerls rächen sollen, den wir vor drei Tagen umgebracht haben! Dies hörte der Knecht des Wirtes und zeigte den Behörden die ganze Sache an. Sie wurden ins Gefängnis geworfen und für den Mord mit dem Tode bestraft.» Die aufmerksamen und wachsamen Kraniche sind für diesen Plot sicherlich besser geeignet als Krähen oder Raben oder andere Vögel in europäischen Varianten, und so haben sie sich in vielen Fassungen dieser Sage als «graulichte» Detektive durchgesetzt.

Schlecht ergeht es dem Kranich bei seiner Begegnung mit dem Wolf. Ein toskanisches Aesop-Fabelbuch aus dem späten

14. Jahrhundert erzählt die Geschichte etwa so: «Der Wolf
fraß ein Stück Fleisch mit einem Knochen darin, und als er
es herunterwürgte, blieb ihm der Knochen im Halse stecken.
Er glaubte sich darob in Todesgefahr und schickte Boten
durch die Stadt und versprach dem viel Geld, der ihn von
dieser Krankheit heilen würde. Der Kranich wollte sich das
Geld, aber auch das Wohlwollen des Wolfes gerne verdienen;
so steckte er einfach seinen Schnabel und seinen Hals in den
Rachen des Wolfes, zog ihm den Knochen heraus und machte ihn damit frei und gesund. Und so bat er denn den Wolf
um den Lohn für seine Gefälligkeit. Der Wolf antwortete
ihm ungefähr folgendes: ‹Gru, gru [so heißt der Kranich im
Italienischen], du solltest wissen, daß du dein Leben Gott
und mir verdankst, denn für mich wäre es ein leichtes gewesen, dich um deinen Kopf kürzer zu machen, als du ihn mir
zwischen die Zähne stecktest; und wenn du jetzt noch lebst,
so hast du für deine Arbeit und deinen Dienst schon genügend empfangen; dein Leben ist Lohn von mir genug.›»

Es nütze nichts, meint der Autor in seiner zusammenfas-
senden Moral, bösen Menschen zu dienen; ihre Schlechtig-
keit lasse sie selbst die empfangenen Wohltaten vergessen.
Und er vergleicht abschließend den Kranich mit dem Kleinen Manne, den Wolf mit einem Tyrannen. Nehmen wir
zu diesem Vergleich noch Schillers Bild vom ungesicherten
Wanderer hinzu, so liefern uns die in «Geschwadern» dahin-
ziehenden Kraniche ein Symbol für die ungezählten unbe-
hausten Menschen, die sich vor den Mächtigen fürchten und
die Begüterten um ein «wirtlich Dach» bitten müssen.

Krebs

Michael Lindener, ein Schwänkesammler des 16. Jahrhunderts, erzählt in seinem Buch *Katzipori* (1558) einen Schildbürgerstreich, der zu Finsing in Bayern geschehen sein soll.
Dort habe einmal ein Schuster einen Krebs genommen und
ihn einem Bauern auf die Deichsel des Wagens gebunden:
«Der Bauer wird des Ungeziefers gewahr, reißt seinen Dre-

schel oder Hackmesser heraus und wehrt sich an Leib und Leben und will die Deichsel abhacken und schlägt mit dem Messer zu, daß es eine Strafe Gottes war.» Mit einer Säge schnitt der Bauer dann die Deichsel vollends ab und gab einem Knecht Geld dafür, daß er die abgeschnittene Stange mit dem Krebs fortschaffte. Er hielt offensichtlich den unbekannten Krebs für ein giftiges oder teuflisches Tier. Vielleicht hatte er aber auch von dem alten Vorwurf der Protestanten gegen die Katholiken gehört, die Altgläubigen klebten Krebsen kleine Wachslichter auf die Rücken und ließen die unheimlichen Tiere dann in dunklen Kirchen oder Friedhöfen herumlaufen, um die Existenz von armen Seelen im Fegefeuer zu beweisen. Ursprünglich handelte es sich dabei um einen Schwank des Italieners Franco Sacchetti vom Ende des 14. Jahrhunderts über den Maler Buffalmacco, doch die Lichtertiere waren seinerzeit eine Art von Kellerkäfern gewesen. Später hielten die Erzähler die Krebse für geeigneter, um brennende Kerzchen zu tragen. Der Schwank von den Lichterkrebsen fand durch Erasmus von Rotterdam weite Verbreitung. So mag bei manchen braven Leuten die Meinung entstanden sein, Krebse seien so etwas wie Vertreter der armen Seelen aus dem feurigen Jenseits, also Seelentiere.

In einem anderen alten Schwankbuch, dem *Jan Tambaur* (um 1660) liest man von einem braunschweigischen Nest namens Krebsdorff, dessen Bewohner ebenfalls ein solches unbekanntes Tier fingen und neugierig seine Scheren betrachteten. Sie «sagten derhalben, daß es ein Schneider wäre, und setzten es auf ein Stück Laken, und wo dasselbe Tier hinlief, folgten sie ihm mit einer Schere nach. Da sie nun lang genug geschnitten hatten, sahen sie, daß das Laken verdorben war, sprachen sie, daß es ein Teufel wär, resolvierten [beschlossen], ihn zu töten und zu verbrennen. ‹Nein›, sprach einer von den Ältesten, ‹es ist ein Teufel und ist an das Feuer gewohnt [!], lasset uns ihn ins Wasser schmeißen, das ist ein contrary [entgegengesetztes] Element, denn so muß er sterben›. Darauf ward der Beschluß gemacht, und schmissen ihn des andern Tages von einer hohen Brucken herunter ins Wasser. Wie nun dieses Tier das Wasser gewahr wird, beginnt es mit dem Schwanz zu schlagen. Da sagte der Älteste unter ihnen, ‹Was hat er einen harten Tod bekommen!›»

In der von Elfriede Moser-Rath herausgegebenen *Burger-Lust* von 1663 lesen wir von einem weiteren Krebsabenteuer: «Ein Amtmann von Derchsupling schickte einem Doktor nach Helmstedt Krebse im Korb und schrieb einen Brief dabei. Der Bote wollte sehen, was er im Korb hätte; da schlichen die Krebse fein gemach davon, ohne Wissen des Boten, weil er den Korb nicht wohl zugemacht; und überantwortet gleichwohl dem Doktor den Brief. Der Doktor sprach: ‹Freund, hier sind Krebse im Brief.› ‹Oh›, sagte der Bote, ‹das ist sehr gut, daß sie noch im Brief sind, denn sie sind mir aus dem Korb alle entlaufen.›»

Aus diesen und verwandten alten Witzen wird deutlich, daß sich viele Menschen unter Krebsen (sie sind Krustentiere, *Crustacea*) nichts Rechtes vorstellen konnten. Das zeigt auch eine Novelle des Trivialromanautors August Friedrich Ernst Langbein mit dem Titel *Der Krebs* (1794). Darin widersetzt sich ein steinreicher Vater der Ehe seiner hübschen Tochter mit einem blutarmen Sekretär. Auch ein benachbarter Edelmann kann ihn nicht dazu überreden, einer solchen Vereinigung zuzustimmen. Als bei einer Abendgesellschaft auf dem Lande ein großer roter Krebs aus dem Wasser gezogen wird, ergreift das Tier mit einer seiner Scheren einen Finger des Mädchens und, als der Geliebte versucht, diesen zu befreien, auch einen Finger des jungen Mannes. Dieses Ereignis bewegt nun endlich den strengen Vater, die Hände der Liebenden zusammenzulegen. Nun mag es ja sein, daß der Autor den seinerzeit noch häufig anzutreffenden, dann aber durch die Krebspest fast ausgerotteten Flußkrebs (*Astacus astacus*) meinte, aber rot ist der eigentlich nicht, sondern eher grünlich und bräunlich; rötlich wäre die Languste *Palinurus vulgaris*), aber die hat keine Scheren, und sie lebt auch nicht in unseren Flüssen, und so steht auch bei dieser Geschichte zu vermuten, daß die Krebskenntnisse des Schreibers nicht sehr weit gingen, zumal andere Eigenschaften dieses Tieres, insbesondere seine Zehnfüßigkeit, gar nicht beachtet werden.

Gottlieb Konrad Pfeffel, der Blinde, kennt sich mit den Farben des Krebses besser aus: Ein bei lebendem Leibe frisch gekochter und daher hochroter Krebs wird von einer Fee in den Bach zurückgeworfen. Die Brüder, neidisch über das «Cardinals-Habit» des Zurückgekehrten, fragen neugierig, wie man wohl zu einem solchen Schmuck gelangen könne? Der Dichter gibt die Antwort:

> Du wünschest dir den blendenden Ornat,
> der deinen Nachbar schmückt, zu tragen.
> O! laß zuvor dir im Vertrauen sagen,
> wie viel er ihn gekostet hat.

Christian Fürchtegott Gellert erzählt uns in seiner Fabel *Der junge Krebs und die Seemuschel,* wie das Schalentier (er meint wohl einen Einsiedlerkrebs) seine Nachbarin mit dem schönen Häuschen beneidet und sie bittet, nur eine kleine Weile in ihrem «Schlosse» wohnen zu dürfen. Die Schnecke macht ihm bereitwillig (aber nicht ohne Hintergedanken) Platz:

> [...] Er kommt. Sie schließt ihr Schloß fest zu.
> «Mach auf», schreit er, «denn ich ersticke!»
> «Bald», spricht sie, «will ich dich befrein;
> sieh erst der Mißgunst Torheit ein
> und lerne hier, mit deinem Glücke,
> wenn dir's gefällt, zufrieden sein.»

In beiden Fabeln wird Zufriedenheit mit dem eigenen Stand anempfohlen. Lassen wir der Schnecke ihr Häuschen und dem Krebs seine wie immer geartete Farbe! Beneiden wir ihn vor allem nicht wegen seiner angeblichen (gar nicht zutreffenden) Fähigkeit, rückwärts zu gehen – er ist wegen dieses ‹Krebsganges›, sprich einer ängstlich-konservativen Mentalität, oft genug gescholten worden. Am allerwenigsten ist der Flußkrebs darum zu beneiden, daß es ihn in den allermeisten Flüssen gar nicht mehr gibt.

Krokodil

Ich bin ein altes Krokodil
und leb dahin ganz ruhig und still,
bald in dem Wasser, bald zu Land
am Ufer hier im warmen Sand.

Gemütlich ist mein Lebenslauf:
Was mir in' Weg kommt, freß ich auf.
Und mir ist es ganz einerlei:
In meinem Magen wird's zu Brei.

So heißt es in Franz Graf Poccis Posse *Kasperl unter den Wilden.* Sein Krokodil-Lied erinnert uns an einige sehr lange überlieferte, wenn auch nicht immer richtige Beobachtungen dieses viele Millionen Jahre alten Vertreters der Panzerechsen (*Loricata*, das sind ‹mit Leder Gepanzerte›), von denen das in ganz Afrika verbreitete, vier bis sechs Meter lange Nilkrokodil *(Crocodilus niloticus)*, ein kräftiger und schwimmtüchtiger Groß- und Kleinwildjäger, das bei uns bekannteste ist.

Schon für Plinius Secundus war das Krokodil ein vierfüßiges Ungeheuer, das im Wasser ebenso wie an Land Schaden anrichtet; seine Zähne stünden so dicht beisammen wie die eines Mannes; sein Panzer widerstehe jeglichen Schlägen. Tagsüber liege es am Ufer des Nil, die Nacht verbringe es, der Wärme wegen, im Wasser. Ein Vogel namens Trochilus oder Königsvogel hüpfe in sein weit geöffnetes Maul, um ihm die Zähne und den Rachen zu putzen. Das bösartige Ichneumon-Tier warte bei dieser Operation darauf, daß das also lustvoll gepflegte Krokodil eingeschlafen sei, und dann fahre es wie ein Geschoß durch den Rachen und nage an seinen Eingeweiden. Auch der hundert Jahre jüngere Claudius Aelianus hält diese Panzerechse für bösartig, aber sie sei auch ängstlich und fürchte sich vor den lauten Schreien der Menschen und ihren Angriffen. An Augen, Armhöhlen und Bauch sei sie durchaus zu verwunden, ihr Panzer jedoch sei undurchdringbar. Die Geschichte mit dem Ichneumon klingt bei Aelian ein wenig anders: Dieses listige Tier versuche zwar, dem Krokodil an die Kehle zu fahren und habe es auch schon in mehreren Fällen erstickt, aber der Putzvogel schreie dann laut, schlage das Krokodil auf die Nase, wecke es auf und hetze es auf seinen Gegner. Aelian weiß auch, wie das Krokodil mit seinen Jungen verfährt: Wenn eines aus dem Ei schlüpfe und sich gleich auf die Jagd nach einem Insekt oder Würmchen mache, werde es als Sprößling in die Familie aufgenommen; wenn das Junge jedoch untätig bleibe und keine Lust zur Selbstversorgung zeige, werde es von den Eltern nicht anerkannt und sofort zerrissen.

Alle diese Bilder tauchen im 16. und 17. Jahrhundert, so oder so verschoben oder verändert, in der Sinnbildliteratur (‹Emblematik›) wieder auf und dienen dieser oder jener moralischen Lehre. So heißt es etwa, das Krokodil folge dem

Fliehenden und entfliehe dem Verfolger; das bedeute, daß ein ruhmbegieriger Mensch gewiß nicht berühmt werde, wohl aber einer, der dem Ruhm den Rücken kehrt. Oder: das Ichneumon überfalle unerwartet das Krokodil, so sei auch der Tyrann nie vor einem Mörder sicher. Zu dem Bild eines weinenden Krokodils, das einen Menschen frißt, heißt es: «Ebensowenig traue ich den Worten eines zweizüngigen Freundes wie deinen Tränen, Krokodil.» Wegen dieser Heuchelei gilt die Panzerechse als das Gegenbild des Amor: der lasse zwar auch die Liebenden sterben, aber er lache dazu.

Diese Geschichte von den Krokodilstränen scheint aus einer neueren Zeit zu stammen. In einem moralisierenden Tierbuch des 13. Jahrhunderts erscheint sie zum ersten Male, und in einer englischen Satire des 16. Jahrhunderts *(The Time's Whistle)* heißt es:

Das fürchterliche Tier, das Krokodil genannt,
wohnt in Ägypten nahe bei des Niles Strand.
Bevor es wirklich frißt die heißersehnte Beute,
tut es nach außen so, als ob's die Tat bereute,
läßt heiße Tränen aus den falschen Augen dringen
und hat doch nur im Sinn, zu töten und zu schlingen.

Später haben ‹Krokodilstränen› die ganz allgemeine Bedeutung von geheucheltem Mitleid oder vorgetäuschter Trauer erhalten.

Der große mittelalterliche Naturforscher Albertus Magnus soll schon im 13. Jahrhundert ein richtiges, wenngleich wahrscheinlich totes Krokodil gesehen haben; doch erst im 16. Jahrhundert gelang den Panzerechsen ein wirklicher Durchbruch zu den europäischen Schauplätzen. Im Jahre 1564 erschien in Straßburg ein Flugblatt, das auf einem großen Holzschnitt ein mächtiges Krokodil zeigte; es trug den Titel: «Wahrhaftige Beschreibung eines grausamen erschrecklichen großen Wurms, welcher zu Lybia in [der] Türkei [Arabien] an der babylonischen [ägyptischen] Grenze wunderbarlicher Weise gefangen und hergebracht worden ist, der da in Latein Crocodil und auf Deutsch Lindwurm genannt wird.» Es handelt sich offenbar um ein Schaustellerplakat (es wurde später auch in Antwerpen und in Ingolstadt nachgedruckt), und das in Wolfenbüttel aufbewahrte Blatt trägt den zeitgenössischen Vermerk des Bremer Patriziers Franz von Domsdorff: «Habs in Rostock gesehen, war achtzehn Schuh lang, hatte 66 Zähne.» Wir dürfen also annehmen, daß um 1564 in verschiedenen Städten Europas ein Nilkrokodil herumgezeigt wurde und daß es starke Beachtung fand.

Das Reklameblatt beschreibt auch ausführlich, wie man solche Tiere seinerzeit angeblich fing: Ein Italiener namens Hieronymus Mantaner (Mantovano – ein Mann aus Mantua?) sei zehn Jahre in türkischer Gefangenschaft gewesen und habe seine Freiheit durch das Fangen von solchen schrecklichen, menschenvernichtenden Tieren erhalten. Er habe nämlich eine Holzhütte mit einem Fallboden bauen lassen, Kälber als Lockvögel neben diesen Apparat gestellt und auf diese Weise die Krokodile angelockt und in die Grube stürzen lassen; gleichzeitig hätten Fallgitter die Grube verschlossen. «Als dieser Wurm darein gefallen ist, hat er grausam geschrien.» Am folgenden Tage habe das Weiblein nach ihrem Manne gesucht und sei ebenfalls in die Grube gefallen. Dreißig Tage lang hätten diese Ungeheuer so gebrüllt, daß die schwangeren Weiber in Libyen um ihre Geburten gekommen seien. Selbstverständlich handelt es sich hier um starkes Jägerlatein; Vorlage für den Holzschnitt war zudem nicht ein lebendes Krokodil, sondern ein Holzschnitt (von Manuel Deutsch) in Sebastian Münsters *Cosmographia* (1550), doch zeigt das ganze Unternehmen, wie die Schausteller ihr Publikum anzulocken und zu beeindrucken wußten.

Tote und einbalsamierte Krokodile sind dann später sicherlich mehrfach nach Europa gelangt; sie stellten, von den Gewölbedecken herabbaumelnd, vielbewunderte Zierden der fürstlichen Kunst- und Raritätenkammern dar. Führt vielleicht von dem Krokodilfänger Mantovano eine Spur auch in seine Heimatstadt? Eine italienische Wallfahrtskirche, die der Madonna delle Grazie in Mantova, besitzt in der Tat ein altes, an Ketten hängendes Krokodil, und die lokale Legende erzählt, im 16. Jahrhundert habe dieses Tier in der Gegend wie ein Drachen gehaust und Wanderer überfallen, doch die Heilige Jungfrau sei ihnen zu Hilfe geeilt und habe das Ungeheuer erlegt (denn das «Weib» wird ja nach dem Wort der Geheimen Offenbarung der Schlange den Kopf zertreten). Der Drache sei dann, ausgestopft, zu ewigem Dank in der Wallfahrtskirche aufgehängt worden. Ein Krokodil, das von einem interessierten Naturliebhaber oder von einem die Schausteller der Zeit beliefernden Tierjäger importiert und/oder präpariert worden war, konnte also, mangels wirklicher Lindwürmer, zur Bewahrheitung einer fromm erfundenen Drachenlegende dienen. Viele Menschen, die das Wort ‹Lindwurm› hören, stellen sich nach wie vor so etwas wie ein Krokodil vor; jedenfalls haben einige Maler des hl. Georg, da sie das von ihm angeblich besiegte Untier nie gesehen hatten, einen alten Holzschnitt von einem Krokodil als Vorbild genommen, um einen Drachen zu pinseln.

Kröte

Zur Ordnung der Froschlurche *(Anura)* gehören neben den Unken (Scheibenzünglern) und unterschiedlichen Froschgattungen auch die Echten Kröten *(Bufonidae)*. Man kann nicht behaupten, daß sich diese Amphibien, nehmen wir einmal den Wetterfrosch aus, bei den Menschen großer Beliebtheit erfreuen. Vor allen anderen aber steht die Erdkröte *(Bufo bufo)* im Ruf, ein abstoßend grausliches Tier zu sein: Seine Farben sind von der düsteren Art, es ist mit Warzen übersät, lebt mit seinen acht (männlich) oder dreizehn Zentimetern (weiblich) Länge in dumpfen Verstecken (zum Beispiel unter Steinen), bläst sich erschreckend auf, und die Männchen bellen manchmal noch dazu wie böse Hunde.

Es verwundert zunächst nicht, daß dieser schwerfällige Nachtjäger mit anderen unheimlichen Erscheinungen dieser und der jenseitigen Welt in Zusammenhang gebracht wird. Eine mittelalterliche Kaisersage erzählt, ein Herrscher habe eine Glocke anbringen lassen, welche alle Menschen betätigen durften, die von ihm Rechtsprechung begehrten. Eines Tages habe eine Schlange die Glocke gezogen und den Gerichtsdienern bedeutet, ihr zu folgen. Sie fanden in dem Schlangennest unter einer Mauer eine dicke Kröte, welche die Eier der Schlange ausbrüten wollte. Die Kröte wurde sofort, so als sei das selbstverständlich, hingerichtet. Das Exemplum soll den hohen Gerechtigkeitssinn eines Königs demonstrieren; Gerechtigkeit gegenüber der Kröte zeigt die Geschichte aber keineswegs. Kröten blieben über viele Jahrhunderte hinweg Stellvertreter des Bösen. So erzählte vor einigen Jahren ein Mann aus Bubendorf bei Basel dem Sagensammler Paul Suter: «In der Kirchgasse war einer mit einem [Zauber-]Buch. Wie er einmal fort war, haben es seine Kinder erwischt und drin gelesen. Auf einmal ist der ganze Boden voller Kröten gewesen. Wie er zurückgekommen ist und das gesehen hat, hat der das Buch genommen und etwas anderes daraus gelesen – da ist das Zeug wieder weg[gegangen].» In anderen Sagen sitzen Kröten mit Feueraugen auf unterirdischen Kisten und hindern die Menschen daran, den begehrten Schatz zu heben.

Seit den Beispielerzählungen der Prediger, etwa des Thomas von Cantimpré (13. Jahrhundert), hat sich in der populären Literatur Europas die Geschichte von dem hartherzigen Sohn und seiner Bestrafung erhalten: Ein junger, reich gewordener Mann, heißt es da in etwa, will seinem armen Erzeuger einen saftigen Braten vorenthalten und versteckt die Schüssel während des väterlichen Besuches. Als nun der Alte gegangen ist und der Sohn sich über das köstliche Gericht beugt, springt ihm eine Kröte ins Gesicht, die weder mit Gewalt noch mit Segenssprüchen zu entfernen ist. Die Brüder Grimm bringen diese Geschichte sogar in ihren *Kinder- und Hausmärchen* (KHM 145) mit dem Titel *Der undankbare Sohn* unter. In einem anderen alten Exemplum will ein Pfarrer in der Fastenzeit für geladene Mönche eine Henne schlachten lassen. Sein Knecht findet aber in ihrem Inneren statt der Eingeweide eine teuflische Kröte. Einer Ehebrecherin, heißt es in einer weiteren Beispielerzählung, kam während der Beichte bei jeder ausgesprochenen Sünde eine Kröte aus dem Munde gekrochen. Die Tierchen hüpften zunächst durch die Kirche. Als die Sünderin dann ihre schlimmste Missetat verheimlichen wollte, sprangen sie alle in ihren Leib zurück und erstickten sie. In einer Vision erschien sie später dem Beichtiger als eine Höllenbewohnerin, die von giftigen Tieren gequält wurde.

Solche Histörchen lassen darauf schließen, daß unsere Altvordern die Kröte mit Hölle, Gift und Teufel in Zusammenhang brachten. Der Chronist Johannes von Winterthur berichtet vom Koch des Rudolf von Habsburg, der einen Hecht auf den Küchentisch bekommen habe, in dessen Rachen eine soeben verschlungene Kröte steckte, und er habe den ganzen Fisch als ungenießbar fortgeworfen. (Rudolf teilte dann allerdings nicht die Krötenfurcht seines Küchenchefs.) Philippe le Picard, der normannische Lügenmeister, macht sich in einer seiner Geschichten über Wunderberichte seiner Zeit lustig, die von Frosch-Regenfällen als Zornzeichen Gottes berichteten: Ein Mann, so erzählt er, habe nach einem kräftigen

Regen in seinem Hut, auf dem sich Wasser gesammelt hatte, elf kleine Kröten gefunden, und in einem Hause seien dicke Kröten durch den Kamin in den Suppenkessel gefallen, dergestalt, daß man das Fleischgericht fortwerfen mußte. Doch hinter dem Spaß versteckt liegt auch hier, wie bei König Rudolfs Koch, die ernste Auffassung, daß Kröten für ungenießbar, wenn nicht für giftig zu halten seien und daß sie im Leib des Menschen ein Eigenleben führen könnten.

Sehr alt ist nämlich die Vorstellung, daß die Gebärmutter ein im Frauenleib herumwanderndes Tier sei, eine Kröte, die wachsen und gedeihen konnte. Der römische Kaiser Nero soll so ein Tier verschluckt haben, um sich das Gefühl der Schwangerschaft vorstellen zu können; diese Kröte wuchs ihm bald danach zum Halse heraus. An Wallfahrtsorten konnte man früher aus Wachs gegossene, schwarzrot gefärbte Votivgaben in der Form von Kröten finden; schwangere Frauen hatten sie geopfert, um sich einer glücklichen Geburt zu versichern. Auch glaubte das Volk lange daran, daß man Frosch- und Krötenlaich mit dem Brunnenwasser verschlucken und daß sich dann im Leib eine Kröte entwickeln könne.

Aber von der Kröte gibt es nicht nur Teuflisches, sondern auch durchaus Menschliches zu berichten. In Kenneth Grahames berühmtem Kinderbuch *The Wind in the Willows* (1908) ist der Kröterich Toad der große Abenteurer und Schurke, ein von sich selbst und seinen Sangeskünsten überzeugter Prahlhans. Toad will nicht so bieder sein wie Ratte oder Maulwurf, er flippt aus, er sucht und findet immer wieder das Ungewöhnliche: Toad als rasender Autofahrer, als schmachtender Gefangener, den des Gefängniswärters Töchterlein – wer sonst? – befreit; Toad als Waschfrau, als Lokomotivheizer, als Pferdedieb – der aufgeblasene Kerl leistet sich immer wieder neue Streiche und Sprüche, und er sagt nicht ohne Berechtigung: «Hoho, Ich bin der Toad, der hübsche, der volksnahe, der erfolgreiche Toad!» Erst seine Mittiere, vor allem der starke Dachs, machen ihn durch strenge Vorhaltungen und sanfte Erziehungsmaßnahmen zu einem zivilisierten Tier wie du und ich; ob Toad durch diese Bekehrung an kindlichen Sympathien gewinnt oder verliert, mag dahingestellt bleiben.

Schließlich sollte zum Ruhme der Kröte noch erwähnt werden, daß die Sagen- und Märchenliteratur sehr wohl freundliche und hilfreiche Vertreterinnen ihrer Art kennt. Vor 140 Jahren schrieb der österreichische Sagensammler Ignaz Zingerle von in Tirol verbreiteten Vorstellungen, daß Kröten arme Seelen seien. In Schwaz zum Beispiel hätten Leute beobachtet, wie eine Kröte zum Altar des Michaeliskirchleins kroch und dort die Vorderfüße zum Beten zusammenlegte. Zwischen Innsbruck und Seefeld sei eine Kröte zu einem Fuhrmann auf den Wagen gesprungen. Der habe das Untier mehrfach von seinem Gefährt geworfen, bis er ihm schließlich die Mitfahrt bewilligte. Bei der Heiligblutkirche von Seefeld sei die Kröte dann abgesprungen und kurz darauf als «wunderschöne Jungfrau» wieder erschienen: «Sie dankte ihm und sagte, sie habe in ihrem Leben eine Wallfahrt zum heiligen Blute in Seefeld verlobt, habe aber das Gelübde nicht erfüllt. Zur Buße habe sie als Kröte umgehen müssen, bis sie das Versäumte endlich erfüllt haben würde. Jetzt sei ihr Gelöbnis erfüllt, und sie sei nun erlöst. Bei diesen Worten war sie verschwunden.»

Den Liebhabern der Grimmschen *Kinder- und Hausmärchen* klingt wohl der Spruch noch im Ohr:

> Jungfer grün und klein,
> Hutzelbein,
> Hutzelbeins Hündchen,
> hutzel hin und her,
> bring mir die große Schachtel her.

Wer das sagt, wird im Märchen von den *Drei Federn* als eine ‹Itsche› bezeichnet, diese Kröte lebt mit ihren jungen grünen Itschen unter der Erde, und in der Schachtel liegen bekanntlich der prächtigste Teppich und der herrlichste Ring der Welt, und eine von den jungen Itschen verwandelt sich in eine wunderschöne Frau, die zudem den Vorteil hat, daß sie durch einen Ring springen kann – gelernt ist gelernt! Daß nun diese dicke Itsche nichts anderes ist als eine gute (oder böse) Fee, das zeigt uns ein sizilianisches Märchen mit dem Titel *Die Nichte der Waschfrau* (Cristoforo Grisanti, 1909), in welchem ein armes Mädchen durch eine Kröte ein ganzes Schloß zum Geschenk erhält. In einem Tiroler Märchen (Ignaz Zingerle, 1853) beglückt eine Kröte, die in einem See wohnt, einen jungen Mann mit Schnupftüchern und Tabaksdosen; schließlich will der Junge sie heiraten. Das bringt nun allerdings einige Verwirrungen im Eltern-, mehr noch im Pfarrhause mit sich, doch schließlich werden Mann und Kröte getraut, und erst nach diesem kirchlichen Segen kann sich das Tier in eine junge Frau verwandeln: «Da staunte Jung und Alt die Braut an, denn so eine schöne Frau hatte man noch nie gesehen. Es gab nun eine lustige Hochzeit.»

Ob Kröten nun verwunschene Prinzessinnen, arme Seelen aus dem Fegefeuer, das Symbol der Gebärmutter oder einfach nur Amphibien sind – es gibt (es sei denn man wolle sie noch immer als Auswüchse der Hölle betrachten) keinen Grund, sie zu mißachten und ihnen, zum Beispiel auf Landstraßen, mit tonnenschweren Automobilen den Garaus zu machen. Häßlich ist die Kröte erst, wenn sie zerquetscht auf dem Asphalt liegt; teuflisch ist nicht sie, sondern die unheimliche Zerstörungskraft des Autoverkehrs.

Kuckuck

In einer Sinnbild-Sammlung *(Liber Emblematum)* von Andreas Alciatus und seinem deutschen Übersetzer Jeremias Held aus dem Jahre 1567 heißt es:

> Im Frühling hebt zu schreien an
> der Gutzgauch; so tut man denn gahn
> in d' Weingart. Welcher dann nicht werkt,
> für schändlich faul wird er gemerkt.
> In ein fremd Nest legt er sein' Eier.
> Dem ist gleich, der ei'm andern Meier
> sein Weib beschläft und mit ihr bricht
> die Ehe heimlich, daß's niemand sicht.

Die Verse bedürfen einiger Erklärungen, die uns zu Geschichten um den Kuckuck *(Cuculus canorus)* oder ‹Gutzgauch› führen (‹Gauch› ist das alte Wort für ‹Kuckuck›, bedeutet aber auch ‹Narr›, weil unser Vogel mit dem eintönigen Ruf für dumm galt). Um die Osterzeit, wenn der Kuckuck aus dem südlichen Afrika als Einzelflieger zurückgekehrt ist, sein Revier wiedergefunden hat und zu singen beginnt, sollte der Winzer anfangen, sich um seine Reben zu kümmern. Plinius erklärt uns dazu, man habe in römischer Zeit den faulen Weinbauern ‹Kuckuck› nachgerufen, um sie an ihre Arbeitspflicht zu erinnern.

Wenn wir den Kuckuck so schreien hören, zählen wir, bewußt oder unbewußt, seine Doppelrufe und übersetzen sie in die Zahl der Jahre, die uns noch zum Leben bleiben. Schon dem spätmittelalterlichen Prediger Caesarius von Heisterbach war dieses Verhalten bekannt, und er (und viele Geistliche nach ihm) überliefert uns, nicht ohne erhobenen Zeigefinger, die Anekdote von einem lebenslustigen Mönch, der bei dem Rufen des Kuckucks bis zu zweiundzwanzig zählte und dann erklärte, er wolle jetzt noch zwanzig Jahre recht lustvoll leben, dann blieben ihm immer noch zwei Jahre, um Buße zu tun. Leider starb er aber schon zwei Jahre nach dem Orakel des Gauchs. «Keinem andern Vogel wird aber allgemeiner die Gabe der Weissagung beigelegt als dem Kukkuck», schreibt Jacob Grimm 1835 in seiner *Deutschen Mythologie*. Liebespaare ließen sich zum Beispiel vom Kuckuck die Zahl der zu erwartenden Kinder vorauskünden. In einem weitverbreiteten Schwank des Barockzeitalters streiten sich zwei Wandergesellen, ob der Ruf eines Kuckucks dem einen oder dem anderen gegolten hätte; offenbar wollte jeder den Glücksruf auf sich bezogen wissen. Sie prügelten sich wegen dieser Streitfrage; ein Richter erklärte schließlich, das Gutzen des Vogels hätte weder dem einen noch dem anderen, sondern ihm gegolten. Dieses Jahre- oder Kinderzählen, dieses Sich-glücklich-Schätzen beim Kuckucksruf darf sicherlich als ein alter Aberglaube gelten, doch lassen wir uns nach wie vor gerne von unseren Kuckucksuhren zurufen, daß die Stunden im Fluge vergehen und daß der unruhvolle Mensch sich sputen muß. Aus dem weissagenden Vogel ist so ein zeitsagender geworden.

Wegen seines Schreiens (vor allem während der Revier- und Paarungskämpfe im Frühjahr) hat sich der Kuckuck schon manchen Spott gefallen lassen müssen; ganz gewiß kann er sich bei seinem minimalen Arienrepertoire nicht mit der Nachtigall messen. Nur der unmusikalische Esel, erzählt eine Fabel, würde ihn ob seiner Künste loben. In einem Sängerwettstreit zwischen Kuckuck und Nachtigall soll der Vierbeiner mit den großen Lauschern den Musik- kritiker und Schiedsrichter spielen; es versteht sich, daß er dem Kuckuck, der, wie er selbst, nur zwei Töne beherrscht, den Sieg zuspricht. Auch das deutsche Volkslied zieht den Kuckuck der Nachtigall vor; es läßt ihn aus dem Wald rufen und den Frühling ankündigen, es setzt ihn, «simsalabim», auf einen Baum, damit ihn ein Jäger unnötigerweise tot- schießen kann, oder es zeigt ihn in einem Streit, «wer wohl am besten sänge», mit dem Esel: «Kuckuck, kuckuck – I-ah.» Das erinnert wieder an die Fabel von Kuckuck, Nachtigall und Esel. Johann Wolfgang von Goethe hat zu dieser Ausein- andersetzung in seinen *Chinesisch-Deutschen Jahres- und Tageszeiten* ein vermittelndes Wort gesprochen: Beide Vögel verfolgen, meint der Dichter, mit ihren Liedern ein gemein- sames Ziel, und beide unterliegen dem Dahineilen der Zeit:

> Der Kuckuck wie die Nachtigall,
> sie möchten den Frühling fesseln,
> doch drängt der Sommer schon überall
> mit Disteln und mit Nesseln.

Doch ist nicht seine langweilige Musik der schlimmste Vor- wurf, der dem Kuckuck gemacht wird. Schwerwiegender ist es, daß er sich als Brutparasit, als Schmarotzer aufführt. Er legt sozusagen seine Eier in Nester (oder Betten), die andere gebaut haben; er geht fremd, und das bezieht sich nicht nur auf die unterschiedlich gefärbten Eier des Weibchens, die es heimlich und geschickt in mehrere Nester von Wirtsvögeln legt, die Mühen des Ausbrütens andern überlassend. Kuk- kucke sind auch polygam, die Weibchen nicht weniger als die Männchen. Und das hat ihnen den Ruf als notorische Ehebrecher eingetragen. Einen ‹Kuckuck› schimpfte man früher auch den Hahnrei, den betrogenen Ehemann; in Frankreich heißt er noch heute ‹cocu›. Und die Teichrohrsänger und andere Wirtsvögel hassen die Kuckucke, weil sie schon ahnen, was ihren eigenen Jungen bevorsteht: Das stärkere Gauch-Küken wird die Stiefgeschwister mit seinen kräftigen Flügelstummeln aus dem Nest stoßen, und die Alten werden sich schrecklich abzurackern haben, um das zugeflogene nicht nette, aber fette Kind sattzukriegen.

Der Heckenspatz füttert den Kuckuck so feist,
bis die Junge den Alten zum Nest hinausschmeißt,

sagt der Narr in William Shakespeares *König Lear* mit einem schiefen Blick auf die gierige Goneril und ihren getrogenen Vater. Der Kuckuck bleibt übrigens zeitlebens ein gefräßiger Vogel, so als hätte er in seiner Stiefkindheit nicht genügend Futter in den Hals gestopft bekommen.

Der Märchenforscher Joan Amades hat festgestellt, daß es im katalanischen Sprachbereich mehr Geschichten vom Kuckuck als von irgendeinem anderen Vogel gibt. Die Menschen haben sich überlegt, warum dieser Vogel so schlecht singt, ob er in älteren Zeiten nicht eine bessere Stimme gehabt haben mag, was wohl sein Doppelruf bedeute und wie er im Verhältnis zu anderen Sängern einzuschätzen sei. Ob der Ruf des Kuckucks soviel minderwertiger sei als der Gesang der Nachtigall, hat sich denn auch unser Fabeldichter Christian Fürchtegott Gellert gefragt, und er kommt dabei zu einem bemerkenswerten Urteil der feinen Unterschiede in der Publikumsästhetik: «Die Knaben, die im Tale spielten» – gemeint ist das niedrige Volk –, hörten zwar lieber auf den Kuckuck als auf «die Meisterin der zauberischen Töne» und ahmten den Schreier laut nach, doch das (bürgerliche) Liebespaar Damöt und Phillis vergieße bei der Gewalt der Nachtigallen-Lieder «vergnügte Zähren», und die Kunstsängerin könne daher dem Straßenmusikanten mit Berechtigung zurufen, da könne er lernen,

was man erhält, wenn man den Klugen singt.
Der Ausbruch einer stummen Zähre
bringt Nachtigallen weit mehr Ehre,
als dir der laute Beifall bringt.

Aber so ist der Kuckuck doch wenigstens ein Star der U-Musik, und das ist heutzutage gar kein so großer Makel mehr.

Laus

«Gestern habe ich eine Laus gefangen und sie ohne Skrupel mit einer einzigen schnellen Bewegung der Fingernägel zerquetscht. Wenn ich dazu komme, schreibe ich eine Apologie der Laus, denn unser Verhältnis zu diesem schönen Insekt ist ungerecht und unwürdig. [...] Wer wird den Mut haben und vortreten, um sie zu verteidigen?» So steht es in dem *Tagebuch aus dem Warschauer Ghetto* (1942) des Pädagogen Janusz Korczak.

Korczak, von den Nazis ermordet, hat diesen Plan nicht mehr ausführen können; Tatsache ist aber auch, daß es schon Ende des 17. Jahrhunderts eine Art von Loblied (lateinisch: ‹laus›!) auf die Laus gab, freilich nur ein satirisches, das angeblich die Soldaten über die Belästigungen durch Läuse hinwegtrösten sollte. Es trug den anziehenden Titel *Lustige und zeitverkürzende Curiositäten, in einer Lob-Schrift auf die Läuse, den Soldaten zu einem tröstlichen Neujahrs-Geschenke* und erschien zu Köln als Unterhaltungsblättchen, wohl eher zur Belustigung der reinlichen Bürger als für das verluderte Militär. Daß die Soldaten als besonders lausige Zeitgenossen galten, bestätigt ein Lügenmärchen des Philippe le Picard: Ein Kerl, der nach drei Jahren, drei Monaten und drei Tagen auf dem Heimweg aus der Garnison an den Fluß Andelle kam, war mit diesem Ungeziefer so be- und durchsetzt, daß ihn die Tausende von Tierlein, die großen Durst hatten, ins Wasser zerrten und ihm, als er sich an einem Strauch festhielt, die Stiefel und andere Ausrüstungen vom Leibe zogen.

Die geneigten Leser oder Geschichtenhörer wußten jeweils, daß die Läuse *(Pediculidae)*, diese flügellosen kleinen Ungeheuer mit ihren Hautbohr-Saugrohren, recht unangenehme Schmarotzer sind, und daß es sich lohnt, insbesondere nach den birnenförmigen Eiern (‹Nissen›) der Kopflaus *(Pediculus capitis)* zu suchen, bevor sie sich, nach achtzehn Tagen, in noch üblere Haarbewohner verwandeln. ‹Lausrechen› sagt man noch heute scherzhaft für den Kamm. Die Kleiderlaus *(Pediculus vestimenti)* legt hingegen ihre Eier in die Nähte der Unterkleider und überfällt Brust und Rücken der Menschen; die Filzlaus *(Phthirius pubis)* schätzt die warme Welt der Unterleibsbehaarung und verursacht dort üble Hautreizungen. Selbstverständlich weiß Meyers Konversations-Lexikon von 1896 Rat gegen solche schamlosen Überfälle: «Sie wird durch Einreiben mit Petroleum, durch Waschen mit Sublimatlösung oder durch weiße Präzipitatsalbe vertrieben, während die andern Arten schon bei genügender Reinlichkeit verschwinden; sehr starkes Haar netzt man mit heißem Essig. In den Kleidern werden die Läuse durch starkes Erhitzen, durch Kochen beim Waschen getötet.» So ist denn auch den meisten von uns die nähere Bekanntschaft mit dem ‹Ungeziefer› erspart geblieben. ‹Einem Läuse in den Pelz setzen› bedeutete übrigens ursprünglich nicht, jemandem einen Ärger zu bereiten, sondern, ‹etwas Überflüssiges tun›, denn Läuse saßen offenbar wie selbstverständlich in den meisten Pelzbekleidungen.

Noch bis in die Zeiten des Zweiten Weltkriegs traten Kopfläuse gar nicht so selten auf. Von einer brutalen Läusekur erzählt die in Wien aufgewachsene Germanistikprofessorin Ruth Klüger in ihrer Autobiographie *weiter leben* (1992): «Ich hatte tagelang so ein Jucken am Kopf. Als meine Mutter endlich auf mich hörte und meine Haare eines Abends besichtigte, stellte sie entsetzt fest, daß ich Läuse hatte. [...] Eine Hausgenossin riet zu einer Petroleumkur. Das war mir nicht geheuer, ich bettelte: ‹Können wir nicht bis morgen warten?› Aber die beiden Frauen hatten schon Benzin gefunden, nötigten mich, den Kopf mit den langen Haaren über eine Waschschüssel zu beugen und machten sich eifrig daran, mir die stinkende Flüssigkeit darüber zu gießen. Dann banden sie mir ein Handtuch fest um den Kopf und schickten mich schlafen.» Die Folgen dieser Reinigung waren fürchterlich, denn am nächsten Tag «waren die Läuse zwar weg, aber die Kopfhaut auch. Ich wurde kahl geschoren und bekam Salbe auf die wunde Haut gestrichen. Es dauerte Wochen, bevor diese Brandwunden ganz geheilt waren.» Man sieht, wie nützlich ein Konversationslexikon im Hause sein könnte.

Selbst Könige blieben in noch älteren Zeiten vom Besuch dieser Tierchen nicht verschont. Der Humanist Erasmus von Rotterdam erzählt in seinen *Colloquia* eine Anekdote von Ludwig XI. von Frankreich (er bestieg den Thron 1461): Ein Diener nahm dem Herrscher verstohlen eine Laus aus dem Pelz, mußte ihm jedoch verraten, was er da gemacht habe. Das sei ein gutes Zeichen, kommentierte der König, die Laus beweise, daß er, der Herrscher, ein Mensch sei, denn Läuse plagten besonders die Menschen. Und er ließ dem Diener vierzig Kronen auszahlen. Tags darauf nahm ihm ein anderer Diener, auf eine ebensolche Belohnung erpicht, etwas aus dem Gewand, und auf die Frage, was er da gemacht habe, gab er vor, er hätte dem König einen Floh weggenommen. «Wie, du willst einen Hund aus mir machen?» schrie der König und ließ dem Kerl statt der vierzig Kronen vierzig Hiebe verabreichen.

In der Kochwäsche-sauberen Bürgerwelt gilt ‹Lausbub›, ‹Lausebengel› oder ‹Lauser› als ein mildes, ‹Lauskerl› schon als ein stärkeres Schimpfwort; ‹Lausknicker› bedeutete aber auch, wie das heute gebräuchliche ‹Knicker›, einen ‹Geizhals›. Ungemein beliebt war einstmals – bis hin zu Johann Peter Hebels *Schatzkästlein* – der Schwank (AaTh 1365 C) von der ungezähmten und unzähmbaren Frau, die ihren Mann unausgesetzt mit diesem Titel auszeichnen wollte. Diesem kroch selbstverständlich mehr als nur eine Laus über die Leber. Es kam, nach mancherlei verbalen Auseinandersetzungen, zu ehelichen Handgreiflichkeiten; schließlich warf der Kräftigere (wenn auch nicht der Stärkere) seine Frau, die noch immer «Lausknicker» schrie, in einen Brunnen, doch, um es mit Hebels Worten zu erzählen, da «hob die Frau noch einmal die Arme aus dem Wasser empor und drückte den Nagel des rechten Daumens auf den Nagel des linken, wie man zu tun pflegt, wenn man einem gewissen Tierlein den Tod antut, und das war ihr Letztes».

‹Besser eine Laus im Kraut als gar kein Fleisch›, sagt ein Scherzwort und tut so, als ob Läuse so nahrhaft sein könnten wie Termiten oder Heuschrecken. In einem von Elfriede Moser-Rath aufgelesenen Schwank wird diese Vorstellung auf die Spitze getrieben: Da findet ein Schneider in einem königlichen Kleid eine besonders große Laus, und einer seiner Gesellen macht sich anheischig, das Tierlein mit der Schere zu tranchieren, dergestalt, daß die ganze Schneidermannschaft davon zu essen bekommt. Der Meister (über dessen mageres Hauswesen sich der Schwank lustig macht) sagt dazu: «‹Das war ein stattlicher Bissen, nun sind wir alle aus königlichem Geblüte.› Der Lehrjunge, solches hörend, hätte gebeten: ‹Ach Meister, lasset mir doch die Schere ablecken, so bin ich auch ein Edelmann.›»

So ein überaus großes Insekt erscheint auch in einem bekannten Märchentypus (AaTh 621), in welchem die Prinzessin oder ihr Vater eine Riesenlaus mästen und dann häuten und dieses ‹Fell› dem Volke zeigen läßt mit dem Aufruf: Wer erraten könne, was das sei, der könne die Königstochter zur Frau haben. Der Märchenheld findet selbstverständlich eine List, um des Rätsels Lösung herauszubekommen und gewinnt – wie könnte es anders sein – die Prinzessin. In einer sardischen, von Enrica Delitala aufgezeichneten Variante dieses Märchens ist es der Teufel, der das Lausfell erkennt und der das Mädchen in seinen Palast neben der Hölle führt. Gut, daß es da auch eine Brieftaube gibt, welche einen Hilferuf der Prinzessin in die Welt hinausträgt, und dort sind dann auch die sieben göttlichen Brüder, welche die Teufelsbraut rechtzeitig erretten.

In dem schon beim *Kamel* erwähnten alten Fabelbuch von *Kalilah und Dimnah* findet sich die Geschichte von der gastfreundlichen Laus und dem Floh: Eine Laus lebt glücklich in eines Edelmannes Bett, da hatte sie es warm, und sie lebte in aller Vorsicht mit milden Stichen vom Blute des Menschen. Eines Tages bat sie ein Floh, ob er auch einmal in diesem schönen Bett übernachten dürfte. Sie willigte ein. Als der Edelmann ins Bett kam, stach ihn der Floh so heftig, daß er aufstand und sein Bettlaken ausschütteln ließ. Der Floh sprang glücklich weg, doch die langsame Laus, die mit ihren Klammerbeinen nicht hüpfen kann, wurde entdeckt und zerquetscht. Der Schakal Dimnah sagt dazu: «Diese Geschichte habe ich euch erzählt, um zu erklären, daß es keinen Schutz gegen die Bosheit eines schlechten Menschen gibt. Wenn man ihn sanft behandelt, schlägt das Unglück um so härter zu.»

Lerche

«*Ich* steige an heitern Tagen singend so hoch in die Luft, daß man mich kaum sehen, wohl aber hören kann. Wenn man mich lebendig fängt, so werde ich bald so zahm, daß ich den Menschen [...] auf die Hand sitze, zu ihnen auf den Tisch komme und mit ihnen aus einer Schüssel esse, und mein schönes Liri leri, Lire leri so gut auf der Stube als auf freiem Felde hören lasse. Man nennt mich gewöhnlich Feldlerche oder Himmelslerche, weil ich mich auf den Feldern aufhalte und hoch in die Wolken hinauffliege.» So läßt Georg Christian Raff 1783 seine *Alauda* selber sprechen; er verheimlicht den Kindern aber auch nicht die Schattenseiten des Lerchenlebens: «Leider aber kommen aus mancher Gegend viel weniger von uns zurück als weggeflogen waren. Denn man fängt oft nur in einer einzigen Gegend etliche hunderttausend von uns des Abends mit Netzen oder Garnen weg, und erwürgt und ißt uns.»

Nach Meyers Konversations-Lexikon von 1896 sollen jährlich etwa drei Millionen Lerchen von «Holland und andren Küstenländern» nach London geliefert worden sein. Um diese unheimliche Unmenge von Lerchen zu fangen, bedienten sich die Vogelsteller menschlich-listiger Methoden, zum Beispiel des Lerchenspiegels: Mit Hilfe einer reflektierenden Scheibe aus Glas oder Metall wurden die Vögel – sofern die

Sonne zu diesem Unheil leuchtete – so geblendet, daß sie sich leicht einfangen ließen. Bei den Romanen, die ja im Vogelfang erfahrener sind als die Menschen in unseren Breiten, bedeutet ‹Lerchenspiegel› daher soviel wie ‹Hinterlist› oder ‹trügerische Falle›. ‹Lerchenfeld› war soviel wie ein spezieller ‹Vogelherd›, also ein mit Netzen und Garnen ausgestattetes Vogelfanggebiet für Lerchen. Ein Protestlied gegen solche Praktiken verdanken wir dem schwäbischen Romantiker Ludwig Uhland:

> «Lerchen sind wir, freie Lerchen,
> wiegen uns im Sonnenschein,
> steigen auf aus grünen Saaten,
> tauchen in den Himmel ein.»

So beginnt seine Ballade *Lerchenkrieg*. Uhland erinnert darin an eine Auseinandersetzung zwischen zwanzig Bürgern der freien Reichsstadt Nördlingen, die 1496 außerhalb der Stadtmauern ihre Lerchengarne ausbreiten wollten, und dem Grafen von Oettingen-Wallerstein, der sich solcher Jagd auf seinem Territorium widersetzte. Nach Uhland wurde dabei ein dreister Nördlinger Junker getötet, und am Ende der Auseinandersetzung schmetterten seine freien Lerchen «wie sie nie getan»:

> «Lerchen sind wir, freie Lerchen,
> fliegen über Land und Flut;
> die uns fangen, würgen wollten,
> liegen hier in ihrem Blut.»

Anderswo sieht man dem Lerchenfang gelassener zu. In einem der bekanntesten Volkslieder Frankreichs mit dem Refrain «Alouette, gentille alouette» heißt es:

> Ah, du Lerche, liebe schöne Lerche,
> ah du Lerche wirst von mir gerupft,
> rupfe dir den Schnabel aus,
> rupfe dir den Schnabel aus,
> und den Schnabel und den Schnabel,
> und den Kopf und den Kopf,
> ah, ah!

Nach wie vor singt jung und alt dieses «Je te plumerai le bec», ohne an die einstigen Massenhinrichtungen des lieben Vogels zu denken.

Man kann nicht sagen, daß unser Christian Fürchtegott Gellert seiner *Lerche* sehr viel positiver gegenübergestanden sei. Das Stichwort ‹Lerchenspiegel› brachte ihn auf die nicht sehr glückliche Idee, uns einen Vogel zu schildern, der sich beim Singen narzißtisch in einem Spiegel betrachtet und dabei auf sein Gegenbild eifersüchtig wird. Die Lerche stürzt sich auf ihren «Nebenbuhler»,

> den ihr der Spiegel vorgelogen,
> und starb, sich selbst zu sehr gewogen,
> fast so, Ruhmsüchtiger, wie du!,
> durch Eitelkeit und durch ein Nichts betrogen.

In einer anderen Fabel, *Die Lerche und die Nachtigall*, sieht Gellert auch wieder nur einen eitlen Vogel (oder Menschen), der versucht, einen besseren Künstler zu imitieren, und der dabei nur seine Mittelmäßigkeit bloßstellt.

Lerche und Nachtigall werden auch in William Shakespeares *Romeo und Julia* einander gegenübergestellt; beide Sängerinnen sind dabei von unterschiedlichem Rang, und sie zeigen mit ihren Liedern nicht nur den Übergang von der Nacht- zur Tageszeit, sondern auch den tragischen Wechsel im Verlauf dieser Liebesgeschichte an. Julia möchte, daß Romeo noch länger bei ihr im Schlafgemach bleibe, der Tag sei ja noch fern, meint sie:

> Es ist die Nachtigall und nicht die Lerche,
> die singend an dein furchtsam' Ohr sich drängt;
> sie singt bei Nacht auf dem Granatbaum dort.
> So glaub mir nur, es ist die Nachtigall.

Doch Romeo hat am Morgengrauen erkannt, daß der Tagvogel seine Stimme erhoben hat und daß Nacht und Liebe notwendigerweise hinüberwechseln zu Tag und Tod:

> Die Lerche war's, sie kündet uns den Morgen,
> schau, Liebste, dort die neidisch-gelben Bänder,
> die durch des Ostens Wolkenstreifen drängen!
> Die Nacht hat ihre Kerzen ausgebrannt. […].

Und schließlich muß auch Julia der Wirklichkeit ins Auge sehen, und dabei tadelt sie das störende Lied der Lerche mit bitteren Worten:

> Die Lerche ist's, die falsche Lagen singt
> mit schiefem Mißklang, überhöhten Tönen.
> Man sagt, sie findet süße Übergänge;
> doch diese nicht: Sie reißt uns auseinander.

Kehren wir noch einmal zurück zu Ludwig Uhland. Er hat den Lerchen ein schöneres Lob gesungen als Gellert oder Julia, ein Lied, in welchem er sein dichterisches Gemüt ganz auf eine Stufe stellt mit dem heiteren, lebens- und lichtvollen Singen dieser Vögel. Sein Lerchenlob bedarf keines weiteren Kommentars:

> Welch ein Schwirren, welch ein Flug?
> Sei willkommen, Lerchenzug!
> Jene streift der Wiese Saum,
> diese rauschet durch den Baum.

> Manche schwingt sich himmelan,
> jauchzend auf der lichten Bahn,
> Eine, voll von Liedeslust,
> flattert hier, in meiner Brust.

Löwe

Als im Jahre 1507 in Straßburg ein Löwe im Käfig herumgeführt wurde, da versetzte der König der Tiere *(Panthera leo)* nicht nur das Straßenvolk in Erstaunen; auch der Domprediger Geiler von Kaysersberg setzte sich gleich hin, um unter diesem gewaltigen Eindruck von Gottes und des Löwen Größe eine Predigt zu verfassen über die vier Arten des Löwengeschreis, und in seiner Kanzelrede legte er das Gebrüll des Tieres geistlich, weltlich, himmlisch und höllisch aus. Prediger ließen sich denn auch gerne mit Löwen vergleichen, deren Stimme in der Wüste, sprich in der wüsten Welt des ungebildeten Volkes, erschallt. *Rugitus leonis*, «Geistliches Löwen-Brüllen» lautet entsprechend der Titel einer Predigtsammlung (1701–1705) des barocken Franziskaner-Redners Leo [!] Wolf. Wenn Heilige, wie der Evangelist Markus oder der Kirchenvater Hieronymus, mit einem Löwen dargestellt werden, so bedeutet das eben auch, daß diese Männer in besonderer Weise das Gotteswort verkünden wollten.

Das prophetische Buch Daniel des Alten Testaments erzählt von einem schönen und klugen Knaben aus Juda, der dem babylonischen König Nebukadnezar und dessen Sohn Belsazar als Traum- und Zeichendeuter diente. Als der neue König von Medien, Darius, das Gesetz erließ, alle Untertanen dürften nur ihn anbeten und keinen anderen Gott, da warf man Daniel wegen fortgesetzten Ungehorsams in den Burggraben, wo Löwen gehalten wurden. Am folgenden Morgen kann Daniel, unversehrt, dem König berichten: «Mein Gott hat seinen Engel gesandt, der den Löwen den Rachen zugehalten hat, daß sie mir kein Leid getan haben; denn vor ihm bin ich unschuldig erfunden» (Dan. 6,23). Die Kerle, die den Propheten angezeigt hatten, wurden kurz darauf von denselben Tieren im Zwinger zerrissen. Löwen halfen den Wüstenvätern bei der Arbeit: Einer von ihnen buddelte für den Abt Zosimas eine Grube, damit der die Maria Aegyptiaca begraben könne; ein anderer eilte auf ganz ähnliche Weise dem Einsiedler Antonius zu Hilfe, als der dem Kollegen Paulus ein Grab schaufeln wollte; oder sie verschonten, nach dem Vorbild der Daniels-Löwen, Märtyrer, die sie eigentlich hätten fressen sollen – die Legende erzählt das zum Beispiel von der hl. Thekla und vom hl. Vitus –, weil sie in diesen Menschen so etwas wie ihresgleichen erkannten, nämlich wortgewaltige Verkünder von Botschaften der Macht und der Herrlichkeit.

Diese wenigen Beispiele zeigen schon, daß seit langem manchen Schriftstellern daran gelegen war, den Löwen nicht als ein wildes, reißendes Tier darzustellen – es ist ja ohnehin nicht das eher müde Männchen mit der mächtigen Mähne, welches das Futter für die Jungen besorgt, sondern die jagdgewandte Löwenmutter –, wohl aber als ein braves, ein hilfreiches, ein zahmes Tier. Und da es hier nicht möglich ist, die Löwenfamilie unter allen ihren Aspekten dazustellen, sei wenigstens das Thema des lieben Löwen, das die Kinder längst aus ihren Bilderbüchern kennen, noch ein bißchen weiter ausgeführt.

Weltberühmt ist das seit dem 2. Jahrhundert schriftlich überlieferte Abenteuer des Androclus (AaTh 156), eines entlaufenen Sklaven, der auf seiner Flucht vor dem römischen Tyrannen einem verletzten Löwen begegnet. Das Tier hat einen Splitter in der Tatze, und Androklus heilt ihm die schmerzende Wunde. Jahre später soll dann der wieder eingefangene Sklave den wilden Löwen vorgeworfen werden, unter denen sich auch das genannte, inzwischen ebenfalls gefangengesetzte Tier befindet. Der dankbare Löwe verschont den zum Tode Verurteilten, ja er leckt ihm sanft die Hand, und in einer Anwandlung von Milde läßt der wilde Kaiser den Androklus frei und ledig.

Das zentrale Motiv dieser rührenden Geschichte, nämlich das Heilen und der dafür erwiesene Dank des Tieres, findet sich dann auch in vielen anderen populären Erzählungen. Plinius berichtet in seiner *Naturgeschichte* von einem gewissen Elpis, der am Gestade Afrikas einem Löwen mutig einen Knochensplitter aus dem Zahnfleisch zog; das Tier versorgte dann die Seeleute mit Speisen. Der schon genannte Löwe des hl. Hieronymus half, nach dem Entfernen des Dorns aus seiner Tatze, dem Bibelübersetzer beim Hüten des Esels

und beim Holzholen. In dem Märchen Nummer eins des mantovanischen Volkskundlers Giovanni Tassoni wird noch immer erzählt, wie ein römischer Christ vor der Verfolgung in eine Höhle flieht und plötzlich Löwengebrüll hört: «‹O Schreck›, sagte er, ‹jetzt bin ich dran, der Löwe wird mich gleich zerreißen!› Das Brüllen kam immer näher und ertönte schließlich beim Eingang der Höhle. Er blinzelte durch das Dunkel und sah, daß da wirklich ein Löwe hereinkam mit Augen wie zwei glühende Kohlen. ‹Jesusmaria, jetzt ist's aus!› Als er nun das Kreuzzeichen machte, bemerkte er, daß der Löwe hinkte.» Und so wird die alte Geschichte aufs lebhafteste geschildert und in der Zirkusszene noch ausgemalt: Der Kaiser läßt nämlich, als der erste Löwe nicht anbeißen will, einen zweiten holen, «aber da war nichts zu machen, denn der erste Löwe packt den beim Schlawittchen und schmeißt ihn in die Luft wie einen nassen Lappen», und das Staunen vor diesem offensichtlichen Christenwunder bewegt den Tyrannen zu einer allgemeinen Amnestie für alle Anhänger der neuen Religion. Man sieht: Gute Taten können Menschen und die Welt verändern!

Lieber einem Löwen begegnen als dem Menschen in seinem Wahn! Diese Überzeugung vertritt die Sensationsliteratur des 19. Jahrhunderts. Ein Zirkusmädchen, erzählt ein elsässischer Jahrmarktsdruck mit dem Titel *Das verstoßene Kind oder die Löwen-Treue*, hatte sich mit einem Löwen angefreundet, und das Tier beschützte sie immer wieder vor einem zudringlichen Liebhaber. Als dieser Schurke schließlich das Mädchen erdolcht, versetzt das Tier dem Bösewicht einen solchen Prankenhieb, daß dessen Kopf davonfliegt. Drei Tage darauf gibt das treue Tier aus Trennungsschmerz seinen Geist auf. Auf einem italienischen Sensationsflugblatt mit dem Titel *Der kleine Roland mit dem Löwen* heißt es, ein Löwe sei in Florenz aus seinem Käfig ausgebrochen und habe, durch die Straßen stürmend, einen Jungen gepackt. Dessen Mutter ging nun mutig auf den Löwen zu, streichelte ihn und bat ihn höflich, das Kind doch wieder herzugeben, und der Löwe tat es auch:

Das heißt doch, wilde Bestien zeigen
mehr als die Menschen Mitgefühl.
Der Tiere König will es wohl
durch diese Handlung uns beweisen,

meint der Flugblatt-Autor sinnig.

Das Löwenthema ist auch den besseren Reimeschmieden
keineswegs fremd geblieben; kein Geringerer als Goethe
hat es in seiner *Novelle* meisterlich verwendet: Bei einem
Brand auf dem Jahrmarkt in einer deutschen Residenzstadt
entkommen ein Tiger und ein Löwe; der Tiger wird auf der
Flucht erschossen, doch den Löwen will man dann, auf Bitten der Schaustellerfamilie, schonen. Es ist der Knabe des
Löwenbesitzers, der ganz alleine mit seiner Flöte dem Löwen
entgegengeht und ihn zurückführt, und sein Lied – Goethes
Lied – erinnert an das Wunder, das den Daniel aus der
Löwengrube errettete:

> Aus den Gruben, hier im Graben
> hör ich des Propheten Sang;
> Engel schweben, ihn zu laben,
> wäre da dem Guten bang?
> Löw und Löwin, hin und wider,
> schmiegen sich um ihn heran;
> ja, die sanften, frommen Lieder
> haben's ihnen angetan!

Und siehe da! Als der liebe Löwe dem tapferen Knaben seine
Pfote in den Schoß legt, bemerkt dieser den altbewährten
Dorn, zieht ihn heraus und verbindet die Tatze mit sei-
nem seidenen Halstuch, und so nimmt denn auch diese «No-
velle», die uns so neu nicht mehr erscheint, ein glückliches
Ende.

Zu Kindern haben die Löwen offenbar ein besonders
zärtliches Verhältnis. Im *Rasenden Roland* (XXXVI, 62) des
Ludovico Ariosto liefern sich Ritter und Ritterin Ruggiero
und Marfisa einen erbitterten Zweikampf, bis eine Geister-
stimme erschallt und ihnen verkündet, daß sie Zwillings-
geschwister seien:

Euch zarte Wesen sanft in meinen Mantel fassend,
ließ aus dem Wald ich eine zahme Löwin treten,
sie gab euch, ihre Kinder ganz alleine lassend,
zweimal zehn Monde Milch, so wie ich sie gebeten.

Auch in einer in Pommern erzählten, von Ulrich Jahn aufgezeichneten Räuberpistole wird ein Knabe sieben Jahre lang
von einer Löwin gesäugt: «Die Löwenmilch gab ihm aber
Riesenkräfte, und der Hauptmann gewann ihn um seiner
Stärke willen so lieb, daß er ihn hielt wie seinen eigenen
Sohn.» Es läßt sich daraus schließen, daß eine Ernährung
mit Löwenmilch kräftigender wirken muß als das ausdau-
erndste Bodybuilding unserer Tage. Aus dem Löwensohn des
pommerschen Märchens wird dann freilich ein nicht sehr
brauchbares, weil wild bleibendes Mitglied der Gesellschaft.

Ein Herzog von Toscana, so erzählt der barocke französische Horrorgeschichtensammler Jean-Pierre Camus 1630,
habe sich Löwen im Zwinger gehalten. Einer von ihnen sei
ausgebrochen und habe mit einem Kind gespielt. Die Mutter
wollte ihr Kleines retten, der Löwe habe sie tödlich verletzt,
doch das Kind unversehrt gelassen. Löwen und Kinder vertragen sich offenbar immer wieder gut miteinander, doch
auch hier gibt es eine Ausnahme: Ein Schulknabe, der einmal einem Löwen die Hand in den Rachen steckte, wurde,
will man einem alten theologischen Exemplum Glauben
schenken, zu Tode gebissen, doch war, genau besehen, der
Bösewicht ein steinerner Denkmallöwe, und der tödliche Biß
stammte gar nicht von diesem, sondern von einem Skorpion,
der sich in dessen Maul versteckt hatte.

Wie gesagt, haben wir hier den lieben Löwen mit ihren
wundervollen Geschichten den Vorzug gegeben. In der Tierfabel trat der König der Tiere oft genug als Weltbeherrscher
auf; nicht von ungefähr wurde ja auch der Schwedenkönig
Gustav Adolf als der ‹Löwe aus Mitternacht› (dem hohen
Norden) bezeichnet. Der grimmige Fabel-Löwe verschonte
höchstens die Maus, die ihm nicht schaden konnte, und sie,
die kleine schwache, rettete ihn später aus der Schlinge, in
welcher er sich verstrickt hatte. Aber sonst tat der Gewalti-

ge das, was brutale Herrscher in feudalen Zeiten eben zu tun pflegten: Er raubte und mordete wie so manche verrufene Könige und Herzöge des finsteren Mittelalters und noch der Renaissance, und seine Frau stand zudem im Rufe, eine Ehebrecherin zu sein. Doch die feudalen Epochen sind längst vorbei, und damit auch die Jahrhunderte der Furcht vor tyrannischen Königen. Man sollte meinen, die Zeit der friedlichen Löwen habe längst begonnen, aber offenbar muß man für diese Utopie auch noch ein wenig Propaganda machen.

Luchs

Sehr genau waren die Kenntnisse der alten Naturkundigen über den Luchs nicht. So schreiben Plinius Secundus im ersten und Aelian im zweiten nachchristlichen Jahrhundert, der *Lynx* verstecke seinen Urin vor den Menschen (die Luchse scharren in der Tat, so wie die Katzen, Staub oder Erde über ihre Exkremente); die Flüssigkeit werde nämlich später hart wie Stein, so daß der Mensch Schmuckstücke daraus schnitzen könne. Daran wolle der Luchs die Menschen hindern. Auch Bischof Isidor von Sevilla glaubt noch im siebten Jahrhundert an diese Art von Stein und nennt ihn Lyncurium. Außerdem zitiert er den Plinius als Beleg dafür, daß der Luchs nur jeweils ein Junges dulde. Plinius seinerseits hatte auch bemerkt, daß die Luchse besonders gut sehen können. Diese Meinung ist bis heute aktuell geblieben, wenn wir sagen, einer passe auf wie ein Luchs oder er habe Luchsaugen. Die Redensart ‹jemandem etwas abluchsen› erinnert daran, daß diese Wildkatze eine kluge und flinke Jägerin ist.

Professor Relsserd (Dressler) schreibt in seiner *Naturgeschichte der Thiere [...] für die reifere Jugend* vom europäischen Luchs *(Felis lynx):* «Sie leben paarweise in Felsenhöhlen und im Schilf; sie klettern nicht selten auf Bäume, von denen sie, wie der Tiger, auf das Wild, ja sogar auf Menschen herunterspringen. Am meisten schaden sie den Rehen und Hirschen, im Osten den Elentieren, im Norden den Rentieren, indem sie sich ins Gebüsch oder Gras verstecken, dann plötzlich mit drei bis vier ungeheuren Sprüngen sich ihnen auf den Nacken setzen und das Genick zerbeißen. Sie saugen das Blut aus, fressen einige Pfund Fleisch und sollen das Übrige verscharren, um am folgenden Tage wieder zurückzukommen. Ihre Hauptnahrung besteht aber in Hasen und Waldhühnern, denen sie den Pelz und die Federn ausrupfen. Bisweilen wagt er sich auch an Herden und reißt in einer Nacht mehrere Ziegen, Schafe und Kälber nieder.» Das bedeutet also: der Luchs ist ein ungemein heimtückischer, brutaler Mörder von liebenswerten und unschuldigen

Tieren, denn er schlägt von ihnen mehr, als er zum Überleben braucht, ja er ist geradezu vampirisch und sadistisch veranlagt.

Auch der Franzose Buffon weiß, daß der Luchs geschickt zu jagen versteht, und er meint, an seinen Beutetieren sei ihm das Hirn jeweils das Wichtigste, «und dann läßt er sie liegen». Aber er findet an diesem Jäger doch auch angenehme Seiten, wenn er schreibt: «Der Luchs kann zwar nicht durch Mauern hindurchsehen, aber er hat stark leuchtende Augen und dabei einen sanften Blick, und er sieht wohlgefällig und munter aus.» Der Name ‹Luchs› leitet sich in der Tat von seinen in der Nacht auffällig hellen Lichtern ab.

Der Luchs wurde im Deutschen auch ‹Hirschwolf› genannt; das ist eine Lehnübersetzung aus dem französischen ‹loup cervier› und erinnert daran, daß der Luchs gerne Hirsche anfällt. Aus dem alten Frankreich haben wir indes auch einen spannenden Zeitungsbericht von einem solchen Loup

cervier, der am 5. März 1616 in die Stadt Vienne am Rhône-
fluß einbrach. Der Sensationsdruck beginnt mit einem Exempel aus der Zeit des Kaisers Tiberius: Damals sei ein Leopard
in Rom eingedrungen, und kurze Zeit später sei ein schreckliches Erdbeben erfolgt. Der Luchs von Vienne eroberte am
frühen Morgen die Stadt, sozusagen im Prankenstreich; er
wurde von den Bürgern bis in die Theobaldskapelle verfolgt,
«wo er schließlich mit einem Feuerrohr erlegt wurde. Als er
sich verletzt fühlte, sprang er hoch in die Luft, dann biß und
kratzte er mit seinen Krallen die Steine vor Wut. Das war ein
schrecklicher und scheußlicher Anblick, und man kann die
Spuren noch heute in der Kapelle sehen.» Es folgt dann eine
Beschreibung des ungewöhnlich großen und starken Luchses,
der sieben Fuß lang war (normale Luchse erreichen aber keine zwei Meter, sondern haben eine Länge von etwa 1,30 Metern). Der Mann, der ihn mit der Flinte erledigt hatte, hieß
Monsieur Laurent; er war Kanonikus an der Hauptkirche von
St. Mauritius. Mit einem Blick auf die Folgen des antiken
Beispiels fürchtete der Schreiber, daß auch dieses Zornzeichen Gottes etwas noch Schlimmeres bedeuten könnte, und
so forderte er seine Leser zu einem Gebet auf: Gott möchte
doch alles Unheil von Vienne abwenden, Amen.

Die Angst vor den Luchsen wurde im Laufe des aufgeklärten und tierliebenden 18. Jahrhunderts keineswegs abgebaut;
so rotteten die Jäger und Fallensteller diese schönen Wildkatzen spätestens im Laufe des 19. Jahrhunderts aus. Auch
schätzten die Damen und Herren sein weiches und langhaa-
riges Fell, und Luchsfleisch galt als ein schmackhaftes Wildbret. Ob es gelingen wird, den Luchs in einigen Nationalparks wieder heimisch werden zu lassen, ist fraglich. Die
Jäger möchten ihre überzähligen Hirsche eben lieber selber
erlegen.

Maikäfer

Jeder weiß, was so ein Maikäfer für ein Vogel sei –,

sollte man meinen, aber das war einmal zu Wilhelm Buschs
Zeiten. Wer kennt schon heute noch einen Maikäfer *(Melolontha melolontha)* oder wer hätte ihn gar dutzendweise
gefangen, in Schachteln gesperrt, den Hühnern zu fressen gegeben, damit sie um so kräftiger Eier legten? Tempi passati!

Anders war das noch bei Georg Christian Raff. Als der
seine Kinder fragte: «Könnt ihr sie mir beschreiben?», da riefen sie «O ja!» und legten los: «Sie haben oben zwei hornarti-
ge braunrote Flügeldecken und darunter zwei pergamentähn-
liche dünne Flügel, einen schwarzen, mit weißen Strichen
und Seitenflecken versehenen Unterleib, sechs Füße, zwei
Fühlhörner, bald braune, bald rote, bald schwarze Hals-
schilde, an den Füßen Zacken zum Graben und kommen im
Mai [...] aus der Erde hervor.» Ja damals wußten die Kinder
noch Bescheid, konnten sogar, «O ja!», Männchen und Weibchen unterscheiden («Die Männchen haben sieben und die
Weibchen nur sechs Blätter an ihren Fühlhörnern.»), und der
Lehrer lobte sie: «Richtig, so ist's.»

Ja richtig, so war das. Die Franzosen nannten diesen großen Hartflügler fast liebevoll ‹hanneton›, das ist soviel wie
‹Hähnchen›. Aber gesucht und gesammelt haben sie ihn
genauso wie die Deutschen beim ‹hannetonnage›, der großen
Maikäferjagd.

In den Bäumen hin und her
fliegt und kriecht und krabbelt er,

aber er knabberte auch stark am Laubwerk dieser Bäume. So
galt denn das Maikäfervernichten als eine für die Allgemein-
heit nützliche Beschäftigung.

Max und Moritz, immer munter,
schütteln sie vom Baum herunter.

Und schließlich müssen die Käfer dingfest gemacht werden:

In die Tüte von Papiere
sperren sie die Krabbeltiere.

Wenn die Tüten nicht ausreichten, nahmen die Jäger größere Behälter. Ein schweizerischer Schildbürgerschwank aus dem Ort Weißtannen im Sarganserland (Alois Senti) erzählt, die Leute hätten eines Tages beschlossen, die Käfer auszurotten. So seien sie in aller Hergottsfrühe losgezogen und hätten die Tiere in einer großen Heuplane gesammelt. Dann seien sie zu einer Schlucht gegangen und hätten die Plane dort über den Tannen ausgeschüttelt.

Dieses war der fünfte Streich,
doch der sechste folgt sogleich.

Denn nicht nur die Käfer selbst galten als ungeheuer gefräßig; schon die im Erdboden versteckten Engerlinge richteten an Getreide- und Gemüsewurzeln Unheil an. So kam es im Spätmittelalter zu dem kuriosen Faktum der Engerlings-Verfluchungen, die zu dem größeren Phänomen der Tierprozesse gehören. 1478 ließ Benedikt von Montferrand, Bischof von Lausanne, die Engerlinge von Bern auf den Bartholomäustag vor seinen Richterstuhl fordern, und als sie der Einladung nicht Folge leisteten, befahl er, sie zu exkommunizieren (also müßten sie zuvor Mitglieder der christlichen Glaubensgemeinschaft gewesen sein!). 1479 sollen die Berner noch einmal vergeblich versucht haben, die Käfer und Engerlinge mit einem lateinischen Bannbrief zu vertreiben. Carl J. Steiner erzählt 1891 in seiner *Tierwelt* folgende undatierte Geschichte: «Als im Bistum Chur Engerlinge und Maikäfer große Verheerungen anrichteten, wurden sie dreimal vor Gericht geladen. Da sie aber wegen Minderjährigkeit nicht erscheinen konnten, bestellte der Richter einen Kurator, der auf die Klagen der Landleute entgegnen und die Interessen der Käfer wahren mußte. Er machte geltend, daß die letzteren ebenfalls Geschöpfe Gottes seien, seit unvordenklichen Zeiten ihre Wohnung und Nahrung im Bistum Chur gehabt hatten, deren man sie nicht mir nichts dir nichts berauben dürfe. Sie wurden schließlich in einige Täler Graubündens verbannt, ob sie aber hingingen, wissen wir nicht.»

Eines Tages verschwanden die Maikäfer eben wieder, und den Erfolg schrieb man noch lange den Gebeten und Geboten der Kirche zu. Auch 1732 soll es in Sursee im Kanton Luzern zu einem solchen gegen die Maikäfer gerichteten Bann gekommen sein; man ließ sich zu diesem Zwecke den Stab des hl. Magnus (Sankt Mang) aus Füssen kommen. Der Exorzismus gegen das Teufelszeug wurde von einer großen Prozession begleitet. Noch in unseren Tagen erzählt man in der Ostschweiz, die Leute von Mels hätten einstmals, um der Maikäfer Herr zu werden, einen Kapuziner, den sogenannten ‹Käferpater›, aus Füssen mit dem Sankt-Mang-Stab gerufen. Die von Sargans hätten sie aber ausgelacht: Bei den vielen Engerlingen nütze es doch nichts, wenn der Pater mit seinem Stab einen davon aufspieße, das werde dann ein teurer Engerling!

Doch soll dieses Kapitel nicht nur mit Scherzen angefüllt werden. Schließlich ist der Maikäfer, wenn der Mensch ihn denn noch fliegen läßt, so etwas wie ein freier Vogel. Diesen Gedanken hat der blinde Gottlieb Konrad Pfeffel aus Colmar 1777 in einer politischen Fabel aufgegriffen: Ein Schäfer bindet darin einen «Mayenkäfer» an eine Schnur und fordert ihn auf zu fliegen. Doch der Käfer weigert sich:

> Nein, sprach er, laß mich liegen:
> Was hilfts am Faden fliegen?
> Nein, lieber gar nicht frei.
> Im vollen Flug empfinden,
> daß uns Despoten binden,
> Freund, ist die härtste Sklaverei.

Maulesel, Maultier

Wenn ein Eselhengst eine Pferdestute schwängert, wird das Fohlen ein Maultier *(Mulus)* sein; der Maulesel *(Equus hinnus)* hingegen stammt von einem Pferdehengst und einer Eselin ab. Der Maulesel, seltener als das Maultier gezüchtet, ist seiner Mutter, der Eselsstute, ähnlicher als einem Roß;

das Maultier dagegen sieht eher wie ein Pferd aus. Beide Bastarde sind größer und kräftiger als *Equus asinus domesticus,* und insbesondere das Maultier, gewöhnlich ‹Muli› genannt, zeichnet sich durch Ausdauer und sicheren Tritt aus, so daß es gerne im Gebirge als Lasttier verwendet wurde und noch gebraucht wird. Wer über schaudervolle Gebirgspässe wie den Gotthard zieht oder wer die schwindelerregenden Bauten der Rhätischen Bahn bewundert, sollte nicht vergessen, daß die Maultiere als Lastenträger wesentlich zum Ausbau solcher Verkehrswege beigetragen haben. Internationaler Handelsverkehr über hohe Gebirgszüge hinweg ist für viele Jahrhunderte ohne diese Saumtiere (‹Saum› bedeutet ‹Last›) und ihre ebenso mutigen Säumer nicht denkbar gewesen. Wenn übrigens der Rechtschreibungs-Duden behauptet, das Muli sei ein *Mulus* und dieser ein Maulesel, dann irrt er. Der Name ‹hinnus› für den Maulesel ist ungeklärt, doch hängt das Wort wohl mit ‹hinnire›, ‹wiehern› zusammen.

Der bedächtige Maulesel steht auch in der Fabel als Symbol für Vorsicht und Zurückhaltung; er rät dem übermütigen Pferde, es solle seine Kühnheit zügeln. Doch das stolze Roß stürzt sich in den Krieg und wird dabei schwer verwundet. Dem Maultier, das sich rühmt, eine Stute als Mutter zu haben, sagt der Maulesel in aller Ruhe, die Herkunft allein sei noch kein Zeichen von Tugend.

Maultier und Maulesel gelten als unfruchtbar, und zu all ihren Abstammungs-Merkwürdigkeiten zitiert Conrad Gesner in seinem Tierbuch ein paar Verse des Humanisten Camerarius:

> Dem Vater gleich ich nicht,
> wohin ich mich auch richt',
> der Mutter auch nicht recht,
> ich habe kein Geschlecht.
> Ich komme zwar von zwei,
> man fraget was ich sei?
> Denn niemand kommt von mir:
> Ich bin ein seltsam Tier.

Nun gab es ja im Zeitalter der Fabeln im Tierreich auch eine Adelshierarchie, und so manches Maultier mag sich seines

Eselsvaters geschämt haben. Petrus Alfonsi, ein jüdisch-spanischer Gelehrter des 11. Jahrhunderts, erzählt in seiner *Disciplina Clericalis*: «Ein Fuchs begegnete einem neugeborenen Maultier auf der Weide, bewunderte es sehr und fragte: ‹Und wer bist du?› Das Maulfohlen antwortete, es sei eines von Gottes Geschöpfen, und der Fuchs fragte weiter: ‹Hast du einen Vater und eine Mutter?› Das Fohlen gab zur Antwort: ‹Der Bruder meiner Mutter ist ein edler Hengst.›» Diese Geschichte stammt aus der aesopischen Fabeltradition, und sie ist daher immer und immer wieder nacherzählt worden. Johannes Pauli, der elsässische Humanist, hebt sie auf eine allgemeingültig moralische Ebene, wenn er interpretiert: «Also ist es mit uns allen. Wir sein alle edel von dem Vater, wir sein alle von Gott, wir haben einen Vater, wir haben auch eine Mutter, die Erde, von der wir kommen, von der wir leben und in die wir wieder gehn, und die uns auch wieder gebären wird an dem jüngsten Tag zu dem Leben oder zu dem Tod. Darum sei demütig und verachte niemand!»

In einer Variante der Maultier-Fabel sagt der Bastard dem so dreist Fragenden auch dies: Wenn der Fuchs wolle, könne er ja seinen Namen unter seinem Hinterhuf lesen. Der schlaue Fuchs weiß, was das bedeutet und schickt den Wolf vor, daß er den Namen entziffere. Da versetzt das Maultier dem Wolf einen Fußtritt und schleudert ihn weit von sich. Damit hat die Fragerei nach der Herkunft des Maultiers ein Ende.

Noch eine andere Fabel mit Demutsmoral erzählt Conrad Gesner folgendermaßen: «In Lydien war ein Maulesel, der kam an ein stilles Wasser, und wie er seine Größe und Gestalt des Leibes erblickte, streckte er den Hals über sich empor, fing an, davonzulaufen und wollte es einem Pferd gleichtun, wieherte und stellte sich nun fröhlich genug. Ein wenig danach besann er sich, denn es fiel ihm ein, daß er einer Eselin Sohn wäre. Da stand er still, hörte auf zu schreien, und damit verging ihm auch sein Stolz und Hochmut.»

In einer altfranzösischen Rittergeschichte mit dem Titel *La Mule sans frein* (Das Maultier ohne Zaum) geht es um eine Jungfrau, die an König Artus' Hof für ihr Maultier, das wunderbar schnell laufen kann, das verlorene Zaumzeug zurückfordert. Der Seneschall Keu macht zwar große Sprüche, ist aber nicht in der Lage, die Abenteuer zu bestehen, die nötig sind, um der Dame zu helfen; der Ritter Gawain indes findet mutig das gesuchte Objekt. Aus diesem Stoff hat Christoph Martin Wieland eine seiner reizendsten Verserzählungen gestaltet, nämlich *Das Sommermärchen* mit dem Untertitel *Des Maultiers Zaum*. Der Ritter Gries scheitert trotz des gefeiten Maultiers kläglich vor der messerscharfen Brücke, Herr Gawain jedoch setzt alles daran, besiegt zunächst sieben Ritter, dann sieben fürchterliche Drachen –

> auch ist sein Maul
> in diesem Strauß nicht faul –;

er wagt sich in das Zauberschloß, das sich wie eine Windmühle dreht, läßt sich von einem Riesen nicht ins Bockshorn jagen, widersteht den Verführungskünsten schöner Sylphen und dringt schließlich zu einer Fee vor, die just den gesuchten Zaum braucht, um sich jung und schön zu erhalten. Gawain sieht seine Ehre aufs Spiel gesetzt, läßt sich nicht betören, nimmt sich den Zauberzaum, und

> Mein Ritter, ohn' ein Wort zu sagen,
> eilt nach dem Stalle, zäumt sein Tier
> (das, närrisch schier
> vor Freude, seinen Schmuck zu tragen,
> bis an die Decke springt)
> und schwingt
> sich auf und fliegt mit seinem Zaum
> so leicht davon, daß auf der grünen Erden
> von seinem Tritt des Grases Spitzen kaum
> gebogen werden.

Kurz: In diesem Zaubermärchen wird nicht nur einem Artusritter, sondern auch einem tüchtigen Maultier ein luftiges und lustiges Denkmal gesetzt.

Maulwurf

Aus der antiken Naturgeschichte läßt sich nur soviel lernen: Man hielt den Maulwurf (im Lateinischen weiblich *Talpa europae*) für ein schädliches oder törichtes Tier und setzte Katzen oder Wiesel ein oder stellte Schlingen auf, um ihn zu fangen und zu töten. Plinius spricht von Bettdecken aus Maulwurfsfellen, tadelt aber deren Benutzer, dies sei nicht gut, Maulwürfe hätten doch eine böse Vorbedeutung. Negativ erscheint der Maulwurf auch in der Symbolik der Kirchenväter: er kriecht in der Erde herum wie die blinden Heiden oder die Ketzer, die das Licht des wahren Glaubens nicht erkennen. Im Jahre 1350 findet dann der Regensburger Domherr Konrad von Megenberg wenigstens einen medizinischen Nutzen in diesem Tier: «Talpa heißt ein Scher oder ein Maulwurf. Das ist ein klein Tierl und ist blind und schwarz. [...] Es geht oft aus der Erden, wenn es der Durst erhitzet, so kann es nicht wieder [in den Bau] kommen, denn es sieht nichts. Wenn man den Scheren brennet zu Pulver und sprenget ihn mit einem Weißen eines Eis auf des Siechen Antlitz, das ist gut für den Aussatz. Wer sein Blut streicht an die Stelle, da einer entblößt ist seines Haares, so wächst das Haar wieder.»

Ganz so unbrauchbar wie manchermann, die Maulwurfshügel mißbilligend betrachtend, meint, ist die rüsselmäulige, Unmengen von Insekten fressende und den Erdboden bearbeitende *Talpa* also offenbar nicht. Auch der Kalendermacher Johann Peter Hebel nimmt in seinem *Rheinischen Hausfreund* den Maulwurf, freilich aus anderen Gründen, in Schutz: «Nicht der Maulwurf frißt die Wurzeln ab, sondern die Quadten oder die Engerlinge, die unter der Erde sind, aus welchen hernach die Maikäfer und anderes Ungeziefer kommen. Der Maulwurf aber frißt die Quadten und reinigt den Boden von diesen Feinden.» Hebel läßt seine Leser in das Maul und in den Magen einer ‹Schermaus› gucken und an den Zähnen oder dem Mageninhalt ablesen, daß es sich um einen Fleisch- und nicht einen Pflanzenfresser handelt. Und dann zieht er aus dem empirischen Befund seine tierschüt-

zende Moral: «Wenn ihr also den Maulwurf recht fleißig verfolgt und mit Stumpf und Stiel vertilgen wollt, so tut ihr
euch selbst den größten Schaden und den Engerlingen den
größten Gefallen. Da können sie alsdann ohne Gefahr eure
Wiesen und Felder verwüsten, wachsen und gedeihen, und
im Frühjahr kommt alsdann der Maikäfer, frißt euch die
Bäume kahl wie Besenreis und bringt euch zur Vergeltung
auch des Kuckucks Dank und Lohn. So sieht's aus.»

Der Gärtner Knoll auf der Maulwurfsjagd – das Thema gibt
auch Wilhelm Busch Gelegenheit, seinen LeserInnen zu
zeigen, daß es sich für den Menschen, freilich aus anderen
Gründen, kaum lohnt, dieses nützliche subterrane Tier zu
töten.

> Schon wieder wühlt das Ungetier.
> Wart!, denkt sich Knoll. Jetzt kommen wir.

Aber bei seinen Aktionen geht ihm doch alles schief,

> und Knoll zieht für den Augenblick
> sich schmerzlich in sich selbst zurück.

Schließlich wird «der schwarze Bösewicht» aktionsunfähig
gemacht,

> denn hinderlich, wie überall,
> ist hier der eigne Todesfall.

Über den Unsinn einer Maulwurfsjagd macht sich auch
ein von Pia Todorović-Strähl aufgezeichneter Schildbürgerschwank aus dem Tessin lustig: «In Dalpe wurde eines Tages
ein Maulwurf auf frischer Tat ertappt. Er hatte auf den Wiesen Löcher gegraben und die Erdschollen zerstört. Man mußte ihn für seine Tat bestrafen. Töten aber war viel zu mild.
Man beschloß einstimmig, ihn bei lebendigem Leib zu begraben. In einer feierlichen Prozession brachte man ihn in den
Garten des Herrn Pfarrers, hob ein Loch aus und grub ihn ein.»

Noch ein Maulwurfsfreund ist zu erwähnen: Kenneth
Grahame lädt uns in seinem schönen Kinderbuch *The Wind
in the Willows* (1908) ein, die aufregende Wanderung eines
Maulwurfs durch die Flußlandschaft seiner Umgebung mit-
zuerleben; das Buch zeigt uns eingangs The Mole, wie er

in seinem Bau Frühjahrsputz hält, doch dann lockt ihn die Sonne an die Erdoberfläche, und dort begegnet er nach und nach der Wasserratte, dem Dachs, dem Otter und der Kröte und lernt durch sie ganz andere Welten und andere Lebensformen kennen. Seine Blindheit ist dabei ganz und gar vergessen; Grahame läßt uns im Gegenteil durch die Augen des Maulwurfs mehr sehen, als wir selbst am Fluß, im Wald oder am Teich entdecken würden; The Mole schärft unsere Beobachtungsgabe für das freie Leben in der Natur, das es hier, ganz ungestört, noch gibt.

Nicht mehr so friedlich geht es in dem Kinderbuch *Der Maulwurf Grabowski* (1972) von Luis Murschetz zu: Grabowski möchte in seiner Wiesenlandschaft gern behaglich und geruhsam leben, und der Bauer stört ihn dabei wenig. Doch eines Tages kommen die Bauleute mit ihren Meßlatten, dann mit den schweren Baggern; Grabowski wird aus seiner Idylle gerissen und kann sich gerade noch unter einen Stapel Bauholz retten. Er beschließt wegzuziehen. «Er wanderte mehrere Tage und Nächte, überquerte Eisenbahnschienen und gefährliche Straßen, bis er an eine riesengroße Wiese kam, mit leichter duftender Erde darunter.» Die Geschichte findet ein glückliches Ende – für wie lange?

Ein *Märchen vom Maulwurf* hat Richard Dehmel in Blankenese für seinen *Kindergarten* geschrieben. Sein Maulwurf ist der König der Zwerge, der in seinem schwarzen Samtmantel mit seinen unterirdischen Palästen aus Edelsteinen nicht zufrieden ist und sich in vielen tausend Jahren mit

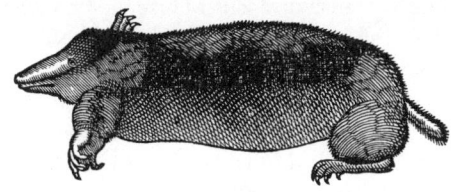

immer dünner werdenden Händchen an das Licht der Erde emporwühlt, «und er schrie laut auf vor Entzücken und schloß die Augen vor hellem Schmerz, so viele Farben gab es da oben, als ob ihn tausend bunte Messer stächen, bis ins Herz». Dieses ungewohnte Licht der Sonne macht den Kleinen blind, er wird bei seinem Herzschmerz immer spitzer und rutscht in die Erde zurück. «Seit dem Tage gibt es Maulwürfe hier oben, und darum haben sie ein schwarzes Sammetfell und rosarote Zwerghände und sind blind. Und manchmal, wenn die Sonne recht kräftig scheint, dann stoßen sie ein Häufchen Erde hoch und stecken die spitze Nase an die Luft, vor Sehnsucht nach dem Licht.»

Es gibt in der Tat einen Blindmaulwurf *(Talpa caeca)*, er lebt in den Mittelmeerländern. Aber die *Talpa europaea* hat mohnkorngroße Äugelchen, die in Schutzhöhlen liegen, damit beim Graben keine Erdkörnchen hineinkommen, und sie kann damit recht gut sehen. Und selbst wenn der Maulwurf, wie die Dichter behaupten, blind wäre, wüßten wir doch nicht, was er nicht alles mit seinen übrigen Sinnen begreifen und verstehen kann. Es gibt keinen Grund auszuschließen, daß er ein umweltbewußter Erdenbewohner von hoher Intelligenz ist.

Maus

«*Es* sind aber die Mäuse vielerlei Arten», schreibt der Kompilator Jacob Daniel Ernst (1640–1707) 1702 in seiner *Neuen historischen* (das heißt: Geschichten erzählenden) *Schaubühne*: «Man findet Haus-Mäuse, Feld-Mäuse, Ratten oder Ratt-Mäuse, Wasser-Mäuse, Wald-Mäuse, Hasel-Mäuse, Spitz-Mäuse, bunte Mäuse und Ziß-Mäuse; deren eigentlichen Unterschied zu untersuchen wollen wir den Natur-Kundigeren überlassen; unser Vorhaben ist anjetzo, einen ziemlichen Vorrat von denkwürdigen Mäuse-Geschichten beizubringen.» Ernst hat recht: Über die Maus *(Mus)*, eine der wichtigsten Vertreterinnen der Ordnung der Nagetiere *(Rodentia)* und die bedeutendste in der Familie der Maustiere *(Muridae)*, gibt es unendlich viel Überraschendes und Spaßiges zu erzählen. Soviel sei aber doch noch aus der Naturkunde hinzugefügt: Die Maus ist ein hübsches, flinkes, kluges, sorgliches Tierlein; es gibt keinen Grund, vor ihr Angst zu haben oder sie zu hassen, auch wenn die Bibel (3. Mos. 11,29) dekretiert, sie sei ein unreines Tier, oder wenn es in alten Naturgeschichten heißt, die Mäuse seien aus dem Dreck entstanden, und selbst wenn noch so viele von ihnen in Tierversuchen mißbraucht werden. Die dabei bevorzugten weißen Mäuse sind übrigens ein Zucht-, nicht ein Naturprodukt.

Die berühmte Geschichte von der Stadtmaus und der Landmaus erzählt auch ein toskanisches Fabelbuch aus dem späten 14. Jahrhundert. Die Landmaus besucht dort also die Stadtmaus und wird aufs feinste bewirtet, bis der Hausverwalter in der Speisekammer erscheint und der Landmaus einen fürchterlichen Schreck einjagt. Beim Abschied sagt sie dann höflich zu der reichen Stadtmaus: «Wenn ich dir die Wahrheit sagen soll, meine Freundin: Seit meiner Geburt habe ich noch nie solche Angst gehabt, und vor Angst sind mir jetzt die Haare grau geworden. Ich will lieber meine trockenen Bohnen haben als noch einmal von einem solch rasenden Gefühl der Angst gepeinigt werden; der dauernde Gedanke daran vergällt mir jedes Essen, so gut und lecker es auch sein mag. Aber wenn du Freude an Aufregungen hast, dann genieße sie und nütze diesen Reichtum. Für mich ist mein armes Leben Reichtum genug, und auf diese Art lebe ich in gutem und sicherem Frieden.» Und die Moral lautet dort: «Die Landmaus kehrte in ihr Dorf zurück und hielt sich an ihre kleine Welt und verachtete die, welche wir fürchten sollen; sie hatte Angst vor den großen und städtischen Angelegenheiten, und um der Sicherheit willen war sie zufrieden mit den bescheidenen Verhältnissen des Dorfes.» Das Schreckbild Stadt im Gegensatz zum Wunschbild Land ist also schon sehr alt.

Ob Stadt- oder Landmaus, diese Tierchen gelten als gefräßig, und wenn sie sich allzusehr vermehren, fressen sie, wie

im Jahre 1372 in der Schweiz, «das Korn auf dem Feld, daß kaum der Dritteil zu Nutze kam», wie der Chronist Aegidius Tschudi schreibt, oder sie verursachen eine Mäuseplage, zum Beispiel die in Deutschland von 1638 oder 1742, über die dann Geistliche wie Johann Heinrich Zorn ihre *Physikalisch und Theologische Gedanken* niederschreiben. Böse Menschen sind, so berichten altüberlieferte Sagen, vor dem Gefressenwerden durch Mäuse nicht sicher. Dem wollüstigen Herzog Popiel von Polen soll es im 9. Jahrhundert so ergangen sein, und weithin bekannt ist bei uns die Geschichte des geizigen Bischofs Hatto des Zweiten von Mainz, der die Hungrigen in einer Scheune verbrennen ließ und sich dann in einen Turm mitten im Rhein absetzte «und meinte, sich darin zu fristen» (um es in den Worten der Brüder Grimm zu erzählen), «aber die Mäuse schwammen durch den Strom heran, erklommen den Turm und fraßen den Bischof lebendig auf». Notfalls schlachten sich die Mäuse auch gegenseitig ab, behauptet ein Flugblatt von 1675 über einen Mäusekrieg bei Brockdorf unweit Hannover, und das Ereignis wird wieder einmal als ein Zornzeichen und eine Bußmahnung Gottes ausgelegt:

Laßt ihr Menschen euch die Mäus
hier zur Lehr und Warnung dienen.
Fürchtet Gott, er möcht (wer weiß?)
lassen sich durch Buß versühnen.

Können wir von den Mäusen etwas lernen? Vielleicht, daß es ihr immerwährendes Schicksal ist, von den Katzen bedrängt und vernichtet zu werden? So erzählt die Fabel von der dreisten Maus, die Katze habe ihr geraten, das Haus innerhalb von drei Tagen zu verlassen. Da das schwächere Tier nicht gehorcht, wird es am vierten Tag gefressen. Aus gutem Grund belehrt in einer anderen Fabel die Mutter Maus ihre Kleinen, sie müßten sich nicht vor dem laut krähenden Hahn fürchten, wohl aber vor der leisen Katze. Ein russischer Volksbilderbogen zeigt, wie sechs Mäuse eine Kutsche mit einer Katze ziehen müssen, und der Text erklärt dazu pessimistisch:

Um der Herrschaften Gunst heißt es buhlen und werben.
Hat der Knecht sie verwirkt, muß der Elende sterben.

Ermutigender sind da doch Geschichten aus dem Bereich der verkehrten Welt. Die bekannte Fabel von der Katze und der Glocke ist zwar noch kein Sieg der Mäuse über das Gewalttier, denn es findet sich keine Maus, die ihm die Schelle umhängen würde; aber der Plan zur Auflehnung ist doch schon einmal gefaßt. Ein französischer Witzzeichner hat 1990 im *Hérisson* eine mißmutige fette Katze vor ein Mäuseloch gesetzt, doch dieses ist mit einem Rolladen verschlossen, und ein Schild besagt: «Bis auf weiteres geschlossen.» Ein russischer Volksbilderbogen vom Ende des vergangenen Jahrhunderts zeigt eine Prozession von Mäusen, die einen auf einem Schlitten liegenden toten Kater auf den Friedhof ziehen; die Pfoten des Toten sind allerdings vorsichtshalber zusammengebunden. Die Fabel vom großmütigen Löwen und der verschonten Maus zeigt schließlich, daß sich das kleine Tier, wenn es von dem großen mit Schonung behandelt wird, als durchaus nützlich erweisen kann.

Also reden wir von lustigen Mäusen (Walt Disneys *Mickey Mouse* ist seit 1930 die weltweit bekannteste; berühmt wurde sie ab 1932 durch den Zeichner Floyd Gottfredson) und von anderen liebenswürdigen Vertreterinnen ihrer Art. Der neapolitanische Märchendichter Giambattista Basile stellt uns 1634 in seiner Geschichte von *Mistkäfer, Maus und Heimchen* den angeblich erzdummen Nardiello vor, der von einer Fee eine tanzende Maus ersteht. Diese Maus – der Vater hält sie für absolut unnütz – hilft ihm später, indem sie ihm einen Ausgang aus dem Gefängnis gräbt, und dann noch einmal, indem sie dem Mistkäfer einen Zugang zu des falschen Bräutigams Gedärmen quer durch dessen Windelpakete verschafft. Eine späte Variante dieses Märchens wurde noch in unserer Zeit in Melide im Tessin von Frau Giuseppina Ortelli-Taroni aufgezeichnet. Da bringen zwei hilfreiche tanzende Mäuse die Prinzessin zum Lachen und machen ihr in der Hochzeitsnacht das Bett so schmutzig, daß sich der Kesselflicker, der, schon verlobt, die junge Frau gar nicht heiraten will, über die unsaubere Prinzessin beschwert und aus seiner Eheverpflichtung entlassen wird – er bekommt sogar noch einen Sack Geld, versteht sich, damit er nichts von der Unsauberkeit im Schloß erzählt.

Bei demselben Basile findet sich auch in dem Märchen von den *Sieben Tauben* eine Maus, welche die Heldin Cianna und ihre sieben Brüder – wie den im Netz gefangenen Löwen der Fabel! – aus den Stricken, mit denen sie die Räuber an Bäume gefesselt haben, befreit, und das aus purer Dankbarkeit für den guten Rat, die Mäuse sollten der Katze ein Glöckchen ans Bein binden. In dem in ganz Europa verbreiteten Märchen von der *Maus als Braut* (AaTh 402) schließlich hilft der kleine Nager (bei den Brüdern Grimm ist es allerdings eine Kröte) dem jüngsten Bruder bei der Suche nach prächtigen Geschenken und verwandelt sich schließlich in ein wunderschönes Mädchen. Aus all dem läßt sich doch nur der Schluß ziehen, daß die Katzen dumm sind, wenn sie Mäuse fressen, und daß der Mensch gut beraten ist, wenn er diese Tierchen schätzt und schont. In Mäusen könnten sich nämlich auch Menschenseelen verstecken, wie Grimms *Deutsche Sage* von dem *Mäuselein,* das aus dem Munde einer Thüringer Magd kroch, nahelegt. Übrigens, noch dümmer als Nardiello ist der Mensch, der gegen Mäuse Gift ausstreut; leicht könnte es sein, daß er damit auch den geliebten Katzen den Garaus macht.

Meerschweinchen

Die Franzosen nennen dieses Tier auch ‹cochon d'Inde›, also ‹Schwein aus Indien›, wobei mit ‹Indien› die mittel- und südamerikanischen Länder gemeint sind. Der *Buffon für die Jugend* erklärt 1837, daß sich das Meerschweinchen vor allem durch seine Fruchtbarkeit auszeichne. Die Weibchen könnten alle zwei Monate aufs neue gebären, und «mit einem einzigen Pärchen könnte man in einem Jahre etwa tausend Meerschweinchen produzieren». Doch in ihrer Heimat würden sie eben auch durch die Lebensbedingungen stark dezimiert, zumal sich die Mütter nicht mehr als die Rabenväter um das Schicksal ihrer Kleinen kümmerten. Buffons abschließende Beurteilung lautet: «Sanft von Temperament, umgänglich aus Schwachheit, fast gegen alles gefühllos, scheinen sie Automaten zu sein, die aufgedreht wurden, um Nachkommen zu zeugen, ausschließlich gemacht, um eine Tierart mehr darzustellen (pour figurer une espèce).» Das Meerschweinchen eine Geburtsmaschine und eine funktionslose Überproduktion der Natur?

Was sagten andere Biologen der Aufklärungszeit zu diesem angeblich unnützen Tier? Bei Georg Christian Raff lesen wir 1783 in der *Naturgeschichte für Kinder*: «Das Meerschweinchen hat die Größe eines Eichhörnchens und fast die Farbe eines wilden Kaninchens. Es hat keinen Schwanz und heißt deswegen so, weil es von Brasilien aus Amerika über das Meer zu uns gebracht worden ist und einen Schweinsrüssel hat und auch so wie ein Schweinchen grunzt. Es frißt allerhand Kräuter, Obst, Brot und Mehl und vorzüglich gern Petersilienkraut. Es vermehrt sich erstaunlich schnell. Man macht aber in Europa weder von seinem Fleisch noch von seiner Haut einen Gebrauch. In Amerika aber ißt man es sehr gern; es soll fast wie Kaninchenfleisch schmecken. Wenn das Weibchen schläft, wacht das Männchen dabei, und legt sich das Männchen schlafen, so hält das Weibchen Wache.» Wenigstens hier wird dem fremden Tier positiv angerechnet, daß es dem Menschen zur Nahrung dienen kann, und aus den Rabeneltern ist ein friedliches Ehepaar geworden, das sich in den Nachtwachen abwechselt. Raff sagt uns allerdings nicht, ob er dieses Vorbild für nachahmenswert hält.

Der gute Ruf des Meerschweinchens *(Cavia porcellus)* scheint sich in den letzten hundert Jahren zunehmend verbessert zu haben, denn in der Volksausgabe von *Brehms Tierleben* (1967) heißt es: «Das Meerschweinchen gehört zu den beliebtesten Haustieren aus der ganzen Ordnung der Nager, ebensowohl seiner Genügsamkeit wie seiner Harmlosigkeit und Gutmütigkeit halber. Wenn man ihm einen luftigen und trockenen Stall gibt, ist es überall leicht zu erhalten. [...]

Es läßt sich überaus viel gefallen und verträgt selbst Miß-handlungen mit Gleichmut. Deshalb ist es ein höchst an-genehmes Spielzeug für Kinder, welche sich überhaupt am eifrigsten mit seiner Zucht abgeben. [...] Sie lassen sich war-ten und pflegen, auf den Schoß nehmen, mit [sich] umher-schleppen usw., ohne sich deshalb mißvergnügt zu zeigen. [...] Für die Forschung werden sie in ausgedehntem Maße als Versuchstiere benützt und haben sich dadurch einen ehrenvollen Platz in unserem wissenschaftlichen Schrifttum gesichert.»

Das Meerschweinchen erfährt dabei eine Wertsteigerung vor allem als Objekt des Menschen, während das Subjekt Mensch zunächst wie ein Zuchtherr über seine Leibeigenen dasteht: Kinder dürfen das angeblich masochistisch veranlag-te Tierchen malträtieren, und die LaborantInnen der Arznei-mittelindustrie haben wie selbstverständlich das Recht oder die Pflicht, es zuerst mit allen möglichen Krankheitserregern und hernach mit dagegen wirkenden oder nicht wirkenden Chemikalien zu pieken, ohne daß sie quieken. Im Franzö-sischen ist die andere Bezeichnung für Meerschweinchen, ‹cobaye› (‹kobaj› gesprochen), zu einem Synonym für ‹Ver-suchskaninchen› geworden. Bei genauerem Nachdenken muß sich aber der mit dem Meerschweinchen umgehende Mensch erbärmlich vorkommen. Was nützt da dem mißhandelten Tier der ehrenvolle Platz in der Wissenschaft? Wer ehrt oder verunehrt da wen? Je stummer und also hilfloser das Opfer, um so schändlicher der Täter!

Das Meerschweinchen ist in Europa ein spätes Tier. So gibt es über seine Abenteuer keine überlieferten Geschich-ten. Doch wüßte so manches Kind von Glanz und Elend, trauervollem Ende und Begräbnis des Meerschweinchens seine Erinnerungen zu erzählen. Und auch die Tierillustrier-ten haben manche Begebenheit mit Meerschweinchen voller Rührung wiedergegeben. Die schönste Erzählung wäre frei-lich die, welche den Mythos von der Befreiung aller Meer-schweinchen aus der Sklaverei der Menschen künden würde.

Mistkäfer

Ja, auch diesem wahrhaftigen Mistvieh (der Roßkäfer heißt *Geotrupes stercorarius*, der Heilige Pillendreher *Scarabaeus sacer*), das aber doch neben seinem ehrwürdigen antiken Namen auch einen schönen, metallisch glänzenden Chitinpanzer trägt, sollen hier ein paar Zeilen gewidmet sein. Seit alten Zeiten ist der fleißig arbeitende Käfer Held von Tiererzählungen. In den *Vertrauten Gesprächen (Colloquia)* des Humanisten Erasmus von Rotterdam zeigt, anläßlich eines Gastmahls, ein gewisser Eusebius den Eingeladenen in seinem Hause ein großes Wandgemälde, das viele Pflanzen und Tiere darstellt. Dabei heißt es: «[...] Hier zerreißt der Adler den Hasen, und der Mistkäfer erhebt vergeblich Einspruch dagegen.» Worauf spielt Erasmus bei dieser Szene an?

In der Tierfabel wird häufig gezeigt, wie ein ganz Großer durch einen Kleinen zu Fall gebracht oder doch zumindest verwirrt und gestört wird. So heißt es in einer antiken Tiergeschichte (die von den Fabeldichtern oftmals nachgeahmt und in unserem Jahrhundert noch in Mexiko mündlich erzählt wurde), der Adler habe kleinere Vögel oder eben auch den Hasen als Jagdbeute weggeführt, da hätten sich Henne oder Ente an den Mistkäfer gewandt und um Hilfe gebeten. Der Mistkäfer warnte nun den Adler vor weiteren Übergriffen, doch der Mächtige wollte auf den winzigen Käfer nicht hören. Da kletterte der Mistkäfer in das Nest des Adlers und schob (wie ein Pillendreher mit den Hinterbeinen seine Mistkugel in sein Vorratslager rollt) dessen Eier aus dem Nest und zerbrach sie. So geschah es zweimal. Bei der dritten Brut legt der Adler seine Eier in den Schoß des Gottes Zeus und bittet um des Mächtigen Schutz. Der Mistkäfer bringt nun noch einen Kotballen herbei, und als der Gott den Schmutz unwillig abschüttelt, fallen auch die Eier auf die Erde und zerbrechen abermals. Um den Streit aus der Welt zu schaffen, verlegt nun Zeus die Brutzeit des Adlers in eine Jahreszeit, zu der die Mistkäfer ihre Tätigkeit noch nicht begonnen haben.

Auf der anderen Seite bekommt es dem Mistkäfer schlecht, wenn er, vielleicht aus allzu großem Stolz über seinen Sieg, versucht, den Schrei und den Flug des Adlers «surrend und purrend» (so Hans-W. Smolik) nachzuahmen. Die altfranzösische Dichterin Marie de France beschreibt die Szene so:

> Zu singen er darauf begann
> und häßlich auch zu schreien dann,
> dem Adler springt er hinterdrein
> und denkt, er wird noch höher sein.
> Doch war er noch nicht weit gekommen,
> fühlt er sich wirr und ganz benommen:
> Er kam nicht hoch und war weit weg
> von seinem Haufen Mist und Dreck.
> Ihn hungerte, er brauchte Speise,
> und so beklagt er seine Reise.

Folglich kehrt der Übermütige denn jammernd zu seinem bescheidenen Leben auf dem Misthaufen zurück, und man kann sich denken, daß die Moral, welche die am englischen Hof lebende Dichterin daran knüpft, den kleinen Leuten rät, sie sollten doch lieber nicht nach der Höhe der königlichen Tiere streben.

Ein anderes hübsches Mistkäferstückchen (AaTh 559) verdanken wir dem barocken neapolitanischen Märchendichter Giambattista Basile (1634). Der dumme Nardiello, lesen wir da (III,5), begegnet einer schönen Fee, die mit einem reizenden Mistkäfer spielt, «der so anmutig summte, daß es wie eine Gitarre schallte», und er kauft ihr das Tierchen für hundert Dukaten ab. Der Vater heißt ihn deswegen einen Esel und läßt ihn den Scarabaeus zurückbringen. Doch Nardiello behält ihn und führt ihn später einer nie lachenden Prinzessin vor. Als er die junge Frau zum Lachen gebracht hat, will er sie auch heiraten, doch der König läßt ihn gefangensetzen und gibt der Prinzessin einen Engländer zum Manne. In der Hochzeitsnacht nun tritt der Mistkäfer ein dreifaches Rettungswerk an, indem er dem vollgefressenen Bräutigam in den Hintern kriecht und ihn zu wiederholten Entladungen zwingt – mitten in das bräutliche Bett. Schließlich redet er auch noch mit dem König, der seinen Fehler eingestehen muß und dann in die glückliche Vereinigung Nardiellos mit der Prinzessin einwilligt.

Rede niemand Böses über die Abfallentsorger! Sie entwickeln sich mehr und mehr zu den nützlichsten Gliedern der Gesellschaft.

Mücke

Der alte Aesop erzählt mit einem gewissen Behagen, wie die kleine und unbedeutende Mücke dem starken Löwen zusetzte, ihn zum Kampfe herausforderte, ihre Schlachttrompete zum Angriff blies und den König der Tiere in die Nase und ins Gesicht stach, so daß der Mächtige in die größte Wut geriet und sich selbst den Kopf aufkratzte. Dann aber sei die tapfere Mücke in das Netz einer Spinne geraten und elendiglich umgekommen. Der Fabeldichter meinte mit dieser Parabel kleine Leute, welche Hochgestellte stürzen, aber selbst von Niedrigen zu Fall gebracht werden können. Der deutsche Moralist Christian Fürchtegott Gellert benützt die Stechwut der kleinen Mücken zu einer anderen Lehre. Ein Knabe, erzählt er, habe sich voller Wut auf einen Schwarm von Mükken gestürzt, um sie zu vernichten, sei dabei aber nur um so mehr gestochen worden. Der Vater ermahnt ihn zu Geduld gegenüber den niedrigen Bösewichtern:

> [...] Ein kleiner Feind, dies lerne fein,
> will durch Geduld ermüdet sein;
> und trittst du einst gleich mir ins große Leben ein
> und wirst um dich viel kleine Feind' erblicken,
> so achte nicht auf ihre Tücken!
> Verfolge deinen Weg getrost und denke fein
> an die Geschichte mit den Mücken.

Gottlieb Konrad Pfeffel benutzt 1806 seine *Schnacke* zu einer ganz anderen, politischen Moral: Ein Ritter habe ruhig einer Stechschnake zugesehen, welche im Gesicht seines schlafenden Knappen saß und die so lange

sein Blut sog, bis die Ogerin [Menschenfresserin]
ganz einem Schröpfkopf ähnlich schien.

Erst dann erschlug der Herr das mit rotem Lebenssaft gefüll-
te Biest auf der Wange seines Dieners und meinte dazu, es
sei jetzt alles in Ordnung. Pfeffel bezieht diese Szene auf
die Nachsichtigkeit der großen Fürsten gegenüber den Sich-
selbst-Bereicherungen des Kleinadels und der habgierigen
Beamten:

> So straft noch mancher Potentat
> erst dann die Raubsucht seiner Schranzen,
> wenn sich ihr bodenloser Ranzen
> mit Bürgermark gemästet hat.

Diese Geschichte aus den Zeiten des Feudaladels läßt sich
freilich leicht auf unsere heutigen faulen Staatsverhältnisse
übertragen.

So ein Schwarm von dünnbeinigen Langhörnern *(Nema-
tocera)* aus der Ordnung der Zweiflügler kann schon eine
rechte Tag- und Nachtplage sein, vor allem, wenn eine der
vielfältigen Mückenarten, wie die Moskitos (‹Flieglein›), den
harmlosen Touristen im sumpfigen Ausland überfällt. Nicht
zuletzt ein paar ganz normale gemeine (weibliche!) Stech-
mücken von der Gattung *Culex* können uns ungemein lästig
fallen, nicht nur wegen der übel juckenden Stiche, sondern
auch wegen ihres hochgestimmten Summens oder Singens,
das auch den stärksten Schläfer aufzuschrecken vermag.
Mücken gehörten ja wohl auch zu den Ungezieferplagen der
Ägypter (2. Mos. 8,21). Es ist deshalb einigen Heiligen, wie
dem Sankt Bernhard, hoch anzurechnen, wenn sie diese Plagegeister mit einem Segensspruch einfach vertreiben konnten. Jedenfalls erzählt die *Legenda aurea* des Dominikaners
Jacobus de Voragine im 13. Jahrhundert, da sei ein Kloster
gewesen, «das ward heimgesucht von einer solchen Menge
der Mücken, daß die Brüder davon groß Ungemach litten»,
aber Bernhard habe diese Plagegeister gleich in den Bann
getan.

Hingegen tadeln deutsche Redensarten die Menschen, die
sich über eine Mücke an der Wand ärgern. Denn aus einer

Mücke soll man bekanntlich keinen Elefanten machen. Freilich ist weder bei der Bernhardslegende noch bei der Spruchweisheit klar, ob es sich bei diesen Mücken nicht um Fliegen gehandelt hat, denn in einigen deutschen Mundarten sagt man zu einer Fliege auch Mucke. Die älteren Mückenzitate haben also ihre Mucken. ‹Einem die Mucken vertreiben› bedeutet soviel wie: einem die Schwarmgeister im Kopfe verscheuchen, einem seine verwirrten und verschwirrten Gedanken wieder zurechtrücken. Noch eine andere Mückenredensart haben wir der Bibel zu verdanken (Matth. 23,24): Jesus schimpft da über die Schriftgelehrten und Pharisäer, diese Narren, Blinden und Heuchler, und er schilt sie: «Ihr verblendeten Führer, die ihr Mücken seihet, aber Kamele verschluckt!» Einen pingeligen Menschen, der es einerseits kleinlich genau nimmt, anderseits grobe Fehler macht, kann man also wohl einen Mückenseiher nennen.

Murmeltier

«Das Murmeltier ist mit die interessanteste Erscheinung im Tierleben unserer Gebirge», schreibt der alpenbegeisterte Friedrich von Tschudi, und damit spielte er insbesondere auf den acht bis neun Monate währenden, kühlen Winterschlaf dieser «allerliebsten» Tiere (einer Gattung aus der Ordnung der Nagetiere und der Familie der Eichhörnchen) an, welcher erst kurz vor seiner Zeit wissenschaftlich erforscht worden war. Noch um 1800 war über dieses Wesen, das in Oberbayern ‹Mankei› heißt und bei den Glarnern den schönen Namen ‹Munk› trägt, eher Abenteuerliches zu lesen gewesen, so etwa bei dem deutschen Schweizreisenden Johann Gottfried Ebel: Sein Gewicht könne zwanzig Pfund erreichen, und sein Fleisch werde vor seinem Verzehr vierundzwanzig Stunden in Wasser gelegt. Das veranlaßte allerdings schon 1802 den einheimischen Pfarrer Johann Rudolf Steinmüller zu einer Gegendarstellung, in der es unter anderem hieß: «Das Fett dieser Tiere wird niemals innerlich als ein Schweiß beförderndes Mittel, sondern immer bei äußerlichen Wunden und Geschwüren an Menschen und Vieh angewendet.» Wie dem auch sei, das Murmeltier wurde jedenfalls gern erlegt und zu Zwecken zerlegt, die den Menschen nützlich schienen.

Warum die ‹marmota› *(Arctomys)* oder ‹marmotella› (in den romanischen Bezeichnungen stecken, ebenso wie im ‹Murmeltier›, lat. ‹murem›, ‹Maus› und ‹montem›, ‹Berg›) bei den Jägern so beliebt war, schildert uns Tschudi fünfzig Jahre später folgendermaßen: «Für die Bergbewohner sind die Murmeltierchen wahre Universalmedizinen. Das fette, aber wohlschmeckende Fleisch geben sie gern den Wöchnerinnen. Gewöhnlich wird das Tier wie ein Ferkel [!] gebrüht und geschabt, dann, gut mit Salz und Salpeter eingerieben, einige Tage in den Rauch gehängt und gesotten. [...] Das Fett, das in Bünden mit zwei Franken per Schoppen bezahlt wird, soll nach dem Volksglauben Kolik und Keuchhusten heilen, Drüsenverhärtungen zerteilen und dergleichen mehr, und der frisch abgezogene Balg (ein dauerhaftes Pelzwerk, das indessen bloß 24 Kreuzer gilt) wird gegen Rheumatismus angewendet.» Ob das alles glaubhaft oder abermals bei Ebel abgeschrieben ist, ob das Heilmittel je anders als irgendein Placebo gewirkt hat, bleibt noch zu untersuchen. In den Bereich der Fabel gehört jedenfalls der Marmotte Kunststück, daß sie sich, auf dem Rücken liegend und hoch mit Heu beladen, von ihren Artgenossen wie ein Schlitten in ihre Höhle ziehen läßt. Nicht in den Bereich der Mären gehört, daß der Mensch dieses Tier unnötig oft aus seinen Schlupfwinkeln gezogen und vertrieben hat. Theodor W. Adorno kommentiert in seinen Notizen *Aus Sils Maria* (1966), mit Bedauern über den Rückzug der Marmotten vor den Touristen: «Wer einmal den Laut von Murmeltieren hörte, wird ihn nicht leicht vergessen. Daß er ein Pfeifen sei, sagt zu wenig: er klingt mechanisch, wie mit Dampf betrieben. Und eben darum zum Erschrecken. Die Angst, welche die kleinen Tiere seit unvordenklichen Zeiten müssen empfunden haben, ist ihnen in der Kehle zum Warnsignal erstarrt; was ihr Leben beschützen soll, hat den Ausdruck des Lebendigen verloren.»

Das kluge, sinnesscharfe, flinke, im Hausbau tüchtige, harmlose, die Einsamkeit des Hochgebirges und die Freiheit liebende Murmeltier wurde auf noch einem anderen Gebiet (fern der hochgelegenen Höhlenheimat) nutzbringend eingesetzt: Die armseligen Savoyarden-Buben, vor allem als Schornsteinfeger oder Hausierer bekannt, emigrierten mit ihren in Käfigen eingesperrten Marmotten in die Städte im Flachland und führten ihre Kleinkunsttiere auf den Märkten als exotische Weltwunder vor. Davon erzählen dann wieder die Schulbücher wie die vielgelesene *Naturgeschichte für Kinder* von Georg Christian Raff (1783): «Das Murmeltier kennt ihr gewiß alle. Nicht wahr, liebe Kinder? O ja? ‹Schö-

ne Schattenspiel an der Wand! Schöne Murmeltier! Schön tanz, a ha ha! Nu geh raus, du schön Tier! Du itzt schön tanz, recht schön tanz must! A ha ha!› Machen es die Savoyarden-Jungen nicht so? Schreien sie nicht auf den Messen und Jahrmärkten fast Tag und Nacht alle Straßen voll?» So wurde den Kindern, die weder einen Savoyarden noch ein Murmeltier gesehen hatten, das edle Wilde doppelt vor die Augen gebracht, doch keineswegs ohne Untertöne der Fremdenverachtung: «Um ein Stück Brot, oder um ein paar Pfennige tanzen sie oft eine ganze Viertelstunde mit ihren Murmeltieren im Dreck [!] herum, und singen oder schreien [!] gewöhnlich noch aus vollem Halse dazu.» Hätte man den Burschen ein paar Gulden und den Tieren ihre Freiheit gegeben, so hätten die Bürger sicher ihre Ruhe und Ordnung gehabt.

Der «lachende Philosoph» Carl Julius Weber erinnert sich eine Generation später mit kaum größerem Verständnis für das Doppelelend der Tierschaustellerei an «die Murmeltiere der armen kleinen Savoyarden, die sie tanzen lassen, wie arme Polacken den Bären, aber durch ihre eigene lustige Person oft mehr belustigen als ihr Tierchen, das sie nähren muß, was bei den Polacken der Fall nicht ist». Abermals sehen wir, wie das Tier, und das ebenso verfremdete Kind, aus ihrem Hochgebirgs-Unschuldsschlummer gerissen und, ungefragt, den Menschen nutzbar gemacht werden, als Objekte, die sich aus ihrer ersten Rolle direkter Kommunikation (die noch ein paar Pfennige einbringt) ohne Entlohnung in eine zweite, die literarische (Lehrstücke für die Schule, Mitleidspoesie für den Bürger), oder gar noch in eine dritte, die musikalische, expatriieren lassen müssen: Sie sind vorgeführte Vorführer. Denn es gibt nicht nur zahllose Texte und Abbildungen von diesem Jahrmarktspaar, sondern auch Savoyarden/Murmeltier-Opern und -Operetten, Dichtungen und Lieder. Eines hat Ludwig van Beethoven (Op. 52/7, in a-Moll, im Sechsachteltakt und Allegretto!) vertont; sein Text stammt von keinem Geringeren als Johann Wolfgang von Goethe:

> Ich komme schon durch manche Land
> avecque la marmotte,
> und immer ich was zu essen fand,
> avecque la marmotte [...].

Die erotischen Anspielungen des Liedes (aus dem *Jahrmarktsfest zu Plundersweilern*, 1773) lassen freilich nicht den Schluß zu, Goethe oder Beethoven hätten sich von den Vorurteilen gegen die Savoyarden und ihre Murmeltiere distanziert.

Muscheln

Die Irland-TouristInnen kennen das ebenso schöne wie traurige Lied von der Molly Malone, die in der feinen Stadt Dublin, wo die Mädchen so hübsch sind, «mussels and cockles», also Miesmuscheln und Herzmuscheln, zum Verkauf anbietet. Mitten in der irischen Metropole steht Mollys bronzenes

Denkmal und erinnert nicht nur an die stadtbekannte Fisch-
verkäuferin, sondern auch an den ehemals starken Verzehr
der schmackhaften Weichtiere, die zwischen ihren doppelten
Schalen (oder Klappen) hausen. Das Wort ‹cockles› stammt
übrigens vom französischen ‹coquilles› her; ‹mussel› und
‹Muschel› gehen auf das lateinische ‹musculus›, ‹Mäuschen›
zurück. Wenn wir heute ‹Muscheln› sagen, denken wir weniger an die eßbaren Innereien als an die vielgestaltigen Gehäuse dieser Angehörigen des Stammes der Mollusken und der
Klasse der *Bivalvia* (Zweiklapper), und wir erinnern uns an
Sand- und Strandspaziergänge, auf denen wir diese feingestal-
teten und bunten Schalen (von denen es 20000 verschiedene
Arten geben soll) entdeckten und vielleicht auch als Andenken mit nach Hause nahmen. Allerdings sollten wir
die Spiralhäuser der Meeresschnecken, nur weil sie neben
den Muschelschalen liegen, nicht auch noch ‹Muscheln› nennen. Die Conchiliensammler haben es gewiß nicht leicht,
die Artenvielfalt der Meeresschnecken und der Muscheln
säuberlich auseinanderzuhalten und zu klassifizieren.

Der weltberühmteste Muscheldeckel ist sicherlich der
einer Mineralölgesellschaft, deren Name soviel wie ‹Schale›
bedeutet. Das Markensymbol steht für Kraft, Mobilität
und Reiselust, kritisch betrachtet freilich auch für die Ver-
schwendung, die wir mit den mineralischen Energiereserven
treiben. Aber diese Firma hat ihr Zeichen nicht nur aus
ihrem Namen abgeleitet, sondern mit ihm verbindet sich
auch eine sehr viel ältere Art des Reisens zu frommen Orten.
Die Schale der Jakobsmuschel *(Pecten jacobaeus)* mit ihren
etwa sechzehn Rippen, die wiederum je vier feine Streifen
(Radialfäden) haben, kann etwa zehn Zentimeter breit werden. Sie diente mit ihrem leuchtenden Weiß den Pilgern, die
von ihrer Wallfahrt nach Santiago de Compostela in Galizien
(Nordwest-Spanien) zurückkamen, als Abzeichen. Wir sehen
die Jakobsmuschel auch in frommen Darstellungen als Attribut ebendieses heiligen Apostels Jakob des Älteren (der ein
Fischer gewesen sein und Santiago begründet haben soll)
oder des Pilgers Sankt Rochus, der uns neben der Muschel an
seinem Mantelkragen auch seine Beinwunde zeigt. Auch die

heiligen Coloman und Sebald tragen diese Pilgermuschel, sei es auf ihrem Hut und/oder auf den Klappen ihrer ‹Pelerine› (dem Umhang, der seinen Namen vom [lat.] ‹peregrinus› oder [franz.] ‹pélerin›, dem ‹Pilger› ableitet).

Eine ‹coquille Saint-Jacques› hat freilich eher mit Gaumenfreuden als mit Pilgerstrapazen zu tun. Die Schale, in welcher ein überbackenes Fischgericht, ein Ragout oder ein kleiner Salat präsentiert werden, gehört meistens zur Großen Pilgermuschel *(Pecten maximus)*, die eine flache und eine vertiefte Klappe hat, bis zu dreizehn Zentimeter breit werden kann, an den Rippen sieben Radialfäden aufweist und an ihrer gelblichen oder rötlichen Färbung kenntlich ist. Wenn wir solche Schalen in einem Haushaltsgeschäft kaufen, ist nicht immer garantiert, daß sie tatsächlich aus dem Meere stammen. Vor Nachahmungen darf auch hier gewarnt werden.

Von einer anderen Muschel ist hier noch zu berichten, nämlich der Perlmuschel (als Meermuschel *Pinctada margaritifera*, als Flußmuschel *Margaritana margaritifera*), in deren Gehäuse eine oder mehrere Perlen (lat. ‹perula›, ‹Birnchen›) wachsen können. Gerade diese Muschel(schale) hat in der christlichen Kulturgeschichte einen ungemein hohen Symbolwert erhalten. Gideon, heißt es in der Bibel (Richter 6,36–38), «concham rore implevit», und manche meinen, hier sei von einer Perlmuschelschale die Rede, die mit göttlichem Tau gefüllt wurde (Luther übersetzte allerdings «füllte eine Schale voll des Wassers», und Gott hatte zunächst einmal ein Fell mit Tau benetzt, Gideon drückte dieses Naß in ein Gefäß aus). Das Bild wirkte eindrücklich auf den Verfasser des *Physiologus*. Im Meer, erzählt er im Kapitel «Vom Achat und von der Perle», sei eine Muschel, die heiße Auster. Sie steige morgens aus dem Meere auf, öffne ihren Mund und trinke den Tau des Himmels, werde dadurch schwanger und gebäre die Perle zwischen ihren beiden Klappen. Diese nun bedeuteten das Alte und das Neue Testament, der Tau sei der Heilige Geist und das Produkt der Zeugung, die Perle, bedeute unseren Herrn Jesus Christus.

Nicht die Einführung der Auster (*Ostrea*, der bedeutendsten eßbaren Muschel neben der Miesmuschel) ist hier verwunderlich, denn die moderne Perlenzucht benutzt Austern als Trägertiere, sondern der Gedanke von der Zeugung eines kostbaren, runden, glänzenden Wesens im Inneren der Muschelschalen. Auch beim Bischof Isidor von Sevilla heißt es: «Von den Perlmuscheln überliefern die Schriftsteller der Naturkunde, daß sie nächtens an die Ufer streben und aus dem himmlischen Tau die Perle (‹margaritum›) empfangen.» Die Perle ist folglich oftmals Sinnbild des Höchsten, ein königliches, ein göttliches Symbol. Bei vielen Völkern, insbesondere im Fernen Osten, gilt sie, wie Mircea Eliade in seinem Buch *Ewige Bilder und Sinnbilder* gezeigt hat, als ein Schutz- und Heilmittel, als eine Kraftspenderin und als ein Bild der Fruchtbarkeit. Da in der antiken Mythologie die Göttin Aphrodite/Venus aus dem Meeresschaum geboren sein soll, zeigen die Maler gerne, wie sie einer Muschel entsteigt; wenn Sandro Botticelli 1485 in diesem Zusammenhang eine Jakobsmuschel verwendet statt einer unansehnlichen Austernschale, so irrt er zoologisch oder symbolgeschichtlich, gewinnt aber an darstellerischer Überzeugungskraft. Aber über die gelehrten Traditionen hinaus wird das Wort ‹Muschel› in der populären Phantasie immer wieder mit ‹Perle› oder gar ‹edler Schmuck› verbunden. So begegnet der Held des schweizerischen Kinderbuchs Globi *(Globis Abenteuer auf dem Meeresgrunde)* selbstverständlich auch einer Muschelschale (sie wurde neuerlich von Robert Lips wie eine Jakobsmuschel gezeichnet!) und findet darin einen Schatz:

> Eine Muschel, zugefaltet,
> einem Fächer gleich gestaltet
> wie aus einem Fürstenhaus,
> breitet sich vor Globi aus.
> Leise öffnet sich die Schale,
> und da glänzt mit einem Male
> jene Kette mit Juwel,
> die er sucht mit Leib und Seel!

Doch zurück zu Höherem! Jesus ist ja, der *Physiologus* sieht es dogmatisch richtig, durch die Einwirkung des Heiligen Geistes in der Heiligen Jungfrau empfangen worden. So liegt es nahe, den Leib der Maria mit der Höhle der Muschel zu vergleichen. Die Muschel wird auf diese Weise auch zum Symbol der Gottesmutter und ihrer jungfräulichen Empfängnis; Gemälde insbesondere der Renaissance stellen Maria folglich mit einer Muschelschale oder mit einer Perle dar; einer ihrer vielen Beinamen (oder eines ihrer Mysterien) heißt ‹concha›, also ‹Muschel›. Freilich wird dieser Vergleich nicht allenthalben gern gebraucht; allzu leicht läßt sich das altüberlieferte Muschel/Perle-Mysterium vulgarisieren und mit einer beliebten Metapher für weibliche Sexualität verwechseln. In der Umgangssprache wird die Vulva gern mit Variationen des Wortes ‹Muschel› bezeichnet, weil sie dem Fleisch einer Miesmuschel gleicht. Ernest Bornemans *Sex im Volksmund* liefert zu diesen Benamsungen genügend Belege.

Perlen (auch mariologische) soll man bekanntlich nicht vor die Säue werfen (wie wir seit Matth. 7,6 wissen: «Gebet das Heilige nicht den Hunden und werfet eure Perlen nicht vor die Schweine», heißt es da). Und wenn der Haushahn auf dem Mist eine Perle findet, so weiß er damit nichts anzufangen, und er bemerkt realistisch, eine Handvoll Gerste wäre ihm lieber als dieses Kleinod. Das haben viele Fabeldichter ausgemalt und in Reime gebracht, so zum Beispiel Burkard Waldis, ein evangelischer Pfarrer der ersten Hälfte des 16. Jahrhunderts, und in der Schlußmoral sagt er dazu:

> [...] Das Bös den Guten ist nicht gut,
> das Gut den Bösen Schaden tut.
> Das Heiltum [Sakrament] ist nicht für die Hund,
> Perlen sind Schweinen ungesund;
> der Muskat[trauben] wird die Kuh nicht froh,
> ihr schmeckt viel bess' grob Haberstroh.
> [...] Darum sich's in der Welt jetzt [so ver-]hält:
> Zu Gleichem Gleich sich gern gesellt.

Unklar bleibt in den Fabeln allerdings, wie die Perle aus der Muschel auf den Hühnerhof gelangt sein soll.

Nachtigall

Wer je das Glück hatte, eine der letzten Nachtigallen Mitteleuropas singen zu hören, wird sich mit Freude an den Melodienreichtum, an die wechselnden Tonlagen und an die Variationsfülle ihres Repertoires erinnern. In der *Roten Liste gefährdeter Tiere Bayerns* findet sich die Nachtigall *(Luscinia megarhynchos)* in der Gefährdungsstufe 4 R: Sie ist «potentiell gefährdet durch Rückgang». Ihr Rückgang ist freilich kein freiwilliger, sondern hier, wie bei vielen anderen Arten, bedingt durch die Zerstörung und Beeinträchtigung der Lebensräume (Auwälder, dichtes Gebüsch), die verschwunden oder mit Schadstoffen (Pestiziden) belastet sind, durch die fortschreitende Mechanisierung der Landwirtschaft und durch Wechselwirkungen mit anderen, im ‹Rückgang› befindlichen Arten, die zum Beispiel unserer Sängerin als Futter dienen sollten.

«Vögel sind unsere Kammersänger», meint Carl Julius Weber in seinem *Demokritos*, «sie aber ist die Sängerin der Natur, ohne die sich kein schöner Frühlingsabend und kein erstes Maifest denken läßt.» Die ‹Luscinia› (was vielleicht ‹Dämmerungsvogel› oder ‹Sängerin am frühen Morgen› bedeutet), wurde in der Antike auch ‹Philomela›, die ‹Liederliebende›, geheißen. Plinius lobt sie in den höchsten und liebevollsten Tönen und berichtet, daß gezähmte Sängerinnen zu seiner Zeit ungemein selten und teuer waren; Nachtigallen sind in der Tat nicht so einfach domestizierbar wie Kanarienvögel. «Sie wetteifern miteinander», schreibt Plinius, «und sie treten ganz offensichtlich in einen Gesangsstreit ein; die Verliererin stirbt dabei oft, doch eher geht ihr der Atem als das Lied aus.» Ihr deutscher Name deutet auf die Nachtzeit, in der sie am ungestörtesten singt und auf ihre ‹gällende› Stimme, mit welcher sie Schläfer zu wecken und Liebende munter zu halten vermag.

In der antiken Mythologie heißt es, die Nachtigall sei eine verwandelte Frau, die um ihr Kind klage. Publius Ovidius (er lebte eine Generation vor Jesus Christus) erzählt in seinen *Metamorphosen*, dem Buch von den Verwandlungen, von Philomela: König Tereus, von seiner Frau Prokne nach Piräus geschickt, um ihre Schwester Philomele zu holen, sei in Liebe zu dieser schönen Schwägerin entbrannt: Er will sie, kaum hat er sie erblickt, entführen und verführen. In der Tat enthüllt er der Getrogenen und Getäuschten in einem dunklen Wald seine bösen Gelüste und vergewaltigt sie auch. Sie schwört ihm, ihr Unheil aller Welt bekanntmachen zu wollen. Um dies zu verhindern, schneidet ihr Tereus die Zunge heraus. Um sich zu rächen, tötet Philomele zusammen mit ihrer ebenfalls erzürnten Schwester das Söhnchen des Tereus und der Prokne, Itys. Sie setzen den Knaben dem Vater als Speise vor, und Philomele schleudert ihrem Schänder den Kinderkopf ins Gesicht. Die Handelnden dieses ungemein blutigen Dramas werden daraufhin durch die Einwirkung der Götter in Vögel verwandelt: Philomele in eine klagende Nachtigall, Prokne in eine Schwalbe, Tereus in einen Wiedehopf.

Ein Echo dieses Mythos findet sich noch in dem von Philipp Otto Runge aufgezeichneten Grimmschen Märchen vom *Machandelboom* (KHM 47): Auch dort wird ein Knabe von der Mutter geschlachtet und vom Vater unwissentlich gegessen; der Tote verwandelt sich in einen klagenden Vogel («Mein Mutter, die mich schlacht, mein Vater, der mich aß [...]»); die Mutter wird allerdings nicht in eine Nachtigall verwandelt, sondern gut-deutsch-märchentypisch von einem Mühlstein erschlagen.

Im Anhang zum Grimmschen Märchenbuch findet sich dann noch eine aus dem Französischen übernommene Geschichte, die erklären soll, warum die Blindschleiche keine Augen habe. Nachtigall und Blindschleiche, heißt es da, hätten ursprünglich je ein Auge gehabt. Eines Tages habe der Vogel auf eine Hochzeit fliegen wollen und sich das zweite Auge von der Blindschleiche ausgeliehen, es ihr aber nie zurückgegeben, sondern sie sogar gehöhnt:

> Ich bau mein Nest auf jene Linden,
> so hoch, so hoch, so hoch, so hoch,
> da magst du's nimmermehr finden.

Unerfindlich ist dabei, warum die Nachtigall jemals einäugig gewesen sein soll; außerdem scheinen die Brüder Grimm nie beobachtet zu haben, daß unser Vogel nicht in Baumwipfeln nistet und schon gar nicht in lichten Linden, sondern tiefe Verstecke in dichtem Buschwerk vorzieht. Aber es sieht so aus, als hätten die Katalanen diese Geschichte, so irrig sie ist, noch in unserem Jahrhundert dem Sammler Joan Amades erzählt. Oder sollten die Nachtigallen vor hundert Jahren weniger scheu gewesen sein?

Liebenswürdiger erscheint da eine andere katalanische Erklärungsgeschichte (eine Ätiologie, sagen die Fachleute). Die Nachtigall habe dem sterbenden Christus ein Lied gesungen, und da habe er ihr zur Belohnung die schönste Stimme unter den Vögeln verliehen. Auch meinen die Romanen, der Herr Nachtigall singe so schön, weil er seinem Weibchen die langweilige Brütezeit verkürzen wolle. Immer wieder (eben auch in Shakespeares *Romeo und Julia*) wird also die Nachtigall mit der Liebe in Zusammenhang gebracht. In einem alten deutschen Volkslied reimt sich die Linde, auf der die Nachtigall sitzt, mit Minne. In irgendeiner Sprache sollte sie also wohl auch Liebesvogel heißen. Ludwig Uhland hat übrigens in seiner Einleitung zu der Sammlung *Alte hoch- und niederdeutsche Volkslieder* den Nachtigallen-Liebesliedern große Aufmerksamkeit geschenkt und dem Vogel ein besonders freundliches Lob gespendet: «Vor allen andern Beschwingten», heißt es da (1845), «ist in unsern Volksliedern, wie schon im Minnesang, die tönereiche Nachtigall beliebt und hochgehalten, sie wird bald innig und zutraulich die liebe, viel liebe Nachtigall geheißen, bald erhält sie den Ehrennamen Frau Nachtigall und wird mit Ihr angeredet. Ihre Stimme dringt ja am tiefsten ins Gemüt, je schmächtiger und mißfarbiger, umso seelenhafter erscheint die Sängerin, deren mächtige Töne die zarte Brust zu sprengen drohen; aus der Dämmerung des Morgens oder in der stillen Nacht erschallt ihr Gesang zauberhaft und ahnungsvoll.»

Doch offenbar schätzen nicht alle Menschen das Kunstlied so hoch ein. Erasmus von Rotterdam fragt in seinen *Colloquia*: «Lachen nicht mehr Leute, wenn der Kuckuck ruft, als wenn die Nachtigall schlägt?» Er spielt damit auf eine Fabel an, die uns Gellert ebenfalls vorträgt: Er läßt in einer kleinen Auseinandersetzung Nachtigall und Kuckuck auftreten. Der Schreihals rühmt sich zuerst des Beifalls, den ihm spielende Knaben spenden, doch dann zeigt ihm die Sängerin, wie rührend sie auf die Empfindungen eines Liebespaares zu wirken vermag, und:

> «Oh», rief die Nachtigall, «da, Schwätzer, lerne du,
> was man erhält, wenn man den Klugen singt.
> Der Ausbruch einer stillen Zähre
> bringt Nachtigallen weit mehr Ehre,
> als dir der laute Beifall bringt!»

Die Nachtigall ist angeblich – auch Uhland deutete das an – ein unansehnliches Geschöpf: Sie schmeichelt dem Ohr, aber nicht dem Auge. So erzählt Christian Fürchtegott Gellert in seiner Fabel vom *Zeisig*, ein Vater habe seinem Jungen eine Nachtigall und einen Zeisig gezeigt und ihn gefragt, welcher von den beiden denn wohl besser singen könne? Der Knabe deutet selbstverständlich auf den leuchtenderen Vogel:

> Wie schön und gelb ist sein Gefieder!
> Drum singt er auch so schöne Lieder;
> dem andern sieht man's gleich an seinen Federn an,
> daß er nichts Kluges singen kann.

Nun ja, wir kennen die Moral: Der Schein trügt, oder Kleider machen eben nicht Leute, oder, um es mit Gellert zu sagen:

> Ein andrer hat zwar viel Geschicke;
> doch weil die Miene nichts verspricht:
> So schließt man bei dem ersten Blicke,
> aus dem Gesicht, aus der Perücke,
> daß ihm Verstand und Witz gebricht.

Schließlich bleiben einige Redensarten zu erklären. Der Spruch «Es war die Nachtigall und nicht die Lerche» wurde schon oben bei der *Lerche* erwähnt. Ein hübsches altes Flugblattlied von der *Frau Nachtigall* findet sich in *Des Knaben Wunderhorn* von Achim von Arnim und Clemens Brentano (1805). Es beginnt:

Nachtigall ich hör dich singen,
das Herz möcht mir im Leib zerspringen [...],

und in der zweiten Strophe heißt es:

Nachtigall ich seh dich laufen,
an dem Bächlein tust du saufen [...].

Der Redensartenforscher Lutz Röhrich sieht in diesen ersten
beiden Zeilen die Grundlage für das bekannte berlinerische
«Nachtigall, ick hör dir trapsen», was soviel bedeutet wie
‹Ich weiß wohl, was da gespielt wird›. Zu einem geflügelten
Wort wurden außerdem zwei Verse aus dem Goetheschen
Gedicht *Ländlich* (1827):

Was Neues hat sie nicht gelernt,
singt alte, liebe Lieder,

und diesen Seufzer kann man ausstoßen, wenn einem eine
menschliche Nachtigall immer wieder dasselbe erzählt.
Wer dem Volke auf das Maul schaut, kann hoffen, daß die
Nachtigall wenigstens in unseren Liedern und Redensarten
weiterleben wird.

Nashorn

«*Eine* Beschreibung der Gestalt und des Aussehens des
Rhinoceros müßte sehr blaß ausfallen», meint der antike Naturkundige Aelian, «denn viele Griechen und Römer haben
schon eines gesehen. Aber es schadet nicht, wenn wir seine
Lebensumstände beschreiben. Es hat ein Horn am Ende seiner Nase, daher sein Name. Die Spitze des Horns ist ungemein scharf, und seine Stärke hat man mit der von Eisen
verglichen. Außerdem wetzt es noch sein Horn an Felsen,
und dann greift es gerne einen Elefanten an, obwohl es sich
sonst nicht mit ihm messen kann, weil der Elefant so groß
und stark ist. Das Rhinoceros rennt ihm also unter seine
Beine und reißt ihm mit seinem Horn von unten den Bauch
auf, und in kurzer Frist bricht der Elefant wegen des Blut-
verlustes zusammen.»

Das also beschriebene wilde Nashorn *(Rhinoceros unicornis)* wäre indes in unseren Breiten nie zu einer solchen frühen Berühmtheit gelangt, wenn es nicht von Albrecht Dürer schon im Jahre 1515 auf meisterhafte Weise und in großem Format (etwa 23 × 30 Zentimeter) abkonterfeit worden wäre. Das Vorbild zu seinem Rhinozeros war 1513 dem König von Portugal geschenkt worden. Irgendwie muß Dürer zu einer sehr genauen Nachzeichnung dieses gewaltigen Dickhäuters gelangt sein (da es sich um einen gemächlichen und schwerfälligen Kurzbeiner handelt, ist es nicht so schwierig, ihn in allen Details wiederzugeben). Jedenfalls diente sein Holzschnitt den späteren Naturbeschreibern immer wieder als Vorlage. In Conrad Gesners Tierbuch sprengte das Rhinozeros-Bild sogar die Möglichkeiten des Folio-Formats, so hat es der Drucker Christoph Froschauer in Zürich in der Ausgabe von 1563 senkrecht in das Buch plaziert. Diese Art der monumentalen Darstellung ohne eine das Tier umgebende Landschaft hielt sich bis in die populären Flugblattdarstellungen des 18. Jahrhunderts hinein.

Im Jahre 1741 brachte dann ein holländischer Kapitän namens Douvvemout Vandermeer ein Rhinozeros von Assam nach Europa, das in den folgenden Jahren (bis 1758) viel von

sich reden und schreiben machte und auch mehrfach in Gemälden (so von dem Italiener Pietro Longhi, 1751), Holzschnitten und Kupferstichen (so von Johann Elias Riedinger) abgezeichnet wurde. Bei Longhi wird das Tier in Venedig zur Schau gestellt; sieben zum Teil maskierte Personen betrachten es, erhöht und hinter einer Holzbrüstung stehend, mit Aufmerksamkeit und fordern ihrerseits den Betrachter des Bildes zu intensivem Schauen auf. Der Bändiger des Tieres, ein schmächtiger Mann, hält in der erhobenen rechten Hand nicht nur eine Peitsche, sondern auch das Horn, welches denn auch dem Tiere selbst fehlt. Man hat diesem hornlosen Nashorn Stroh zu fressen gegeben, ob es sich darüber freut, ist schwer auszumachen. Seine düstere Färbung kontrastiert mit den hellbunten Kleiderfarben der Frauen im Hintergrund des Bildes, ein Kothaufen am linken Bildrand mit der Wohlanständigkeit des Publikums. Die düstere Natur Asiens steht hier jedenfalls weit unter der leuchtenden Kultur der Republik Venedig.

In Paris wurde das Douvvemout-Monstrum 1749 auf dem Jahrmarkt von Saint-Germain vorgeführt. Das dazugehörige Flugblatt zeigt unter dem riesigen Rhinomaul eine Kampfszene zwischen Nashorn und Elefant und unter seinen unpaarzehigen Vorderhufen ein Porträt des tapferen holländischen Kapitäns. Auf einem Regensburger Ankündigungszettel von 1747 heißt es unter dem Holzschnitt, der nach wie vor eher dem Vorbild Dürers als dem natürlichen Charme des Schautieres nachempfunden zu sein scheint, in der Stadt sei «ein lebendiger Rhinozeros» angekommen, «der nach vieler [Menschen] Gedanken der Behemoth sein solle, nach der Beschreibung Hiobs, Kap. 40, Vers 10. Es ist verwunderungswürdig vor einem jedweden, der dasselbe kommt zu sehen und ist das erste Tier von dieser Sorte, welches hier ist gewesen; ist ungefähr 8 Jahre alt und gleichsam noch ein Kalb, derweil dasselbe noch viele Jahre wächst und die Tiere auf hundert Jahre alt werden. Es wiegt anjetzo beinahe 5000 Pfund [...]» Es habe auf der Nase ein Horn, heißt es da weiter, «womit es die Erde viel geschwinder kann umgraben als niemals ein Bauer mit dem Pflug tut, ist schnell im Laufen, kann schwimmen und tauchen im Wasser wie eine Ente [...]». Und die alte Geschichte von seinem Kampf mit dem Elefanten ist da noch immer zu finden: «so, daß wenn es ihn antrifft, denselben mit seinem Horn unten in [den] Leib stößt, auch aufreißt und tötet.» Sechzig Pfund Heu, zwanzig Pfund Brot und vierzehn Eimer Wasser brauchte das Tier zu seiner täglichen Nahrung. In einem Gedicht heißt es abschließend:

> Das Auge wundert sich, der Mund muß frei bekennen:
> Gott ist wie allmachtsvoll, so wundersam zu nennen!

Dieses Blatt kostete einen Groschen; für zwei Groschen konnten die Zuschauer einen «kleinen Kupferstich mit dem Mohren», für einen halben Gulden einen großen Kupferstich mit dem Abbild des Nashorns erstehen. Es gab zu der damaligen Zeit jedenfalls mehr Rhinozeros-Bilder als lebende Nashörner in Europa.

Die Naturgeschichtslehrer des 18. Jahrhunderts bemühten sich dann nach Kräften, ihren Kindern das Nashorn phantasiefördernd vorzustellen. «Es sieht fürchterlich aus«, schreibt Georg Christian Raff 1791, «wegen seines anderthalb Ellen langen Hornes auf der Nase, [...] wegen seiner langen steifen Ohren und sehr kleinen Augen; wegen seiner schwarzgrauen, haarlosen und so faltichten Haut, daß man meint, es wäre angeschirrt oder mit Panzern bedeckt [...] und wegen seines kurzen, nackten und nur am Zipfel behaarten Schwanzes. Es bringt alle Jahr ein Junges zur Welt und lebt vierzig bis fünfzig Jahr. Siehe Tafel 10 Figur 11.» Raffs Nashorn «tobt entsetzlich und reißt und stößt Freunde und Feinde und überhaupt alles nieder, was ihm begegnet», selbstverständlich auch den Elefanten. Dieses «entsetzliche wilde» Ungeheuer «wütet oft einen halben Tag in einem fort»; deswegen «schlägt man es gewöhnlich tot und ißt sein Fleisch und macht aus seiner Haut, die die härteste unter allen Tierhäuten der Welt ist, Peitschen, Riemen, Kannen, Schüsseln, Zelte und Kleider». Da waren Raffs Kinder doch sicher froh, daß wenigstens ein paar gute Lederriemen von diesem Scheusal abfielen.

Bei Professor Relsserd geht es beim Rhinozeros – wie beim Flußpferd – hauptsächlich um eine packende Jagdszene aus der guten alten Kolonialzeit: «Indessen hatte einer von diesen beiden Offizieren die Verwegenheit, dem Tiere nachzureiten und ihm mit seinem japanischen Säbel Hiebe auf den Rücken zu geben, die aber, wegen der dicken Haut, nur einige weiße Streifen zurückließen. Das Tier ertrug sie geduldig [!], bis sein Junges im Gesträuch verborgen war, dann wendete es sich plötzlich mit fürchterlichem Grunzen und Zähneknirschen gegen den Reiter und zerriß ihm den einen Stiefel in Fetzen; es wäre vielleicht ganz um ihn geschehen gewesen, wenn das Pferd nicht klüger gewesen wäre als der Reiter. Es sprang zurück und floh aus allen Kräften; das Nashorn hinter ihm her, Bäume und alles was ihm hinderlich war, mit fürchterlichem Gekrache niederschmetternd. Als das Pferd mit samt dem Reiter wieder zurückkam, ging das wütende Tier jetzt auf uns los, allein wir hatten uns glücklicherweise, um der Wut dieses Ungeheuers auszuweichen, hinter zwei große Bäume geflüchtet, die kaum zwei Fuß voneinander entfernt waren, Das Tier, in seiner Dummheit, wollte schlechterdings zwischen diesen beiden starken Bäumen hindurch» – das genügt, kurzum, das Tier in seiner Dummheit wird von den klugen deutschen Jägern mit Schüssen in den Kopf erlegt.

Die Herausgeber des *Kinder-Buffon* meinen 1837 noch immer, das Rhinozeros befinde sich «im ständigen Krieg mit dem Elefanten», welcher zwar mit seinen Stoßzähnen das kleinere Tier «zerfetze, zerhacke, in Stücke reiße», doch «der Sieg bleibt meistens auf seiten des Rhinozeros». Um so seltsamer muß dann das Schlußurteil der französischen Pädagogen klingen: «Das Rhinozeros ist weder blindwütig noch blutrünstig, ja nicht einmal ungewöhnlich wild, aber doch kein umgängliches Tier. Er ist so ungefähr in großem Maßstab das, was das Schwein im kleinen ist: schroff und roh, ohne Intelligenz, ohne Gefühl und ohne Gelehrigkeit.»

Die Roheit solcher Kinderlehren hat so manchen Scherzbold ermutigt, sich über das Nashorn lustig zu machen. So heißt es irgendwo bei Heinz Erhard:

Ein Nashorn und ein Trockenhorn,
die gingen durch die Wüste.
Da stolperte das Trockenhorn;
das Nashorn sagte: Siehste!

Ein so oft gescholtenes – und auch noch von Alfred Edmund Brehm vielfach geschmähtes – Tier muß doch wohl seine geheimen guten Seiten besitzen, eine Sanftheit hinter den Panzern, eine Klugheit unter dem Horn, eine große Ruhe in allen seinen Gliedern, einen Gleichmut, um den wir den zähledrigen Burschen nur beneiden können. Wenn der Mensch solche Qualitäten des Nashorns noch nicht erkannt hat, so mag das doch auch an der mangelnden Intelligenz des *Homo sapiens* liegen.

Otter

Gemeint ist hier nicht *die* Otter oder Viper, also eine Giftschlange, sondern *der* Otter *(Lutra lutra)*, der zu den Mardern gehört und auch Fischotter genannt wird, obwohl er keineswegs etwas mit den Fischen gemein hat, außer daß er sich von ihnen ernährt. In früheren Jahrhunderten zählte man jedoch dieses Säugetier gerne zu den Fischen. Wenn in Shakespeares *Heinrich IV.* (III,3) Herr Falstaff die wütende Frau Hurtig, Wirtin zum Eberkopf, ein Biest nennt, nämlich einen Otter, und der sei weder Fisch noch Fleisch, so spielt der Komödiendichter hier auf eine naturkundliche Unklarheit an, welche den Katholiken einen billigen Vorwand lieferte, an den Fasttagen, an denen der Fleischverzehr verboten war, ein schmackhaftes Ottern-Gericht zu sich zu nehmen.

Schon der *Physiologus* zeigt uns, daß dieser glänzende Schwimmer in der Antike nicht besonders gut bekannt war; er habe, heißt es da, die Gestalt eines Hundes, und er sei dem Krokodil spinnefeind. Und so springt der schwache Otter mit seinem starken Gegner folgendermaßen um: «Wenn das Krokodil schläft, hält es den Mund offen. Nun aber geht der Fischotter hin und bestreicht seinen ganzen Leib mit Lehm, und wenn dann der Lehm trocken ist, springt der Otter in den Mund des Krokodils und zerkratzt ihm den ganzen Schlund und frißt seine Eingeweide.» Das Krokodil wird anschließend als der Teufel, der Otter aber als Christus ausgelegt, welcher in die Hölle hinabstieg, aber auch wieder auferstanden ist.

Die Idee mit der Lehmbeschmierung ist nicht ganz so absurd, wie sie aussieht; sie trifft zumindest nach dem alten etymologischen Denken zu: Der Otter heißt ‹lutra› oder ‹luter›, das erinnert an das lateinische Wort für ‹Lehm›, ‹lutum› – so mag diese kuriose Geschichte vom schmutzigen Otter entstanden sein. Im hohen Mittelalter verachten die Naturwissenschaftler den Otter aus einem anderen Grund: «Das Tier ist so gierig auf Essen», schreibt der Naturkundige Konrad von Megenberg, der vom 14. bis zum 16. Jahrhundert viel gelesen wurde, «daß es der Fische so viel sammelt in sein Loch und in seine Wohnung, daß sie so sehr faulen, daß nicht allein das Loch stinket, es stinkt auch alle Luft um und um davon. Das haben etliche Leute empfunden zu ihrem Schaden.»

Die beiden Vorwürfe Fressen und Stinken bleiben lange an diesem Tiere haften. Conrad Gesner wiederholt im 16. Jahrhundert den Megenberg, wenn er schreibt: «In dem Jagen soll er trefflich geschwind und schnell sein und seine Löcher mit so viel Fischen anfüllen, daß sie auch zu Zeiten stinkend werden und die Luft vergiften, welches etliche, so solchem Tier nachgejagt, mit großer Gefahr erfahren haben. Dannhero wird er auch so sehr stinkend, daß von ihm das Sprichwort kommen, daß man von einem übelriechenden Menschen sagt: Er stinket wie ein Otter.»

Nun, er stinkt und frißt bis ins 19. Jahrhundert hinein, denn Georg Christian Raff läßt 1791 seinen Otter sprechen: «Mein Fleisch schmeckt nicht sonderlich, weil es stark nach Fischen riecht [!], aber meine Haare sind sehr fein und fast ebenso gut zu Hüten und Strümpfen zu gebrauchen wie des Bibers seine. Wenn ich gern einen guten Fraß [!] tun möchte, so schlage ich mit meinem Schwanze ins Wasser und jage die Fische zusammen und tauche nun plötzlich unter, fange einen oder zween davon, gehe mit ihnen heraus aufs Trockene und verzehre sie da.»

Diese List des Otters erregt den Naturlehrer nun ungemein, denn er ruft aus: «Ist's nicht so? Ja verhaßter [!] Fischdieb, freilich ist's leider so. Immer und vorzüglich des Nachts schleichst du bei den Teichen umher und lauerst und guckst nach den Fischen, und wenn du einen siehst, so fährst du auf ihn los und fängst und frißt [!] ihn. Du hast schon oft in kurzer Zeit einen ganzen Teich ausgefischt und sodann, da es keine Fische mehr darin gab, auch die Krebse aufgefressen.»

Doch Raff ist nicht der einzige Schulmeister, der dem Otter seinen Appetit ganz persönlich übel nimmt. Der schwäbische Fabeldichter Friedrich Haug (1761–1829), ein Freund Friedrich Schillers, tadelt in seinen *Zweihundert Fabeln für die gebildete Jugend* (1823) in witziger Weise die Jagdlust des Otters, die er mit der des Fuchses vergleicht:

> Fischotter schalt: «O Fuchs, Tyrann,
> den selbst die Unschuld nicht erweichen kann!
> Warum die Gäns' und Hühner grausam töten?»
> Da rief der Fuchs verhöhnend: «Sprich!
> Macht Neiden oder Mitleid dich,
> Fischotter, jetzt zum Katecheten?» –
> «Das helle Mitleid! Um und um
> vermag kein Tier des Mordes mich zu zeihen.» –
> «Zu deinem Glücke sind die Fische stumm;
> doch könnten sie wie Gänse schreien,
> sie würden dich im Wasserteich
> unisono vermaledeien.»
> Ihr Tadler, denkt zuerst an euch.

Nun ja, die Tadler haben in der Tat an ihren eigenen Nutzen gedacht: Sie wollten die Fische und den Otter zugleich. Von dem nach der Menschen Meinung schmutzigen, stinkenden, freßsüchtigen Otter sind schließlich so wenige Exemplare übriggeblieben, daß er nach der *Roten Liste gefährdeter Tiere Bayerns* (1992) zusammen mit Kleinwühlmaus, Luchs und Wildkatze vom Aussterben bedroht ist. Man fragt sich, ob solche Prozesse der Ausrottung einer Tierart auch mit dem schlechten Ruf zu tun haben können, der bestimmten (aber nicht wenigen!) Tieren seit eh und je zugedichtet worden ist.

Pantherkatzen

Mehrere Großkatzen seien hier in einem Artikel zusammengefaßt, denn in der Geschichte der Tiergeschichten lassen sie sich kaum auseinanderhalten: der Jaguar oder die Unze *(Panthera onca* oder: *Felis onca),* der Leopard oder Panther *(Panthera pardus,* auch: *Felis pardus),* wozu auch der Schwarze Panther *(Felis melas)* gehört, und der Ozelot oder die Pardelkatze *(Leopardus pardalis),* eine kleinere Katze, die wegen ihres Felles besonders beliebt ist. Löwe *(Panthera leo)* und Tiger *(Panthera tigris)* werden in diesem Buch unter ihren besonderen Namen behandelt. Die Zoologen weisen uns schon durch die Bezeichnung des Gepards oder Chitah (er heißt lateinisch *Acinonyx jubatus)* darauf hin, daß sie diesen schnellsten Vierfüßer der Welt, der Geschwindigkeiten von mehr als hundert Stundenkilometern erreichen kann, nicht zu den Pantherkatzen rechnen; das bedeutet jedoch nicht, daß alte Texte, die von schnellen Panthern schreiben, nicht auch den Gepard gemeint haben könnten. Auch der amerikanische Puma oder Kuguar *(Puma concolor),* auch Berg- oder Silberlöwe genannt, gilt zwar als eine Mittelkatze, wird aber nicht zu den Panthern gezählt. Die Namen fast aller dieser Tiere sind uns hauptsächlich aus der Reklamesprache bekannt, und sie stehen dort allemal für schnelles und weiches Laufen oder Fahren.

Der *Physiologus* schreibt, der Panther, bunt und schön, still und zahm, sei der Freund aller Tiere. Er schlafe drei Tage, sobald er satt sei. Seine Stimme sei wohlriechend (sic!), damit locke er die Leute an. Eine solche Darstellung, wir haben es schon öfter erfahren, will allegorisch verstanden sein: Christus ist gemeint, der drei Tage im Grabe lag und der die Menschen zu sich zieht. Von einem liebenswerten und menschenfreundlichen Panther, genauer einer Pantherin, erzählt auch der Ältere Plinius, den Naturphilosophen Demetrius zitierend, in seiner *Naturgeschichte* (VIII, 21,59): Ein gewisser Philinus habe auf der Straße einen Panther liegen sehen und die Flucht ergreifen wollen. Doch das Tier rollte sich auf den Rücken, um seine Friedfertigkeit zu zeigen. So kam Philinus näher und bemerkte, daß diese Pantherin ihm offenbar etwas mitteilen wollte. Sie schob ihn mit ihrer Tatze in eine bestimmte Richtung, er begleitete sie nach ihren Wünschen in die Wüste, und sie kamen an eine Grube, in welche ihre Jungen hineingestürzt waren. Philinus rettete die Kleinen, und die Pantherin und ihre Kinder zeigten ihm ihre Dankbarkeit, indem sie ihn wieder zu der Straße zurückführten. Den Römern waren diese Panther oder Leoparden sehr wohl bekannt, denn die Herrscher ließen sie dutzendweise bei den Zirkusspielen aufmarschieren; so soll nach Plinius der Staatsmann und Feldherr Pompejus vierhundertzehn, der Kaiser Augustus sogar vierhundertzwanzig Leoparden besessen haben.

Ein ungewöhnliches Leoparden-Melodram findet sich in dem Tierbuch *(El llibre de les Bèsties)* des katalanischen Dichters und Philosophen Ramon Llull (Raimundus Lullus, um 1235–1316). Es geht wohl von der Tatsache aus, daß Kreuzungen zwischen Panthertieren möglich sind (so gibt es einen ‹Jagupard› aus der Vermischung von Leopard und Jaguar oder einen ‹Tigon› aus der Kreuzung von Löwe und Tiger); und es entspringt vielleicht einer Bemerkung des schon oft genannten Älteren Plinius, der (VIII, 17,43) vom Löwen erzählt, er rieche es sehr wohl, wenn seine Gefährtin ihn mit einem Leoparden betrüge, und dann setze er alles daran, um sie zu bestrafen; deswegen wasche sich die Ehebrecherin sorgfältig oder bleibe auf Distanz zu ihrem Herrn und Meister. Llull erzählt also folgendes: Auf den falschen Rat des Fuchses, der die schöne Frau des Leoparden mit süßen Worten preist, erlaubt sich der Löwe als der König der Tiere, die Leopardin zu entführen. Wutentbrannt eilt der entehrte Leopard vor den Thron des Löwen und wirft ihm den Fehdehandschuh hin. Da fragt der König seine Vasallen, wer sich an seiner Statt zu einem Duell mit dem Leoparden bereitfinde? Der Jaguar erklärt sich zu einer solchen Auseinandersetzung bereit, unterliegt aber in dem fürchterlichen Zweikampf. Nun hätte, nach dem Verständnis von Ritterehre, der Löwe nachgeben und Abbitte leisten müssen; statt dessen häuft er, kraft Amtes, Unrecht auf Unrecht, stürzt sich auf den ermatteten Leoparden und schlägt ihn tot. Diese Episode ist bei Llull ein Gleichnis für einen tyrannischen Herrscher, der sich keiner gesellschaftlichen Ordnung unterwirft.

Die Pantherkatzen haben später nicht nur als eine Art von rascheren und wilderen Jagdhunden herhalten müssen, wie wir von Buffon erfahren, sie wurden vor allem selber gejagt, weil der Mensch (nicht zuletzt weiblichen Geschlechts) glaubte, ihre schöngefleckten oder glänzenden Felle als Prunkstücke vorweisen und als Wärmeschutz verwenden zu müssen. Panthertiere eigneten sich aber auch für mancherlei Morallehren. Eine verbreitete Fabel stellt zum Beispiel Panther und Fuchs in einem Schönheitswettbewerb vor: Gewiß sei der Panther mit seinem glänzenden gemusterten Fell der Elegantere, heißt es da, doch der Fuchs sei

ihm wegen seiner Intelligenz weit überlegen. Der Leopard muß sich sogar den Widerstand kleinerer Tiere gefallen lassen: Als er schlafend den Höhlenausgang der Schildkröte versperrt, beißt sie ihn kurzerhand in den Kopf. Soll wohl heißen: Vertreibt die Fremden aus unseren Hauseingängen! Mehrfach (wie schon bei Raimundus Lullus) wird in der Fabel dem Leoparden tyrannisches Verhalten nachgeredet. Selbst Gottlieb Konrad Pfeffel sieht in Dichtungen wie *Der Leopard und das Eichhorn* oder *Der Leopard und die Affen* vorzüglich die grausamen Seiten eines gewalttätigen Herrschertieres. «Der Gigant fuhr brüllend auf», heißt es da, und «des Fürsten Pranke» schlägt so kräftig zu, «daß flugs das Blut herunterquoll». Mehr und mehr malt sich der Mensch von den Pantherkatzen ein Bild der Fremdheit und Grausamkeit (vergleichbar mit dem Haß gegen die Rothäute Nordamerikas), um desto wütender ihre Ausrottung voranzutreiben.

Ältere Kinderbücher zum Beispiel vergessen ganz und gar die antiken Lehren des *Physiologus* vom sanften Panther und stellen die Wildkatze als etwas ungeheuer Bösartiges dar. «Ein fürchterliches Tier ist der Parder», schreibt Georg Christian Raff 1791, «wenn er seinen Rachen öffnet und brüllt. Mir schien es, da ich den ersten sah, als krachte sein Gebrüll noch entsetzlicher als des Löwen seins.» Professor Relsserd-Dressler warnt um 1840 seine jugendlichen LeserInnen dringend vor dem Jaguar, einem «gefährlichen Tier», das «sowohl durch seine Kühnheit und Grausamkeit als durch seine Größe und Schönheit die Augen auf sich gezogen hat». Denn «es ist unglaublich, welche Verheerungen sie (die ‹amerikanischen Tiger›) täglich in den Meiereien anrichten. Rinder, Schafe, Pferde, Maultiere und Esel zu erwürgen kostet ihnen keine Mühe; ja, man hat sogar Beispiele, daß ein Jaguar von zwei zusammengekoppelten Pferden das eine erwürgte fortschleppte und das daran gekoppelte lebendige Tier trotz seines Sträubens mit fortzog.» Und das großsprecherische Jägerlatein geht noch weiter: «Finden sie auf dem Lande keine Nahrung, so holen sie sich dieselbe aus dem Wasser, und da sie vortrefflich schwimmen können, so tauchen sie bis an den Hals unter, fassen die Fische mit ihren spitzen Klauen und werfen sie ans Ufer. [...] Er holt sogar oft aus der Mitte einer Schar Menschen einen heraus und schleppt ihn davon, und zwar mit solcher Blitzesschnelle, daß die übrigen Menschen ihren unglücklichen Kameraden nicht retten konnten.»

Wenn sich heutzutage, wahrhaftig oder angeblich, Panther in unseren Städten zeigen, dann haben die Ereignisse schon gar nichts mehr von antiker Fried- und Freundlichkeit an sich. Es handelt sich in modernen Sagen (‹urban legends›, sagen die Amerikaner) um wütende Bestien, doch sie erinnern trotzdem an altrömische Verhältnisse, weil sie am liebsten in Italien, ja sogar selbst in Rom auftreten. So erblickten, lesen wir in einer Sammlung solcher Geschichten von Cesare Bermani, römische Autofahrer Ende Dezember 1989 einen schwarzen Panther. Sie verständigten die Polizei, und nun machten sich Helikopter, Tierbändiger, Zoowärter, Carabinieri und Fotografen auf die Pantherjagd. Die Bevölkerung des Vorortes Nomentano geriet in Angst und Schrekken. Das Tier wurde bald hier, bald dort gesichtet. Große schwarze Hunde gerieten in höchste Gefahr, erschossen zu werden. Die römischen Panthervisionen und -schrecken wiederholten sich bis in den Januar 1990, im Frühjahr tauchte die Bestie, sich vervielfältigend, allenthalben in der römischen Provinz auf, sie wurde wirklich gesehen, tatsächlich fotografiert, aber doch niemals gefangen. Vielleicht war dieser Panther einem privaten Tierliebhaber entsprungen, vielleicht war er ein Wolf, wahrscheinlich hat er aber nie existiert. Aber auch in der Schweiz soll, einer Zeitungsmär aus dem Jahr 1964 zufolge, ein Panther aus dem Zürcher Zoo durch die Schweiz gerannt sein, bis ihn ein Taglöhner einfing, tötete und durch den Fleischwolf drehte. Es lohnt sich wahrscheinlich nicht, der Wahrheit dieser Ente oder der Spur dieses Panthers nachzugehen.

Die römischen StudentInnen sangen 1990 ein Lied mit dem Titel: «Der Panther, das sind wir.» Alle unsere Jagdphantasien, meinten sie, verbergen nur die eine Wahrheit: Die Gejagten und Gehetzten sind wir selbst.

Papagei

Die Papageien seien «die Affen unter den Vögeln», meint der Naturkundler Georg Christian Raff. «Er nimmt alles in seinen dicken krummen Schnabel, was glänzt, Glas, Ringe, Schnallen und Löffel, und oft gar glühende Kohlen, und schleppt sie weg. Man muß sich daher sehr in Acht nehmen, daß durch ihn kein Verdruß entsteht oder gar ein Unglück geschieht.»

Umgekehrt ist dieser seit der Antike als Luxusvogel und in neuerer Zeit als Hausgenosse beliebte, zumeist grün oder auch bunt gefärbte Vogel aus der Ordnung der *Psittaci* eher selbst in Gefahr, einem Unglück zum Opfer zu fallen. So erzählt Ruth Klüger in ihrer Autobiographie *weiter leben*: «Meine erste Leiche war Großpapas sprechender Papagei oder Papageiin. Sie hieß Laura, und ich kannte sie von frühester Kindheit. Laura war also kein gewöhnlicher Vogel, sondern fester Bestandteil der Großfamilie [...]. Sie wurde in meinem Beisein von einem überzüchteten, überkandidelten Drahthaarterrier erwischt und zerfleischt. Die Erwachsenen schrien und gestikulierten, befahlen dem Hund umsonst, den Papagei fallen zu lassen. Der Hund dachte nicht daran zu gehorchen, sondern kroch unter das Sofa und ließ den quietschenden Vogel nicht los, bis nur noch blutige Fetzen übrig waren. Ich stand in der Tür und brüllte drauflos.» Das Erlebnis nimmt Schrecklicheres vorweg: Ruth Klüger wurde in ihrer weiteren Kindheit in den Nazivernichtungslagern mit noch bösartigeren Hitler-Hunden und noch unschuldigeren Opfervögeln konfrontiert. Und die Geschichte zeigt, warum es sinnvoll ist, Papageien in Käfigen zu halten: so sind sie vor Hunden und Katzen sicher. Aber auch ein geschütztes Dasein im Vogelbauer bleibt allemal ein elendes Gefangenenleben.

Nicht weniger übel ergeht es einem Psittacus (von dem sich unser Vogelname ‹Sittich› ableitet) in einer ‹modernen Sage›. Die Geschichte von dem herrenlosen Panther, der im Fleischwolf endete, findet eine Parallele in der Zeitungsnachricht aus Neuhaus im Kanton Sankt Gallen, wo 1964 ein Papagei, der etwa tausend Franken gekostet hatte, den Gitterstäben seines Käfigs entwich und von einem «einfachen» Mann eingefangen wurde. Da dieser nicht wußte, was der Vogel wert war, schickte er ihn – angeblich! – in die Bratpfanne und verzehrte sein kostbares Fleisch.

Auch Raff erzählt uns Anekdoten von in Gefahr geratenen Papageien, doch dank ihrer Redekunst (die Fähigkeit, die menschliche Sprache nachahmen zu können, verdanken sie ihrer dicken Zunge) wurden sie gerettet: Einer, der dem englischen König Heinrich VIII. gehörte, sei in die Themse gefallen und habe geschrien: «Zwanzig Pfund Sterling, wer hilft!» Ein Matrose fischte ihn auf, und da sagte der Papagei nun: «Zehn Schilling ist auch genug.» Glaubwürdiger als jenes Seemannsgarn erscheint die Geschichte aus dem Milieu der Figaro-Stuben: Ein Kaufmann habe seinen Barbier täglich mit dem Gruß verabschiedet: «Adieu, Meister Markus!» Als nun eines Tages die Katze den Vogel erwischt hatte, trat gerade der Barbier zur Türe herein, und der Papagei schrie: «Adieu, Meister Markus!» So konnte er auf seine Not aufmerksam machen und wurde gerettet. Carl Julius Weber, der übrigens unsern Raff zitiert, wenn er den Papagei den «Affen des Vogelreichs» nennt, bringt weitere Anekdoten bei, so etwa diese, ganz ähnliche: «Ein anderer [Papagei], der viel im Garten sich aufhielt, hörte die Arbeiter öfters beim Weggehen zum Gärtner sagen: ‹Herr Stock, wir gehen›; ein Kater ergriff ihn einst; er schrie: ‹Herr Stock, wir gehen›, und so wurde er von Herrn Stock gerettet.» Man sieht, daß auch die Schriftsteller nachplappernde Papageien sind.

Daß Papageien sprechen lernen können, gehört in der Tat zu ihren auffälligsten Merkmalen. Grußformeln und Schimpfwörter gehörten seit der Antike zu ihrem Lieblingsvokabular. Das alte persische Geschichtenbuch, das 1557 als *Die Reise der drei Söhne des Königs von Serendippo* über Venedig nach Europa gelangte, weiß gar von einem Papagei von ungewöhnlicher Klugheit und Beredsamkeit; in ihm steckt freilich die Seele eines Kaisers. Ein Papagei des Kardinals Ascanio in Rom, der hundert Gulden gekostet hatte, konnte angeblich das lateinische Glaubensbekenntnis vollständig nachbeten. In einem spanischen Schelmenroman des 17. Jahrhunderts taucht ein Papagei auf, der einem großsprecherischen Staatsmann immer wieder mit dem Wort «Wasserverkäufer» in die Rede fällt. Der Vogel wollte den arroganten Kerl daran erinnern, daß er aus bescheidenen Verhältnissen stammte. Und selbstverständlich ist Dr. Dolittles Papageiin Polynesia ein Vogel, der mehr als nur grüßen und fluchen kann. Polynesia zeigt dem Doktor, daß die Papageien sogar in zwei Zungen reden: in der Vogelsprache und in der Menschensprache. Und sie ist es, die den Doktor überredet, ein Veterinär zu werden und die Sprachen der Tiere zu erlernen.

Doch sind sprechende Papageien eben auch potentielle Verräter, und alt sind die Warnungen vor der Tatsache, daß sie Geheimnisse, insbesondere solche aus dem Liebesleben, ausplaudern können. In dem (schon beim *Kamel* erwähnten) alten Fabelbuch von *Kalilah und Dimnah* gibt es ein Kapitel mit der Überschrift: *Die Papageien als Ankläger*. Dort erzählt der Schakal Dimnah: Ein reicher Mann habe eine schöne und treue Frau gehabt. Nun wollte dessen Falkner die Frau verführen, doch sie wies ihn entschieden zurück. So sann der Jäger auf Rache und richtete zwei junge Papageien so ab, daß sie folgende Sätze in einer fremden Sprache sagten: «Der Knecht liegt bei der Frau im Bett meines Herrn» und: «Ich werde nichts verraten.» Nun kamen Gäste in das Haus, welche die fremde Sprache verstanden, und sie verrieten dem Ehemann die Bedeutung dieser Papageiensätze. Er wollte seine Frau sofort töten, doch sie riet ihm, zuerst weiter nachzuforschen. So fragte sie selbst den Falkner, der gerade einen seiner Jagdvögel bei sich hatte: «Hast du gesehen, was du behauptest?» Und als er mit «Ja!» antwortete, sprang ihm der Falke ins Gesicht und hackte ihm die Augen aus. Durch dieses Gottesurteil war die verleumdete Frau gerettet. Ein Nachklang solch alter Erzählungen von Papageien, die nichtsahnende Menschen verpetzen, scheint sich in einem englischen Schwanklied des 19. Jahrhunderts zu finden. Ein Papagei, heißt es darin, verrät heimkehrenden Eltern, daß sich ihre Tochter inzwischen mit einem Liebhaber getroffen hat. Der Vater entdeckt die Liebenden in einem alten

Sessel sitzend, und er verpaßt dem Eindringling zwei blaue Augen!

Auch Etienne de Bourbon, ein Dominikanerprediger des 13. Jahrhunderts, schreibt in seiner Exempelsammlung von einem Papagei, der eine Ehebrecherin verriet. Die Geschichte erinnert an die weiter oben von einer Elster erzählte. Jedenfalls lebt eine solche Tradition auch in der indischen mündlichen Überlieferung (AaTh 243). Die verratene Frau versucht dort, den Vogel zum Schweigen zu bringen, indem sie befiehlt, ihn zu schlachten und als Speise zuzubereiten. Doch der Papagei entkommt, nachdem der Koch ihn gerupft hat, und versteckt sich im Tempel. Als sich die Frau dorthin begibt, um zu beten, rät ihr die Stimme des Papageis, sie solle sich den Kopf scheren lassen und alle ihre Güter fortgeben, dann werde sie direkt in den Himmel gelangen. Die Frau gehorcht, weil sie denkt, Gott spreche zu ihr. Sie ruft ihre Nachbarn zusammen, um ihnen ihre selige Himmelfahrt zu demonstrieren. Da erscheint der Papagei und verhöhnt sie vor allen Leuten. So wurden Ehebruch und Papageienschändung gerächt.

Ehebruchsgeschichten mit Papageien als Privatdetektiven entspringen den Phantasien nicht nur orientalischer Männer, die aus Eifersucht ihre Frauen zu Hause einsperren und daraufhin nichts lieber entdecken, als daß ihre trübsten Erwartungen in Erfüllung gegangen sind. Doch es gibt auch Märchen von liebenswürdigeren Plaudervögeln: Sie treten dann nicht als Hausspione auf, sondern unterhalten die zurückgelassenen Frauenzimmer mit angenehmen Historien. Das kann einmal – so in der indischen Erzählsammlung *Çukasaptati* – zu dem Ende geschehen, daß die Frau durch siebzig Geschichten des Tugendwächters Papagei bis zur Rückkehr des Gatten von liebestollen Gelüsten abgelenkt wird (AaTh 1352 A). Das kann aber auch den Zweck haben, die zu vermeidende Untreue erst recht herbeizuführen! Nehmen wir das Märchen der sizilianischen Meistererzählerin Agatuzza Messia (Giuseppe Pitrè hat es vor hundertzwanzig Jahren aufgezeichnet) mit dem Titel *Der Papagei, der drei Märchen erzählt!*

Unser Vogel ist dort ein durch Teufelspakt verwandelter Notar, der zu der eingesperrten schönen jungen Frau fliegt, um sie durch das Erzählen von drei Geschichten nicht nur davon abzuhalten, den Einladungen eines ebenso verliebten Kavaliers und seiner bösen Kupplerin zu folgen, sondern auch, um selbst ans Ziel seiner brennenden Liebe zu gelangen: «Als die [dritte] Geschichte zu Ende ist», erzählt die Messia, «kommt der Diener: ‹Frau, Frau, der Herr ist zurückgekommen!› – ‹Wirklich!›, sagt die Frau. ‹Jetzt hör, Papagei, jetzt laß ich dir einen neuen Käfig machen.› Der Herr kommt heim, macht alle Fenster weit auf, umarmt die Frau. Zur Essenszeit stellen sie den Papagei auf den Tisch. Mittendrin spritzt der Papagei dem Herrn einen Tropfen Brühe in die Augen. Der Herr fühlt seine Augen brennen und hält sich die Hände davor. Der Papagei packt ihn bei der Kehle, würgt ihn und fliegt davon.» Doch er kommt kurz darauf zurück, um die junge Witwe zu heiraten. Agatuzza Messia, die Steppdeckennäherin aus Palermo, macht den Tugendwächter zum Täter, dreht mit ihrer Geschichte den eifersüchtigen Männern eine Nase und läßt die liebende Frau triumphieren!

Pelikan

In der Antike war der Pelikan kaum bekannt. Nur Aristoteles berichtet, dieser Vogel brüte fernab an der Donau, nähre sich von Muscheln und könne viel Nahrung speichern. Aelian fügt dem hinzu, der Pelikan verschlucke die Muscheln zunächst, um sie im Bauch zu erhitzen; wenn sie sich dann öffneten, speie er sie wieder aus und könne sie nun leicht aus ihren Schalen schlürfen. (Gar nicht so schlecht beobachtet! Die Altvögel füttern nämlich ihre Jungen mit vorverdauten Fischen.) Der Pelikan, so Aelian, hasse zudem die Wachtel und sie ihn (einfach so!). Aus orientalischen Quellen stammt dann die Vorstellung des *Physiologus*, der Pelikan opfere sich für seine Jungen, «er gehe völlig auf in der Liebe zu seinen Kindern. Wenn er die Jungen hervorgebracht hat, dann picken diese, sobald sie nur ein wenig zunehmen, ihren Eltern ins Gesicht.» (Auch das beruht auf einer Beobachtung: Die Jungen holen sich das Futter aus den Schnabelsäcken der Eltern.) «Die Eltern aber hacken zurück und töten sie. Nachher jedoch tut es ihnen leid. Drei Tage trauern sie dann um die Kinder, die sie getötet haben. Nach dem dritten Tag aber geht die Mutter hin und reißt sich selber die Flanke auf, und ihr Blut tropft auf die toten Leiber der Jungen und erweckt sie.»

Abermals ist mit diesem Gleichnis das Erlösungswerk unseres Herrn Jesus Christi (mit seiner Seitenwunde) gemeint. Und das Symbol des Pelikans (der in der Tat einen

roten Kropffleck haben kann und dessen für die Jungen vorgekaute Speise vielleicht blutig aussieht) begegnet uns noch heute nicht nur in der katholischen Welt, sei es in den Ausschmückungen der Kirchen und kirchlichen Geräte, sei es bei den Zeichen, die anläßlich der Fronleichnamsprozessionen herumgetragen werden. Alfons V., der Großmütige, König von Neapel, machte im 15. Jahrhundert den Pelikan zu seinem Sinnbild und die Opferbereitschaft «für Recht und Volk» («pro lege et grege») zum Motto seiner Staatsführung.

Doch haben auch protestantische Ideologen das Pelikan-Bild nicht verschmäht: Der schwedische König Gustav Adolf, der sich für die evangelische Glaubenssache opferte, und andere Fürsten wurden, auch unter dem Aspekt der religiösen ‹Erneuerung›, mehrfach mit dem Pelikan verglichen. So heißt es in einem Flugblatt aus dem Jahre 1620 über den Kaiser Ferdinand II.:

Aber schaue, schau, ein Pelikan
tut über seinem Nest fest stahn,
Blutstropf'n, aus seiner Brust gezwungen,
er fallen läßt für seine Jungen.

Heimo Reinitzer hat mehr als dreihundert literarische und bildliche Belege für einen solchen symbolischen Gebrauch des Pelikans sammeln können.

Es ist eigentümlich festzustellen, daß sich die geringen Kenntnisse der antiken Schriftsteller über den Pelikan *(Pelecanus)*, der doch mit seinen sieben Arten in allen Erdteilen beheimatet ist (in Südosteuropa ist es der *Pelecanus onocrotalus*, sein Name bedeutet ‹der wie ein Esel schreit›), im weitgehenden Fehlen von Geschichten über diesen Ruderfüßler bis heute manifestieren. In einer afrikanischen Erzählung soll er einmal als König der Vögel aufgetreten sein. Nach einer (ausgerechnet!) skandinavischen Überlieferung müßte sein Lied verjüngende Wirkung haben. Diese spärlichen Belege (neben dem aus dem *Physiologus*) sind alles, was ein so bedeutendes sechsbändiges Handbuch wie Stith Thompsons *Motif Index of Folk-Literature* zu bieten hat. Mit seiner symbolischen Bedeutung (Elternliebe, Herrscherpflicht, Aufopferung, Hingabe) mag unser Vogel, außer in der katholischen Kirche, noch bei den Freimaurern, den Rosenkreuzern oder bei den Alchemisten, in Fürstenschlössern oder in Krankenhäusern und auch bei einem Schreibwarenproduzenten (Blut = rote Tinte?) auftreten. Aber sonst bleibt es um diese stille ‹Löffelgans› oder ‹Kropfgans› (ein völlig irreführender Name!), diesen ‹Ohnvogel› (‹Un-Vogel›, das heißt ‹sehr großer Vogel›) in der Welt der Tiergeschichten verhältnismäßig ruhig.

Doch wenigstens dies gibt es noch zu berichten: Als im Jahre 1659 einige Pelikane in Polen gesichtet wurden, da galt dieses Ereignis als «wunderseltsam» und lieferte einem Zeitungsschreiber, der die Vögel angeblich selbst gesehen hatte, den Vorwand, ein Sensationsblatt herauszugeben. Das Tier sei mannshoch, schrieb er da, und in seinen «Kropf» gingen etliche Metzen Korn, und das alles könne nichts Gutes bedeuten:

Es sind fürwahr erschrecklich Ding,
die nicht zu achten sind gering.
Gedenk, was Gott im Sinn mag han!
Laßt uns kehr'n auf die rechte Bahn!

Weniger ernsthaft lebt der Vogel in einem anonymen englischen Limerick, der sich nun freilich nicht ins Deutsche übertragen läßt. Im Original heißt er (zitiert nach dem *Faber Book of Comic Verse*):

A wonderful bird is the pelican,
his mouth can hold more than his belican.
He can take in his beak
enough food for a week –
I'm damned if I know how the helican.

(Wörtlich übersetzt: «Ein wunderbarer Vogel ist der Pelikan. Sein Mund kann mehr fassen als sein Bauch es kann. In seinen Schnabel kann er genügend Futter für eine Woche nehmen. Ich weiß verdammt noch mal nicht wie zum Teufel er das machen kann.»)

Manches zutiefst Verborgene des Tierlebens bleibt eben noch im dunkeln.

Pfau

Im ersten Buch der Könige lesen wir im zehnten Kapitel von Salomos Reichtum und von der Königin des arabischen Reichs, die diese Herrlichkeiten bewundert und deren Besitzer preist. Des Königs Goldschätze kamen zum Teil von den Schiffen Hirams, und auch andere Schiffe brachten ihm alle drei Jahre «Gold, Silber, Elfenbein, Affen und Pfauen. Also ward der König Salomo größer an Reichtum und Weisheit denn alle Könige auf Erden.» Pfauen werden also in einem Atemzug mit Edelmetallen genannt; sie waren, seit dem 2. Jahrhundert als Importgüter aus Indien und dem heutigen Sri Lanka auch nach Italien gebracht, auch in der spätantiken Welt von außerordentlich hohem Wert. Von dem großen Alexander erzählt Aelian, der König sei beim Anblick dieser

Vögel in Indien in Entzücken geraten und habe seinen Soldaten bei den strengsten Strafen verboten, diese schönen Tiere zu töten. Unter Millionären galten Pfauenbraten oder gar Pfauenzungen als die Krönung aller Gaumenfreuden. In der frühchristlichen Kunst repräsentiert der Pfau die außerordentliche Schönheit des Paradieses.

Der Zisterzienser Alanus von Lille, ein Gelehrter des 12. Jahrhunderts, den die Zeitgenossen ‹Doctor universalis› nannten, beschreibt in seinem enzyklopädisch angelegten Hauptwerk *De planctu naturae (Über die Klage der Natur)* ausführlich das Gewand der Dame Natur, erblickt darin auch einen Pfau *(Pavo cristatus)* und kommentiert: «Die Natur hat im Pfau einen solchen Schatz an Schönheit zusammengetragen, daß du, nachdem du ihn bewundert hast, glauben könntest, sie hätte gelogen.» Die Farben und Formen des männlichen Pfaus übertreffen in der Tat auf unglaubliche Weise die Pracht aller anderen bunt aufgeputzten Vögel; Kopf, Hals und Brust schillern blaugrün und violett, blaue Federchen bilden eine stolze Krone; er hat vor allem hundert bis hundertfünfzig mehr als einen Meter lange, grünleuchtende Federn, die am Ende eine Art von Augen mit gelben, roten und blauen Ringen und Punkten tragen; diese wurden übrigens in der Antike ‹gemmae›, also Kleinodien genannt. Die Federn kann das Männchen zu einem Fächer aufstellen – er ‹schlägt ein Rad› –, und er stolziert mit diesem herum, um damit die Weibchen zu beeindrucken.

Dieser Pfau steht seit der mittelalterlichen Symbolsprache für das Laster der ‹superbia›, des Hochmuts. Die Moralisten verweisen dabei gerne auf die mageren Füße unseres Vogels und setzen sie in Beziehung zu dem ganz und gar nicht prächtigen Ende, das uns bevorsteht. Auf einem illustrierten Flugblatt des 17. Jahrhunderts mit dem Titel *Speculum bestialitatis* (Narrenspiegel) heißt es folglich!

> Der Pfau, der ihm [sich] sein Schön[heit] zumißt,
> ein Spiegel der Hoffart ist.
> Wenn einer allein oben schwimmt,
> seiner Gaben sich übernimmt.

Schau an die Füß', das Ende sieh an,
so wirst die Flügel fallen lan.

Gottlieb Konrad Pfeffel hat 1779 in seiner politischen Fabel
Der Pfau gezeigt, daß das Gehabe des stolzen Vogels nicht
bei allen Mitvögeln Beifall findet. Als Jupiter den sich selbst
rühmenden Pfau aus Scherz zum König der Gefiederten
erhebt und der Pfau sich auf des Adlers Thron setzt, da

> erhascht der Geier ihn beim Fell
> und schleudert ihn von seinem Throne
> in einen Sumpf. Der plumpe Strauß
> kommt auch und reißt aus seiner Krone
> ein ganzes Büschel Federn aus.
> Respekt, ihr Schurken, rief erbittert
> der Opernschah, vernehmt's und zittert!
> Ich bin... «Ein eitler Narr bist du» –
> der König Pfau von Gottes Gnaden.
> «Ho, ho, wer machte dich dazu?»
> Jupiter! ... «Possen! Gaskonaden!»,
> versetzt die wilde Schar und lacht:
> «Es ist schon lange nicht mehr Mode,
> daß Jupiter Monarchen macht» –
> und hackt nun vollends ihn zu Tode.

Die Franzosen, Italiener und Spanier haben vom Namen
‹pavo› das Zeitwort ‹se pavaner›, ‹pavoneggiarsi› und ‹pavo-
nearse› abgeleitet, das ‹stolzieren›, ‹sich großtun› bedeutet.
Denn man kann, wie Pfeffel, das Gebaren des Pfaus sehr
wohl als Angeberei interpretieren. Einen solchen Prahler,
den man heute wohl einen Macho nennen würde, hat der Ire
Sean O'Casey 1924 in seinem Drama *Juno und der Pfau
(Juno and the paycock)* porträtiert. Mit dem Titel spielt
O'Casey einmal auf Juno, eine vieldeutige Göttinnengestalt
der Antike an; sie repräsentiert gleichzeitig ‹Frau›, ‹Ehe› und
‹Familie›. Mit dem Pfau meint er ebenden Prahlhans, den
Schwadroneur ‹Mann›. Juno ist auf der Bühne die tüchtige
und tätige Frau Boyle, Pfau ist ihr Tunichtgut und Saufe-
Gern von Ehemann, der in der Zeit der irischen Revolution
glaubt, ein reiches Erbe antreten zu können und doch auf

seiner Armut sitzenbleibt. Der schöne Pfauenfeder-Schein seiner munteren alkoholisierten Reden kontrastiert in dieser Tragikomödie mit der bitteren irdischen Realität von Betrug, Tod und Enttäuschung, mit der vor allem Juno zurechtkommen muß.

In den Tierfabeln tritt der Pfau ebenfalls als ein Vogel auf, der nicht nur als der Schönste, sondern auch als der Größte erscheinen will. Bei seinem Schöpfer beklagt er sich, weshalb er nicht eine ebenso schöne Stimme wie die Nachtigall habe. Die angeblich Häßlicheren und Kleineren beweisen ihm jeweils, daß sie ihre eigenen Qualitäten besitzen. Der Pfau bedauert etwa den Kranich, weil er so farb- und glanzlos daherkomme, doch der Kranich zeigt ihm, daß er der bessere Flieger ist. Dem Igel sucht der Pfau klarzumachen, daß sein Rad doch prächtiger sei als dessen armselige Stachelkugel, doch der Igel läßt sich von dem schönen Schein nicht blenden; er hält es mit der Funktionalität seiner wehrhaften Ausstattung. Als der Pfau vor dem Raben mit seinen prächtigeren Federn prahlt, belehrt ihn der Schwarze, daß auch die Schönheit vergänglich sei.

Pfauenglanz und düsteres Elend lassen sich auf einer populären Ebene auch noch anders gegenüberstellen. Ein brasilianisches Zeitungslied mit dem Titel *O pavão misterioso* (Der geheimnisvolle Pfau) erzählt noch in unseren Tagen folgende aus dem Portugal der dreißiger Jahre stammende Sensationsnachricht: Ein Knabe namens Antoninho habe aus Versehen den schönen Pfau seines Schulmeisters umgebracht. Der Vater des Kindes bietet dem Lehrer eine Entschädigung an, doch dieser läßt sich nicht beruhigen. Er tötet den armen unschuldigen Toni, und dessen Vater im Gegenzug den Schulmeister und dazu dessen ganze Familie samt dem noch lebenden Hühnerhof. Das zeigt abermals, daß ein Pfau in der Lage ist, die Emotionen hochfliegen zu lassen, aber auch, daß ‹Pfau› und ‹Tod› eng beieinander hausen. Die Extreme ‹Schönheit› und ‹Zerstörung› umarmen sich.

Pferd

«*Schrecklich* ist sein prächtiges Schnauben. Es stampft auf den Boden und ist freudig mit Kraft und zieht aus, den Geharnischten entgegen. Es spottet der Furcht und erschrickt nicht und flieht vor dem Schwert nicht, wenngleich über ihm klingt der Köcher und glänzen beide, Spieß und Lanze. Es zittert und tobt und scharrt in die Erde und läßt sich nicht halten bei der Drommete Hall.» So sprach der Herr zu dem jammernden Hiob und wies ihm am Beispiel des mutigen Pferdes die Wunder der Schöpfung auf.

Die für die alten Völker überaus große und nur mit dem modernen Automobil vergleichbare Bedeutung dieses Zug-, Reit-, Renn- und Kampftieres, das manche für das älteste Haustier achten, läßt sich auch aus Mythen und Sagen über berühmte Rösser ablesen, die den Helden (seltener Heldinnen) erst ihre wahre Identität und Potenz verleihen. Der Meeresgott Poseidon erschien mehrfach in Pferdegestalt; Bellerophon bändigte den von Poseidon gezeugten geflügelten Pegasus. Achilles hatte seinen Xanthos, der ihm den Tod voraussagte; der große Alexander liebte den Bucephalos, dessen Eltern ein Elefant und ein Dromedar waren. Sleipnir, ‹der Dahingleitende›, hieß der achtbeinige Hengst des Wotan/Odin; Sigurd/Siegfrieds Hengst Grani vollbrachte übernatürliche Kraftakte.

Flügelpferde rauschen mehrfach durch die spätmittelalterliche und frühneuzeitliche Epik. Der katalanische Troubadour Giraud de Cabrera soll, so erzählt Gervasius von Tilbury schon 1210, ein wunderbar rasches Pferd besessen haben, das ihn aus vielen Gefahren errettete und ihm auch in einer Art Zeichensprache gute Ratschläge erteilte; er nannte es ‹Bon Ami›; freilich wollte dieser gute Freund auch stets mit Weizenbrot aus einer Silberschale gefüttert sein. Der französische Spielmann Adenet le Roi (13. Jahrhundert) läßt, inspiriert von einem Flügelroß aus *Tausendundeiner Nacht*, seinen spanischen Prinzen Cléomadès auf einem Pferd aus Ebenholz in die Toskana zu seiner geliebten Clarmondine fliegen. In dem populären Roman von *Valentin und Orson* besitzt der Zauberer Pacollet ein Roß mit einem Nagel in der Stirn, und es fliegt, wohin der Reiter den Nagel richtet; die christlichen Ritter werden mit seiner Hilfe aus der Gefangenschaft des heidnischen Königs von Portugal befreit. Die *Vier Haymonskinder* reiten und fliegen gleichzeitig auf ihrem starken Roß Bayard. Bei Ariosto heißt das edle Tier Hippogryph, weil es von einem Greifen und einer Stute abstammte; der Ritter Astolfo eilt damit zum Beispiel über Spanien und Nordafrika nach Äthiopien zum sagenhaften Priester Johann oder gar zur Hölle und zum Irdischen Paradies. Ariostos Rolandsritter und Reiterinnen schätzen dann auch noch ein anderes Wunderpferd:

> Aus Flamme und aus Wind war es ein Sproß,
> es braucht' zur Nahrung weder Heu noch Hafer,
> nur frische Luft – und Rabican hieß dieses Roß.

Schon aus dieser kurzen Kette von Erzählungen wird deutlich, wieviel Hochachtung die Menschen dem Pferd (das zur Familie der *Equidae* und, zusammen mit dem Esel, zur Gattung *Equus* zählt) entgegengebracht haben. Dieses Transporttier hielten sie für geschwind, kräftig, ausdauernd, verständig, voraussehend, der Freundschaft fähig, liebenswürdig, entscheidungsfreudig, genügsam. Aus gutem Grund also läßt Jonathan Swift seinen Gulliver eine abschließende Reise zu den guten Pferden, den Houyhnhnms, machen, die sich als vernünftige Wesen (im Gegensatz zu den stinkenden Yahoos, zu denen Gulliver selbst gehört!) durch Weisheit, Wahrheitsliebe, Gewissenhaftigkeit und Wohlwollen auszeichnen. Die moderne Unterhaltungsliteratur (insbesondere für junge Frauen) über ungemein liebenswert-zärtliche Pferde ist im übrigen ins Unermeßliche gewachsen.

Neuere Volkserzählungen fügen solchen Katalogen von Pferdetugenden noch weitere positive Eigenschaften bei: Die Griechen wissen von dankbaren Pferden zu berichten, die Ungarn von einem drachentötenden Roß, die Deutschen von einem halbierten Tier, das mit dem daraufsitzenden Baron Münchhausen noch so gut rannte wie ein ganzes, die Italiener von einer Stute, die dem Kaiser Friedrich einen gestohlenen Hengst wiederzufinden half: Sie lief so lange herum, bis der Hengst nach ihr wieherte. In einem international verbreiteten Schwank erklärt ein Bauer, warum sein Pferd klüger sei als der Pfarrer: Es gehe nie wieder aufs Eis, wenn es einmal gestürzt sei, aber der Pfarrer renne immer wieder ins Wirtshaus. Oder, derber: das Tier falle nicht zweimal in dasselbe Loch, aber der Priester habe zwei Kinder von demselben Mädchen. Ganz zu schweigen von dem klugen Falada, dem sprechenden Pferd aus dem Grimmschen Märchen von der *Gänsemagd* (KHM 89), dem die falsche Braut das Haupt abschlagen läßt; doch dieser Kopf, an das finstere Stadttor genagelt, verliert keineswegs seine Fähigkeit zu sprechen, und Kürdchen mit seinem Hütchen deckt die Wahrheit schließlich auf. Leider vergaßen unsere Märchendichter, dem braven Pferd wieder zum Leben zu verhelfen, sie dachten offenbar, eine Jungvermählte brauche in Küche und Keller kein Reittier mehr.

Bemerkenswert groß ist die Zahl der Pferdediebsgeschichten; sie beweisen abermals den hohen ökonomischen Wert, den ein Pferd für den recht- oder unrechtmäßigen Besitzer darstellte und das starke Interesse, das Zuhörer diesem Alltagsthema entgegenbrachten. Ein Dieb, so heißt es in einem spanischen Schelmenroman, sollte freilich beim Stehlen einer hitzigen Stute vorsichtig sein, die Hengste könnten ihr nachrennen und ihn dabei zertrampeln. Ein anderer Dieb brachte es fertig, erzählt eine englische Schurkengeschichte, das gestohlene Pferd neuerlich zu verkaufen; aber letztendlich wurde er doch gehenkt. Ein russischer Schwank berichtet von einem Listigen, der vorgibt, den Leuten zeigen zu wollen, wie man ein Roß stehle – und er macht sich mit dem Tier davon. Ein in Litauen (oder in Ungarn) erwischter Pferdedieb erfindet folgende Ausrede: Da hätte ein Roß quer über die Straße gestanden, so daß er habe darüberspringen müssen, da wäre er auf dem Rücken des Pferdes gelandet, und dieses sei mit ihm durchgegangen.

Immer wieder steht auch der Vorteil zur Debatte, den das Pferd vor anderen Zug- und Lasttieren hat; dabei spart die Tierfabel nicht mit Kritik an zwei Eigenschaften, die dem

Pferd zum Schaden gereichen können: Stolz und Übermut. Der Maulesel tadelt die Verwegenheit des Pferdes, dieses verspottet des Esels Feigheit, stürzt sich allzu mutig in den Kampf und – wird verwundet. Oder: das Pferd hält seine nicht gespaltenen Hufe für nützlicher als die gespaltenen des Ochsen, doch dieser kennt sehr wohl die Vorzüge der gemächlichen Fortbewegung. Oder: das prächtig aufgeputzte, hochmütige Streitroß spottet über den elenden Esel, wird aber durch eine Verwundung oder im Alter selbst zum Lasttier erniedrigt. Die Demuts-Moral für den Menschen leuchtet aus diesen Fabeln deutlich genug hervor.

Selbst das rüstigste und munterste Pferd wird eben auch nach fünfundzwanzig Dienstjahren alt. Betagte oder gar erblindete Pferde haben jedoch ein Anrecht, bis zu ihrem Tode gepflegt zu werden. Eine Moralgeschichte des Barockzeitalters – sie wird später von Schulbüchern übernommen – erzählt von einer unansehnlichen Hippe, Zosse oder Schindmähre, die, um ihren harten Herrn anzuklagen, die öffentliche Rügeglocke vor dem Rathaus läutete; die Richter sprachen ihr daraufhin das Gnadenbrot zu. Und selbst das Recht auf ein anständiges Begräbnis wurde einem Pferd gelegentlich gegönnt: Carl Julius Weber erzählt in seinem *Demokritos*, er habe (um 1850) der Bestattung eines arabischen Leibpferdes beigewohnt, das einem Frankfurter Bankier gehörte; es «wurde in einem Alter von 33 Jahren ganz zur Ruhe gebracht, gekleidet in schwarzes Tuch und verherrlicht mit einer Rede, die schöner war als hundert Leichenreden auf Menschen; alle Pferdeliebhaber Frankfurts erzeigten ihm die letzte Ehre, und das Grabmonument blieb nicht aus, so wenig als der Leichenschmaus». Geht diese Art der Pferdeverehrung zu weit? Aber wenn die Rosse jahrhundertelang als herausgeputzte Trauerpferde bei Exequien mitwirkten, warum sollte nicht auch einmal einem von ihnen ein festlicher Trauerzug zugestanden werden? Und wenn wir den Hunden Friedhöfe einrichten, warum eigentlich nicht den Pferden?

Pinguin

Nein, man kann nicht behaupten, daß die Alten von Pinguinen eine Ahnung gehabt hätten. Auf der südlichen Halbkugel unseres Planeten waren die Naturkundigen nicht weit genug vorangekommen, um diese watschelnden Vögel und tüchtigen Taucher zu sichten. Erst die Welteroberer, die im späten 15. und im 16. Jahrhundert an die Küsten Südafrikas oder des südlichen Südamerikas vorstießen, hatten Gelegenheit, diese Tiere näher in Augenschein zu nehmen. Sie brauchten dann auch nicht lange, um in den Fettpolstern dieser leicht zu jagenden Tiere neue Tranquellen zu entdecken. Millionen von Pinguinen, ‹Fettgänse› genannt, sind seitdem als billige Energielieferanten geschlachtet worden. Eine einzige Pinguinfett-Fabrik soll 1867 aus rund 400000 Königspinguinen 230000 Liter Öl gepreßt haben; auf einer neuseeländischen Insel wurden um das Jahr 1900 jährlich 150000 Goldschopfpinguine zu Fettstoffen verarbeitet. Sollten wir solche Tatsachen nicht allen Pinguinstoffpuppen auf die weißen Westen schreiben?

Da uns die antiken Naturforscher nichts vom Pinguin überliefern (der größte unter ihnen, der Kaiserpinguin, heißt *Aptenodytes forsteri*, der Königspinguin mit den gelben Flecken hinter den Ohren *Aptenodytes patagonicus*, was soviel wie ‹Flügelloser Taucher vom Feuerland› bedeutet), gibt es auch keine Pinguin-Fabeltraditionen. Pinguine haben weder zu mythologischem noch zu symbolischem Denken angeregt. Pinguine treten weder in Märchen noch in Sagen auf. Doch in den letzten Jahren ist der Pinguin geradewegs zu einem Symbol für ‹Freie Natur› oder ‹Letzte Überreste der großen Tierwelt› oder ‹Leben am Südpol in Unschuld› geworden. Und während nun in Tat und Wahrheit die Pinguine am Südpol und Umgebung immer weniger und höchstens in den Zoos ein wenig zahlreicher werden, erscheinen mehr und mehr Pinguinkuscheltiere und Pinguine in Gestalt von Bilderbuchhelden und -heldinnen, und das aus guten Gründen: Diese Tiere laufen, den Menschen ähnlich, auf zwei Beinen und sehen, wenngleich exotisch, doch völlig harmlos (die weiße Weste!) aus, und außerdem scheinen sie offensichtlich weich, wärmespendend und tolpatschig zu sein. Solche Wesen verdienen allerdings nicht immer das Ettikett ‹Zum Spielen sehr gut geeignet›.

In der Schweiz hat in den frühen Neunzigerjahren die Fernsehserie von *Pingu* einen ungeheuren Erfolg gehabt. Der Zeichner dieser Bildfolgen (die auch als Bilderbücher ungemein beliebt sind) war Tony Wolf, die Texterin heißt Sibylle von Flüe. Der vorwitzige kleine Pingu, mit dem sich Kinder im Vorschulalter leicht identifizieren können, gerät immer wieder in verzwickte Situationen, aus denen er ebenso häufig von freundlichen Helfern errettet wird. So rast er etwa (in *Pingu und der Seehund*) mit einem selbstgebauten Schlitten tief in einen Schneehaufen hinein und kann sich allein nicht mehr befreien. Doch sein Freund, der kleine Seehund, holt im «Doktor-Iglu» (am Südpol!) den Arzt, der mit einer Rettungsbahre herbeieilt und alles zum Guten wendet. «Manchmal nimmt ein schlimmes Abenteuer auch ein gutes Ende», heißt es da – mit der unausgesprochenen moralischen Warnung: Nicht immer nehmen schlimme Abenteuer ein gutes Ende! Pingu tritt auf als Pechvogel oder als Lausbub, als Sportler oder Zauberer, er hat Ärger oder er feiert Feste, vor allem aber: Pingu hat nie Langeweile, was die Autoren sicherlich auch von ihren LeserInnen erhoffen.

Mehrfach kommt die Moral so dick daher wie die Fettschicht des Pinguins. Schon 1953 hatte Gerhard Oberländer *Pingo und Pinga* aus einem Zirkus ausreißen und Abenteuer in einer Großstadt, in einem großen Fluß (unschwer als Rhein zu erkennen!) und im Bauch eines großen Fisches (wird wohl ein Wal [siehe dort] gewesen sein!) erleben lassen, bis es dann schließlich zu einem zeitgemäß-bieder-deutschen Familienglück mit Pingoino und Pingaina kommt. In einem französischen Pinguinbilderbuch von Michel Gay wird dem kleinen Helden *Biboundé* (und seinen LeserInnen) Sauberkeit anempfohlen. *Der Pinguin und der Staubsauger* von Carolyn Sloan und Jill McDonald ermahnt Kinder, einem Staubsauger nicht zuviel auf einmal zum Fressen vorzusetzen. Pinguine scheinen sich also bestens zu eignen, diesen oder jenen moralischen Standpunkt mehr oder weniger listig zu vertreten. Geht es vielleicht auch anders?

Louise Fatio und Roger Duvoisin verteidigen in ihrem *Hector Penguin* das Anderssein und die Eigenwertigkeit aller Lebewesen. Eine Bilderbuchserie von Marcus Pfister arbeitet mit einem fluscheligen Pinguinküken namens Pit. In *Pits neue Freunde* begegnet dieser kleine Kerl (und mit ihm seine kleinen LeserInnen) mit Hilfe eines Wals und eines (Eskimo?-)Jungen den hübschesten und liebenswürdigsten Robbentieren, und mit dem Hundeschlitten fahren darf er auch. Für die ein wenig älteren Kinder gibt es Pinguinbücher mit anspruchsvollerem Inhalt, so etwa *Ich bin ein Pinguin* von Ursula Dolder mit lebensnahen Fotografien von Hans Reinhard, oder gar das naturwissenschaftlich bestens dokumentierte und doch für Kinder, «die mehr wissen wollen», lesbare Buch *Pinguine* von Annette Barkhausen und Franz Geiser.

Für alle Großen durchaus gut verträglich (um nicht zu sagen stark empfehlenswert) ist Franz Hohlers *Tschipo und die Pinguine* (1985). In diesem witzigen Buch gelangt ein Drittkläßler dank seiner Fähigkeit zu wunderbarem Träumen mit seinem Pinguinfreund Urs und mit Hilfe des coolen Piloten Tschako zur Antarktis, wo Tschipo ungewollt selbst in einen Pinguin verwandelt wird, die Sprache dieser Vögel erlernt und den Südpolbewohnern zeigt, daß sie sich besser von frischem Fisch als von Thunfisch aus Büchsen ernähren; und selbstverständlich kehrt er am Ende seiner unerhörten Abenteuer zu seiner menschlichen Gestalt und in die Heimat zurück. In *Die Geschichten von der Geschichte vom Pinguin* (1978) von Christine Nöstlinger geht es eher hausbacken-heimelig-kleinbürgerlich zu, und statt eines großen Abenteuers erleben die LeserInnen viele kleine von der skurrilen Sorte. Aber auch für den Geschmack von aggressiven und politisch denkenden Erwachsenen ist in der ausgedehnten Pinguinliteratur gesorgt: Zu den draufgängerischen Tieren aus dem Zeichenbüro und aus der *Guardian*-Comic-Serie *If…* des Engländers Steve Bell gehört der Penguin Prudence («Klugheit»), der es eines Tages wagte, mit seinem Tierfreund, dem Affen John, in die Downing Street 10 einzudringen, die Premierministerin Margaret Thatcher zu belästigen und dabei gar noch zu fotografieren!

Und das ist, wie gesagt, nur eine kleine Auswahl aus der Pinguinliteratur für Kinder und/oder Erwachsene. Es werden Zeiten kommen, wo nicht nur über Pinguine, sondern auch über manch anderes Tier mehr Literaturwissenschaftliches als Naturkundliches zu berichten sein wird.

Rabenvögel

Nicht leugnen läßt sich, daß dem Raben (ebenso fälschlich wie der Dohle oder der Elster) nicht nur das Stehlen, sondern auch sonst manch Böses nachgesagt wird. «Ein böser Rapp legt ein böses Ei», schreibt der Münchner Hofsekretär Aegidius Albertinus in seinem *Hirnschleiffer* (1618), und er behauptet, der *Corvus corax* sei «sehr diebisch, stiehlt auch Geld. Von seines Fraßes wegen hat er im Sommer 60 Tag lang den Durchbruch [Durchfall]. Gar oft erzeiget sich der Teufel den Menschen in der Gestalt eines Rappens, und in Summa, er ist ein unglückseliger Vogel und hat ein grobes, unannehmliches Gesang oder Stimm [...].» Das Diebesmotiv findet sich auch noch in späteren Sagen; dabei tritt der Schwarze, der so gerne stiehlt, überdies als Lügner auf: Zu Merseburg in Preußen war ein goldener Ring gestohlen worden, und da rief ein Rabe einem Kammerdiener «Hans Dieb» nach. Der arme Kerl wurde hingerichtet; später stellte sich heraus, daß es der schurkische Vogel gewesen war, der den Ring entwendet hatte. Georg Christian Raff lehrt noch 1791 seine Kinder: «Sie sind sehr boshaft und stehlen und schleppen auch alles weg, wie die Papageien, was sie Glänzendes erwischen können.» Und Raff – nomen est omen – stiehlt einem Fabeldichter, den er nicht nennt, folgende Verse:

Ein Rab entwandte hier und da
so viel er konnte: Geld und Ringe,
Band, Ohrgehäng und hundert andre Dinge.
Als dies der klügre Haushahn sah,
so fragt er ihn: Ich bitte, sage mir,
wozu nützt doch dies alles dir?
Das weiß ich selbst nicht, sprach der Rabe,
ich nehm es nur, damit ich's habe.

Noch schlimmer kommt unser Vogel bekanntlich bei Wilhelm Busch weg. *Hans Huckebein der Unglücksrabe* gerät dort, eher aus Versehen oder durch diesen Fritz, der «wie alle Knaben, will einen Raben gerne haben», in eine Kette von Unschicklichkeiten und Mißgeschicken, die ihm schließlich zum Verhängnis werden:

«Die Bosheit war sein Hauptpläsier,
drum», spricht die Tante, «hängt er hier.»

Die Rabenvögel sind aber weniger diebisch oder bösartig als vielmehr ungewöhnlich intelligent. Wir wissen das aus den Studien von Bernd Heinrich, doch wir wußten es auch schon aus mancher Volkserzählung: weniger aus dem Märchen der Brüder Grimm von den *Sieben Raben* (das Schwesterchen übertrifft sie an Mut und finderischem Geschick) als zum Beispiel aus der Fabel von der Krähe am Wassereimer: Der durstige Vogel wirft Steine in das Gefäß, damit die Flüssigkeit auf eine Höhe steigt, die er mit dem Schnabel erreichen kann. Klug wie er ist, weiß der Rabe wahrscheinlich selbst, daß seine schwarze Farbe bei den Menschen nichts Gutes bedeutet; daher schmückte er sich einmal, erzählt ein Tiermärchen (AaTh 244), mit den weißen Federn eines Schwans oder den prächtigen eines Pfaus; doch die anderen Vögel rupften ihn und ließen ihn frierend und beschämt stehen. Daß dieser Vogel auch eitel sei, erfahren wir ja aus der altbekannten Fabel (AaTh 57) vom Fuchs, der den Raben mit einem Käse im Schnabel erblickt und ihm schmeichelt, ein so prächtiger Vogel habe doch sicher auch eine wunderbare Stimme. Der öffnet wirklich das Maul zu einer Gesangsprobe und überläßt seine (gestohlene!) Beute

dem Schlaueren, und der Fuchs verhöhnt ihn noch dazu. Bei
Jean de La Fontaine klingt das (in der Übersetzung von
Hanno Helbling) so:

> [...] sperrt den Schnabel auf, so daß die Beute fällt,
> unser Fuchs sie packt und diese Rede hält:
> «Jeder Schmeichler, Freund, ernährt
> sich von dem, der auf ihn hört.
> Daß ich also Euch gelehrt,
> ist wohl einen Käse wert.»
> Reuig und verspätet schwört der Rabe,
> daß ihn keiner mehr zum besten habe.

Schlimmere (und dümmere) Vorwürfe der Menschen gegen
die Raben behaupten schließlich, daß sie sich nicht weiß-
waschen lassen (Moral: Bösewichter sind nicht resozialisier-
bar), daß sie ihre Kinder miserabel behandeln: «[...] werfen
etliche Kind aus dem Nest, wenn sie die Mühe verdrießt, die
sie mit ihnen haben, wenn sie ihnen nicht genügend Speise
bringen können» – so steht es bei Konrad von Megenberg in
seinem *Buch der Natur* (um 1350) –, und daß sie nichts so
sehr schätzen wie halb oder ganz tote Tiere und Menschen,
die ihnen ein schmackhaftes ‹Rabenaas› abgeben. Die Raben
seien «um der Gefallenen froh», heißt es schon in dem alt-
englischen *Beowulf*-Epos; der Fluch «Die Raben sollen dich
fressen» galt in den Zeiten öffentlicher Hinrichtungen soviel wie «Hol' dich der Henker!», und: «fällt er [der Reiter]
in den Graben, fressen ihn die Raben», echot noch heute
gedanken- und gedenkenlos das Kinderlied.

Doch soviel Galgenvogel-Schande sollten wir dem Raben
wirklich nicht antun. In der Mythologie vieler Völker gilt er
nämlich zu Recht als ein beziehungsreicher, vorausschauen-
der und vielwissender Vogel. In der *Genesis* (VIII, 7) läßt ihn
Noah immer wieder aus der Arche flattern und nach trocke-
nem Land suchen. Klug war der Gott Odin, der zwei Raben
als Kundschafter aussandte; sie hießen Hugin (‹Verstand›)
und Munin (‹Erinnerung›), und als Urahnen des Rundfunks
krächzten sie Odin täglich die Weltneuigkeiten ins Ohr.
Eine weitverbreitete Sage des Reformationszeitalters erzählt

von dem Raben eines Bürgers zu Erfurt, der auf die Frage, warum er so traurig dreinblicke, folgende kluge Worte aus dem 77. Psalm, wenn auch nicht ganz genau, dafür aber lateinisch zitierte: «Ich dachte der alten Zeiten und an die Ewigkeit.» Dieser zurück- und vorausblickende biblische Seufzer hat gewiß nichts an Aktualität verloren, und er ähnelt in seiner Mehrdeutigkeit dem einzigen Wort, das *The Raven* («ein Prophet, ob Vogel oder Teufel») in dem berühmten Gedicht (1845) des Edgar Allan Poe immer wieder von sich gibt: «Nevermore» – nimmermehr.

War er schon dem Noah ein Meldevogel, so behält er die Funktion des Waren- und Nachrichtenüberbringers auch in späteren Zeiten. Raben haben verschiedene Heilige mit Brot versorgt; einer dieser Vögel riß allerdings dem hl. Benedikt ein Stück davon aus der Hand – doch aus gutem Grund, denn die Speise war vergiftet. In einem korsischen Märchen bringt ein Rabe einem ausgesetzten Kind Messer, Zündholz und Gewehr, damit es überleben kann. Gervasius von Tilbury erzählt schon im 12. Jahrhundert seinem Kaiser, wie der Rabe von ‹Clairevo› im Königreich Arles die Liebschaften einer Schloßfrau deren Ehegatten enthüllt habe; der Liebhaber zahlte es allerdings dem Spitzelvogel mit einem Pfeilschuß heim. Raben verrieten, wie man in Einsiedeln noch heute zu hören bekommt, die Mörder des hl. Meinrad. In einem alten schwedischen Lied vom Raben Rune meldet der Vogel dem Herrn Tune, daß seine Tochter in fremdem Land gefangen liege; so kann der Vater die Unglückliche befreien. Auch in dem mittelhochdeutschen Epos von *Sankt Oswald* (14. Jahrhundert) spielt ein Rabe als brautwerbender Bote, Ringüberbringer und Helfer eine bedeutende Rolle.

Von sprechenden oder schreienden Raben oder Krähen ist in der Naturgeschichte der Tiere vielfach die Rede. Auf jeden Fall kennen diese Vögel das Wort ‹cras›, das heißt im Lateinischen ‹morgen›. Ein russisches Sprichwort sagt: «Was braucht eine Krähe viel zu reden, wenn sie nur ‹kra› schreien kann.» Die Krähen, berichtet das italienische Volksbuch von *Bertoldino*, konnten früher wie die Menschen sprechen, waren aber zu geschwätzig, und sie verbreiteten, vor allem vom babylonischen Turm aus, allen Klatsch der Welt. Darob wurden sie vor das Tribunal der Vogelkönigin gerufen und zum Schweigen verurteilt; doch beließ ihnen die Richterin die frohe Aussicht, daß sie später wieder sprechen dürften, «um die Laster jener Zeiten zu enthüllen». So schreien die Krähen hoffnungsvoll ‹crà, crà›, ‹morgen, morgen›. In anderen Erzählzusammenhängen rufen sie «Grab, Grab»; für die Katalanen klingt ihr Schrei wie «caaarn! caaarn!», also «Fleisch!» oder «quan? quan?» – «wann?», und mit all diesen ungewissen Rufen erinnern sie an unser gewisses Ende. In einem Stammbuchvers aus dem Jahre 1755 heißt es denn auch:

> Man spricht, ich will schon morgen
> für meine Seele sorgen,
> das sieht gefährlich aus!
> Das CRAS steckt voller Tücke,
> liest man das Wort zurücke,
> so kommt ein SARG heraus.

Plinius Secundus schreibt (X, 60) über den sprechenden Raben eines Schusters, der im Jahre 36 n. Chr. in Rom lebte. Der Vogel grüßte jeden Morgen sowohl den Tiberius und andere kaiserliche Herrschaften wie auch Stadtbürger mit ihren Namen. Ein neidischer Kollege erschlug den Vogel, wurde aber zur Strafe aus der Stadt gejagt, und der allseits hochgeachtete Rabe erhielt ein feierliches Begräbnis, wobei zwei Äthiopier, begleitet von den Klängen eines Flötenspielers, die geschmückte Bahre zum Ort der Einäscherung bei der Via Appia trugen. Die Römer wußten, was sie einem wohlerzogenen Raben schuldeten!

Ratte

Man kann, wie manche expressionistischen Dichter es getan haben, die Ratte dazu benutzen, um Ekel vor der Welt und insbesondere der Menschheit auszudrücken. In dem Gedicht *Die Ratten* von Georg Trakl, das nach dem Ersten Weltkrieg entstand, heißt es zum Beispiel:

[...] Da tauchen leise herauf die Ratten
und huschen pfeifend hier und dort,
und ein gräulicher Dunsthauch wittert
ihnen nach aus dem Abort,
den geisterhaft der Mondschein durchzittert,
und sie keifen vor Gier wie toll
und erfüllen Haus und Scheunen [...].

Solche Verse evozieren Unheimliches, Nächtlich-Gespensti-
sches, Verwesendes, Stinkendes, Gefräßiges, Schaudererre-
gendes, Massenhaftes, Gifthauchendes, Zerstörendes. Diese
Assoziationen schwingen bei uns immer noch mit, wenn wir
das Wort ‹Ratte› hören; Albert Camus hat in seinem Roman
La Peste (1947) eindringlich vor den Ratten als Überträge-

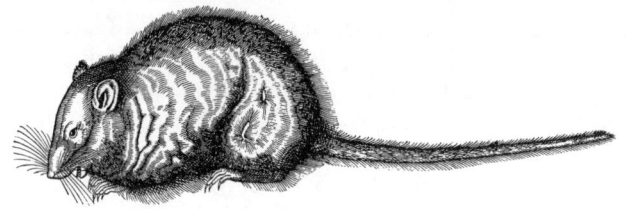

rinnen von Epidemien gewarnt, und bei dem Phänomen
des ‹Rattenkönigs› sehen wir ein unheimlich-unordentliches
Knäuel von unentwirrbaren Rattenschwänzen vor uns. Solche abstoßenden Vorstellungen beruhigen auch unser Gewissen, das uns plagen sollte, weil doch täglich Tausende von
Ratten zu Tierversuchen mißbraucht werden.

Eine nicht unbeträchtliche Zahl von Punks und sonstigen
Rattenfreunden sehen diese freundlichen Nager freilich mit
ganz anderen Augen, und sie beziehen ihre friedfertige Einstellung vielleicht aus Kenneth Grahames vielgelesenem
Kinderbuch *The Wind in the Willows*, wo es in der Wohnung
von ‹Ratty› ganz anders zugeht: «Als sie heimkamen, machte die Ratte ein helles Feuer im Kamin des Wohnzimmers
und pflanzte den Maulwurf in einen Sessel davor. Sie hatte
ihm einen Morgenrock und Pantoffel heruntergeholt und
erzählte ihm bis zum Abendessen Geschichten vom Fluß.

Das waren ganz schön aufregende Geschichten für ein Tier wie den Maulwurf, der unter der Erde wohnte. Geschichten über Dämme und plötzliche Fluten und springende Hechte [...] und von Abenteuern in Abflußkanälen und von nächtlichem Fischen mit dem Otter oder über Ausflüge weit übers Land mit dem Dachs.» Auch das Fernsehen hat inzwischen versucht, uns die Ratte aus ihrer Lebenswelt heraus vorzuführen, und solches Unterfangen nimmt uns in der Tat viel von den Berührungsängsten, die wir vor diesem Tier haben.

Es gibt hierzulande freilich auch kaum noch einen Grund, die Ratten zu fürchten: In der *Roten Liste der gefährdeten Tiere Bayerns* steht die Hausratte *(Rattus rattus)* in der Gefährdungsstufe O, das heißt, sie gilt als «ausgestorben oder verschollen». In anderen Ländern triumphieren die Ratten freilich um so mehr. Es soll insgesamt fünf Milliarden solcher Nager in der Welt geben (wer hat eigentlich diese schwierige Rattenzählung durchgeführt?), und in ein paar Jahren werden sie sich, heißt es, verdoppelt haben. Das ist um so bemerkenswerter, als eine Ratte sich durchschnittlich zwanzig Gramm Nahrung pro Tag einverleibt. Wer jetzt den Taschenrechner zur Hand nimmt, erlebt bald Horrorvisionen von der bevorstehenden Welternährungskrise!

In früheren Jahrhunderten sah man das Rattenzeug mit anderen Augen an, als wir das in heutigen Sauberzonen tun. Besondere Jäger wurden in den Städten eingesetzt, um sie zu dezimieren; der berühmteste Mann dieser Art ist der Rattenfänger von Hameln, der im Jahr 1284 auftrat und vielleicht ein pfeifender Teufel, vielleicht aber auch ein Kidnapper war. Seine Geschichte wurde mehr als hundertfünfzigmal kopiert, kolportiert und variiert. In Goethes *Rattenfänger* etwa singt dieser Tierjäger und Mädchenschnapper:

> Ich bin der wohlbekannte Sänger,
> der vielgereiste Rattenfänger,
> den diese altberühmte Stadt
> gewiß besonders nötig hat.
> Und wärens Ratten noch so viele,

und wären Wiesel mit im Spiele,
von allen säubr ich diesen Ort,
sie müssen miteinander fort.

Gefräßigkeit ist der Hauptvorwurf, welchen die Menschen
den Ratten machten. In der Fabel von den Ratten und dem
Eichbaum wollen die unersättlichen Nager die Eiche fällen,
um besser an die Früchte gelangen zu können; doch eine
erfahrene Ratte sagt ihnen, sie sollten nicht das zerstören,
was ihnen Futter liefert. Die Ratte sei, schreibt Conrad Gesner, «ein sehr schadhaft Tier, welches nicht allein alles zer-
beißet, sondern auch gleich den Mäusen in den [Feld-]Früch-
ten großen Schaden tut. Sie fressen oft die eingesperrten
Vögel, auch gar junge Tauben, wenn sie darzu kommen können.» Johannes Pauli, der elsässische Schwankerzähler des
frühen 16. Jahrhunderts, stellte sich vor, wie eine Ratte beschaffen sein müßte, die ihre Freßsucht bereut und Buße
tut. Seine Phantasien laufen so: «Es war eine Ratte, die
hatte großen Schaden getan, und da sie alt geworden war, da
drückte sie das Gewissen; sie wollte ihr Leben bessern und
wollte in ein Kloster gehen, um Buße zu tun. So ging sie aus
und fand eine Ratte an einem Tor, die war ausgespannt mit
Nägeln. Sie sprach: ‹Liebe Schwester, was tust du da?› Sie
sprach: ‹Ich tue Buße für meine Sünden.› Sie sprach: ‹Dieser
Orden ist mir zu hart, ich könnte ihn nicht ertragen.› Die
Ratte kam weiter, da fand sie eine Ratte in einer Rattenfalle.
Da sprach sie zu ihr: ‹Liebe Schwester, was tust du da?› Sie
sprach: ‹Ich tue Buße für meine Sünden.› Sie sprach: ‹Der
Orden wäre mir zu hart.› Sie ging weiter und kam in eine
Speisekammer; da hing viel Speck, und die Ratten liefen am
Speck auf und ab. Sie sprach zu ihnen: ‹Ihr lieben Schwe-
stern, was tut ihr da?› Sie sprachen: ‹Wir tun Buße für unse-
re Sünden, willst du auch in unseren Orden kommen?› Die
Ratte sprach: ‹Ja, der Orden gefällt mir, hier will auch ich
meine Sünden büßen.›»

Die Rolle der Ratte in den sogenannten ‹modernen Sagen›
ist eine unheilvolle. Insbesondere US-Amerikaner scheinen
demnach nur noch an geschlachtete Ratten zu denken, wenn

sie (bei einem Ausländer!) eine Pizza oder ein Hühnerbein essen. Die Fast-food-Regel heißt offenbar: Der Appetit vergeht beim Essen. Die Freude am Reisen ins Ausland verging (nach einer anderen weitverbreiteten ‹urban legend›) Leuten, die sich in der Fremde (zum Beispiel den Philippinen) ein Hündchen (oder Kätzchen) kauften, welches sich dann zu Hause zu einer scheußlich gefräßigen Ratte entwickelte. Zuerst verschwindet da nämlich die brave Hauskatze (oder eben der Haushund), «und denen kam dat schon so komisch vor» (wurde dem Sagenforscher Helmut Fischer erzählt), «ne, also die waren schon total irgendwie frustriert. Und sind se am anderen Tag zum Arzt gegangen, und haben dat Tier dann untersuchen lassen [...]. Und da haben se auch gesagt, also daß der Hund nie bellen würde und so. [...] Und zwei Tage später klingelt nachts bei denen das Telefon. Und da sind die dann dran gegangen. Und da sagte der Arzt, also er hätte also schon paar schlaflose Nächte hinter sich. Er hätte laufend Bücher gewälzt. Und da wär ihm dann ... er hätte ... da wär er auf das Tier gestoßen, und das war eine koreanische Strandratte.»

Doch genug von den Vorwürfen, die den Ratten in alten Zeiten, aber nicht an allen Orten und zu allen Zeiten, gemacht wurden. Die liebenswerten Punkratten haben nämlich ihre Vorläufer. Gesner und sein Herausgeber Georg Horst erzählen 1669 von gezähmten Nagern: «Ist Anno 1667 zu Paris ein Rattenspiel gesehen worden, wovon sich einige Leute ernähret, welche die Ratten allerhand Künste gelehret, daß sie gleich wie die Affen auf dem Seil tanzen und andere Künste machen können.» In einem korsischen Märchen hilft eine hinkende Ratte der Katze, indem sie mit ihrem Schwanz die Nase des Pfarrers kitzelt; dadurch muß der Geistliche niesen und verliert den Zauberring, den er in sein Nasenloch gesteckt hatte. Noch hilfreicher ist eine Ratte in einem Lügenmärchen des Philippe d'Alcripe (1579): Sie nährt nämlich einen Wurf Kätzchen, die ihre Mutter verloren haben, mit ihrer eigenen Milch und wird deshalb von ihnen zeitlebens hoch geachtet. Sind diese Geschichten nicht wahr, so sind sie doch gut erfunden.

Reh

*D*as Reh *(Cervus capreolus)* gehört zur Gattung Hirsch, wurde jedoch in der Antike als eine wilde Ziege (‹capra›) betrachtet. Der schon öfter beigezogene *Physiologus* nennt dieses Tier ‹caprea› und ‹dorchon› (vielleicht ist auch die Gazelle gemeint) und weist ihm das Gebirge als Lebenswelt zu: «Es liebt die hohen Berge gar sehr, sein Futter sucht es allerdings in den Tälern. Und es sieht schon von weitem alle Herannahenden und erkennt, ob sie in böser Absicht oder in Freundschaft kommen.» Gemeint ist damit die weise Voraussicht Gottes. Das Reh galt also den Alten als ein Tier mit Weitblick. Wenn übrigens in Luthers Bibelübersetzung schöne Rehe erscheinen (etwa Hoheslied Salomos 2,9: «Mein Freund ist gleich einem Reh oder jungen Hirsch», oder Sprüche Salomos 5,19: «Sie [die Ehefrau] ist lieblich wie eine Hinde und holdselig wie ein Reh»), dann könnte es sich abermals um eine Verwechslung von ‹dorcás›, der Gazelle, mit dem Reh handeln. Jedenfalls wußte schon Luther um den Vergleich einer schönen Frau (oder eines hübschen jungen Mannes!) mit einem zierlichen Reh.

Neben dem starken und mächtigen Hirsch stehen die Ricke (in jungen Jahren ‹Schmalreh› genannt!) ebenso wie der Rehbock mit ihren nur zwanzig bis dreißig Kilo Gewicht durchaus zierlich und schmächtig da. Noch vor hundert Jahren hieß es zudem in Meyers Konversations-Lexikon, das Reh sei «in der Schweiz bis auf wenige Trupps ausgerottet». So gibt es von diesem großäugigen und schlankbeinigen Tier, das im Verhältnis zum maskulin-röhrend auftretenden Hirsch durchaus feminin-bescheiden wirkt (sein grammatikalisches Geschlecht ist Neutrum wie ‹das Kind›!), auch nur ärmlich wenige Erzählungen. Seine Schönheit wurde jedoch immer wieder gerühmt. So schreiben Conrad Gesner und Georg Horst in ihrem *Thier-Buch* von 1669: «Das Reh ist ein überaus schön, lustig und liebliches Tier, das auch von dem Poeten Martiale unter die Wollust gezählet wird: sein ganzer Leib ist mit schönen Flecken besprengt, vornehmlich in der Jugend.» Daß eine schöne Frau einem Reh ähneln kann, wissen wir übrigens auch aus einem Karnevalsschlager aus der ersten Hälfte unseres Jahrhunderts: «Du kannst es nicht ahnen, du munteres Rehlein du, daß so ein Wilddieb das Herz in dir bricht im Nu», hieß es da, und der Jägersmann vom Rhein wollte in dieser kritischen Situation dem unschuldigen zarten Wesen ein wahrer Beschützer sein.

Gesner hat freilich auch dazu beigetragen, daß unser «munteres Rehlein» allzu stark bejagt wurde, indem er den vielfältigen Nutzen des zierlichen Tieres pries. So liefert er ein Rezept für «Hoff-Nestel», eine Art Fladensuppe für Edelleute: «Sie sieden die Haut und enthaaren dieselbige, schneiden sie hernach zu kleinen Riemen und machen dann solche an mit einer Sulz-Brühen.» Teile des Rehs dienten auch zu mancherlei Arzneien, so die Leber, zerstoßen und mit Wein vermischt, gegen Augenweh; «die Asche von gebrannter Leber angesprengt stillet das Blut, und das tut sie auch, wenn sie gestoßen und mit Essig in die Nasen geschnupft wird». Die Galle des Rehbocks sollte gegen Gesichtsflecken wirksam sein. Rehgalle, mit Rosenöl oder Knoblauchsaft vermischt, half angeblich gegen Ohrensausen, und schließlich war auch «Reh-Dreck» nicht zu verachten:

Der Kot ist eben wohl auch in der Gelbsucht gut,
wann man im Trank darvon ein Untze trinken tut.

Die berühmte Kindererziehungsgeschichte des Österreichers
Felix Salten (Siegmund Salzmann) mit dem zunächst rührenden, dann immer rüstigeren Rehböcklein *Bambi* (1923),
mit seiner treusorgenden Mutter und dem zumeist abwe-
senden, aber stets als Über-Ich herrschenden «Alten», mit
seinen angeblich naturgegebenen Hierarchien (zuletzt gibt es
dann noch einen erschauernd erahnten «Über-uns-Allen»)
wurde durch John Hubleys Walt-Disney-Film von 1942 weiter sentimentalisiert und dadurch noch publikumswirksamer
gemacht. Christian Morgensterns *Galgenlied*-Reim «Sie fal-
ten die kleinen Zehlein, die Rehlein» klingt wie ein bissiger
Vorauskommentar zu Saltens Naturgemälde.

Liebenswert erscheint ein Reh auch in der Brüder Grimm
Märchen vom *Brüderchen und Schwesterchen* (KHM 11). Als
die Kleinen wegen der bösen Stiefmutter von zu Hause weg-
gelaufen waren, bekam der Junge Durst. Die Hexe hatte
bereits alle Quellen verzaubert, die erste hätte ihn in einen
Tiger, die zweite in einen Wolf verwandelt; die dritte, der
er nicht mehr widerstehen konnte, machte ihn zu einem
Rehkälbchen. Dieses springlebendige Bambi-Vorbild hielt die
Jäger des Königs drei Tage lang zum Narren, und es verwandelte sich, nach den Abenteuern der Schwester, erst wieder
in einen Knaben, als die Hexe (der ja im Märchen stets noch
schlimmer zugesetzt wird als den Tieren) zu Asche verbrannt
worden war. Eine verrückte Geschichte, die in anderen Ländern auch ganz anders erzählt wird, vor allem mit einem
anderen Tier. Aber das Reh paßt eben gut zum deutschen
Wald- und Fürsten- und Kinderleben. Die schreckliche Drohung der Mutter und Schwester: «Nun komm ich noch einmal und dann nimmermehr» blieb zudem zahllosen Kindern
als Verlustangst in die Psyche gebrannt.

In der frühen deutschen Zeitungsgeschichte tauchen mehrere Wunderrehe auf. Ein illustrierter Augsburger Einblattdruck der Münchener Staatsbibliothek vom 31. August 1580
trägt den Titel: «Von einem [zu]vor nie erhörten Reh, sehr

wunderbar, so zu Memmingen in der Stadt bei Hans Mair Gastgeb, in der Gestalt, wie hie gemalt steht, lebendig heutigen Tags gefunden wird.» Der Text von einem frühen Journalisten namens Samuel Reischlein erzählt, diesem Reh sei statt der Hörner ein Busch auf dem Kopf gewachsen; es sei zudem so zutraulich gewesen, daß alle Leute es für ein Wunder hielten. Am 3. Mai 1603 wurde, so berichtet ein anderer Münchener Einblattdruck, bei «Onolzbach» [Ansbach] ein Tier geschossen, in welchem ein wundersames Wildkalb gefunden wurde; es besaß nämlich je zwei Herzen, Lebern, Lungen, Milzen und Mägen, dazu vier Beine, aber nur «einen Ausgang». Es gibt mehrere solcher Nachrichten über Rehmißgeburten; sie zeigen, daß sich die Öffentlichkeit jener Zeit von Naturnachrichten aller Art stärker fesseln ließ als von Klatsch und Tratsch über Prinzen und Prinzessinnen.

Ansonsten gibt es vom Reh nicht viel zu erzählen. Die Assoziationen zu Weiblich-Zartem, die seine Vorstellung weckt, haben es, ganz zu Unrecht, in den Schatten des Hirsches gestellt, der offenbar mehr hergibt oder darstellt. Niemals würden wir von einem Platz-Reh sprechen oder ein kräftiges Mannsbild ein Reh nennen, doch den zarten Rehpfeffer vernaschen wir alle gerne. Den zähen Teig der Rollenverteilung und -verfestigung gibt es auch in der Tierwelt – aber die Menschen haben ihn breitgeknetet, nicht die Tiere.

Rind

Dich lieb ich, frommer Ochs, und sanft und milde
gießt in mein Herz du ein Gefühl von Kraft und Frieden –

so beginnt der italienische Dichter Giosuè Carducci sein Sonett auf eines unserer ältesten Haustiere. Das Rind *(Bos taurus)* ist in der Tat für viele alte Kulturen ein anbetungswürdiges, ein heiliges Tier gewesen; Stiergötter und Kuhgöttinnen fanden in Ägypten und in Griechenland Verehrung, Hera wird die ‹Kuh-äugig-Schöne› genannt. Das Alte Testament gibt mehrfach Zeugnis von der Hochachtung der Israe-

liten vor dem Rind, das ihnen bei vielen Arbeiten vom
Pflügen bis zum Dreschen half. Die berühmte Vorschrift «Du
sollst dem Ochsen, der da drischet, nicht das Maul verbinden» (5. Mos. 25,4) zeigt, daß man diesen Arbeitstieren
auch ihren Futterlohn gönnte. König Jerobeam I. errichtete
zwei goldene Stierbilder, ließ ihnen Opfer bringen und wollte
damit einen neuen, sinnenfroheren Kult begründen (1. Kön.
12,28–33); auch Aaron hatte schon auf Wunsch des Volkes
ein ‹Goldenes Kalb› (aus Goldschmuck zusammengegos-
sen) in der Wüste am Sinai aufstellen lassen, aber als Moses

vom Berge herunterkam, zerstörte er es voll Zorn über die
gottlosen Reigentänze der Israeliten (2. Mos. 32).

Das Christentum hat zwei Rindern zu besonderer Be-
rühmt- und Bekanntheit verholfen: dem Ochsen im Stall von
Bethlehem (er symbolisiert bei den Kirchenvätern als ‹reines›
Tier das Volk der Juden) und dem Stier als Symboltier oder
Attribut des Evangelisten Lukas (hier verweist der Stier auf
das Opfer des Zacharias zu Beginn des Lukasevangeliums
oder auf den Opfertod Christi). Der Stier (das heißt sein Kopf
mit einem Nasenring) ist selbstverständlich Wappentier des
Kantons Uri, der seinen Namen von einem Auerochsenfeld
ableitet. In der Kantonshauptstadt Altdorf ist dieser ‹Uristier›
an allen Ecken und Enden zu finden. Ein sieben Jahre lang

mit Hilfe von sieben Kühen aufgezogener und von einer reinen Jungfrau in die Wildnis geführter Stier soll denn auch den Kanton von einem schrecklichen Ungeheuer befreit haben. So erzählen es jedenfalls schon im 18. Jahrhundert der Naturkundler Johann Jakob Scheuchzer, nach diesem die Brüder Grimm in ihren *Deutschen Sagen* und dann in unserem Jahrhundert immer noch der lokale Sagensammler Josef Müller.

Das Kalb und die Färse (auch ‹Kalbl›, das ist weibliches Rind bis zur Geburt des ersten Kalbes), Kuh, Stier (‹Bulle›, ‹Farren›, ‹Hummel›, ‹Muni›) und (kastrierter) Ochse, durch Zuchtverfahren gewonnene Abkömmlinge des ausgestorbenen Ur- oder Auerochsen *(Bos primigenius)*, sind seit acht- oder mehr tausend Jahren domestiziert; sie wurden als Opfertiere, vor allem aber als Zug- und Pflugtiere benutzt und galten als höchst wertvolle und achtenswerte Wirtschaftswesen des antiken Mittelmeerraumes und später der gesamten europäischen Landwirtschaft. Tatsache ist freilich auch, daß in Spanien (und neuerdings auch in Südfrankreich) die ‹toros› dazu dienen, die Schlächterphantasien, die Sensationslust und die Macho-Gefühle zahlreicher Möchtegern-Helden zu befriedigen.

Georg Christian Raff zählt für seine Kinder auf, was der Mensch den Rindern alles verdankt: Milch, Butter und Käse zunächst, «und nützt uns im Leben und wenn's geschlachtet ist, ungemein viel, ja es ist sogar, neben dem Schaf, das nützlichste Vieh für die Menschen. Denn der Ochse zieht Wagen und Pflug [...]. Sein Mist und so auch der Kuhmist geben einen der besten Dünger ab. [...] Hat der Ochse sechs oder zehn oder auch noch mehrere Jahre sein Brot am Pflug und Wagen verdient, so mästet und schlachtet man ihn nun [...].» Und nun, wo der Ochs seine Schuldigkeit getan hat, läuft dem guten Naturkundelehrer das Wasser im Munde zusammen: «Das Kuhfleisch ist lange nicht so fett und so schmackhaft als das Ochsenfleisch. Nicht wahr, man ißt dies in Wasser abgesotten, in Gemüsen gekocht und gebraten? Und vieles salzt oder pökelt man auch ein. Auch räuchert man vieles.» Und damit nicht genug! «Man ißt seine Eingeweide und hie und da auch sein Blut. Sein hartes Fett, Unschlitt oder Talg, gibt Seife und Lichter. Seine Haut gibt Leder zu Schuh- und Stiefelsohlen, zu Kutschenriemen und zu Wasser- und Feuereimern, und in England macht man auch Tabaksdosen daraus. Und die Russen verfertigen aus ihren Ochsenhäuten eine Art wohlriechendes Leder, das sie Justen oder Juchten nennen.»

Diese Einstellung zum Tier hält ein weiteres Jahrhundert vor. Ein Blick im Meyers Konversations-Lexikon von 1896 genügt: Es geht da um ‹Milchnutzung›, ‹Mastnutzung› und ‹Zugnutzung› oder um ‹Milchergiebigkeit›, ‹Mastfähigkeit‹ und ‹Zugtauglichkeit›, um «lohnende Verwertung von Abfällen», die aber doch zu maximalen Produktionsergebnissen führen sollen. Nicht wahr, da kann der Mensch stolz auf sich sein? Über die Eigenheiten des Tieres verlieren Raff oder Meyer kein Wort, nichts sagen sie von seinem Geruch oder Gehör, von seinen Mitteilungsformen oder von seinem Farbensinn, nichts von Mutter-Kind-Verhältnis, von Ortskenntnis, Geselligkeit, Spieltrieb – es geht dem Aufklärer (ob er nun Raff oder Buffon heißt) und dem Technokraten um Nützlichkeit für den Menschen, nicht um Anerkennung einer Rinderidentität.

Zu unseren Zeiten beutet der Mensch das Rind auf seine eigene Weise aus. Das Phänomen der Massentierhaltung und -schlachtung zum Zwecke des Feinfleischverzehrs (wodurch bekanntlich Futterenergien verschleudert werden) sowie die Überproduktion von Milch aus unmäßig strotzenden Eutern hat sich in der zweiten Hälfte unseres Jahrhunderts allzu rapide entwickelt. Zwei Aspekte des Rinderdaseins wurden bei diesem Prozeß dem gedankenlos fleischfressenden Endverbraucher (vor allem dem der Großstädte und ihrer Fastfood-Stätten) mehr und mehr vorenthalten: einerseits die heimelige Wärme eines Rinderstalles mit der Liebenswürdigkeit der dort lebenden Tiere (sie haben ihre Eigennamen, die Menschen sprechen mit ihnen, streicheln sie, benutzen sie, schaffen aber auch ihren Mist beiseite) und anderseits die Vielfalt der Körperteile oder Organe, die bei einer Schlachtung neben den saftigen Fleischstücken zwar nach wie vor anfallen, nun aber als Kadaverabfall fortgeworfen werden. Just die frische Leber ist, neben den Steaks, noch auslagefähig. Selbst das weiche Ochsenmaul, aus dem einst der Geist des Tieres dampfte, darf nur als verfremdeter Salat dem feinfühligen Kunden vorgelegt werden.

Reden wir lieber von weniger materiellen Aspekten des Rindviehs. Populäre Erzählungen von Kälbern, Kühen und Ochsen zeigen immer wieder vier grundsätzliche Einstellungen des Menschen: die Hochachtung vor diesem Hornvieh und seinem mannigfachen Nutzwert sowie vor seinen vielfältigen, zum Teil übersinnlichen Fähigkeiten, die Sorge um seine Pflege und Erhaltung, die Furcht vor der Beschädigung dieses lebenswichtigen Hausgenossen, schließlich auch die Angst vor der Schädigung durch unheimliches, gespenstisches Auftreten von Ochs, Kalb oder Kuh.

Insbesondere die christliche Heiligenlegende zollt dem Rind ihren Respekt: Kühe haben mehrfach fromme Männer und ihre Schüler freiwillig und reichlich mit Milch ernährt. Gespannochsen wiesen den Menschen immer wieder den richtigen Ort für das Begräbnis eines Heiligen oder Adligen oder für den Bau eines Heiligtums; sie blieben bei dem Transport von Totentruhe oder Bauholz unbeweglich an dem Ort stehen, wo Grab oder Kapelle plaziert sein sollten. In einem Schweizerdorf, liest man in den *Deutschen Sagen* der Brüder Grimm, wollten die Leute dem hl. Stephan eine Kirche errichten, aber an dem von ihnen ausgewählten Platz verschwand immer wieder das soeben Erbaute. «Da beschloß die Gemeinde unter Gebeten, die Werkzeuge des Kirchenbaus einem ins Joch gespannten Ochsenpaare aufzuerlegen; wo das stillstehen würde, wollten sie Gottes Finger darin erblicken und die Kirche an dem Ort aufbauen. Die Tiere gingen über den Fluß und blieben da stehen, wo nun die Kirche St. Stephan vollendet ward.»

Rinder haben offenbar ein Gespür für Verborgenes: Eine profane Geißlinger Sage aus dem 16. Jahrhundert berichtet, Kühe hätten in ihrem Stall den Boden dort aufgedeckt, wo die Magd eines Wirts ihr uneheliches Kind verscharrt hatte. Der Chronist Graubündens, Nicolin Sererhard, erzählt 1742 von einer Kuh, «die tate drei Tag und Nächte wider ihrer Gewohnheit bald nichts anderes als muhen und schreien, als wollte sie gleichsam den bevorstehenden Unfall ihres Meisters beklagen». Drei Nächte später kam der Besitzer der Kuh bei einem Hochwasser der Landquart ums Leben.

Weit entfernt von Unheimlichem dieser Art, lobt der Vorarlberger Bauernjunge Karl Michael Felder in seiner Autobiographie den Umgang mit seinen klugen Tieren. Beim Hüten merkte er, «daß mir nun die Kühe immer lieber wurden. Es war mir immer mehr Bedürfnis, für ihr Wohl zu sorgen und es ihnen an nichts mangeln zu lassen. Es scheint, daß einem kein lebendes Wesen mehr gleichgiltig bleibt, wenn man einmal auf seine Neigung einigen Einfluß ausgeübt zu haben meint.» Freilich scheint umgekehrt auf die anhaltende Zuneigung eines Rinds kein Verlaß zu sein. Albert Schweitzer schreibt in seinen Erinnerungen *Aus meiner Kindheit* von einem Sakristan und Totengräber namens Jägle aus der Gemeinde seines Vaters, Günsbach im elsässischen Münstertal. Dieser erzählte eines Sonntags dem Pfarrer Schweitzer: «Er hatte ein schönes Kalb aufgezogen, das ihm nachlief wie ein Hund. Am Anfang des Sommers hatte er es auf die Bergweide getan und an jenem Sonntag war er gegangen, es zu besuchen. Aber das Kalb erkannte ihn nicht wieder. Er war für es nur noch ein Mensch wie andere Menschen. Diese Undankbarkeit hatte ihn tief verletzt. Das Kalb durfte ihm nicht wieder in den Stall zurück. Er verkaufte es alsbald.» Für Schweitzer ist der Sinn des Exempels dieser: Jägle ist ein Narr, der einem Tier Unrecht tut, denn nicht das Tier hat den Menschen zu achten – das würde die Welt verkehren –, sondern der Mensch das Tier. Die Episode reiht sich also sauber in Schweitzers Tierschutzideen ein.

Die Menschen fürchten die Gefahren, denen die Tiere – oft ihr wichtigster, ihr Leben erhaltender Besitz – im Stall oder auf offener Weide oder aber durch Seuchen ausgesetzt sind. Zu Zeiten der Hexenpogrome im 16. und 17. Jahrhundert wurden immer wieder Frauen bezichtigt, Kühen im Stall teuflische Krankheiten angezaubert zu haben. Das Vorbild für solche Beschuldigungen lieferte 1487 der *Hexenhammer* des Jakob Sprenger und Heinrich Institoris, in welchem es (II, 14) heißt: «So findet man ja schließlich nicht das kleinste Dörfchen, wo die Weiber nicht unaufhörlich gegenseitig die Kühe behexen, sie der Milch berauben und sie sehr oft umbringen. [...] Manche nämlich versammeln sich zur Nachtzeit auf Betreiben des Teufels [...] in einem Winkel ihres Hauses, mit dem Melkeimer zwischen den Beinen; indem sie ein Messer oder ein Instrument in die Wand oder in eine Säule stecken und die Hände wie zum Melken anlegen, dann rufen sie ihren Teufel an [...]. Dann nimmt der Teufel plötzlich aus den Zitzen jener Kuh die Milch und bringt sie an den Ort, wo die Hexe sitzt, so daß sie gleichsam von jenem Instrumente fließt.» Solche Vorstellungen haben sich, allem aufgeklärten Rationalismus zum Trotz, bis in unser Jahrhundert gehalten. Weit verbreitet ist auch die Sage von Viehhaltern, die morgens im Stall zwei Kühe in einer Kette fanden und Mühe hatten, die Tiere wieder voneinander zu lösen: Weihwasser oder Glockenläuten waren bei solchen Hilfsaktionen wirksam. Hilflos stehen die Menschen vor dem ‹Rücken› der Kühe: Plötzlich, während des Melkens, verschwindet die Herde an einen entfernten oder schwer zugänglichen Ort: «Da ist so eine Luft, ein Wirbel gekommen, und das Vieh ist wie mit einem Schlag ein Stück weiter oben gestanden», erzählte ein Gewährsmann dem Sarganser Sammler Alois Senti. Die Sennen tragen einen Schreck davon, doch den Kühen selbst geschieht dabei wenigstens nichts Böses.

Möglicherweise ist es das kollektive schlechte Gewissen der Menschen (sie verzehren in Mitteleuropa gute zwanzig Kilo Rind/Kalbfleisch pro Kopf und Jahr, in zehn Jahren also ein hübsches Kälbchen) gegenüber der Ausbeutung, die sie gerade dem Rindvieh und nicht zuletzt den munteren Kälbern angedeihen lassen, wenn sie immer wieder von Schädigungen oder Schrecken erzählen müssen, die ihnen diese Tiere zufügen. Viel geredet wurde von gespenstischen Kälbern, welche einsame Wanderer oder auch Schlafende erschreckten. Kalbsmißgeburten – insbesondere neugeborene Tiere mit zwei Köpfen (so in Landsberg/Sachsen 1523, in

Riehen/Basel 1539 oder in Rethenbach 1740 geschehen) – wurden immer wieder als böse, angsterregende Vorzeichen ausgelegt. In Genf soll im April 1609 gar ein Kalbskind von einer calvinistischen Frau geboren worden sein. Das war, behauptet der zeitgenössische katholische Zeitungsdruck, die Strafe dafür, daß sie sich geweigert hatte, zur hl. Margarete als Geburtshelferin zu beten. Und dann sind da, zum Beispiel in Graubünden, die erschreckenden Sagen von Kühbäuchen mit feurigen Augen, die vor späten Heimkehrern oder hinter den Liebespaaren herrollen. Die Seelen der Rinder rächen gleichsam die Ängste, die ihnen der Metzger Mensch vor den Massenschlachtungen zufügt.

Kalbsköpfe erscheinen denn auch gerne im Zusammenhang mit Mordgeschichten. Im 17. Jahrhundert wurde zum Beispiel diese Kriminalgeschichte vielfach kolportiert: Ein böser Wirtshausknecht begehrt eine Wirtstochter, tötet und beraubt einen Gast, um die junge Frau heiraten zu können, wird reich, steigt zum Ratsherren auf; doch vor einer Gerichtssitzung erscheint ihm ein Kalbskopf auf dem Mittagstisch wie ein menschlicher Totenschädel; der Mörder bekennt und wird hingerichtet. Jean-Pierre Camus berichtet 1630 in seinen *Spectacles d'horreur:* Ein Kerl aus Osnabrück hatte bei Hamburg und Lübeck mehreren Leuten die Kehle durchgeschnitten. Er kauft in einer Metzgerei drei Kalbsköpfe und trägt sie in einem Einkaufsnetz fort. Die Leute auf der Straße erkennen darin jedoch Menschenköpfe, zerren den Mörder vor Gericht, identifizieren die Schädel, die zu den Ermordeten passen. Der überführte Mörder bekennt auf der Folter. Nach seiner Hinrichtung verwandeln sich die Schädel wieder in Kalbsköpfe.

Nach anderen Autoren war diese Geschichte schon zu Reformationszeiten in Winsheim passiert. Wie dem auch sei, die Kalbsköpfe (und andere Rinderstücke aus dem Metzgerladen) rufen uns ins Gedächtnis, daß wir, in der Tat!, Fleischer sind.

Robben

Neben den Seekühen oder Sirenen *(Sirenia)* und den Walen *(Cetacea)* bilden die Robben oder Flossenfüßer *(Pinnipedia)* eine dritte große Gruppe von Meeressäugetieren. Man teilt die Robben wiederum in drei Familien ein: die Ohrenrobben *(Otariidae;* zu ihnen zählen die geh-gewandten Seelöwen und Seebären), deren kleine Ohrmuscheln daran erinnern, daß die Robben vor dreißig bis fünfzig Millionen Jahren eine Art von Landjägern (so etwas wie Fischotter oder Land/Wasserbären) waren, die Hundsrobben *(Phocidae,* hierzu zählen der Gemeine Seehund oder das Meerkalb *[Phoca vitulina]),* Ringel-, Sattel- und Band-Robbe, die sogenannte Klappmütze sowie See-Elefanten, aber auch die im Mittelmeer vorkommende Mönchsrobbe *[Monachus monachus* oder *albiventer])* und schließlich die Walrosse *(Odobaenidae),* die sich durch ihr Tonnengewicht und ihre gewaltigen Eckzähne auszeichnen. Daß es sich bei all diesen um ehemalige Landtiere handelt, zeigt die Tatsache, daß alle Robbenweibchen ihre Jungen an Land oder auf Eisschollen zur Welt bringen müssen. Den meisten Robben gemeinsam ist ihr weiches und dickes Fell über einer Speckschicht, die sie warm hält. Robbenfell (‹sealskin›) und Robbenspeck sind der Grund dafür, daß Millionen von diesen Tieren den Robbenfängern des 19. und 20. Jahrhunderts zum Opfer gefallen sind. Insbesondere den kleinen Sattelrobben ist ihr weicher und weißer Pelz zum Verhängnis geworden. Diese liebenswürdigen *Phocae groenlandicae* wurden, pelztragenden Damen zuliebe, massenweise erschlagen, und erst ein europaweiter Protestschrei von Tierschützern (darunter Brigitte Bardot!) hat diese Schlächtereien einschränken können.

Den antiken Naturwissenschaftlern war über die Robbe (für sie: ‹vitulus marinus›, das heißt ‹Meerkalb›) wenig bekannt; im Mittelmeer schwammen vor zweitausend Jahren allerdings noch mehr Mönchsrobben herum als in den heutigen Zeiten, die mit ihren Tourismusfluten diese Tiere von den Stränden und aus ihren Verstecken geschwemmt haben. Die Fischer der damaligen Zeit scheinen wenig Gefallen an

Robbentran zu haben; wohl aber konnten sie Robbenfelle gut gebrauchen. Von Plinius wissen wir, daß seine Zeitgenossen glaubten, an einem Robbenfell und der Stellung seiner Haare die Gezeiten ablesen zu können; die rechte Flosse einer Robbe habe einschläfernde Wirkung, heißt es da auch, und sie wirke gut, wenn man sie unter das Kopfkissen lege (IX, 15). In seinem Kapitel über Donner und Unwetter behauptet Plinius ferner, ein Zelt aus Meerkalbfellen schütze den Menschen vor Blitzschlägen (II, 52). Aus diesem Grund kann man bei den Naturwissenschaftlern des Spätmittelalters und der frühen Neuzeit mehrfach lesen, gegen den Blitz helfe dem Menschen nichts so wirksam wie ein Gürtel aus Meerkalbfell.

Das Auftauchen einer Robbe (insbesondere bei schwachem Licht) mußte bei vielen Fischern Vorstellungen von geheimnisvollen Meerfrauen und Meermännern wecken. Vor allem hat wohl die Mönchsrobbe mit ihrer glatten Kopfhaut Phantasien über Meermönche angeregt. Schon das *Buch der Natur* des Konrad von Megenberg aus dem 14. Jahrhundert läßt uns wissen: «Monachus marinus heißt ein Meermönch. Das ist ein Meerwunder, das ist in der Gestalt wie ein Fisch und oben wie ein Mensch und hat ein Haupt wie ein neugeschorener Mönch. Oben an dem Haupt hat es eine Glatze [...] und einen schwarzen Ring oberhalb der Ohren, so wie ihn auch die Mönche haben. Dieses Meerwunder hat die Art, daß es die Leute am Meeresufer gern zu sich lockt, und es springt vor ihnen im Meer und kommt näher heran, und wenn es sieht, daß die Leute über sein Spiel lustig sind, so freut es sich und spielt umso mehr auf dem Wasser. Wenn aber ein Mensch so nahe kommt, daß es ihn packen kann, dann zieht es ihn unter das Wasser und frißt ihn auf.»

Diese Vorstellung von einem im Meere schwimmenden Mönch (für Konrad ein Gleichnis für verführerische Bosheit) hat dann die Flugblattmaler des Reformationszeitalters zu phantastischen Meldungen angeregt; ja als Pendant zu dem Meermönch wurde auch noch ein Meerbischof erfunden. Ein solches Mönchs-Meerungeheuer, heißt es auf einem dieser

Sensationsdrucke, sei 1546 in Dänemark gefangen worden, und

> Es hatt' eines Mohren Angesicht,
> ein' Kapp am Hals nach Mönches Pflicht,
> über dem Leib wie ein Meßgewand
> mit Pünktlein und Flecken unbekannt,
> anstatt der Arm Floßfedern groß [...].
> Danach der Schwanz wie sonst ein Fisch,
> seine Länge vier Ellen gewesen ist.

Ganz offenbar hatten da dänische Seeleute eine Robbe für ein halbmenschliches Wesen gehalten. Ein Flugblatt vom Jahre 1630 berichtet in ebenso sensationslüsterner Weise, man habe in La Rochelle an der Atlantikküste einen «erschröcklichen Meer-Drachen» gefangen. Die dazugehörige Abbildung läßt vermuten, daß es sich um eine große Robbe gehandelt haben muß, die am 10. Juni in der französischen Hafenstadt vom Meer in den Stadtgraben gelangt war und von dort aus einen angsterregenden Landspaziergang unternahm: «Weil nun das Tier keine andere Ausflucht sah, lief es in die Stadt über den großen Platz des Kastells, hinten um die Kirche von S. Bartholomäus bis an des obengemeldeten Herrn Haus, allda es die hintere Tür [...] offen fand, lief hinein, nicht ohne großen Schrecken derjenigen, so darinnen waren, und zerriß darin zwei Windspiele und noch etliche kleine Hunde, die in der Küche waren, worauf alle Türen und Stiegen verschlossen wurden, daß es gleichsam im Hof gefangen war. Der Herr de la Cliete kam mit etlichem Volk in den Platz des Hofes, zog sein Schwert heraus und zerschlug es an dem Tier in drei Stücke; sechs Spießträger zerbrachen ihre Piken, gleichwohl wollte das Tier nicht fallen, bis es von einem Musketier durch den Kopf geschossen wurde.» Nun, La Rochelle ist von der Gascogne nicht weit entfernt, die Leute dieser Provinz sind ja für ihre Aufschneidereien, die Gaskonaden, berühmt.

Von der Menschlichkeit und Menschenverwandtschaft der Robben bleibt noch so mancherlei zu erzählen. Aelian berichtet einerseits (IX, 50), man höre von diesen Tieren ein tiefes Gebrüll, und das habe seine Vorbedeutung: Wer dieses

Schreien vernehme, der müsse wenig später sterben. Doch an anderer Stelle weiß Aelian (IV, 56), einen Eudemos zitierend, auch Positives von einer Phoca zu übermitteln: Eine Robbe habe sich in einen Schwammtaucher verliebt, sei immer wieder aufgetaucht und habe sich in einer Höhle in der Nähe dieses Mannes aufgehalten. «Nun, dieser Kerl war sicherlich der häßlichste unter seinen Gesellen», lesen wir da, «aber in den Augen der Phoca war er doch der hübscheste. Vielleicht muß man sich gar nicht darüber wundern, haben doch auch Menschen häufig die weniger Schönen ihrer Art geliebt, und von den Gutaussehenden blieben sie völlig unbeeindruckt und schenkten ihnen keine Aufmerksamkeit.»

Wer einer kleinen Sattelrobbe ins Auge blickt, kann sich allerdings vorstellen, daß ein Mann sich auch in eine Phoca verlieben könnte. Eine skandinavische Wanderlegende (sie gehört zu dem großen Komplex der sagenhaften Ehen mit jenseitigen Wesen) erzählt von einer solchen Mensch-Robben-Beziehung: Ein junger Mann erblickte ein paar Robbenfelle an einem Strand, und in der Nähe badeten einige wunderschöne Frauen. Der Mann nahm eines der Felle an sich, und als eine der Frauen dieses zurückhaben wollte, versprach er ihr die Ehe. Mit ihrem Fell war diese Meerfrau nach der Hochzeit auch ihrer Freiheit beraubt; sie mußte viele Jahre bei dem Manne bleiben und brachte ihm mehrere Kinder zur Welt. Doch eines Tages fand sie durch Zufall ihr Robbenfell (und damit ihre wahre Identität), zog es an, rannte zum Meer und war für immer verschwunden.

Diese Geschichte mag von Eskimo-Mythen beeinflußt sein, in denen die Grenzen zwischen Menschsein und Tiersein oftmals verschwimmen. Die Klappmütze (Cystophora cristata) hat ihren Namen eigentlich daher, daß das Männchen einen aufblasbaren Hautsack auf dem Kopf trägt. Bei den Eskimos gelten die Klappmützen jedoch als Robben, die den Harpunenjägern in ihren Kajaks besonders gefährlich werden können, und sie erklären diese Beobachtung abermals mit einer Verwandlungsgeschichte: Eine Frau sei von ihren Brüdern schlecht behandelt und von ihrem Manne gar geschlagen worden. Sie habe dann bei einem Schamanen gelernt, wie sie sich in eine Robbe verwandeln konnte. Sie führte schließlich ihr Kind (Klappmützen lieben ihre Jungen zwar nur ein paar Tage lang, da aber um so heftiger) ans Meer, tauchte mehrfach ins Wasser, ließ sich noch ein paarmal sehen und schwand dann aus den Blicken ihres Kindes. Doch ihren Brüdern und dem grausamen Mann erschien sie sirenengleich auf hoher See, zeigte sich jedem der Kerle einzeln mit heruntergezogener Kapuze, ließ sich harpunieren und zog die Männer dann samt ihren Kajaks in die Tiefe.

Das Walroß *(Odobaenus rosmarus)* war unseren Voreltern wegen seiner Unförmigkeit und der drohenden Zähne (‹odobaenus› bedeutet soviel wie ‹Zahnstößer›) schon immer unheimlich, und auf einer Zeichnung Albrecht Dürers aus dem Jahre 1521 sieht das Tier in der Tat beunruhigend wild aus. Dürer schreibt neben dieses Walroßporträt: «Das dasig Tier, von dem ich da das Haupt konterfeit hab, ist gefangen worden in der niederländischen See und war 12 Ellen lang mit vier Füßen.» Die Eskimos hatten vor dem Ungetüm zwar Respekt, nicht aber Angst. In einer Heldengeschichte wird erzählt, wie ein Robbenfänger das am Strande liegende Tier von hinten beim Schwanz packte und festhielt, indem er seine Füße in den Schlick stemmte. Bei diesem Zweikampf wurde er zwar bis zu den Hüften in den Schlamm gezogen, doch konnten sich dann seine Kameraden dem Walroß nähern und es mit Speeren angreifen: «So mächtig war das Tier», wurde dem Forscher Hans Himmelheber erzählt, «daß kein Speer durch und durch ging, sondern abprallte und zurückschnellte, wenn er von innen an die zweite Haut kam, so daß die Spitze abbrach und der Schaft in hohem Bogen herausflog. Der Jäger aber hielt die Schwanzflossen fest, bis das Walroß tot war.»

In einer anderen, von Heinz Barüske gesammelten Eskimogeschichte fängt sich so ein mächtiges Walroß einen Menschenjungen und hält ihn in seinem Haus, an eine Leine gebunden, fest. Doch der Knabe lehrt einen Pfosten das Sprechen, befreit sich von dem Seil und bindet es an den Pfahl, der dann auf die Fragen des Walrosses Antwort gibt, und flieht. «Bist du fertig», ruft das Tier nach draußen, und der

Pfahl antwortet: «Noch nicht.» Schließlich aber merkt das Walroß den Betrug und eilt dem mit seinen Brüdern in einem Kajak fliehenden Jungen nach. Sie werfen ihre Kleider über Bord, um den Verfolger aufzuhalten und erreichen wohlbehalten das Ufer. «Sie sagten zu dem Tier: ‹Dreh dich um und schwimm zurück.› Das Walroß drehte sich um, und augenblicklich töteten sie es mit ihren Harpunen und kochten das Fleisch und aßen es. Nur der Junge weigerte sich, am Schmaus teilzunehmen. Er sagte, er habe mit dem Walroß zusammen gelebt und könne es deshalb nicht anrühren.» Man fragt sich in der Tat, wie der Mensch es fertigbringt, das Fleisch von Tieren zu essen, die lange Zeit mit ihm unter einem Dach gewohnt haben.

Salamander

Auf den Schwanzlurch namens Salamander *(Salamandra)* ist der alte Plinius (X, 86; XI, 116; XXIX, 23) nicht gut zu sprechen. Dieses Tier sei so kalt, meint er, daß es Feuer zum Erlöschen bringe. Vor allem aber werde der Salamander durch sein Gift dem Menschen gefährlich: In Pamphylien oder Cilicien hätten Leute Fleisch von Wildschweinen verzehrt, welche ihrerseits Salamander gefressen hatten, und die Leute seien daran gestorben; auch sei ein Brunnen oder ein Weinfaß, in welchem ein Salamander krepiert, höchst giftig, ja man solle nicht einmal Wasser aus einem Gefäß trinken oder Brot von einem Blech essen, das von einem solchen Molch berührt worden sei! Der Salamander sei wirklich ein gräßliches Tier; er könne ganze Völker morden, vergifte die Früchte der Bäume, und wer dann dieses Obst esse, der sterbe unter fürchterlichen Krämpfen. Und wenn der Mensch nur mit der Zehenspitze den Geifer des Salamanders berühre, dann fielen ihm schon sämtliche Haare vom Körper. Ein Jahrhundert später erzählt Aelian, der Salamander sei zwar nicht im Feuer geboren wie die Feuerfliegen, doch sei er ein mutiger Bekämpfer von Feuerflammen. Als Beweis führt der griechische Naturkundige an, Salamander hätten sich bei

Arbeitern an einer hell brennenden Esse herumgetrieben, und da sei das Feuer trotz der gut arbeitenden Blasebälge immer schwächer geworden. Erst als die Männer dann die Salamander vertrieben oder getötet hätten, habe sich das Feuer wieder zu voller Stärke entflammen lassen.

Gemeint ist selbstverständlich der südeuropäische samtschwarze und gelb gefleckte Feuersalamander, der bis zu 28 Zentimeter lang sein kann, ein Molch, der ein feuchtwarmes Klima liebt, aber eher dem Wasser als dem Feuer zugeneigt ist. Den Alpensalamander *(Salamandra atra)*, der als ein kleinerer, ungefleckter Landbewohner in unseren Gebirgen haust und den das Volk gerne ‹Tattermandl› oder ‹Guggemannli› nennt, können Plinius oder Aelian nicht gemeint haben. Die Salamandra bringt übrigens ihre Jungen lebend zur Welt; das scheint den Alten entgangen zu sein. Tatsache ist allerdings, daß der Feuersalamander bei Gefahr eine ätzende Drüsenflüssigkeit (‹Salamandrin›) absondern kann, mit der er seine Feinde, zum Beispiel kleine Vögel, vertreibt. Für den Menschen ist diese Flüssigkeit ungefährlich.

Man hat also nicht den Eindruck, die Naturkundigen der Antike hätten unseren Feuermolch wirklich sorgsam beobachtet. Und die schlechten Nachrichten aus dem ersten oder zweiten nachchristlichen Jahrhundert wurden, nicht zuletzt über die Schriften der Kirchenväter (der Christ soll die Gluten seiner Lüste dämpfen!), bis ins Mittelalter kolportiert. So schreibt Isidor von Sevilla im 7. Jahrhundert abermals von der Giftpotenz dieser «Schlange» und: «Die Salamandra bekämpft als einziges Tier Brände; sie lebt mitten in den Flammen, ohne Schmerz oder Schaden, und nicht nur verbrennt sie nicht, sondern sie löscht das Feuer aus.» Konrad von Megenberg behauptete noch im 14. Jahrhundert: «Isidorus spricht, daß keinerlei Tier so schädlich sei mit seinem Gift als die Salamandra, denn andere Tiere töten die Menschen nur einen nach dem andern, aber die Salamandra tötet viele auf einmal. Wenn sie zum Beispiel an einen Baum kommt, dann vergiftet sie die Äpfel alle miteinander, und wer dann einen Apfel ißt, der stirbt.» Und selbstverständlich hält er auch an der Feuerfestigkeit des Salamanders fest.

Bemerkenswert ist umgekehrt der Bericht Marco Polos aus der Provinz Chingitalas von Salamanderadern in den dortigen Gebirgen. Der Asienreisende des 13. Jahrhunderts war der Ansicht, der Salamander könne kein Tier sein, denn ein Tier könne nicht im Feuer leben. Aber seine Adern seien jedenfalls im Gebirge zu finden; sie würden ausgebrochen, getrocknet, zerstampft, gewaschen, und mit dem daraus gewonnenen Faden, welcher der Wolle ähnlich sei, könne man dann Tücher weben; dieser Stoff sei feuerfest und werde im Feuer weiß, und immer wenn er schmutzig sei, reinige man ihn wieder im Feuer: Das seien die wahren Salamander, und alles andere müsse man als Fabelei werten. Marco Polo hat sich hier offenbar von der Gewinnung und Verarbeitung von Asbestwolle berichten lassen.

Ein anderer Italiener, Benvenuto Cellini, der große Kraftmensch, Goldschmied, Bildhauer und Aufschneider des frühen 16. Jahrhunderts, hält seinerseits gerne an dem Glauben der Alten fest. Er erzählt in seiner Autobiographie nicht nur, wie er als kleines Kind einen Skorpion in das Händchen nahm, sondern auch eine andere Begegnung mit einem gefährlichen kleinen Tier: «Als ich etwa fünf Jahre alt war, da ging mein Vater in eine unserer Kammern, in der man Wäsche gewaschen hatte und wo noch ein schönes Feuer aus Eichenprügeln brannte. Giovanni [so hieß der Vater] nahm eine Viola in den Arm und spielte und sang ganz allein bei diesem Feuer. Es war sehr kalt. Als er nun in das Feuer blickte, da bemerkte er mitten in den glühendsten Flammen ein Tierchen wie eine Eidechse, die sich in diesem lodernden Feuer wohlzufühlen schien. Sobald er erkannt hatte, worum es sich handelte, ließ er meine Schwester und mich rufen und zeigte es uns Kindern. Mir gab er dabei eine dicke Maulschelle, weswegen ich heftig zu weinen anfing. Er beruhigte mich mit sanfter Stimme und sprach also zu mir: ‹Mein liebes Söhnchen, die hast du nicht gekriegt, weil du etwas

Schlimmes getan hättest, sondern nur, damit du dich erinnerst, daß die Eidechse, die du da im Feuer siehst, eine wirkliche Salamandra ist, die noch kein Mensch auf der Welt wahrhaftig gesehen hat› – und dann küßte er mich und gab mir ein paar Geldstücke.» Ein seltsamer Zoologieunterricht, fürwahr! Doch die Episode ist dem Renaissance-Erzähler wahrhaftig (wenn sie denn wahr ist!) im Gedächtnis geblieben, und Johann Wolfgang von Goethe hat sie uns abermals (mit anderen Worten) in seiner Übersetzung der *Vita* des Cellini überliefert. «Salamander soll glühen» und «Verschwind in Flammen, Salamander!», heißt es schließlich noch in Fausts Studierzimmer! Und Gottfried August Bürger gebraucht den Salamander für das Bild einer feurigen Umarmung der Geliebten in einer Variante zu seinem *Hohen Lied von der Einzigen:*

> Arm und Arm dann umeinander!
> An einander Brust und Brust!
> Wenn du dann in heißer Lust –
> ha, du bist ein Salamander,
> wenn du nicht zerlodern mußt!

Wie lange sich naturkundliche Vorstellungen der Antike und des Mittelalters zu halten vermögen, zeigt etwa 1875 der Schweizer Friedrich von Tschudi in seinem *Thierleben der Alpenwelt:* «Die Bergbewohner halten, wie die alten Römer auch, dieses durch Vertilgung vieler Würmer und Insekten nützliche Tier für äußerst giftig.» Und das *Handwörterbuch des deutschen Aberglaubens* weiß unter dem Stichwort Molch noch mehr vom Weiterleben des alten Salamanderwissens zu berichten: So soll das Bestreichen mit Salamanderblut gegen Feuer unempfindlich gemacht haben; bei Feuersbrünsten hat man offenbar Salamander in die Flammen geworfen, um die Gluten zu löschen; der Bergsalamander galt als Wetterprophet; schließlich half das Tier (oder Teile von ihm) angeblich bei mancherlei Krankheiten, insbesondere dem hitzigen Fieber – und so weiter und so fort.

Der Salamander und das Feuer: Das Thema ist noch lange nicht zu den Akten der Kulturgeschichte gelegt. Eine Fußbekleidungsfabrik, die unseren gelbgefleckten Schwanzlurch als Firmenzeichen benutzt, läßt seit 1937 für ihre kleinen Kunden eine Serie von Reklameheftchen mit dem Reihentitel *Lurchis Abenteuer* drucken. In der 96. Folge tritt dieser lustige Salamander abermals als Feuerwehrmann auf: Er erzählt, wie der Fuchs (ein Schulkind wie er) heimlich eine Zigarre geraucht und dabei seinen eigenen Schwanz in Brand gesteckt hat:

> Der Stumpen fiel ihm aus der Hand
> und setzte seinen Schwanz in Brand.
> Er düste los, man glaubt es kaum,
> bis in die Krone von dem Baum.
> Ein Lurch erkennt Probleme schnell,
> so konnt' ich [der Salamander] helfen auf der Stell'.
> Flugs und mit der linken Hand
> riß ich den Löschschlauch von der Wand,
> drehte voll das Wasser auf
> und spritzte zu dem Fuchs hinauf.

Und so fort. Der Fuchs wird gerettet. Ein moderner, mit gewissem Schuhwerk ausgerüsteter Lurchi braucht offenbar zum Löschen der Lohe moderne Requisiten. Ein antiker Salamander hätte den armen Fuchs ohne fremde Hilfsmittel und rascher vom Brand retten können.

Schaf

So ein Lamperl ist schon wirklich ein herziges Wesen, und es ist nicht leicht zu verstehen, wie ein ‹Lämmlesmetzger› (so wurde, nicht nur in Nördlingen, sondern auch in anderen schwäbischen Städten, einer der ortsansässigen Fleischer genannt) das junge Schaf so herzlos schlachten mag, um daraus einen Osterbraten herzurichten, und wie die Gerber aus seinem Fell Kleidungsstücke herstellen können. Aus den Häuten frisch geborener und sogar ungeborener Lämmer wurden im Mittelalter die feinsten Pergamente bereitet; immerhin haben sich einige Hundert von diesen Blättern (was man von den Braten nicht sagen kann) über tausend und mehr Jahre in den Klosterbibliotheken erhalten können. Das oftmals geschundene Lamm *(Agnus)* galt auch als ein Sinnbild der makellosen Unschuld; so konnte es zu einem Symbol für Christus und seinen Opfertod werden. «Laßt uns jubeln und frohlocken, denn Christus, unser Osterlamm ist geschlachtet», heißt es darob (doch nicht jeder mag diese Bildlichkeit goutieren), in Anlehnung an den 1. Korintherbrief 5,7, gleich zu Beginn der katholischen Meßfeier am Ostersonntag. Gut, daß ein unbekannter Küchenmeister auf den Gedanken kam, Osterlämmer aus unblutigem Eierkuchenteig zu backen!

Das «Lamm Gottes [‹Agnus Dei›], das hinwegnimmt die Sünden der Welt» rufen die Gläubigen in der römisch-katholischen Meßliturgie (vor der Kommunion) je dreimal an. Gotteslämmer wurden deshalb früher, sehr konkret und direkt, auch in Wachs nachgebildet und geweiht; das Volk brauchte sie so, oder auch nur in der Abbildung eines Bilderbogens, jedenfalls aber handgreiflich begreifbar, als Abwehrmittel gegen die «Sünden» Hölle, Tod und Teufel. Silberlämmlein, am Hals getragen, sollten gegen böse Einflüsse aller Art schützen. Auch ein französischer Schwank des Sieur D'Ouville aus dem 18. Jahrhundert zeigt uns, daß der altchristliche Gedanke vom Lamm Gottes dem Volke nicht immer und überall einleuchten wollte. Ein Pfarrer, heißt es da, habe einem unheiligen Tölpel gesagt, er solle sich doch wenigstens dieses Stoßgebet merken: «O du Lamm Gottes...» und so fort. Bei der nächsten Osterbeichte fragte der Geistliche sein Schäflein, ob er das Gebet behalten habe? «O ja», war die Antwort, «o du Schaf Gottes, das du hinwegnimmst...» Das Lamm, meinte der Bauer treuherzig, sei schließlich ein Jahr älter geworden.

In ein kuscheliges Lamm seien, so erzählen alte Alpensagen, mancherlei muntere Hirtenbuben verliebt gewesen; wenn sie so ein Tier gar ‹taufen› wollten (eine christliche Verbrämung für einen streng verpönten Umgang mit Tieren), brach allerdings das Unheil über sie herein. In Uri lebte vor langer Zeit, heißt es etwa in den *Deutschen Sagen* der Brüder Grimm, «ein Alpenhirt, der in seiner Herde ein Lamm hatte, worauf er besonders viel hielt und dem er so zugetan war, daß er darauf verfiel, es taufen zu lassen [!] und ihm einen Christennamen beizulegen. Was geschieht? Der Himmel, um diesen Frevel zu rächen, verwandelte das Lamm in ein scheußliches Gespenst [...]» und so fort.

Nicht anstößig ist allerdings die Darstellung des ‹Guten Hirten› mit einem Lamm auf den Armen («Ich bin der gute Hirte», heißt es Joh. 10, 11, «der gute Hirt gibt sein Leben hin für seine Schafe»; ein Flugblatt des Hans Sachs von 1524 zeigt uns den *Schafstall Christi*); in Kirchen dürfen Symbol-Lämmer auch auf einem schönen Kissen oder auf dem Thron sitzen, manchmal müssen sie allerdings auch auf einem hölzernen Kreuz liegen; und die Heiligen Agnes, Johannes der Täufer und Wendelin sind allemal an ihren hübschen Lämmlein zu erkennen. Selbst den protestantisch gesonnenen Leuten von Kunters in Graubünden erschien 1622 in ihrer Kirche «ein schönes schneeweißes Lämmlein» als gutes Omen und gleichsam dazu auffordernd, tapfer die katholische Herrschaft abzuschütteln, erzählt 1742 der Chronist Nicolin Sererhard. So unheilig kann die Liebe zu einem Lamm also doch wohl nicht sein.

Das Lämmerhüten ist aber eher Sache des gemächlichen, des besonnenen und des friedfertigen Menschen, es hat, literarisch gesehen, etwas Weibliches an sich (und die Pastoraldichtung kann ja auch ohne Schäferinnen nicht auskommen) und vermag den wilden, ungezügelten Tatendrang von Gipfelstürmern nicht zu befriedigen. Das lehrt uns zumindest Friedrich Schiller in seinem *Alpenjäger:*

> Willst du nicht das Lämmlein hüten?
> Lämmlein ist so fromm und sanft,
> nährt sich von des Grases Blüten,
> spielend an des Baches Ranft.

So meint die fromme und sanfte Mutter, die nach dem *Lied von der Glocke* desselben Dichters «drinnen waltet», doch der wilde Knabe (er «muß hinaus ins feindliche Leben») entgegnet:

> «Mutter, Mutter, laß mich gehen
> jagen nach des Berges Höhen!»

Lämmer und Schafe sind demnach unfreie Innenwesen – im Gegensatz zu den Gemsen, denen unser Alpenjäger nachspringen will.

Mit zunehmendem Alter verliert das Lamm an Ansehen; es wird zu dem sattsam bekannten Paarzeher namens Schaf *(Ovis),* das zu schmähen Sprichwörter, Redensarten und Schimpfnamen nicht müde werden. «Dem einen Schaf folgen die anderen», heißt es da etwa, um zu sagen: Die haben keinen eigenen Willen noch eine Meinung. «Ein Schaf, das blökt, verliert seinen Bissen» heißt soviel wie: Die Dummen sollen doch ihr Maul halten. In einem skandinavischen Schwank (AaTh 204) gehen Schaf, Hahn und Ente auf eine Seereise. Bei einem wilden Sturm kann sich die Ente durch Schwimmen retten, der Hahn fliegt auf den Mast und hält nach Land Ausschau, nur das dumme Schaf ist zur Untätigkeit oder zum Untergang verdammt. Wäre es doch zu Hause geblieben!

Schwarze Schafe sind die Außenseiter der Gesellschaft. Wilde Schafe seien gar nicht vorstellbar, meint Georg Christian Raff, «weil sie zu ängstlich und zu dumm, zu schwach und zu gebrechlich sind und sich in nichts finden können. Sie laufen bei dem kleinsten Geräusch auf einen Haufen zusammen und springen schon davon, wenn auch nur ein Kind seinen Arm in die Höhe hebt oder ein kleines Steinchen unter sie wirft.» Kurzum, das Schaf ist für den Kinderaufklärer, «gut, fromm, aber äußerst dumm». Jeder weiß, was ein ‹Schafskopp› ist, mit ‹Schafstall› konnte in der ersten Hälfte unseres Jahrhunderts eine Hilfsschule gemeint sein. ‹Seggel›, ‹Seckl› oder so ähnlich lautet ein im ganzen süddeutschen Raum bekanntes Schimpfwort, das auf den Hodensack des Schafbocks anspielt: Dieses Ding ist gleichsam der Sitz geballter Potenz, aber auch dicker Dummheit. Und außerdem gelten Schafböcke noch als Bösewichter, weil nach Matth. 25,32 Christus, der Hirte, beim Jüngsten Gericht die Schafe zu seiner Rechten und die Böcke zu seiner Linken aufstellen wird; und mit den Kerlen zur Linken wird es bekanntlich verflucht höllisch zugehen.

Dabei ließe sich von den Schafen doch auch so manches liebenswürdigere Stücklein erzählen. Selbst der Utilitarist Lehrer Raff muß doch, nachdem er lange erklärt hat, daß Schafe nicht ohne Schutz und Beistand der Menschen überleben können, zugeben: «Sie nützen doch wirklich sehr viel, dächte ich? Geben sie nicht gewöhnlich alle Jahre ein Lamm? [...] Schert man ihnen nicht alle Jahre ihre Wolle ab? Kann man sie nicht auch, wenn man will, alle Tage melken, wie die Ziegen? [...] Düngt nicht ihr Schafmist oder Pferch und ihr Harn ganz vortrefflich die Felder?» Und so zählt er weiter Nützliches auf, von der Darmsaite über das Korduanleder bis zum Talglicht. Volkserzählungen wissen noch mehr Gutes von Schafen zu berichten. In einem korsischen Schwank will sich der Herr Pfarrer eine Herde von hundert Schafen beschaffen und verlangt von jedem Haushalt ein Tier als Opfergabe für die Kirche mit dem frommen Spruch: «Wer eines gibt, wird hundert empfangen.» Ein armer Kerl, der dumme Hans genannt, gibt sein einziges weißes Schäflein mit einem Glöcklein ab. Bei einem Gewitter springt dieses Tier in seinen alten Stall und führt die ganze Herde des Geistlichen hinter sich her. Der dumme Hans behält sie mit dem Hinweis auf die biblischen Worte des Pfarrers.

Gestohlene Schafe – und vom Schafestehlen wird in der Volksliteratur viel erzählt! – steigen manchmal unerwartet zu Opfern oder Helden dramatischer Ereignisse auf. In Portugal geht eine solche Geschichte (nach altem indischen Vorbild) so: Vier Räuber verabredeten sich miteinander, einem Bauern, der ein Schaf zu Markte trug, immer wieder einzureden, das Tier sei doch ein Hund. Schließlich warf der Bauer den wertlosen Hund fort, und die Betrüger kamen so zu einem guten Braten. Ein gewitzter Dieb verkleidete ein mitgenommenes Schaf als Baby und legte es in eine Wiege (AaTh 1525 M). Es war dem geduldig mitspielenden Tier zu verdanken, daß der Schurke unentdeckt blieb! Umgekehrt befahl der hl. Patrick von Irland, so berichtet die *Legenda aurea* des Bischofs Jacobus de Voragine, einem gestohlenen Schaf, sich bemerkbar zu machen. Aber der Dieb hatte es schon aufgegessen. «Da beschwur Patricius in der Kirche vor allem Volk das Schaf bei der Kraft Jesu Christi, daß es in des Leibe sollte schreien, der es gegessen hätte. Da bähete das Lamm aus dem Bauch des Diebes, und also mußte er Buße tun mit großer Schande. Dies Zeichen sahen die andern Leute und hüteten sich hinfort vor Diebstahl.»

Die Tierfabeln erzählen oft von den bösen Übergriffen der Wölfe gegen die hilflosen Schafe. Ja, in der berühmten Geschichte vom Krieg zwischen den Wölfen und den Schafen sind die wolligen Tiere so dumm, ihren Feinden die Hunde als Geiseln auszuliefern; damit geben sie sich schutzlos den Wölfen preis. Das Tiermärchen kennt hingegen Schafe, die sich beileibe nicht vor den Räubern fürchten, sondern ihnen im Gegenteil mit dem Kopf eines angeblich gejagten Wolfes Schrecken einjagen (AaTh 125). Ein anderes Schaf vertreibt den Wolf mit den prahlerischen Worten: «Gestern habe ich sieben Wölfe gefressen, heute fresse ich den achten» (AaTh 126). Und auch dieser Trick ist einem Schaf gelungen: Es bittet einen Wolf, er solle doch, bevor es es fresse, noch einmal etwas Schönes singen. Der Wolf, geschmeichelt, heult los – aber er verliert dadurch sein Opfer (AaTh 122 C). Der Humanist Johannes Pauli erzählt die Geschichte 1522 folgendermaßen: «Ein Wolf hatte ein feistes Kitzlein gefangen und wollte es fressen. Das Kitzlein sprach zu dem Wolf: ‹Guter Geselle, ehe daß du mich issest, man sagt, wie du so wohl pfeifen könntest, mit dem Maul wisplen. Pfeife, so will ich dazu tanzen.› Der Wolf ließ das Kitzlein gehn und fing an zu pfeifen; das Kitzlein fing an zu schreien. Das hörten die Hunde und erlösten das Kitzlein von dem Wolf.» Von den dummen Schafen läßt sich also in der Not noch mancherlei lernen.

Schildkröte

Der Narr warte alle Tage darauf, heißt es im altfranzösischen Epos von den *Haymonskindern*, daß die Schildkröte schnell renne. Närrisch wären wir in der Tat, wenn wir auch noch von diesem Reptil erwarten würden, daß es ein Wesensmerkmal unserer Zivilisation, die Sucht nach Geschwindigkeit, nachahmen wollte. Langsamkeit, Gemächlichkeit, Geruhsamkeit der Schildkröte gehören zu ihrer Natur ebenso wie ihr großer Knochenpanzer, der sie als ein angstfreies Selbstschutztier erscheinen läßt. Notfalls zieht sie ihren Kopf zwischen ihre mächtig gepackten Schultern, aber Angst zeigt sie nicht. Ein amerikanischer Football-Spieler läßt sich, vom Aussehen her, mit ihr vergleichen. Der politische Witz der Achtzigerjahre hat denn auch Franz Josef Strauß mit einer Schildkröte verglichen. Für Christian Morgenstern war die Schildkröte Sinnbild des Uralten, des Zeitlosen, des sich Wiederholenden:

> [...] Ich kenne nicht des Todes Bild
> und nicht des Sterbens Nöte:
> Ich bin die Schild- ich bin die Schild-
> ich bin die Schild-krö-kröte.

Wer sich vor den Testudines fürchtet, macht sich so lächerlich wie die Ämilianer und die Ligurer, von denen (so berichtet im 12. Jahrhundert der mittelalterliche Gelehrte Johannes von Salisbury in seinem *Policraticus*) die Gallier sagten, sie würden, wenn eine Schildkröte anrücke, ihre Testamente machen und die Nachbarn um Waffenhilfe anrufen. Einer, der gepanzert daherkommt, muß schließlich noch kein Kriegstreiber sein.

Es ist im Gegenteil der Mensch, der den Schildkröten nachstellt, ganz einfach, weil sie ihm Nutzen bringen. Die zu solchem Handeln nötige, wenngleich irrige Logik liefert uns 1783 der Naturkundelehrer Georg Christian Raff: «Es gibt Schildkröten, die nur so groß sind als eine flache Mannshand, aber auch welche, die so groß sind als ein Ochs und zwei-, drei- bis achthundert Pfund wiegen. Und ihre Schale oder Schild ist so groß als eine Zimmertür.» Raff fährt dann mit einem erstaunten Ausruf der Kleinen weiter: «O was! Tun diese großen den Menschen nichts zuleide?» Der Pädagoge antwortet, so als sei das alles natürlich und normal: «Nein, gar nichts. Sie sind stille und friedlich und nützen den Menschen ungemein viel. Man kann sie essen. Ihr Fleisch ist grün und fett und schmeckt fast wie Hühnerfleisch. Die Schiffleute essen es auf ihren Seereisen sehr gern. Und aus ihrem Schilde oder Schildpatte macht man allerhand schöne und künstliche Dinge als Dosen, Löffel und Uhrgehäuse und viele andere niedliche Arbeiten. Und die Indianer [Inder] gebrauchten die großen ehedem und hie und da auch itzt noch zu Schildern, Kähnen und Dächern.»

Schildkrötensuppe (‹Turtle-soup›) ist lecker, Schildpattschmuck ist niedlich – das gibt dem Menschen Grund genug (die Vernunft des Stärkeren!), den Land- und Seeschildkröten *(Cheloniadae)* bis zu ihrer Ausrottung nachzustellen. Die Jagdmethoden darf man wohl als grausam bezeichnen: «Man jagt sie [die Karettschildkröten] des Schildpatts halber, zu dessen Gewinnung die lebenden Tiere über Feuer oder in kochendes Wasser gehängt werden, bis sich die Platten ablösen. Nachdem dies geschehen, gibt man das Tier wieder frei, weil man glaubt, daß sich das Patt wieder erzeuge.» Oder: «Während ihres Aufenthaltes auf dem Lande werden die Tiere [Suppenschildkröte, *Chelone viridis*] erbeutet, indem man sie nachts auf den Rücken legt und morgens einsammelt.» So stand's in Meyers Konversations-Lexikon vor hundert Jahren. Von den Gefühlen der «Tiere» (angeblich sind sie «von sehr geringem geistigen Vermögen») steht dort kein Wort.

Die alten Fabeln wissen besser, wo die Mängel der Tiere liegen, und im Falle der Schildkröte zeigen sie deren (und des

Menschen) Schwäche auf: Sie kann nicht fliegen! Die Geschichte vom Fliegenlernen der Schildkröte (AaTh 225 A) erzählte eine alte spanische Frau noch 1980 dem Forscher Julio Camarena Laucirica folgendermaßen: Eine Schildkröte habe ständig ihre Unbeweglichkeit bejammert und zwei Störche gebeten, sie doch einmal auf einen Flug mitzunehmen. «Na gut», sagten die Störche, «haltet Euch an diesem Stock fest.» Die Störche nahmen den Stock an beiden Enden, die Schildkröte hielt sich in der Mitte fest und los ging's. Unterwegs begannen die Störche, der Schildkröte zu schmeicheln: wie klug und wie hübsch sie doch sei. Da meinte die Schildkröte schon, sie hätte so starke Flügel wie die Störche. Sie ließ los und stürzte ab. Nach älteren Varianten dieser Fabel hielt sich die Schildkröte mit ihrem Maul an der durch die Luft transportierten Stange fest. Als das die Leute (oder die anderen Schildkröten) sahen, schrien sie «Was für ein Wunder!», die Schildkröte antwortete mit irgendeinem stolzen Spruch, verlor den Halt und damit ihr Leben. Hans Wilhelm Kirchhof, ein Schwanksammler der zweiten Hälfte des 16. Jahrhunderts, meint dazu in seinem *Wendunmuth:*

> Ein Narr ist der, der nichts versteht
> und dennoch über alles redt,
> [...] und der, der mit den Dummen streitet:
> Der wird zu seinem Schad' verleitet.

Schlange

In der Bibel ist sie bekanntlich die große Verführerin, sie «war listiger denn alle Tiere auf dem Felde», heißt es im Buch Genesis (1. Mos. 3,1); sie macht Eva falsche Versprechungen: «[...] und ihr werdet sein wie Gott und wissen, was gut und böse ist.» Nach dem ‹Sündenfall› straft Gott dieses Tier auf ganz ungewöhnliche Weise; es wird «[...] verflucht vor allem Vieh und vor allen Tieren auf dem Felde. Auf deinem Bauch sollst du gehen und Erde essen dein Leben lang.» Immer wieder wird auch in der Bibel mit dem Gift oder dem Biß der Schlange gedroht (5. Mos. 32,24; Hiob 20, 16; Pred. 10, 8), auch ist von feurigen und wütenden und von geschwätzigen Schlangen die Rede. Durch die Schlange sei der Tod in die Welt gekommen, heißt es in den mittelalterlichen Erklärungen zum Genesis-Text. In den großen Zyklen dualistischer Schöpfungserzählungen (dabei stellt der Teufel als Gottes Antagonist jeweils abscheuliche Gegengeschöpfe her) ist die Schlange, weil fuß- und schwanzlos geraten, die mißratene, unvollständige Kreatur des Satans, eine verunglückte Antwort auf die von Gott vollkommen und wohlgestaltet hervorgebrachte Eidechse. Schlange, Tod und Teufel – diese Assoziationen werden sich nicht mehr trennen lassen.

Den Alten waren diese ‹kriechenden› *(Serpentes)*, also nichtaufrechten Bewohnerinnen des Dunklen, des Feuchten, des Dickichts und des (Unter-)Irdischen sicherlich verhaßte Tiere. In einer antiken Fabel klagt die Schlange dem Jupiter ihr Leid: Sie werde von jedermann mit Füßen getreten. Der Gott meint, sie hätte eben den ersten, der sie trat, beißen sollen; sprich Gewalt sei mit Gewalt zu bekämpfen. So bleibt denn alles beim alten: Schlangen dürfen als die allerniedrigsten Geschöpfe mißachtet und vernichtet werden. Wie alle Feinde ist die Schlange auch unberechenbar und heimtückisch; das ist die Lehre anderer Fabeln: Als ein Mensch sie beschützt oder errettet, beißt sie den Wohltäter oder Befreier mit ihren giftigen Zähnen (in Wirklichkeit sind tödliche Unfälle durch Schlangenbiß höchst selten). Die Redensart ‹eine Schlange am Busen nähren (oder wärmen)› bezieht

sich auf den Bauern einer äsopischen Fabel, der eine frierende Schlange an die Brust nahm, aber von ihr angegriffen wurde. ‹Latet anguis in herba› (Die Schlange lauert im Grase) heißt ein in ganz Europa verbreiteter, auf Vergils *Eklogen* zurückgehender Weisheitsspruch. Der *Physiologus* versucht allerdings, aus den Eigenheiten des Reptils moralische Belehrung zu ziehen: So wie es sich häutet, sollte auch der Mensch sich erneuern; so wie es, wenn es zur Tränke geht, (angeblich) sein Gift daheim läßt, sollte auch der Mensch seine Sünden ablegen.

Die christliche Legende läßt die Schlangen als furchterregend erscheinen, damit die heiligen Schlangenbeschwörer um so mächtiger dastehen. «In meinem Namen werden sie Teufel austreiben, mit neuen Zungen reden, Schlangen vertreiben, und so sie etwas Tödliches trinken, wird's ihnen nicht schaden», liest es sich Markus am letzten. Noch heute findet in Cocullo in den Abruzzen am Tage des heiligen Abtes und Schlangenbanners Domenico (jetzt der erste Donnerstag im Mai) eine spektakuläre Schlangenprozession statt. In Deutschland geht es zum Beispiel um Sankt Magnus, im Allgäu Mang genannt, von dem es in einem schweizerischen Legendenbuch von 1648 heißt: «Nach wenig Tagen kamen sie gegen die Stadt Kempten, da fragte Magnus den Tozzo nach dem Namen dieser Stadt und des Wassers. Antwortet ihm Tozzo, die Stadt wäre Kempten, der Fluß die Iller; die Stadt aber habe keine Einwohner, weil unsäglich viele große Würm und Schlangen darin seien, und wenn einer da über Nacht bliebe, werde er von denen vergiftet, verzehrt und zerrissen.» Magnus aber, der Markusworte eingedenk, fürchtet sich nicht; auch hat er vom heiligen Gallus gelernt, wie Heilige selbst Teufeln trotzen können. Als er nun Abwehrgebete spricht, «kam ein abscheulicher großer Wurm, Boa (weil sie Kühe und Schafe auf einmal verschlucken können) genannt. Tozzo, alsbald er dessen ansichtig, entwich er [...] zu einem Baum, auf dem sich zu versichern.» Nicht so der tapfere Mang. Er tritt dem Wurm mit des Sankt Gallus Stab entgegen, schlägt ihm «mit dem Stecken auf den Kopf, da zersprung der Wurm, fiel nieder und starb». So wurde ganz

Kempten von der Schlangenplage befreit. Die Kultur macht der Natur schon früh den Garaus. Bei der Boa denkt der Barockautor dieser Legende, Heinrich Murer, übrigens etymologisch in mittelalterlicher Tradition: Die ‹boa›, so steht es zum Beispiel im 12. Jahrhundert bei Gervasius von Tilbury, heißt so, weil sie ‹boves›, also Rinder verschlingt.

«Einige tragen Schuppen, manche sind bunt gefärbt, aber alle tragen ein tödliches Gift (omnibus exitiale virus)», so schreibt Plinius (VIII, 35) von den Schlangen, und auch dieses falsche Vorurteil hat sich lange und zäh bis in unsere Zeiten gehalten: Einem solchen Kriechviech möchten wir am liebsten nicht begegnen, und anfassen mögen wir es schon gar nicht. Georg Christian Raff lehrt seine Kinder: «Das Schlangengift ist das gefährlichste Gift auf der Welt.» Friedrich von Tschudi schildert die ungeheuerliche Giftigkeit der Kreuzotter *(Vipera berus)* mit einer haarsträubenden Anekdote: «Der abgehauene Kopf beißt und vergiftet noch nach einer Viertelstunde, wie z. B. im Val Tuors im August 1824 ein 1½jähriges Mädchen von einem abgeschlagenen Viperkopfe in den kleinen Finger gebissen wurde und nach 18 Stunden starb.» Noch schlimmer: Ein gewisser T. B. Thorpe berichtete im März 1855 (so lesen wir es bei Boria Sax) von einem aus unerklärlichen Gründen plötzlich gestorbenen Farmer, der seinem Sohn neben anderen Dingen ein Paar Stiefel hinterließ. Als dieser das geerbte Schuhwerk anprobierte, wurde er ebenfalls krank und starb nach wenigen Stunden. Warum? Der Zahn einer Klapperschlange hatte sich durch das Leder des Stiefels gebohrt und war auch dem zweiten Träger zum Verhängnis geworden! In Wirklichkeit sind Stiefel hierzulande ein wirksamer Schutz gegen den nur selten vorkommenden Biß einer der wenigen Kreuzottern, die in unseren Alpengebirgen noch leben können. Seit 1961 ist zum Beispiel in der Schweiz kein Mensch mehr am Biß einer Viper gestorben. Ein bißchen Vorsicht beim Blumenpflücken oder Beerensuchen ist wirksamer als das sinnlose Totschlagen von Reptilien, die vielleicht nicht einmal giftig sind.

Der Schlange wurde oftmals die Kraft der Hypnotisierung kleinerer Tiere, etwa Mäuse, Hasen, Vögel, zugeschrieben;

mit ihrem bösen Blick könne sie, hieß es, ihre Opfer fest-
bannen. Nach dem genannten Mr. Thorpe, der die Sache angeblich in einer Zeitung aus St. Louis gelesen hatte (heißt es
bei B. Sax!), verfiel sogar ein junges Mädchen aus Missouri
der hypnotischen Gewalt einer schwarzen Schlange. Diese
zwang das Kind mit ihrem Blick, ihr Essen zu bringen und
selbst auf jede Speise zu verzichten. Als der Vater dem Ungeheuer auf die Schliche kam und es kurzerhand erschoß,
krümmte sich das Kind in Schmerzen und schied ebenfalls
dahin. Die LeserInnen werden schon an den Tradierungs-
wegen dieser Geschichte merken, daß sie dem schönsten
amerikanischen Jägerlatein zuzuordnen ist. Schlangen sind
bekanntlich taub; sie reagieren jedoch auf Vibrationen. Und
ihre Augen sind für ihre Orientierung nicht wesentlich; sie
schauen weder böse noch zwingend. Sie hören, riechen und
sehen sozusagen mit ihrer ungemein sensiblen gespaltenen
Zunge, die ihnen genügend Informationen über ihre Um-
welt liefert, damit sie den Weg, die Nahrung und auch das
Weibchen ihrer Wahl finden.

Zu den falschen Vorstellungen von den Schlangen gehört
auch, daß ihnen ihr teuflischer Ursprung immer wieder anzumerken sei. Hexen erscheinen in ihrer Gestalt und schaden Mensch und Vieh. Brüsten und Eutern sind sie besonders
zugetan. Seit Kleopatras Zeiten fahren Schlangen bestimmten Frauen immer wieder an den Leib. Eine Bauersfrau, so
erzählt der barocke Vielschreiber Ernst Werner Happel, sei
beim Säugen ihres Kindes eingeschlafen, da habe sich eine
Schlange an ihrer Brust festgebissen und sei erst zehn Monate später durch einen Schlangenbeschwörer vertrieben worden. In einem von Dietz Rüdiger Moser mitgeteilten Legen-
denlied von 1820 legt sich eine Schlange einer habsüchtigen
Bauersfrau sieben Jahre lang um den Körper und will von ihr
gesäugt werden:

> [...] Die Schlange zu der Frau sprach:
> Das ist für deine Missetat,
> dein Lohn wird dir noch folgen.
> Du glaubst, es ist keine Strafe mehr,

keine Höll und auch kein Teufel mehr,
jetzt wirst du es schon erfahren.

Selbstverständlich taucht dieses Motiv in den ‹modernen
Sagen› (‹urban legends›) wieder auf. Cesare Bermani ließ sich
unter anderem 1987 von einer 26jährigen italienischen Kran-
kenschwester erzählen: «Da war eine Frau auf dem Lande,
die gab ihrem Jungen die Brust und schlief dabei ein. Man
sagt, eine Schlange sei gekommen, habe den Kopf des Säug-
lings weggezogen und ihm den Schwanz in den Mund gesteckt, dann habe sie selbst die Milch gesaugt. Die Mutter
hat die Schlange nicht gesehen, aber alle haben das geglaubt,
weil das Kind hatte dann einen ganz schwarzen Mund
von dem Schlangenschwanz.» Geschichten dieser Art blühen
heute so wie einst, auch immer noch diejenigen von den
Teufels- oder Hexenschlangen, welche in die Ställe kamen,
um den Kühen die Milch fortzusaugen. Im milchreichen
Monat Mai, so wurde der Ethnologin Yvonne Verdier in Burgund berichtet, «wachen auch die Schlangen auf, und man
muß eine *sarpen* fürchten. Sie stiehlt Milch, dabei klettert
sie an den Hinterbeinen der Kühe hinauf und saugt an ihren
Eutern. Ist die Kuh erst einmal ausgesaugt, so ‹zieht sie die
Schlange [immer wieder] an›.» Vorbilder für solche Vorstel-
lungen liefert seit dem 15. Jahrhundert der *Hexenhammer*
(II, I, 14) in einem besonderen Kapitel über die Behexung der
Kühe durch den Teufel und seine Dienerinnen.

Zum Vertreiben dieser bösen Kräfte bedarf es dann auch
besonders mächtiger Schlangenbanner, säkularisierter Nach-
folger des heiligen Mang sozusagen; die Schwarze Magie löst
die ‹weiße› ab. Varianten der Hexenbannersage (DS 247) sind
stark verbreitet und halten sich, ebenfalls seit dem *Hexenhammer* (II, II, 6), zäh. Im Kanton Glarus zum Beispiel, wo
auf einer Alp die «Teufelsnattern das Vieh in die Beine
beißen und den Kühen die Milch aus dem Euter heraussaugen», trat ein «fahrender Schüler» auf; er wurde gut bewirtet,
und zum Dank machte er «allerhand Faxen» und «schlug
Ringe», und verbannte diese Schlangen auf eine benachbarte
Alp. Gewöhnlich endet dieser Erzähltypus für den Bannen-

den fatal: Eine große weiße Schlange (Lutz Röhrich sieht in ihr eine ‹Tier-Herrin›) stürzt sich auf den Frevler und bringt ihn, aber auch sich selbst zu Tode.

Das Schlange-Milchbrust-Motiv findet sich dann wieder, in verhüllter Form, in Grimms *Märchen von der Unke* (KHM 105) und in den *Deutschen Sagen* bei der *Schlangenkönigin* (DS 220) und in Varianten dieses Erzähltypus (AaTh 285): Die Ringelnatter trinkt, bürgerlich verschämt, nicht von der Brust der Mutter, sondern aus des Kindes Milchgefäß; dabei kann die Geschichte glücklich ausgehen, die Schlange macht der Spenderin ein Geschenk; wird das Tier jedoch mißhandelt, so erleiden auch die Menschen Unbill. Die Beziehungen zwischen Frauen und Schlangen können durchaus auch noch engere sein. Monströse Schlangengeburten, durch göttlichen oder teuflischen Willen zustande gebracht, wurden seit dem Spätmittelalter als Tatsachen akzeptiert; später erklärte man, sie seien durch sexuellen Umgang mit Schlangen oder durch ein Erschrecken vor einer Schlangenphantasie entstanden. Ein illustriertes Flugblatt aus dem Jahre 1614 berichtet, im mährischen Eibenschitz habe ein Alkoholiker seine schwangere Frau geschlagen und mit dem Rapier bedroht und ihre Leibesfrucht verflucht, das seien «lauter Ottern und Schlangen»:

> Sein Frau betrübt nach Haus tät gahn,
> die Arbeit kam sie sauer an,
> mit Zittern und mit Zagen.
> Es sind viel Weiber bei ihr gewesen
> über acht ganze Tage.
> In solcher Angst ein Kind gebart
> von wunderlicher Gestalt und Art,
> dem Volke war sehr bange.
> Vorn war's gestalt' gleich wie ein Kind
> und hinten wie ein' Schlange.

Dieses Biest überfällt dann gerechterweise den entsetzten Vater und bringt ihn um.

In Volkserzählungen finden sich selbstverständlich sanftere Schlangenmonstren. Die Begegnungen mit Schlangenjungfrauen und -königinnen, die Schätze bewachen oder wegen erwiesener Wohltaten verteilen, gehören zum Bereich der Sagen: Ein Mädchen, das einer durstigen Schlange ihren Milchkrug [!] gereicht hatte, wird zum Beispiel (DS 221) mit einer goldenen Krone belohnt. Im sizilianischen Märchen vom *Prinz Ringelnatter* wirft eine Königin neidische Blicke auf die Kinder einer Schlange. So wird ihre Leibesfrucht eine Ringelnatter, die mit ihrem Gift zunächst einmal die Hebammen tötet. Doch ein unschuldiges Mädchen, Tochter eines Schusters, kann der Gebärenden beistehen; mit eisernen Handschuhen wirft sie die Schlangengeburt in einen Kübel voll Milch. Dieses Wesen wächst kräftig zu einem Jüngling heran und will schließlich heiraten. Mit Weberstochter oder Schlossertochter gibt sich der Schlangenbräutigam freilich nicht zufrieden; diese Bräute sticht er im Hochzeitsbett gleich tot. Mit der Schusterstochter jedoch ist er glücklich, und sie kann ihn auch letztlich erlösen.

Tröstlich ist es, daß die Schlangen (wenigstens in Volkserzählungen) in ihrem eigenen Bereich die große weiße Schlange als Tierschützerin haben, daß unter ihnen Königinnen mit goldenen Krönlein (in natura Resten der abgestreiften Haut) und Prinzen von gewinnendem Wesen zu finden sind und daß man mit ihnen, trotz ihrer gespaltenen Zunge, sogar Küsse tauschen kann.

Schmetterling

Der deutsche Name dieses wirbellosen Tieres aus der Ordnung der *Lepidoptera* (‹Schuppenflügler›) leitet sich von ‹Schmetten› ab, das kommt von dem tschechischen Wort für Rahm (‹smetana›); er bedeutet also soviel wie ‹Sahnevogel›, und im Englischen heißt er ja auch ‹butterfly›, also ‹Butterfliege›: Schmetterlinge lieben angeblich Sahneschüsseln; es könnte aber auch sein, daß ihr Name von der blaßgelben Flügelfarbe der Kohlweißlinge stammt. Auch in anderen Sprachen hat der Schmetterling schöne Namen: ‹papillon› (‹Zelt, Fähnchen›), ‹farfalla›, ‹mariposa›, ‹Sommervogel›; das alles klingt zumindest lustig, vielleicht auch flatterhaft, wandelbar. Denn die Schmetterlinge (von denen es mehr als 150000 Arten gibt) zeichnen sich einerseits durch zwei mit winzigen pigmentierten oder schillernden Schuppen bedeckte Flügelpaare aus, mit deren Hilfe sie sich taumelnd und gaukelnd durch die Welt bewegen, anderseits durch die besondere Art ihres Lebenszyklus, die ‹Metamorphose›, ‹Umgestaltung› genannt wird: die Eier entwickeln sich zu Larven (‹Masken, Vermummungen›), die wir Raupen heißen; die Larve verwandelt sich in eine Puppe (‹Chrysalis› oder ‹Chrysalide›, das heißt ‹goldenes Ding›), und aus dieser Verpackung schlüpft nach einigen Wochen die ‹imago› (‹Abbild›), der fertige Schmetterling.

Bischof Isidor von Sevilla sah das im 7. Jahrhundert noch völlig anders: «Die Papilions», schreibt er, «sind kleine Vöglein, die sich vor allem an blühenden Malven finden; aus ihrem Kot lassen sie Würmlein hervorkriechen.» Jean-Henri Fabre (1823–1915), der große, seinerzeit weit verbreitete und vielgelesene Insektenforscher aus Sérignan-du-Comtat in der Provence, erklärt seinen LeserInnen die Sache genauer und voller Begeisterung: «Nun wohl, dieser erste Zustand des Insekts, dieser Wurm, eine vorläufige Form des jungen Lebens, wird mit dem Namen Larve bezeichnet. Die wunderbare Veränderung, welche die Larve in ein vollkommenes Insekt verwandelt, nennen wir Metamorphose. Die Raupen sind solche Larven. Durch die Metamorphose werden sie zu den großartigen Schmetterlingen, deren Flügel, mit den reichsten Farben geziert, uns zur Bewunderung hinreißen.» Fabre zieht dann einen Vergleich zu den zauberhaften Veränderungen und Verwandlungen, welche die Feen in Charles Perraults Märchen vom Aschenputtel bewirken: der Kürbis wird zu einer goldenen Kutsche, sechs Mäuse verwandeln sich in ebenso viele herrliche Grauschimmel und so fort. «Was sind denn diese Feen, meine lieben Kinder», fährt Fabre weiter, «im Vergleich mit der Wirklichkeit? Die große Fee des lieben Gottes [die Natur] bringt es fertig, einen schmutzigen Wurm, vor dem es uns ekelt, in ein hinreißendes Geschöpf zu verwandeln! Mit ihrem göttlichen Zauberstab berührt sie eine elende Raupe oder einen scheußlichen Wurm, der in verfaultem Holz herumschleimt, und das Wunder geschieht: Die eklige Larve ist zu einem golden leuchtenden Käfer geworden oder zu einem Schmetterling, dessen himmelblaue Flügel die fürstliche Toilette Aschenputtels zum Erblassen gebracht hätten!»

Es ist eigentümlich zu sehen, daß es von diesen herrlichen Schmetterlingen so wenig zu erzählen gibt. Sie taugen vielleicht nicht zu Heldenrollen, sind zu wenig als Bösewichter darstellbar, haben nichts Tragisches an sich. Sie taugen nicht für epische Stoffe, sondern nur für lyrische, und so läßt sich selbst der Naturlehrer Raff hinreißen, in ein Schmetterlingsliedchen seiner Kinder einzustimmen:

> Es war einmal ein hübsches Ding
> von Farben und Gestalt,
> ein kleiner bunter Schmetterling,
> erst wenig Stunden alt.

> Sein breit und doppelt Flügelpaar
> war purpurrot und blau.
> Gesäumt war es mit Golde gar,
> das trug er recht zur Schau.

> Zu allen Blumen flog er hin,
> und, wie mein Märchen spricht,
> rief er: Seht doch, wie schön ich bin!
> Gefall ich euch denn nicht?

Ist unser Sommervogel eitel und stolz? Eine einzige Fabel, von Hans Sachs verfaßt, berichtet von einer Konfrontation zwischen Schmetterling und Schnecke: Der Schöngeflügelte habe vor der Schnecke geprahlt, wie gut er doch fliegen könne und wie unbeweglich dagegen die Schnecke sei. Doch im Sommer seien seine Flügel in der Hitze verdorrt, während die Schnecke in ihrem Häuschen wohlbehütet blieb. So wird doch dem lustigen Gaukler von biederen Bürgern der letzte Spaß verdorben!

Auch dies ist noch zu berichten. Raff hält seine Rangen an, Raupen zu sammeln und die daraus entstehenden Schmetterlinge, Motten oder Käfer aufzuspießen und schön in Kästen zu ordnen. Kinder betrieben das Einsammeln von Kleintieren und Pflanzen mit Keschern, Schmetterlingsnetzen oder Botanisiertrommeln aus den Elementen Wasser, Luft und Erde gleichsam als Spiel. Aber dieser Zeitvertreib diente letztlich ihrer Disziplinierung. Die bunten, lustigen Schmetterlinge wurden also auch dazu mißbraucht, aus wild herumtollenden Kindern, also ihresgleichen, gemächlich kriechende Raupen oder seßhafte Puppen zu machen. Man könnte diesen Erziehungsprozeß eine verkehrte Umwandlung, eine pervertierte Metamorphose nennen.

Schnecke

«*Verdammtes* Gehetze, sagte die Schnecke.» So lautet ein bekanntes italienisches Sagte-Wort (ein ‹Wellerismus›), das auf knappe Weise eines der Hauptmerkmale dieses Weichtiers aus der Klasse der Gastropoden (‹Bauchfüßler›) und der Unterklasse der Lungenschnecken *(Pulmonata)* festmacht: die relative Gelassenheit und Langsamkeit, die immer weniger zur Schnellebigkeit der Menschen passen mag. Im Kanton Uri (oder auch im französischen Nivernais) erzählte man, eine Schnecke sei sieben Jahre lang über eine Brücke gekrochen; als die Brücke dann zusammenbrach, sagte die Schnecke: «Rennen tut nicht gut.» Im Limousin geht der Schwank so: Eine Schnecke kroch drei Tage lang einen Kohlkopf hinauf. Als sie herunterfiel, rief sie: «Zum Teufel die Eile!» Aber schon in mittelalterlichen Morallehren galt die Schnecke als Sinnbild lasterhafter Trägheit (‹acedia›). Gemeint ist sowohl die Weinbergschnecke *(Helix pomatia)* mit ihrem gewundenen Gehäuse (das doch eigentlich dynamisch wirkt) und ihre Verwandten wie auch die ‹nackten› Schwestern aus der Gruppe der Wegschnecken *(Arionidae)* wie *Arion ater* oder *Arion rufus*, die schwarze und die rote Wegschnecke. Sie alle lassen sich Zeit, besser gesagt, sie wissen gar nicht, was lineare Zeit im menschlichen Sinne ist. Sie sind Zwitter und brauchen bei der Paarung nicht zu fragen, ob das Gegenüber homo oder hetero veranlagt sei; Liebespfeile treiben sie sich wechselseitig in die Fußsohlen. Fügt man noch hinzu, daß einige von ihnen Kot- und Aasfresser sind, verweist man außerdem auf ihre schlüpfrige Lebensart (auf dem Fußdrüsenschleim können die Schnecken besser rutschen), dann läßt sich mit ihren Eigenschaften wohl kaum ein vorbildliches Moraltier konstruieren. Pfui Schnecke!

Und doch nehmen Kinder die Helix nicht ungern als Spielzeug in die Hand, benutzen sie, so scheint es, als Zusprechpartnerinnen, freilich auch als Aggressionsobjekte. Sie rufen (so oder ähnlich in ganz Europa:)

> Schneck im Haus,
> komm heraus.
> Kommen zwei mit Spießen,
> wollen dich erschießen;
> kommen zwei mit Stecken,
> wollen dich erschrecken. (K. Simrock)

Oder auch noch direkter drohend:

> Schnägge, Schnägge, Heini,
> zeig mer dini Beinli,
> zeig mer dini vieri Horn,
> oder i schlo [schlag] di a-n-e Dorn. (G. Züricher)

In dem provenzalischen Nationalepos *Mirèio* von Frédéric Mistral erscheint (VIII. Gesang) im Morgengrauen ein Knabe, der Schnecken fängt, um sie in Arles auf dem Markt zu verkaufen und singt:

> Cacalaus, cacalaus,
> komm aus deinem Hüttchen raus.
> Zeig mit deine schönen Hörnerchen,
> sonst brech ich dir dein kleines Klösterchen.

Wie man sieht, geht es bei diesen Kinderreimen also nicht einfach um ein Spiel, sondern um den Diskurs der Nahrungssuche. Schnecken waren einst Speise der Armen, wie Françoise und Yves Cranga in ihrem Schneckenbuch gezeigt haben. An der Größe der ausgestülpten (zwei oder vier) Fühler und dem herausgeschobenen Vorderleib läßt sich die Qualität des ganzen Tieres erkennen.

Da die Weinbergschnecken dem Weinbau ‹schädlich›, auf der anderen Seite aber eßbar sind, müssen sie das Schicksal erleiden, aus ihren schützenden Umhüllungen herausgezerrt und gekocht zu werden. Selbst in der Tierfabel reißen sich Adler und Krähe um das begehrte Fleisch in der Schale. Die Fabel-Schnecke irrt, wenn sie sich, im Vergleich mit den von Störchen gepackten Fröschen, glücklich schätzt, ihr festes Haus zu haben; allzu rasch wird sie zu einer Obdachlosen, zu einer Heimatvertriebenen, zu einem Kriegsopfer. Heutzutage stopfen die Köche und Köchinnen die eßbaren Teile der Weinbergschnecke, zusammen mit einer Sauce, in ein Helix-Gehäuse hinein (die Franzosen nennen das ‹recoquillage›), und die Gourmets ‹spießen› sie abermals heraus. Von Schneckenfang und Schneckenverzehr lebt eine ganze gastronomische Industrie. Das Elsaß oder Burgund (beide weinbergreiche Provinzen) sind für ihre ‹escargots› (mit der Butterkräutersauce) berühmt. Schnecken, diese Symbole des Langsamen, beflügeln den Tourismus.

Wer aufmerksam durch die Stadt Dijon wandert, wird freilich Schnecken nicht nur in Gasthäusern entdecken, sondern auch in zahlreichen Schneckenskulpturen, welche alte Kirchen und Klöster zieren. Wir sollten diese nicht nur als Huldigungen an das nahrhafte und gewinnbringende Tier verstehen, sondern auch als Denkmäler für die Millionen von Schnecken, die in unserem Jahrhundert der Mechanisierung des Weinbaus und den dabei übermäßig verspritzten Pestiziden und Herbiziden zum Opfer gefallen sind.

Schwalbe

Von vornherein stehen die Fliegenden in höherem Ansehen als die Kriechenden; der Mensch kann sie nicht mit Füßen treten, sondern muß zu ihnen aufschauen. Wir sehen ihnen gerne nach, wenn sie in rasendem Fluge ihre gleichfalls fliegende Nahrung suchen (zum Laufen eignen sich die *Hirundinidae* weniger), und wir gucken ihnen mit Bewunderung zu, wenn sie unter der Dachtraufe oder in einem Mauerwinkel aus Lehm, Speichel, Haaren, Fasern, Strohstückchen ein Nest für ihre Jungen bauen. «Während meiner Leidenszeit», erzählte ein alter Werkmeister aus Winterthur, der 1908 eine schwere Knieverletzung erlitten hatte, «als ich im Bette lag, flog immer ein Schwalbenpaar [wohl der Rauchschwalbe, *Hirundo rustica*] ins Zimmer. An einem Balken der Decke über dem Bett bauten sie (kaum zu glauben) ein Nest. Das ganze Treiben linderte mir oft mein Elend. Nach drei bis vier Wochen streckten drei junge Schwälblein ihre Köpfchen aus dem Neste. Es war so schön, wenn sie immer zwitschernd von ihren Eltern gefüttert wurden. Natürlich mußte das Fenster immer offen bleiben. Wegen dem kleinen Abfall von ihnen legten wir einfach ein großes Papier auf das Bett. Das waren liebe Gäste; selbst meine Eltern freuten sich daran.»

Nein, es ist nicht anzunehmen, daß dieser Invalide von einem literarischen Vorbild abgeschrieben hätte. Gemeint ist das *Schwalbenbuch* des Expressionisten Ernst Toller (1893 bis 1939), das, im Festungsgefängnis von Niederschönenfeld entstanden, als Untertitel die Erläuterung trägt: «In meiner Zelle nisteten im Jahre 1922 zwei Schwalben.» Es ist dies ein großes Gedicht, aus kleinen elegischen Gedichten zusammengesetzt, in welchem sich die Aufschreie und Anklagen des politischen Gefangenen vermischen mit teils bewundernden, teils kritischen Beschreibungen der Schwalbeneltern und ihrer heranwachsenden Jungen. Auch diese Vögel erleichtern einem leidenden Menschen sein Gefangenendasein, und im Herbst dankt er es ihnen mit bewegten Worten:

> Nun habt Ihr mich verlassen, liebste Gefährten Ihr
>   meiner Haft.
> Wie war die Zelle warm von Eurer flirrenden Melodie,
>   vom Atem Eurer Körperchen, von den tönenden
>   Ellipsen Eures stürzenden Fluges.
> Ihr kosmischen Gefährten meines Sommers,
> Geliebteste Ihr,
> Fernste,
> Nächste,

in demütiger Dankbarkeit
denke ich Eurer schenkenden Liebe.

Tierchen nennen die Menschen Euch,
und es schwingt ein Überhebliches in ihrer Stimme,
    wenn sie Tierchen sagen.
O über ihre Torheit!
Ich habe gelernt andächtig zu werden vor Eurem
    untrennbaren Tiersein.

Schwalben wecken, auch bei Toller, jedenfalls aber im populären Lied, Abschieds- oder Heimwehgefühle. «Wenn die
Schwalben heimwärts ziehn», wird der Sängerin das Herz
bang; sie weiß nicht, ob sie den fortgezogenen Geliebten
wiedersehen wird und singt einen Vers voll gewaltiger Wahrheit: «Scheiden, ach, scheiden tut weh!» Heinrich Heine verschmäht den Vogelvergleich nicht, wenn er, «auf des Berges
Spitze» (im *Lyrischen Intermezzo*), «sentimental» wird:

> Wenn ich eine Schwalbe wäre,
> so flög ich zu dir, mein Kind,
> und baute mir mein Nestchen,
> wo deine Fenster sind.

Ungemein beliebt war einst auch das Lied *Der Gefangene,*
das auf einen Text *(Les Hirondelles)* des französischen Lie-
dermachers Pierre-Jean de Béranger (1780–1857) zurückgeht.
Es sieht die Schwalben aus südlicher Sicht, also in umge-
kehrter Perspektive:

> Gefangen in maurischer Wüste
> sitzt ein Krieger mit schwerem Blick;
> die Vöglein ihn schmerzlich begrüßen,
> sie kehren aufs neue zurück.
> Süße Schwalbe aus Deutschlands Gauen,
> die den Weg zu der Wüste fand,
> bringst du kein' Gruß aus dem Vaterhause?
> Weißt du nichts von dem Vaterland?

O ja, sie hätte sicher manches zu erzählen! Bei den Schwalben wird viel geplaudert, wie man weiß. Frau Schwalbe sei
eine Schwätzerin, heißt es in einem bekannten Volkslied.

Christian Fürchtegott Gellert stellt sich in seiner Fabel *Die beiden Schwalben* darüber hinaus die Frage, ob diese redegewandten Vögel denn auch gute Sängerinnen seien, und er läßt die Lerche zwei miteinander wetteifernden Schwalben die Antwort geben:

> «So», sprach sie, «will ich's denn gestehn:
> Die kann so gut, wie jene, singen,
> doch singt, so lang ihr wollt, es singt doch keine schön.
> Hört man das Lied geistreicher Nachtigallen:
> So kann uns eures nicht gefallen.»

Es kommt immer auf den Vergleichsmaßstab an. Ernst Toller hatte, abgeschnitten von menschlicher Kommunikation, einen besseren, wie es scheint.

Eine Schwalbe macht noch keinen Sommer, aber wenn diese hinreißend tüchtigen Flieger in Scharen daherkommen, dann wissen wir doch, daß der Frühling und damit ein gewisses Glück endlich nahe ist. In Afrika (oder eben «in maurischer Wüste») waren sie gewesen; sie hatten also nicht im Schlamm überwintert, wie das Aristoteles, Plinius, Olaus Magnus, ja sogar noch Georg Christian Raff gehört haben wollen: «Allein es ist doch ganz gewiß wahr», meint Raff, wenngleich ein wenig zögerlich, «weil es schon viele wackere Männer gesehen und selbst welche aus Seen und Teichen herausgefischt und aus ihren Nestern und andern Löchern herausgelangt haben, [und weil sie] sie in kurzer Zeit in der Wärme haben wieder aufleben und herumfliegen gesehen.» Es ist eben ganz gewiß nicht wahr. Auch andere Schwalbenkuriositäten sind ins Reich der Fabeleien zu verweisen.

Die Schwalbe, so der *Physiologus*, bringe nur einmal Junge hervor und dann nicht mehr, und das erinnere an die Einmaligkeiten im Leben Jesu Christi. Tatsache ist, daß die Hausschwalbe *(Hirundo urbica)* zweimal im Jahr vier bis sechs Eier legen und ausbrüten kann. Das antike Tierbüchlein irrt auch, wenn es meint, oft seien die Schwalbenkinder blind, aber die Eltern könnten sie mit einem Kraut aus der Wüste heilen. Plinius der Ältere meint (X, 34), die Schwalbe lasse sich als Überbringerin von Nachrichten sehr wohl gebrauchen. Verschiedene Männer, so ein Rennwagenbesitzer, hätten sie aus ihrem Nest an den Ort eines besonderen Geschehens mitgenommen und dann mit einem Zeichen – des Sieges oder einer Vorankündigung – nach Hause zurückfliegen lassen, wo ihre Botschaft sehr wohl verstanden wurde. Plinius lobt auch, und da ist ihm zuzustimmen, die solide Konstruktion und komfortable Innenausstattung der Schwalbennester; für vorbildlich hält er die Reinlichkeitserziehung der Eltern bei den Jungen: Sie müßten bald lernen, sich umzudrehen, um sich über den Nestrand hinaus «zu erleichtern». Magister Raff erklärt dieses Verhalten so: «Ich [Schwalbe] und meine Kinder wenden uns also nur um und leeren uns über das Nest weg aus. Und dadurch machen wir freilich manche Stelle des Hauses sehr unrein [...]. Allein die mitleidigen Menschen haben mit uns Nachsicht [...] und halten uns wohl gar noch für heilige Vögel.»

Nun, heilig ist die Schwalbe gerade nicht, auch wenn sie manche fromme Geschichten mit der Heiligen Familie in Zusammenhang bringen, aber man hielt sie, weil weitgereist, für weise und erfahren. Die Fabel von der Schwalbe und vom Hanf (oder Leinen) dient als Beweis. Marie de France erzählt sie im 12. Jahrhundert so: Als der Mensch zum erstenmal Leinsamen säte, da merkte die kluge Schwalbe wohl, daß sich aus dem Flachs auch Garn spinnen ließe, mit welchem man Vöglein fangen konnte, und

> dann könne doch der Mensch mit Netzen
> so manches Tier zu Tode hetzen.
> Die Vöglein ließ sie zu sich schweben,
> um ihnen klugen Rat zu geben:
> Sie sollten fliegen, Lein verzehren,
> dann könne er sich nicht vermehren.

Doch die Vögel wollen nicht auf sie hören; so geraten viele von ihnen dem listigen Bauern ins Garn.

> So schlecht wär's ihnen nicht bekommen,
> hätten den Rat sie aufgenommen,

meint die Dichterin. Ein andermal, erzählt sie dann allerdings in einer weiteren Fabel, vertraute die Schwalbe aber allzusehr der Beteuerung eines Bauern, er werde nie einen Vogel töten. Sie gab diese Nachricht an die Spatzen weiter, die dann doch in des Bauern Scheune zu Tode kamen. Dieses Mal heißt die Moral:

> Wer einer Lüge schenkt Vertrauen,
> den wird man in die Pfanne hauen.

Die Schwalbe jedoch kommt abermals mit heilen Flügeln davon; jedenfalls in der Fabel. In Italien und Spanien soll es noch immer Vogelsteller geben, die auch Schwalben in den Kochtopf wandern lassen. Solche Leute, pfui!, pfeifen auf alle Moral. Und nichtsdestotrotz sollte man ihnen immer wieder laut sagen, daß sie Gewalttäter sind.

Schwan

Claudius Aelianus schreibt im 2. Jahrhundert unserer Zeitrechnung Aristoteles zitierend, ein Schwarm von Schwänen sei einst in der Libyschen See gesichtet und gehört worden: das klang wie ein Chor, der einstimmig eine Melodie singt, und ihr Lied war angenehm für die Ohren, doch traurig und herzbewegend. «Und als ihre Musik zu Ende war, sagt er, habe man bemerkt, daß einige der Vögel gestorben waren.» Dieses Phänomen des ‹Schwanengesangs› hat Naturkundige und Dichter immer wieder zu phantasievollen Beschreibungen angeregt. In der Fabel vom Schwan und Storch erklärt der Schwan sein Verhalten: Im Sterben könne er wohl singen, weil er im Leben stets heiter und zufrieden gewesen sei. ‹Schwanengesang› nennt man denn auch den letzten Auftritt, die letzte Rede oder das letzte Werk einer bedeutenden Persönlichkeit. Cicero berichtet in seinem Buch *Über den Redner* von einer erregenden Ansprache des Lucius Crassus vor dem Römischen Senat: «Aber die herrliche Rede war gleichsam der Schwanengesang des göttlichen Mannes.» Während der Ansprache geriet Crassus nämlich in so heftige Aufregung, daß ihn ein Fieber befiel und er sieben Tage später starb.

Erzählt wird da vom Singschwan *(Cygnus cygnus)*, der laute Töne hervorbringen kann, «die, von Vielen ausgestoßen, aus der Ferne wie Glockengeläute klingen», schreibt Harald Othmar Lenz, und: «Während ich diese Zeilen schreibe, Mai 1856, befindet sich auf dem Stadtgraben zu Bremen unter einer Anzahl von Höckerschwänen ein Singschwan, der fleißig singt, während jene schweigen, und immer viele Zuhörer hat. Er befindet sich daselbst schon seit vorigem Sommer, ist Eigentum der Stadt.» Unsere heutigen Teich- und Seeschwäne gehören zu der genannten Art von Höckerschwan *(Cygnus olor)*, einem weitgehend gezähmten großen Gänsevogel, der sich gewöhnlich still verhält. Man erkennt ihn an einem schwarzen, höckerartigen Hautgebilde an der Wurzel seines Schnabels; kennzeichnend ist aber vor allem sein eleganter langer Hals, sein lautloses Schwimmen, das Weiß seiner kaum benutzten Schwingen. Im späten Mittelalter und in der frühen Neuzeit wurden Schwäne nicht selten bei Klöstern in Schwanengehegen (engl. ‹swanneries›) gehalten; das schöne Geflügel eignete sich gut als Frischfleischvorrat und zum Verzehr. Daran erinnert das lustige Liedchen in den *Carmina burana* vom Schwan, der am Spieß gebraten wird:

> In der Schüssel muß ich liegen,
> nicht zu denken ist ans Fliegen,
> zähnefletschend sie mich kriegen.
>> Armer, armer,
>> schwarz Gebackener,
>> und gar stark verbrannt!

Bei zunehmendem Naturverlust und wachsendem Ausmaß der Wohnwüsten wurden im Laufe des 19. Jahrhunderts den Stadtbewohnern in künstlichen Teichen und alten Befestigungsgräben Höckerschwäne zum Betrachten vorgesetzt, als lebende Museumsstücke aus der ehemals heilen Seenlandschaft mit ihrer sehr viel reicheren Vogelwelt. Charles Baudelaire sieht dann auch in seinen *Bildern aus Paris* den Schwan *(Le Cygne)* als einen Repräsentanten des «alten Paris» («Die Gestalt einer Stadt ändert sich, leider, rascher

als das Herz eines Sterblichen»): Da, bei dem neu ausge-
bauten Carrousel-Platz, habe sich doch einst eine Tierschau
breitgemacht, und dort habe er eines Morgens, als die
Straßenkehrer ihre Staubwolken aufwirbelten, einen Schwan
erblickt, der sich aus seinem Käfig befreit hatte. Mit den
Flossen scheuerte er über das trockene Pflaster, die Flügel
schleppte er über den hobelnden Boden hin zu einem aus-
getrockneten Bächlein. Baudelaire evoziert mit diesem Bild
des entfremdeten Wasservogels die Dürre des neuen Paris,
die den Schwan schreien läßt: «Wann, Wasser, regnest du
herab, wann donnerst, Blitz du, auf die Stadt hernieder?»

Den Umriß eines Schwans sieht man auch heute wieder in
Gardinen gewebt oder auf Tücher gestickt; solche Darstellungen sollen Sinnbilder sein für eheliche Festigkeit. «Männchen und Weibchen halten für das ganze Leben treu zueinander und sind sehr zärtlich gegeneinander», schreibt vor
hundert Jahren, als die Familienbande noch etwas galten,
Meyers Konversations-Lexikon. Ein zärtliches, wenngleich
nicht sehr treues Schwanenmännchen ist in der Mythologie
besonders bekannt geworden: Zeus verfolgte in liebestoller
Absicht die Nemesis; diese versuchte, ihm in Gestalt verschiedener Tiere zu entkommen, auf dieser ‹magischen
Flucht› verwandelte sie sich schließlich in eine Gans, darauf
schlüpfte Zeus in die Gestalt eines Schwans und zeugte mit
der Gans ein Ei, aus welchem später, unter Aufsicht einer
gewissen Leda, die Helena kroch. Nach anderen antiken
Schriftstellern war es Leda selbst, die in menschlicher Gestalt den göttlichen Schwan zu sich kommen ließ und später
ein Ei gebar, aus welchem Helena hervorging. Das Ei der
Leda zeigte man lange Zeit im Tempel der Leukippiden zu
Sparta, als Zeus-Reliquie sozusagen und als Beweis für die
göttliche Potenz.

Auf einigen römischen Darstellungen zieht ein Schwan
den Wagen der Venus; in Ovids *Metamorphosen* (X, 708, 718)
erscheint die Göttin bei ihrem geliebten Adonis, den sie
in das Adonisröschen verwandeln wird, auf einem von
Schwänen gezogenen fliegenden Wagen; abermals ist also der
Schwan mit der Liebe eng verbunden. So schwimmt der

weiße Vogel denn auch in der deutschen Heldensage auf dem Rhein daher, an einer goldenen Kette zieht er das Schifflein des Ritters Helias zu der schönen Beatrix von Cleve, die er dann unter der Bedingung heiratet, daß sie nie nach seinem Namen fragen darf (DS 535: *Das Schwanschiff am Rhein*). Kleve hat noch heute seine Schwanenburg; eine am Niederrhein produzierte Margarine war einst mit dem das Produkt veredelnden Zeichen des Schwans geschmückt. Der Ritter Lohengrin, Parzivals Sohn, kam ganz ähnlich mit einem Schwan übers Meer und die Schelde hinauf nach Antwerpen; in der Sage nimmt er sich die Else von Brabant zur Frau, zeugt mit ihr zwei Kinder und muß sie, da sie ihn nach seiner Herkunft fragt, wieder verlassen. Richard Wagners romantische Oper *Lohengrin* ist 150 Jahre alt und braucht vier Stunden zur Darbietung dieser Ereignisse. Seit der Uraufführung, 1850 in Weimar, stehen nun Holz- oder Pappschwäne als die ungewöhnlichsten Transportmittel für liebende Helden in den Requisitenkammern aller großen Opernhäuser herum. Auch als Karusselltiere sind Schwäne beliebt, eigentlich sollten sie dort für Knaben reserviert bleiben.

Im antiken Mythos und in der germanischen Heldensage ist jeweils ein Mann in einem Schwan (und sei er aus Pappe!) verborgen, und der Schwanenheld zeugt (manchmal über den Umweg eines Eies) Menschenkinder. Die Rollen können aber auch vertauscht sein: Ein Menschenmann läßt sich dann mit einer Schwanenfrau ein, und er kann mit ihr menschliche oder tierische Nachkommen hervorbringen. Schwanenkinder tauchen erstmals um das Jahr 1200 bei dem Mönch Johannes de Alta Silva in dem Geschichtenbuch von den *Sieben weisen Meistern* auf; die siebte Erzählung trägt dort den Titel *Cygni*, ‹Schwäne›; sie gehört zu dem Märchentypus *Mädchen sucht seine Brüder* (AaTh 451): Ein Ritter vergewaltigt eine junge Waldfrau (oder eine Schwanenfee; in Grimms KHM 49 nimmt er, angeblich widerwillig, eine Hexentochter mit sich), aus der Vereinigung (KHM: aus erster Ehe) entstehen sechs Knaben und ein Mädchen, die böse Schwiegermutter (KHM: Stiefmutter – eben die Tochter der Hexe!) behauptet, die junge Frau habe sieben Hündchen geboren, die Kinder werden ausgesetzt, die Knaben verwandeln sich nach sieben Jahren in Schwäne, und das Schwesterlein hat die Aufgabe, sie mit Hilfe von zurückgelassenen Kettchen wieder in Menschen zu verwandeln. Verwandt mit diesem Märchen ist das von der Ehe mit einer Schwanenfrau (AaTh 465): Ein Ritter stiehlt das Gewand einer badenden Schwanenfee und zwingt sie zur Heirat, mehrere Kinder kommen zur Welt; die Frau gewinnt ihr Federkleid zurück und fliegt (mit den Kindern) davon. «Wer mich wiedersehen will, der muß auf den gläsernen Berg kommen. Ich bin eine verwünschte Prinzessin und muß nun wieder dorthin zurück.» So ruft sie in einem lothringischen Märchen (Angelika Merkelbach-Pinck), und dann muß sich eben der Mann auf die mit schwierigen Aufgaben gespickte Suche nach seiner Geliebten machen, bis es zur endgültigen Vereinigung kommt. Es fällt auf, daß in allen diesen Mythen und Märchen das männliche Geschlecht dem weiblichen zunächst einmal Gewalt antut; ob sich durch die Vereinigung mit dem sanften Schwanenweib eine Erziehung des Mannes zur Zärtlichkeit verbindet, bleibe dahingestellt.

Es läßt sich jedenfalls festhalten, daß die Schwäne positive Leitbilder abgeben können. Friedrich Hölderlin hat das am eindrücklichsten in seiner *Hälfte des Lebens* dargestellt: Hold sind die Schwäne der blühenden Lebenshälfte,

> Und trunken von Küssen
> tunkt ihr das Haupt
> ins heilig nüchterne Wasser.

Und in der *Elegie* aus dem Jahre 1800 ist noch einmal von den Liebenden die Rede, deren Zeit langsamer abläuft und denen «anderes Leben gewährt» ist:

> Aber wir, unschädlich gesellt, wie die friedlichen Schwäne,
> wenn sie ruhen am See, oder, auf Wellen gewiegt,
> niedersehn in die Wasser, wo silberne Wolken sich spiegeln,
> und das himmlische Blau unter den Schiffenden wallt,
> so auf Erden wandelten wir.

Ein Tier der Liebe ist der Schwan und ein Vogel des Friedens; wir dürfen ihn getrost neben der Taube im Wappen führen.

Schwein

Daß dieses Tier schmutzig sei, leitet Isidor, Bischof von Sevilla, in seinen phantasievollen *Etymologien* (7. Jahrhundert) aus dem Namen ‹porcus› ab: das deute doch ganz sicherlich auf ‹spurcus›, dreckig; das Schwein wälze sich in Kot und Schlamm. Die antiken Schriftsteller lassen kaum eine gute Borste an diesem im Leben oft mißachteten, nach seinem Tode aber höchst nahrhaften Hausvieh *(Sus)* aus der Familie der Schweine *(Suidae)*: Es gilt als ungelehrig und ungehorsam, unsauber und triebhaft-unsittlich, angeblich frißt es sogar seine eigenen Kinder auf. In der Tat stellt die (dieses Mal wissenschaftliche) Etymologie von ‹scrofa› (‹Sau›, im Dialekt auch ‹Loos› und ‹More›) einen engen Zusammenhang mit ‹Schraube› (und Schraubenmutter) her; gemeint ist allemal die dreckige alte Dirne. Freilich ist auch das süddeutsche ‹Saupetz› (gemeint ist *aper*, der Eber) keine freundliche Anrede; wollte man allerdings den alten Isidor nachahmen, so müßte man ‹Saubär› von ‹sauber› ableiten. Doch Unsinn beiseite: Es gibt noch Dutzende von schweinischen Beleidigungen vor allem von Frauen – das Alte Testament (Sprüche 11,22) liefert die Berechtigung dazu –, sie sind meistens böse gemeint und vermindern offenbar den zornigen Überdruck und Überdruß derer, die sie ausspucken. Der Schweinestall und seine Bewohner waren und sind jedenfalls eine willkommene Müllhalde für des Menschen giftigste Aggressionen.

‹Schweinehund› heißt eines von diesen Schimpfwörtern; gemeint ist ein gottlos-monströses Mischwesen. Auch die sodomitische Vereinigung von Schwein und Mensch hielt man lange Zeit für fruchtbar, und menschenköpfige Schweine oder (oftmals adlige) Menschen mit Schweinsköpfen beleben nicht nur alte illustrierte Medizinbücher (etwa das des Ambroise Paré), sondern auch die Flugblattliteratur, und sie gelangen von dort in das lebendige Erzählen des Volkes: Im Dauphiné zum Beispiel fand Charles Joisten das Märchen von einem Schweinekönig *(Le Roi cochon)*. Homer erzählt ja im zehnten Gesang der *Odyssee* von der schöngelockten mächtigen Kirke, sie habe die Gefährten des Odysseus mit Hilfe von «pramnischem Wein» und «betörenden Säften» und nicht ohne Gebrauch einer Zauberrute in Schweine verwandelt («allein ihr Verstand blieb völlig wie vormals»); so kennt auch die europäische Sagenliteratur mancherlei Schweinsmetamorphosen, welche zänkischen Eheleuten oder auch unbotsamen Kindern zur Strafe widerfahren. Die «pig-faced Lady» war insbesondere in der englischen Straßenliteratur, aber auch in deutschen Volkskalendern beliebt. Ein Gewährsmann aus dem Preußenland erzählte noch vor einigen Jahren dem Sammler Alfred Cammann eine heimatliche Spukgeschichte, die viel mit der modernen Autostopper-Sage gemein hat: Ein Bauer nahm nachts ein altes Weib von der Straße weg auf seinen Wagen und bot ihr zu Hause eine Tasse Kaffee an; da entdeckte seine Frau plötzlich «Mann, dee kann je nich reede, dee häft je ne Schwiensschnuiz». Dann allerdings verlangte das Teufelsweib, an seinen Ausgangsort zurückgebracht zu werden, «sonst böst valore!».

Böse oder gar teuflische Züge trägt das Schwein seit biblischen Zeiten. Moses verbietet den Genuß von Schweinefleisch, weil dieses Tier nicht zu den Wiederkäuern gehört (5. Mos. 14,8). Jesaias schimpft auf die Ungehorsamen, die «fressen Schweinefleisch und haben Greuelsuppen in ihren Töpfen» (Jes. 65,4). Jesus machte böse Erfahrungen mit Dämonen, die – ihre Zahl war Legion – in einem Besessenen steckten und ihn «baten und sprachen: Laß uns in die Säue fahren!» (Mk. 5,12). Zweitausend Schweine sollen sich bei dieser Teufelsaustreibung ins Meer gestürzt haben wie die Lemminge. Nein, solche Tiere sollte man nicht mit Perlen füttern. Was der Bibel recht ist, ist der Volkssage billig. Arnold Büchli, der Sammler der *Mythologischen Landeskunde von Graubünden*, hat dann auch mancherlei von unheimlichen Schweinen vernommen: Ein Nachtwächter ist da einmal einem geisterhaften Schwein begegnet, das sich ihm so lange in den Weg stellte, bis er fluchte. Andere böse Geisterschweine rennen den Sennen nachts zwischen den Beinen durch oder reiten mit ihnen gar davon. Drei Schweine tanzten wie verhext in einem Stall herum, bis ein mutiger Mann, der mehr konnte als andere, einem von den Tieren einen Schnitt ins Ohr machte. Da verschwand das Tier aus dem Stall, aber eine Frau des Hauses lief danach mit verbundenem Kopf herum. Von dem gespenstischen Dorfschwein, das einmal mit aufgesperrtem Maul an dem Nachtwächter hochsprang, weiß auch der Erforscher der Sarganser Sagen, Alois Senti, zu berichten. Deutsche Sagensammler stießen auf gespenstische Schweine in einigen Friedhöfen – es handelte sich, nach Meinung der Erzähler, um die unerlösten Seelen böser Menschen.

Positive Aspekte des Schweins liest man zuerst bei Conrad Gesner, der wenigstens den Innereien der Ferkel oder ‹Säule› eine große Menschenähnlichkeit zuspricht und den angehenden Anatomen empfiehlt, an diesem Objekt ihre ersten Seziererfahrungen zu sammeln. «Das Schwein ist ein gar gemeines [verbreitetes], gebräuchliches und nutzliches Tier», heißt es dann dort (1669) weiter. Den Nutzen zog man insbesondere aus der Körperfülle dieses Tieres, die schon damals eine sagenhafte war: Zu Basel bei einem Ölmacher, erzählt Gesner, seien «so fette Schweine gewesen, daß die Mäus oder Ratten ihnen Löcher in das Fette gefressen und darinnen genistet haben».

Die nutzenorientierten Volksaufklärer mühten sich dann um eine weitere Aufwertung des Borstenviehs; so nennt das *Mildheimische Liederbuch* des Rudolf Zacharias Becker 1815 in einem Loblied das Schwein ebenfalls ein «nützliches Tier», und

Sogar dein Speck kann uns in manchem Stücke
von großem Nutzen sein;
o würde doch so mancher, der vom Glücke
sich mästen läßt – ein Schwein!

heißt es da. Die Speck- und Schmalzgewinnung hatte noch
im 19. Jahrhundert große Bedeutung, dann wieder in unseren Kriegszeiten; heute schätzen die Verbraucher Magerkeit
auch beim Schlachtvieh. Das jährlich einmal – zur Winterszeit – mit hohem handwerklichem und rituellem Aufwand
zu schlachtende Schwein besaß als ein auf mannigfache Weisen zubereitetes und konservierbares Nahrungsmittel unschätzbaren Wert. Übrigens bevorzugen die Italiener, große
Verehrer des hl. Antonius, Abt aus dem 3. Jahrhundert, der
stets mit einem Schweinchen dargestellt wird, dessen Feiertag, den 17. Januar, als Schlachttag; in unseren Breiten dagegen wurde den Tieren meistens schon im Dezember der Garaus gemacht.

Um so verachtenswerter waren die üblen Schweinediebe,
die mit List und Tücke den Leuten diese wichtige Habe
entwendeten. In dem spanischen Schelmenroman *Buscón*
schlachten Studenten zwei Schweine, die in ihr Haus gelaufen waren, mit der Bemerkung, die Tiere hätten nicht
angeklopft, so müßten sie wohl zur Familie gehören. Ein italienischer Schwank, erst kürzlich von Maria L. Rossi aufgezeichnet, erzählt von einem frommen Pfarrer, der ein
Schwein geschlachtet hat. Nachts machen Diebe, als Engel
verkleidet, ein Loch in das Kirchendach und laden ihn zu
seiner Himmelfahrt ein; er müsse jedoch zuerst das Schwein
in den heruntergelassenen Korb laden. Die Beute schwebt
so in der Tat für immer davon, doch die Himmelfahrt des
Frommen findet nicht statt.

Lustig liest sich auch eine Geschichte 1809 bei Johann
Peter Hebel, der den Stoff bei Johann Heinrich Voß (1791)
gefunden hatte: Zundelheiner und Zundelfrieder wissen, daß
ihr Kumpel, der rote Dieter, eine Sau gestochen hat, und sie
schleichen sich nachts zu ihm, locken den Dieter aus dem
Bett, fragen die Frau mit verstellter Stimme, wo das Säulein

sei, entdecken es unter der Backmulde und schleichen sich damit weg. Aber der Gefoppte rennt den Dieben nach, verstellt seinerseits die Stimme, und Heiner gibt ihm das Säule in der Meinung, sein Bruder Frieder wolle es jetzt tragen. Doch mit dieser Umkehrung von List und Erfolg ist es bei Hebel noch nicht getan: die Meisterdiebe holen dem roten Dieter danach das Fleisch Stück für Stück über den Kamin aus dem Kessel – freilich nur zum Spaß, und am Ende gibt es, wie es sich gehört, das große Schlachtfest, die lustige Metzgete. Selbstverständlich ist dieses Stücklein in den Kalendern und Witzbüchlein lange weiter tradiert worden.

Läßt sich denn nichts von ganz normal und tüchtig agierendem Borstenvieh erzählen? Wenigstens die Nördlinger Sage von dem Schwein, das die Stadt gerettet, soll hier genannt sein: Der böse Wächter hatte 1440 einen Flügel des Löpsinger Tors für den tückischen Grafen Hans von Oettingen und seine Mannen nur angelehnt gelassen; das Schwein des Webers Dauser drängte sich durch den Torspalt, so daß der Verrat offenbar und der Anschlag vereitelt wurden. «So G'sell so», habe damals die Dauserin ihrem Schwein zugerufen – und diesen Ruf hören die Nördlingen-Touristen noch heute vom Turm des Daniel schallen, nicht ohne daß man ihnen die alte Geschichte immer wieder nacherzählte. Neben dem Nördlinger Ruhmschwein zu loben sind auch die britischen *Drei kleinen Schweinchen (Three little pigs)* die sich ein Häuschen im Wald bauen wollen; doch der böse Wolf will sie daran hindern. Sein Schleichweg durch den Kamin endet in einem Kessel mit kochendem Wasser, und damit sind Schweinchen und Haus gerettet. Arbeitende Schweine kennen wir auch aus der populären Imagerie, wo sie insbesondere bei flachsverarbeitenden Beschäftigungen gezeigt werden, doch liegt die Vermutung nahe, daß hier wieder einmal den Frauen am Spinnrocken eins ausgewischt werden soll.

Es soll Menschen geben, die gern auf Blutwurst oder Schnitzel verzichten, es sich aber nicht nehmen lassen, Schweinenamen als Koseworte zu verwenden. «Du liebes Ferkelchen!» – warum eigentlich nicht?

Seidenraupe

Singt nun, singet, Seideraupenmädchen,
denn beim Maulbeerblättern ist gut singen.
Freundlich sind die Raupen, und sie schlafen dreimal.
Maulbeerbäume stecken voller Mädchen,
denn das schöne Wetter macht sie heiter,
munter wie ein Schwarm von blonden Bienen,
wenn am Rosmarin im Kies sie Honig saugen.

So beginnt Frédéric Mistral 1859 den zweiten Gesang seines
provenzalischen Epos *Mirèio.* Vom Einsammeln des Maul-
beerlaubes ist da die Rede; die Frauen werden ‹magnanarello›
genannt; diese Rollenzuweisung ist von dem provenzalischen
Namen der Seidenraupe, ‹magnan› abgeleitet. Im 19. Jahrhundert spielte die Seidenraupenzucht und damit die Produktion
von Seidenkokons in der Provence eine ungemein wichtige
Rolle; die Nachfrage der großen Seidenspinnereien etwa der
Stadt Lyon war groß. Erst in der zweiten Hälfte unseres Jahrhunderts ist dieselbe Provence – ökologisch gesehen nicht
zu ihrem Vorteil – zu einem Landstrich mit Wein-Monokul-
turen geworden.

Die Aufzucht des *Bombyx mori* war den Frauen anvertraut;
Gervasius von Tilbury, der schon am Anfang des 13. Jahrhunderts dem Kaiser Otto IV. von Braunschweig eine Beschreibung der Seidenraupenzucht liefert, berichtet: «Die
Eier werden zu einer bestimmten Jahreszeit in Tücher ge-
wickelt und so den Frauen und Mädchen an den Busen
gelegt; durch die Wärme schlüpfen dann die kleinen Raupen
aus.» Die jungen Mädchen insbesondere hatten dafür zu sorgen, daß die gefräßigen, aus den Eiern des Bombyx-Schmet-
terlings (das Weibchen produziert 200 bis 500, einen guten
Millimeter große Eier) geschlüpften Raupen, die sich viermal
häuten (und dazwischen dreimal ‹schlafen›), mit frischen
Blättern des aus China stammenden weißen Maulbeerbaums
(Morus alba) versorgt werden. So klettert auch die fünfzehn-
jährige Mirèio an einem Maimorgen in einen Baum, sie «ist
am Blatt», der junge Korbflechter Vincèn hilft ihr dabei:

Also dann, wer pflückt das Laub denn schneller,
Fräulein, wollen wir das ausprobieren?
Los!, und ihre Hände gehn jetzt flink zu Werke:
Äste beugen sie und zerren Zweige.
Kein Geschwätz mehr, keine Ruhepause!
(Schaf, das blökt, verliert das Futter aus dem Maule.)
Und der Maulbeerbaum ist rasch entblättert.

Doch bei dieser Wettpflückerei finden sich auch die Hände
der jungen Leute, und so kommt es zu einer der schönsten
und tragischsten Liebesgeschichten der Weltliteratur.

Der andere große Provenzale, Jean-Henri Fabre, erzählt
uns in seinem Buch *Les Ravageurs (Die Schädlinge),* wie das
Maulbeerlaub, Lieblingsfutter der Bombyx-Würmer, in saube-
ren Kammern auf Matten aus Rohrgeflecht ausgebreitet wird.
Die bis zu acht Zentimeter langen Raupen – Tausende von
ihnen befinden sich in einem solchen Raum! – fressen den
Vorrat rasch auf; er muß immer wieder erneuert werden. «Ihr
Appetit ist so groß, daß das Klicken ihrer Kauwerkzeuge so
klingt wie das Geräusch eines Regengusses, der bei ruhiger
Luft auf das Laub der Bäume fällt. In vier bis fünf Wochen ist
die Raupe voll entwickelt. Man [das heißt: frau!] breitet dann
über das Rohrgeflecht Heidekrautzweige. Die Raupen ver-
kriechen sich dort, wenn die Zeit gekommen ist, den Kokon
zu spinnen. Jede setzt sich zwischen die Zweiglein und befestigt von hier nach dort eine Menge sehr feiner Fäden, die
eine Art von Netz bilden; dieses hält sie aufgehängt und
dient ihnen als Gerüst für die große Arbeit am Kokon.» Die
klebrige Flüssigkeit, die sich im Inneren der Raupe befindet,
wird etwa drei Tage lang bei einer ständigen Auf- und Abbe-
wegung des Kopfes durch eine feine Öffnung an der Unterlip-
pe zu einem bis zu vier Kilometer langen Faden ausgepreßt,
der nun zwischen den Fäden des Netzgerüsts eine taubenei-
große Gespinsthülle bildet. Diese umgibt die sich nach sieben
Tagen bildende Puppe, aus der dann wiederum eine Woche
später der Schmetterling schlüpfen wird; den aufgebrochenen
Kokon läßt sie leer zurück. Der Prozeß dieser Metamorphose
hat in der Tat etwas von einem Wunderwerk an sich.

Dieser Schmetterling gilt freilich nicht als einer der schönsten unter seinen Artgenossen; zudem hat er durch den langen Prozeß der Domestizierung und Weiterzüchtung seine Flugfähigkeit eingebüßt. Er lebt, kaum flatternd, nicht länger als eine Woche. Dem Menschen dient das Weibchen, welches einem Männchen durch Duftstoffe Zeichen gesendet hat, wiederum zur Produktion der Eier (am Ende des Sommers; die Raupen schlüpfen erst nach zehn Monaten), und der ganze von Fabre beschriebene Aufwand hat nur den einen Zweck, nämlich die Gewinnung der Tausende von Seidenkokons, deren Fäden sich wiederum aufspulen lassen und die letztlich in den Seidenspinnereien und -webereien viele ArbeiterInnen (in Lyon heißen sie ‹canuts› und ‹canuses›, was vielleicht soviel wie ‹SpulerInnen› bedeutet) ins Brot setzen und die feinsten Gewebe entstehen lassen. Doch so weich die Seide, so hart ist die Arbeit der SeidenweberInnen gewesen. Tempi passati! muß man ausrufen, chemisch produzierte Kunstfasern haben die Naturseide weitgehend abgelöst, und echte Seidenstoffe werden heute billiger in asiatischen Ländern hergestellt, aus denen sie ursprünglich, zum Beispiel über die ‹Seidenstraße›, quer durch Asien, auch nach Europa kamen.

Im Englischen (‹silk worm›) und im Altdeutschen kann die Raupe des Bombyx auch Seidenwurm heißen; mit ihrem Namen, der an niedriges Gewürm erinnert, verbinden sich negative Vorstellungen von ihrem Produkt. Der barocke Moralist Aegidius Albertinus zum Beispiel, Sekretarius am Münchner Hofe, erklärt in dem von ihm aus dem Spanischen übersetzten *Der Landstörzer Gusman von Alfarache* (1615) alle eitlen Dinge der Welt für Abfall und schreibt, allerdings in Verkennung der Raupenanatomie: «Was seind die Seiden und Sammet anderst als ein Kot der verächtlichen Würmen? Was seind die zarten Tücher anderst als eine Wolle der Tieren? [...] Was ist die ganze Welt anderst als Erde?» Auch der Franzose Nicolas Caussin (1650) hielt seidene Kleider für Tand, die Seidenraupe folglich, im Gegensatz zur seriösen Spinne, für eine Beförderin der Eitelkeit. Der Dichter Barthold Heinrich Brockes (1680–1747) meint in seinem *Irdi-*

schen Vergnügen in Gott, das Flora und Fauna als wunderbare Schöpfung preist, den Seidenraupen schon ein wenig günstiger gesonnen:

> Der Würme Werk, der Saft der Erden,
> muß mir zur Deck und Kleidung werden.

Im 18. Jahrhundert setzt sich dann auch in den Fabeln die Meinung durch, die Arbeit des Seidenwurms sei doch – abermals im Gegensatz zu der der Spinne – uneigennützig, und sie sei ein freigebiges Tierlein. Oder als die Spinne sich über die Mühen der Seidenraupe lustig macht, da antwortet diese, ihre Arbeit bringe wenigstens Nutzen (für den Menschen!), das Gespinst der Spötterin sei doch nichts wert (AaTh 283 D*). Es wird deutlich, wie der Zeitgeist – zuletzt der des Utilitarismus – die Meinungen über die Tiere zurechtbiegen kann. Eines – die Seide – schickt sich freilich auch im 19. Jahrhundert noch nicht für alle. Carl Julius Weber läßt seinen *Demokritos* spotten: «Heinrich II., König von Frankreich, trug die ersten seidenen Strümpfe im Abendlande, und bei uns begann Seidenbau erst zu Anfang des vorigen [18.] Jahrhunderts im Brandenburgischen, und jetzt, jetzt trägt jeder Bediente seidene Strümpfe und klopft sich auf die weißen, besonders sich ausnehmenden prallen Waden, und jedes Bauernmädchen seidene Brusttücher. Nun zweifle man noch an unsern Fortschritten zur Vollkommenheit!» Auch die Seide ist also einmal – unterm Stirnrunzeln der Adligen und Bürger! – demokratisiert worden.

Leopold Kretzenbacher hat auf eine in der Romania verbreitete Legende hingewiesen, welche auf eine weitere positive Bewertung des Seidenwurms schließen läßt. Der Teufel habe, heißt es da, den frommen Hiob in die Sünde und ins Unglück stürzen wollen und ihm eine so schlimme Krankheit gesandt, daß die Würmer aus seinem Leib herauskrochen. Hiobs Frau habe ihn deswegen auf einen Misthaufen gesetzt. Aber der unschuldig Leidende habe sich nicht beklagt, und auf dem Düngerhaufen sei ein schöner Baum gewachsen, in den sich Hiobs Würmer zurückzogen. Da habe der Teufel aufgegeben und diesen nicht korrumpierbaren

Dulder Gott überlassen. Der machte aus dem Baum einen Maulbeerbaum, aus den Würmern Seidenraupen, und diese seien dazu bestimmt gewesen, den Priestern das Material für ihre seidenen Gewänder zu liefern.

Seidenraupen sind also nicht nur gottgefällig arbeitende Würmer, sie sorgen sich auch um die rechte Bekleidung für die Gottesdiener, und dabei kann ja wohl von Eitelkeit und Tand nicht mehr die Rede sein.

Skorpion

Die Ordnung Skorpione *(Scorpionida)* gehört im Bereich der Spinnentiere *(Chelicerata)* oder Kieferfühlertiere zur Klasse der ‹eigentlichen Spinnentiere› *(Arachnoidea)*. Diese besitzen zwei Paar Mundwerkzeuge, die wie eine Zange packenden und pressenden Kieferfühler und die greifenden und kauenden Kiefertaster, und vier Paar Beine. Kopf und Vorderleib sind nicht eindeutig segmentiert, so daß der Eindruck entstehen könnte, Spinnentiere hätten gar keinen Kopf. Daß der Skorpion ohne diesen Körperteil lebe, erklärt eine nordafrikanische Tiersage folgendermaßen: Der Schöpfer habe den Tieren unterschiedliche Schädel zugeteilt, und auch die Eule habe einen bekommen. Als sie nach Hause flog, begegnete sie dem Skorpion, und der fragte, wo sie herkomme? Sie habe einen Kopf bekommen, erzählte sie. Wenn so etwas ein Kopf sein solle, antwortete der Skorpion, dann wolle er lieber keinen haben, und so blieb er ohne Kopf. Mag sein, daß der Skorpion weniger Klugheit besitzt als die Eule. Um so beeindruckender sind ohne Zweifel seine mächtigen Kiefertaster, die an Krebsscheren erinnern, und sein sechsfach gegliederter Schwanz, dessen letztes Segment ein Paar Giftdrüsen enthält und in einen Stachel ausläuft. Besonders vor dessen Stich haben Menschen ungewöhnliche Angst, und diese Furcht hat ein altes Herkommen.

Die Natur scheine den Skorpionen eine ganz besondere Schläue (‹sophismata›) mitgegeben zu haben, meint der Tiergeschichtensammler Claudius Aelianus im 2. Jahrhundert unserer Zeitrechnung. Vor allem in Libyen versuchten die Leute mit allen Mitteln, sich der tückischen Bisse dieser Spinnentiere zu erwehren: Sie zögen hohe Stiefel an, bauten ihre Betten weit über dem Erdboden und weggerückt von den Wänden, sie stellten die Bettfüße in Wassergefäße und glaubten dann, sich in aller Ruhe dem Schlaf hingeben zu können. «Aber zu welchen Listen greifen nicht die Skorpione!», fährt Aelian fort. «Wenn ein Skorpion im Dach eine Stelle findet, wo er sich anhängen kann, dann hält er sich dort mit den Klauen [gemeint sind die scherenförmigen Kiefertaster] fest und senkt seinen Stachel nach unten. Dann klettert ein zweiter vom Dach herab über den ersten hinweg, klammert sich mit den Klauen an dessen Stachel und läßt seinen eige-

nen in die Luft hängen. Daran hält sich dann ein dritter fest und ein vierter am dritten und ein fünfter noch dazu, und die Nachfolgenden kriechen immer wieder über ihre Vorgänger. Dann sticht der letzte Skorpion den Schlafenden und klettert wieder über den, der über ihm hängt, nach ihm der nächste, dann der drittunterste, dann die übrigen, bis die ganze Reihe auseinander ist wie eine aufgelöste Kette.

Ein raffiniertes Tier, in der Tat und ein effizientes dazu! Denn mit seinem Stich, so glaubten die Alten, töte der Skorpion, vor allem wenn es sich um die feuerfarbene Sorte handele, seine Opfer (und hier insbesondere die Mädchen) unweigerlich. Daß die Skorpione *(Scorpionidae)* nicht eierlegende, sondern lebendgebärende Gliederspinnen sind, wußten die Alten nicht. Sein Stachel sei innen hohl, weiß Aelian allerdings zu berichten, und der Skorpion verberge dort sein tödliches Gift. Spucke sei dagegen ein gutes Heilmittel; mit Eisenhut könne man dem Ungeheuer vielleicht zu Leibe rücken. Weitere antike Schriftsteller empfehlen andere Medikamente: Man solle einen zerriebenen Skorpion auf die Stichwunde streuen oder die Asche eines verbrannten Skorpions, heißt es bei dem Arzt Celsus; der Geograph Strabo empfiehlt, die Bettfüße prophylaktisch mit Knoblauch einzureiben; Plinius hält Asche von Hühnerkot, Drachenleber, eine zerrissene Eidechse oder zerstoßene Flußkrebse in Eselsmilch für hilfreich. Ein Gecko, meint dann wieder Aelian, sei in der Lage, dem Skorpion Schrecken einzujagen, und der Habicht fürchte dieses Insekt sicher nicht. In Koptos in Ägypten gebe es ganz besonders gefährliche Riesenskorpione. Doch die Frauen im Isistempel, die dort Tote beklagten, seien gegen sie immun, sie könnten gar mit bloßen Füßen auf sie treten, ohne von ihnen verletzt zu werden.

Geschichten sind das, die zwischen Horror, Hoffnung und Errettung pendeln. Ein todbringendes Spinnentier ist der Skorpion angeblich (in Wirklichkeit sterben nicht mehr Menschen an Skorpionstichen als an Bienen- und Wespenstichen), doch der Mensch kann dieser Gefährdung in Einzelfällen entkommen. Plinius behauptet übrigens auch, Skorpione stächen den Menschen nie in die Hand, und der Bischof Isidor von Sevilla schreibt das im 7. Jahrhundert von ihm ab. Das wußte offenbar der oben beim Salamander zitierte Benvenuto Cellini schon von Kindesbeinen auf. Er erzählt in seiner Lebensbeschreibung (um 1560): «Mein Großvater Andrea Cellini lebte noch, als ich ungefähr drei Jahre alt war; er ging schon über die hundert hinaus. Eines Tages hatte man das Rohr einer Wasserleitung ausgewechselt, und aus diesem war ein großer Skorpion herausgekrochen, ohne daß man ihn bemerkt hätte, und war aus dem Rohr auf die Erde und unter eine Bank gelaufen. Ich sah ihn, rannte zu ihm hin und nahm ihn in die Hand. Der Kerl war so groß, daß, wie ich ihn so im Händchen hielt, auf der einen Seite sein Schwanz herausschaute, auf der anderen seine beiden Zangen. Man hat mir später erzählt, ich sei mit großer Freude zu meinem Opa gelaufen und hätte gerufen: ‹Schau, Großvater, meine feine kleine Krabbe!› Als der nun bemerkte, daß es sich um einen Skorpion handelte, da wäre er vor

Schrecken und aus Sorge um mich fast tot umgefallen, und mit vielen freundlichen Worten bat er mich, ich solle ihm doch den Skorpion zeigen. Aber ich hielt ihn weinend nur umso fester in der Hand und wollte ihn niemandem geben. Mein Vater, der noch im Hause war, kam bei dem Geschrei herbeigelaufen, und vor Schreck fand er zunächst kein Mittel gegen die Gefahr, daß mich das giftige Tier zu Tode brächte. Aber da fiel sein Blick auf eine Schere, dann sagte er mir Schmeicheleien und schnitt ihm dabei den Schwanz und die Zangen weg. Als er nun sicher war, daß die Gefahr gebannt sei, nahm er alles als ein gutes Vorzeichen.»

Skorpionmehl hilft gegen Skorpiongift, eine Schere gegen seine Zangen. Dieses analoge Prinzip, dem der Homöopathie verwandt, heißt in den magischen Künsten ‹similia similibus curantur›: Ähnliches, glaubt man da, könne man mit Ähnlichem heilen, oder: das Böse ziehe sich zurück, wenn man ihm zeige, daß man es schon gehabt habe. Besser ist es wohl, wir lassen den Skorpion im Hause seine Asseln fressen oder wir setzen ihn behutsam in den Garten.

Spatz, Sperling

Der aus Verona stammende römische Dichter Valerius Catullus, der im ersten Jahrhundert vor Christus lebte, beschrieb in einem seiner Lieder auf die schöne Lesbia den Tod ihres Lieblingsspatzen:

> Tot ist der Sperling meines Mädchens,
> ein Spatz, den sie so gerne hatte
> und den sie mehr als ihre Augen liebte;
> er war ein süßer Kerl und kannte
> so gut sie, wie ein Kind die Mutter.
> Er flog nicht auf von ihrem Schoße,
> er hüpfte nur bald hier, bald dorthin
> und piepste nur für seine Herrin.
> Jetzt geht er auf dem düstren Wege
> ins Land, von wo man nicht zurückkehrt.

Ah, seid verflucht ihr dunklen Geister,
ihr habt mir diesen schönen Spatz gestohlen!
Oh, üble Tat, ach armer Sperling!
Durch euer Werk weint nun mein Mädchen,
geschwollen rot sind ihre Augen.

Gut hat er gesprochen (wenngleich nicht ohne Ironie), der Catull. Zu Unrecht nämlich wird der Sperling *(Passer domesticus)* allzuoft geschmäht, nicht nur, weil er selbst ‹wie ein Rohrspatz› schimpft (aber hier ist der Drosselrohrsänger gemeint) und weil er alles ausplaudert (die Spatzen pfeifen die Geheimnisse von den Dächern), sondern auch, weil er ein so frecher Bettler ist und bis in die Nähe der Menschen hüpft, um Kuchenkrümel von den Tischen der Reichen zu erhaschen. Der Spatz ist dem Bürger ein Flederwisch im Auge, kein Vorbild für Sauber- oder Ordentlichkeit oder gar für ein diskretes Liebesleben, ein Drecckskerl aus der Gosse.

In Wirklichkeit räumen uns die Spatzen manchen Schmutz aus den Ecken und nicht wenige Insekten aus der Landschaft. Carl Julius Weber fand übrigens auch für die Ausscheidungen der Spatzen Verwendung: «Mit den Sperlingen, die mir schon oft Unterhaltung gewährten, morgens, wenn ich erwache, den Tag über, wenn ich sie vor Scheunen, wo gedroschen wird, beobachte, und dann erst, wenn sie in officio sind, habe ich einst ein hübsches Mädchen, die über ihre Sommersprossen jammerte, vollkommen versöhnt, indem ich ihr zu warmem Spatzenkot riet, der wenigstens kein Unheil anrichten würde wie der Schwalbenkot bei Tobias.»

«In officio» soll wohl heißen: beim Geschäft der Liebe. In der Tat, man kann den Sperling mit Geoffrey Chaucer (im *Parlament der Vögel*) einen Venusbuben schimpfen. Auf einem alten französischen Flugblatt über die *Vögel vom guten und bösen Rat* heißt es:

Mußt deinen Körper karessieren
und Weiber küssen und poussieren.
Wenn dir die eigne Frau mißfällt,
dann nimm doch andre, wie's gefällt:
Gut ist es, alles zu probieren.

Eine Fabel des Bischofs Cyrillus erzählt gar, die Turteltaube (die mit der richtigen Auffassung von Sexualität) habe einen Spatz, horribile dictu, bei der Selbstbefriedigung erwischt und ihn auf die einzig wahre Naturordnung verweisen müssen. Geradezu als Witz könnte man die Fabel vom Spatzenvater erzählen, der seine Söhne über die Laster der Welt aufklären möchte. Seine Rede ist überflüssig, denn sie wissen schon über alles Bescheid! Angeblich hat so ein Sperling auch ein kleines Gehirn, und wenn ein Mensch ‹Spatzen im Kopf› hat, so ist seiner Vernunft nicht viel zuzutrauen. Auch in der Tierfabel wird dem kleinen Vogel geringe Klugheit angedichtet: Er gibt der Taube gute Ratschläge, befolgt sie aber selbst nicht, oder er macht sich über den Hasen lustig, der sich vom Adler erwischen läßt, wird aber dann selbst vom Habicht geschnappt.

Dabei wollte doch schon unser Herr Jesus ausgerechnet die Spatzen (andere Singvögel kennt oder nennt er nicht) unter den Schutz seines Vaters gestellt wissen. Als er seine Apostel ausschickte, versuchte er, ihnen Mut zu machen, indem er ihnen versicherte: «Kauft man nicht zwei Sperlinge um einen Pfennig? Und doch fällt von ihnen keiner auf die Erde ohne euren Vater. [...] So fürchtet euch denn nicht; ihr seid besser als viele Sperlinge» (Matth. 10,29–31). Das Bibelwort wird in Legenden aus dem Leben Jesu aufgenommen: Bei der Flucht nach Ägypten habe ein Spatz dem Jesuskind einen Dorn aus dem Finger gezogen; seitdem hat das Vögelchen einen Tropfen Blut unseres Herrn in seinen Adern. Die Katalanen erzählten, der Jesusknabe habe im Hause seines Ziehvaters mit Hobelspänen gespielt und sich dabei einen Span in den Finger gerissen; ein Spatz habe ihn dann geheilt. Seitdem sei dieser Vogel ein gesegnetes Tier, und man dürfe es nicht töten. Wohlgemerkt sind es dieses Mal die Iberer, welche für den Vogelschutz plädieren! Bei unserem Georg Christian Raff lesen die Kinder dagegen: «Man kann die Sperlinge essen. Sie schmecken gut.»

Der Schreihals Sperling ist, das würde man nach alledem nicht vermuten, ein vielbesungener Vogel. Der italienische Romantiker Giacomo Leopardi hat um 1830 das Psalmenwort «Ich wache und bin wie ein einsamer Spatz auf dem Dache» (Ps. 102,8) aufgegriffen und den Vogel bewundernd beobachtet, der, unbewegt und unwirsch, von der Spitze eines Kirchturms in Recanati die wogende Welt beobachtet, dabei aber doch sein Liedchen pfeift:

> Du lebst nicht gesellig, fliegst nicht umher,
> dich freu'n keine Scherze, du meidest Vergnügen,
> du singst nur, und also lässest du welken
> die schönsten Blüten des Jahres und auch deines Lebens.

Der Dichter fühlt sich in seiner selbstgewählten asketischen Einsamkeit dem Sperling verwandt, doch ist er sich bewußt, daß er in seinem schon jetzt hassenswert erscheinenden Greisenalter diese lustfeindliche Lebenskultur bereuen wird, während der Vogel, dessen Verhalten von der Natur gelenkt ist, ohne Selbstzweifel seinen Lebensabend verbringen kann. Tiere haben in der Tat keine Identitätskrisen, und wenn sie denn je eine Lebensbilanz ziehen, so fällt sie wahrscheinlich immer positiv aus.

Johann Peter Hebel zieht das «Spätzli» zu einem alemannischen Kinderlehrgedicht über Sommer und Winter, Reichtum und Armut, Überfluß und Hunger, Beständigkeit und Vergänglichkeit heran: Zur Erntezeit, da hat zwar auch der Spatz sein Auskommen; doch die Mutter mahnt das Kind:

> [...] Und wo der Winter d'Felder deckt,
> was tuet mi Spatz in siner Not?
> «Er pöpperlet am Fenster a,
> und bettlet um e Stückli Brot.
>
> Gang, gib em, Muetter! 's friert en sust.» –
> Zeig, sag mer z'erst, 's pressiert nit so,
> wie chunnt's der mit dem Spätzli vor?
> Meinsch nit, es chönnt eim au so goh?
>
> Chind, wird's der wohl, und 's goht der guet,
> sag nit: i bi ne riche Her,
> und iß nit Brotis alli Tag'!
> 's chönnt anderst werde, Handumchehr. [...]

Herr und Frau Biedermann sind zur Wohltätigkeit gegenüber den Armen verpflichtet; wer weiß ob nicht auch der Bürger einmal Bankrott macht? Aber es könnte, in der Tat, im Handumdrehn noch ganz anders kommen. Auch unsere Überflußgesellschaft ist vor Katastrophen nicht sicher. Man möchte nicht glauben, daß wir solche Moral von einem Dreckspatz lernen können.

Spinne

Wie der Skorpion gehören die Webespinnen *(Araneae)*, die wir ganz einfach ‹Spinnen› zu nennen gewöhnt sind, zur Klasse der ‹eigentlichen Spinnentiere›. An ihrer Kopfbrust (‹Cephalothorax›) erkennt man gewöhnlich zwei Kieferfühler (mit den für die gefangenen Insekten verderblichen Klauen) und vier Beinpaare; der Hinterleib erscheint ungegliedert und verhältnismäßig dick. Von den Webespinnen soll es weit mehr als zwanzigtausend Arten geben; sie begegnen uns ja auch allenthalben im und am Haus und in Feld und Wald, stören uns vielleicht ein wenig mit ihren mehr oder weniger dichten Netzen (‹Spinnweben›), die sie sehr rasch und in unterschiedlicher Stärke mit ihren Spinnwarzen produzieren können; sie erwecken aber nur mehr in seltenen Fällen (Kreuzspinne, Vogelspinne) Angstgefühle, wie der Skorpion sie hervorzurufen vermag. Tatsächlich sind die Spinnen als Insektenvertilger ungemein nützlich; ohne sie würden wir von ungeheuren Schwärmen von fliegenden und krabbelnden Gliedertierchen belästigt werden. Doch eine solche positive Einstellung zu den Webespinnen hat sich erst in unserem Jahrhundert durchgesetzt.

> Spinne am Morgen:
> Kummer und Sorgen.
> Spinne am Mittag:
> Freude am dritten Tag.
> Spinne am Abend:
> erquickend und labend.

So heißt ein ebenso bekannter wie rätselhafter Wahrsage-spruch, der, so meinen die Philologen, von einem Mißver-ständnis zeugt: Es müsse da «Spinnen» statt «Spinne» hei-ßen. Aber auch dann machen die Verse nicht viel Sinn (Spinnen ist auch am Abend ein hartes Geschäft). Zudem sind ganz ähnliche Reime auch in Italien bekannt, ohne daß eine Wortverwechslung (‹ragno› und ‹filare›) denkbar wäre.

So muß man die Spinne doch wohl als ein ambivalentes Orakeltier betrachten, zunächst als ein schlimmes: Die Al-ten, aber auch noch viele unserer Zeitgenossen hatten Angst vor ihr. Plinius (XI, 28–29) lobt zwar ausführlich die Webe-kunst der Spinnen, spricht aber auch (XXIX, 27) deutlich von ihrem Gift und von den Heilmitteln, die man bei einem Biß anwenden könne. Der Tierarzt Vegetius meint, wenn ein Lasttier eine Spinne verschluckt habe, schwelle sein ganzer Körper, vor allem aber der Kopf an. Ovids Erzählung von der Metamorphose der Spinne steckt voller Gefühle des Neides, der Beleidigung und der Aggression: Die Göttin Athene unterrichtete Arachne (‹Spinne›), die Tochter eines Färbers, im Weben, und die Schülerin übertraf ihre Lehrmeisterin bald an Kunstfertigkeit. Als nun die junge Frau gar ein Ge-webe mit Darstellungen aus dem Liebesleben der Götter fertigstellte, zerriß Athene das Kunstwerk und schlug damit auf Arachne ein, die sich aus Verzweiflung erhängen wollte. Athene bewahrte sie zwar am Leben, aber Arachne erhielt die Gestalt einer Spinne, die an einem Faden hängt und weiterwebt, einsam und allein, wohlgemerkt. Spinnen sind ausgesprochene Einzelgängerinnen; nur mit ihren Opfern pflegen sie Umgang: bissige Umgarnungen. Das Motiv der fatalen Verstrickung durch eine böse Frau und des Sich-Hän-gens (an einer Gardinenschnur!) verschiedener Männer findet sich noch in der Horrorgeschichte *Die Spinne* (1918) von Hanns Heinz Ewers.

Tand ist das Gebilde aus Spinnenhand. Hiob 27,18 sagt vom Gottlosen: «Er bauet sein Haus wie eine Spinne», und ein solches Gebäude hält nicht lange. In Hiobscher Tradition verweist Christian Fürchtegott Gellert in seiner Fabel *Die Spinne* auf die Vergänglichkeit ihres Gewebes: Als der Seidenwurm sie fragt «Was webst denn du?», gibt sie stolz zur Antwort: «Ich webe für die Ewigkeit», und Gellert kommentiert bissig:

> Doch kaum erteilte sie den trotzigen Bescheid:
> So reißt die Magd, mit Borsten in den Händen,
> von den noch nicht geputzten Wänden
> die Spinne nebst der Ewigkeit.

«Die Spinne gilt bei uns als Sinnbild des Neides, des Zankes, der Hinterlist und der Tücke», schreibt Carl Joseph Steiner noch 1891. Böse Leute galten als ‹giftig wie eine Spinne›, andere waren sich ‹spinnefeind›; ein ‹Spinner› entwickelte zu viele ‹Hirngespinste›, eine böse Frau konnte man ‹Kreuzspinne› heißen. Es muß anderseits auffallen, daß es keine Ausdrücke wie ‹spinnenfleißig› gibt oder daß man statt ‹emsig› (wie eine Ameise) nicht ‹spinnig› sagen kann. Die Spinne eignet sich nicht zum moralischen Vorbild, weil sie sich selbst genügt. Mit ihr lassen sich kein Staat und keine Staaten machen.

Aber auf der anderen Seite scheint die Spinne auch als ein gutes Omen aufgefaßt worden zu sein. Im Mantovano sagt man häufig kurz: «Ragn – guadagn»: Spinn' bringt Gewinn (dabei ist ‹ragno› männlichen Geschlechts!). Ohne Zweifel ist dieser Wandel in der Einschätzung den tierliebenden Aufklärern zu verdanken. «Die Spinnen sind lang keine so garstigen Tier als die Läuse», lehrte der Zoologe Raff seine Kinder, «ja sie sind nicht einmal schädlich, viel weniger giftig. Man kann sie ohne Gefahr verbeißen und verschlingen. [...] Man sollte also die Spinnen nicht hassen, sondern sie und ihre ausgespannten Netze gerne haben wollen.»

Johann Peter Hebel legte sich 1806 in seinem *Landkalender* mächtig ins Zeug, um das Ansehen der Spinne aufzuwerten: Sie habe «in der Welt ihren Nutzen», sie besitze «Verstand und Geschick» beim Fliegenfangen, sie spinne sechstausend Fäden auf einmal aus den Düsen ihrer Drüsen, sie sei «still und unverdrossen» bei ihrer Arbeit. Von Gift könne da keine Rede sein: «Noch kein Mensch ist in unsren Gegenden von einer Spinne vergiftet worden.» Und dann:

«Ein Gefangener machte einst in seinem einsamen Kerker eine Spinne so zahm, daß sie seine Stimme kannte und allemal kam, wenn er sie lockte und etwas für sie hatte. Sie verkürzte ihm an einem Ort, wo kein Freund zu ihm kommen konnte, manche traurige Stunde. Aber als der Kerkermeister es merkte, brachte er sie ums Leben. Was ist verabscheuungswürdig? Ein solches Tier, das doch noch einem Unglücklichen einiges Vergnügen machen kann, oder ein solcher Mensch, der dem Unglücklichen auch dieses Vergnügen mißgönnt und zerstört?» Die Antwort der sich klug machenden Leser dürfte eindeutig ausgefallen sein. In seinen *Alemannischen Gedichten* preist Hebel noch einmal die Künste dieses «Spinnli»:

> [...] Es zieht e lange Faden us,
> es spinnt e Bruck ans Nochbers Hus,
> es baut e Landstroß in der Luft,
> morn hangt sie scho voll Morgeduft,
> es baut e Fueßweg nebe dra,
> 's isch, aß ehne dure cha. [...]

Und auch andere Geistliche arbeiteten weiter an der Aufwertung der Spinnen und ihrer Wunderwirksamkeit. «‹Die Spinnen, die nützen gewiß nichts›, meinte einer» – so ließ es sich der katholische Pfarrer Josef Müller im Spital zu Altdorf erzählen, aber die Geschichte (AaTh 967) stammt wohl aus einer Sammlung von frommen Beispielgeschichten. «Nun geschah es, daß er von Räubern verfolgt wurde. Er sprang in eine Erdhöhle, und schnell kam eine Spinne und spann ihr Netz darüber. Als die Räuber zur Stelle kamen, sagten sie: ‹Da hinein ist er nicht, sonst wäre das Spinngewebe zerrissen› und stürmten weiter. Jetzt schalt er kein Tierchen mehr unnütz.»

Raffs Bemerkung, man könne die Spinnen ruhig «verbeißen», bedarf noch einer Anmerkung. Pedro Mexía, ein spanischer Chronist und Kuriositätensammler, erzählt 1540 in seiner *Silva de varia lección* (I, 28), in Köln habe zur Zeit des Albertus Magnus ein Mädchen gelebt, «die von Kindesbeinen an gewöhnt war, Spinnen von den Wänden zu nehmen und zu essen. Das tat sie ihr Leben lang, wuchs damit auf und wurde groß und stark.» Wilhelm Meinhold berichtet in einer Anmerkung zu seinem Roman *Die Bernsteinhexe* (1843) von einer höchst gelehrten Frau (ebenfalls aus Köln!) des 17. Jahrhunderts, Anna Maria Schurmann: «Als Seltsamkeit von ihr wird angeführt, daß sie gerne Spinnen gegessen.» Carl J. Steiner erzählt 1891 in seiner *Tierwelt* eine Anekdote aus der Kindheit des späteren Berliner Arztes Ernst Ludwig Heim. Der Knabe hätte Mediziner werden wollen, doch der Vater habe ihn verspottet: Wer Arzt werden wolle, dürfe sich auch nicht fürchten, Spinnen zu essen. Heim machte sich darauf ein mit Spinnen belegtes Butterbrot und aß es vor den Augen des Vaters auf. Das Motiv gehört in den Bereich der medizinischen Sonderbarkeiten. Anmerkung zur Anmerkung: Die Heiligenlegende wußte es schon länger: Konrad von Konstanz oder auch ein Franziskanerbruder namens Andreas tranken Spinnen aus dem Meßkelch. Der letztgenannte kratzte sich dann an einer juckenden Stelle am Bein, und siehe da kam die Spinne wieder heraus.

Und damit kommen wir zu den angeblich ‹modernen› Sagen oder ‹urban legends› von den Spinnen, die sich unter der Haut einiger Menschen zeugten, dort wuchsen und schließlich, scheußlich und grausig, zum Vorschein kamen. Selten erinnern die modernen Sagensammler daran, daß Jeremias Gotthelf dieses Motiv in seiner *Schwarzen Spinne* (1842) schon weidlich ausgeschlachtet hatte. Seit den Schauerromanen (‹Gothic novels›) des späten 18. Jahrhunderts wimmelt es in der phantastischen Literatur (bis zu E. Erckmann/A. Chatrian, H. H. Ewers und H. G. Wells) von dämonischen Spinnen. Auch die ungemein einfallslosen Riesenspinnen amerikanischer Horrorknüller stammen aus der verstaubten Requisitenkiste der Romantik. Totzukriegen sind sie deswegen trotzdem nicht.

So bleibt die Spinne offenbar, aller Aufklärung zum Trotz, ein böses und unheimliches Tier. Wie malte sie doch Heinrich von Kleist in seinem *Käthchen von Heilbronn*? «Ich will mich hier wie die Spinne zusammenknäueln», sagt der Rheingraf (III,2), «daß ich aussehe wie ein Häuflein argloser

Staub, und wenn sie im Netz sitzt, diese Kunigunde, über sie herfahren – den Stachel der Rache tief eindrücken in ihre treulose Brust: töten, töten, töten, und ihr Gerippe, als das Monument einer Erzbuhlerin, in dem Gebälke der Steinburg aufbewahren.» Das klingt doch wie das perfekte Szenario zu einem Riesenspinnen-Horrorkrimi. Nicht zu übersehen ist jedoch, was Joseph Roth *Im mittäglichen Frankreich* über unsere Arachne schrieb: «Von allen Insekten haben sie, neben den Wanzen, am meisten Verstand. Sie ruhen als Mittelpunkt selbstgeschaffener Kreise und verlassen sich auf den Zufall, der sie nährt. Alle Tiere jagen der Beute nach. Von der Spinne aber könnte man sagen, sie sei vernünftig, sie sei in dem Maß weise, daß sie das verzweifelte Jagen aller Lebewesen als nutzlos und nur das Warten als fruchtbar erkannt hat.»

Steinbock

Der lateinische Name dieses Tieres, *Ibex*, bedeutet vielleicht so etwas wie ‹Klettertier›; im Altdeutschen konnte man es auch mit dem Lehnwort Ibschen oder Ibsch-Geiß benennen. Aelianus und Plinius sehen im Ibex den wilden Gegenpart zu Ziegenbock und Geiß; er sei ein Tier von wunderbarer Schnelligkeit, obwohl sein Kopf doch schwere Hörner (sie seien mit Säbelscheiden vergleichbar) zu tragen habe. Er springe von Fels zu Fels, wie von einem Katapult geschleudert, falle dann auf seine elastischen Hörner und werde von diesen weiter fortgetrieben. Von solcher Fortbewegungsart der Steinböcke kann freilich keine Rede sein, doch sind diese Paarzeher mit den stahlharten, spreizbaren Hufen ungewöhnlich gewandte Kletterer und Springer im felsigen Hochgebirge; berühmt ist ihr ‹double pas›, mit dem sie sich in einem Felskamin von der einen Seite auf die andere und so immer weiter nach oben schnellen. Die Hörner des Alpensteinbocks *(Capra ibex ibex)* sind durch zwölf bis zwanzig Querwülste auf der Vorderseite gekennzeichnet. Sie könnten mit ihrer Krümmung fast als Überrollbügel dienen, aber der

Steinbock benutzt sie keineswegs auf diese Weise; seine Kraft liegt in den Sehnen und Muskeln der Hinterbeine und in der ruhigen Sicherheit seiner Vorderläufe. Die alten Naturbeobachter dürften also ihren Ibex kaum je aus der Nähe erblickt haben. Auch Conrad Gesner und Georg Horst ist nicht zu trauen, wenn sie noch 1669 folgendes vom Tod des Steinbocks erzählen: «Etliche Jäger geben vor, wenn der Steinbock merke, daß er sterben müsse, so steige er auf den allerhöchsten Schroffen des Gebürges und stütze sich mit dem Gehörn an einen Felsen; gehe hernach also in einem Kreise herum und höre nicht auf, bis das Horn abgeschliffen, wodurch er dann herabfalle und sterbe.»

Doch unsere Kletterziege eignete sich auch in der jüngeren Vergangenheit zu mancherlei Jägerlatein. Sie war nämlich schon im 16. Jahrhundert selten geworden. Bei Johannes Stumpf lesen wir allerdings noch 1547 in seiner Chronik der Eidgenossenschaft: «Steinböck hat das Hochgebirg viel; deren Wohnung ist in aller Höhe auf den unwandelbarsten [unbegehbarsten] Felsen bei dem Firn oder Gletscher, denn dieses Tier muß von der Art her kalt haben, sonst wird es blind.» Diese Idee hatte Stumpf noch aus älteren Tierbüchern übernommen, doch die Kenntnisse vom Körperbau des schönen Steinbocks und von den Jagdmethoden seiner

eigenen Zeit kannte er offenbar aus näherer Erfahrung: «Es ist im Gebirg kein Fels also jäh oder hoch, der Steinbock springt darauf in etlichen Sprüngen, sofern nur der Fels so viel rauh ist, daß er seine Klauen oder Füße hinsetzen mag. [...] So man dies Tier jagt, steigen ihm die Jäger nach und treiben es bis etwa an eine überhohe und glatte Wand, da es nit obenhinauf springen mag; alsdann steigen sie beiseits zu ihm, bisweilen läßt man einen an einem Seil von oben her hinunter. So denn das Tier geängstiget wird und ihm die Flucht nit offen ist, steht es still und wartet auf den Jäger. So nun der um den Felsen herumgeht und sich ihm nähert, lugt das Tier fleißig auf ihn, ob es zwischen dem Felsen und dem Jäger hindurchsehen kann. Sieht es zwischen ihnen hindurch, so springt es da und will hindurchdringen und stößt den Jäger in die Tiefe. Kann es aber nit hinter ihm durchsehen, dann steht es still und wartet also schreckhaft auf seinen Fall, wird gefangen oder umgebracht.»

Die Jäger scheinen auf diese Weise vielmals erfolgreich gewesen zu sein. «Im Kanton Glarus wurde 1550 das letzte Stück am Glärnisch geschossen; die Hörner wurden im Rathause zu Glarus aufbewahrt», schreibt 1875 Friedrich von Tschudi. Im frühen 19. Jahrhundert war der Steinbock in nahezu der gesamten Alpenregion ausgestorben. Grund für die starke Bejagung der Steinböcke war ihr vielfacher Nutzen, die mannigfache Verwendbarkeit ihrer Körperteile, insbesondere der Hörner und Schwänze, der Häute und des Blutes, ja sogar ihr Kot sollte heilsame Wirkungen zeitigen. Besonders gesucht waren Bezoarkugeln in den Mägen dieser Tiere, das sind aus Pflanzenfasern und Haaren gebildete, verhärtete Bällchen, die bei allen möglichen Krankheiten hilfreich sein sollten.

So zogen denn die tapferen, aber doch wohl auch gewinnorientierten Waidmänner los, diese Tiere zu erledigen. Allzu schwer machte es ihnen dieses Wild keineswegs; es gilt als zögerlich, es wartet bei Gefahr zu lange ab, es ist dem Menschen und seinen Flinten gegenüber zu wenig mißtrauisch. «Die entschlossensten Steinbockjäger findet man im untern Wallis, besonders im Dorfe Servan, wo fast jeder Bauer dieses

Gewerbe treibt», schreibt 1840 Professor Relsserd. «Sie gehen selbst über die Berge ins Tal von Aosta, gewöhnlich 2–3 miteinander, mit doppelläufigen Büchsen und einem kleinen Sack mit Lebensmitteln.» Die armen Jäger müßten dann manchmal auf den höchsten Gipfeln «stehend, einander um den Leib haltend, die Nacht zubringen». In der Tat hatten sich um diese Zeit einige wenige Steinbockfamilien von der italienischen und savoyardischen Seite her erneut gegen die Schweiz vorgewagt, und offenbar wurden sie rasch wieder von den Menschen beseitigt. Allerdings gab es auch Jäger, die sich gelegentlich mit dem Beobachten der Tiere zufriedengaben. «So sah der berühmte Steinbockjäger Fournier aus dem Wallis einmal sechs Steinziegen mit sechs Jungen weiden; als ein Adler über ihnen kreiste, sammelten die Ziegen sich mit ihren Jungen unter einem überhängenden Felsblock, indem sie ihre Hörner gegen den Raubvogel richteten und, je nachdem der Schatten des Adlers am Boden dessen Stellung bezeichnete, sie nach der gefährdeten Seite hin dirigierten. Der Jäger beobachtete lange diesen interessanten Kampf und verscheuchte zuletzt den Adler.» So schreibt es Dr. Tschudi, und Alfred Edmund Brehm hat es für sein *Tierleben* bei ihm abgeschrieben.

Tschudi zeigt allerdings auch größtes Verständnis für den männlich-herben Reiz der Steinbockjagd; er schildert ihn mit folgenden enthusiastischen Worten (und deckt damit, ungewollt, den Massenmord an diesen Tieren): «Nur eine heftige, glühende Leidenschaft treibt den Menschen diesen ungewissen Fährten nach. Aber die Jäger versichern, daß kein Wohlgefühl [!] auf Erden dem gleiche, wenn in schußgerechter Entfernung das weidende Tier sich zur Beute stelle [!]. Wochenlang ist es verfolgt, belauscht, gespürt; Schritt für Schritt hat der Waidmann den Morgen- und Abendgängen des schönen [!] Bockes nachgestellt, vielleicht noch nie ihn gesehen [!]. In den kalten Nächten hat die Hoffnung der nahen Beute die von Frost zitternden Glieder immer neu belebt. Endlich sieht er von fern das stattliche Tier mit den gewaltigen Knotenhörnern an der unzugänglichen Felswand liegen. Jetzt den Wind abgewonnen, stundenlang auf Umwegen über Eis, Klüfte und Gräthe geklettert! Er sieht das Tier nicht, ahnt aber, daß es in seiner Lage geblieben, endlich ist es umgangen. [...] Der Schuß hallt mächtig durch die Berge, und der zuckende Bock liegt blutend zwischen den Steinen.» Der Machismus einiger Alpenjäger übersteigt den der spanischen Toreros, die ihrem Stier wenigstens ins Auge blicken oder ihn gar bei den Hörnern packen. Doch der Steinbock ist kein wilder Stier; er greift keinen Menschen an und gilt insbesondere den Geißen gegenüber als sanft und zurückhaltend.

Erst strenge Jagdgesetze und tierschutzorientierte Jagd- hüter brachten es dahin, daß nach 1870 wieder ein paar Hundert Steinböcke in den Schweizer Alpen gezählt werden konnten. Die Tiere sind jedoch letztendlich zum Gefange- nendasein in fürstlichen Tiergehegen und öffentlichen Zoos degradiert worden. Im Berner Tierpark wurden sie mit Haus- ziegen gekreuzt, und Tschudi erregt sich über das Ergebnis: «Ein Bastardbock gelangte durch sein besonders ungesitte- tes [!] Betragen in üblen Ruf. Er machte Angriffe auf die Schildwache, kletterte die Wälle hinan, verjagte die Spazier- gänger, bestieg die anstoßenden Dächer und zertrümmerte die Ziegel. Auf den Abendberg versetzt, stieß er oft die Sen- nen zu Boden und richtete vielen Schaden an.» «Unfug» trieb dieser Bastard mit Sennen, Ziegen und gar mit der Dogge des Grimsel-Hospitiums! Und was trieben die Menschen mit den starken, freien, stolzen Steinböcken?

Storch

Warum nennt Geoffrey Chaucer in seinem *Parlament der Vögel* (um 1380) den Storch *(Ciconia ciconia)* ‹wrekere of avouterye›, einen Rächer des Ehebruchs? Die *Gesta Roma- norum*, eine um 1300 entstandene und im 15. Jahrhundert oftmals gedruckte Sammlung altüberlieferter moralisieren- der Erzählungen, bringen zu dieser Kennzeichnung eine Ge- schichte (Tubach, 4640), die sich im Spätmittelalter unge- mein hoher Beliebtheit erfreute: Ein Storchenpaar, heißt es da, lebte auf dem Dach eines Schlosses nahe bei einem Brunnen. Als Herr Storch eines Tages auf Futtersuche ausgeflogen war, ließ Frau Störchin einen Liebhaber zu sich kommen, und, bevor ihr Eheherr zurückkam, wollte sie sich in dem Brunnen waschen, damit er ihren Ehebruch nicht merken sollte. Doch der Schloßherr hatte das Wasser zugedeckt, so daß die Störchin ungereinigt in ihr Nest zurückfliegen mußte. Als nun der Storch ihre Untreue bemerkte, flog er aus und brachte eine Reihe von weiteren Störchen mit sich, die sich auf die Ehebrecherin stürzten und sie umbrachten.

Vielleicht dachte Chaucer aber auch an eine Geschichte, die uns Aelian (VIII, 20) überliefert: «In einer Stadt in Thessalien hatte ein Mann eine wunderschöne Frau namens Alkinoe geheiratet; die ließ er zu Hause, wenn er auf Reisen ging. Nun ließ sich Alkinoe mit einem der Diener ein. Der Storch, der auf dem Hause nistete, bemerkte das und wollte es nicht leiden, sondern seinen Herrn rächen. Jedenfalls stürzte er sich auf die Frau und blendete ihre Augen.» Störche ließen sich offenbar gerne in Rechtsfälle verwickeln. Bei dem Dominikanerprediger Etienne de Bourbon (13. Jahrhundert) lesen wir, Papst Gregor IX. habe einmal einen Stadtpolitiker exkommuniziert, doch dieser habe die Strafe mißachtet. Daraufhin zogen Störche, die bisher auf seinem Dach genistet hatten, auf das Haus seines Gegners um; so wurde es öffentlich gemacht, daß Heil und Segen diesen Mann verlassen hatten. Andere Prediger erzählen die Geschichte so (Tubach, 4556 b): Der Papst hätte auch die Störche exkommuniziert, und daher hätten sie umziehen müssen.

Die weitverbreiteten Exempla von gerächtem Ehebruch der Störchin (Tubach, 4640) passen nicht ganz in unser Bild vom Storch als dem braven Nachwuchslieferanten.

> Storch, Storch, guter,
> bring mir einen Bruder.
> Storch, Storch, bester,
> bring mir eine Schwester,

riefen die Kinder, bevor man sie über Zeugung und Geburt aufgeklärt hatte. Georg Christian Raff wagt in seinem Storchenkapitel (1791) diesen Schritt zur Sexualkunde noch keineswegs.

Adelbert von Chamisso erzählt das Kinderhistörchen in seinem *Klapperstorch* mit Reimereien wie diesen:

> Was klappert im Hause so laut? horch horch!
> Ich glaub', ich glaube, das ist der Storch.
> Das war der Storch. Seid, Kinder, nur still
> und hört, was gern ich erzählen euch will.
> Er hat euch gebracht ein Brüderlein
> und hat gebissen die Mutter ins Bein [...].

Das mag genug sein, wenigstens kriegen die Geschwister mit dem Brüderlein (selbstverständlich ein Junge!) dann auch Zuckerwerk geschenkt. Auch *Die Storchenbotschaft* von Eduard Mörike ist nicht gerade ein Kunstwerk, doch zeigt sie wenigstens Witz: Ein Storchenpaar meldet einem schwäbischen Schäfer klappernd, daß sie auf der anderen Seite des Rheins (das Elsaß ist ja wegen seiner Störche berühmt) einem Mädchen ins Bein gebissen haben. Nun bekommt die junge Frau Zwillinge, und der brave Schäfer verspricht, er werde sich bald um seinen unerwarteten Nachwuchs kümmern. Um so mehr überrascht eine Storch-bringt-Baby-Variante von Matthias Claudius (1783): *Das Kind, als der Storch ein neues bringen sollte,* freut sich auf ein Brüderlein, bittet den Storch, die Mama nicht so hart zu beißen, und dann geht es, mit ungewissen tragischen Untertönen, weiter:

> He, he, da kommt Papa herein,
> nun wird er wohl gekommen sein!
> Aber du weinest ja!
> Hat er dich auch gebissen, Papa?

‹Adebar› wird der Storch in Zusammenhang mit der Nachwuchsförderung gerne genannt; ‹odebero› bedeute, so heißt es dann, im Althochdeutschen vielleicht soviel wie ‹Glücksbringer›. Doch sollte der Name Adebar nach seriöseren Forschungen als ‹Sumpfgänger› erklärt werden. Den alten Storchgeschichten angemessener wäre es auch, das Wickelkind als eine falsche Interpretation bildlicher Darstellungen eines Frosches (einer Kröte) im Schnabel eines Storches zu erklären. Strampelnde Fröschlein hat ein Storch (auch auf spätmittelalterlichen Skulpturen) ungemein gern im Schnabel. Johann Wilhelm Ludwig Gleim hat zu dieser Lieblingsspeise des Storchs eine zum Nachdenken zwingende Fabel geschrieben:

> Ein Habicht stieß auf eine Lerche,
> im Angesichte zweener Störche.
> Und hurtig rupft und speist er sie.
> Ach, sprach ein Storch, die arme Lerche die!
> Vorhin sang sie so artig noch!
> Storch, sprach der Habicht, spare doch
> die Seufzer nur! Den *du* verzehrt,
> der arme Frosch, *der* ist beklagenswert:
> Vorhin quakt er so artig noch!

Auch kleine Schlangen schlingt der Storch gerne hinab. Odo von Ceritona erzählt zu dieser Feindschaft zwischen dem Storch und der sündigen Schlange, diese habe den angriffsbereiten Storch verspottet und gewarnt, mit einem Tier, das sogar den kräftigen Adam hereingelegt habe, sei nicht zu spaßen. Doch der Storch schlug der Schlange kurzerhand, aber mit langem Schnabel auf den Kopf, tötete sie und sprach: «Principiis obsta» (Wehre den Anfängen), was für ihn soviel bedeutete wie: Am Kopf muß man die Sache anpacken.

Von seiner Art zu speisen ist in Storchenfabeln immer wieder die Rede, vor allem in der Geschichte vom Fuchs, der unseren Langschnabel zum Essen einlud, ihm aber die Suppe in einer flachen Schüssel vorsetzte. Doch der kluge Storch rächt diesen Schimpf gar bald. Er lädt den Fuchs seinerseits auf sein Dach zum Dinner ein und, so lesen wir es bei Jean de La Fontaine,

> so trug man Speisen auf, gebraten und gebacken,
> doch, um den schlauen Fuchs zu äffen,
> in einem Krug mit langem Hals und dünnem Loch.
> Den Schnabel unsres Storchs konnt' solcher
>   Tort nicht treffen;
> die Schnauze unsres Reineke jedoch
> mocht' nicht ein einz'ges Stückchen packen.

Unser aller Goethe zeigt uns im Jahre 1820 in seinem Stor-
chenlied (nicht seine beste Naturdichtung!), daß sich der Vogel auch ohne geistliche oder ethische Hintergedanken beschreiben läßt:

> Der Storch, der sich von Frosch und Wurm
> an unserm Teiche nähret,
> was nistet er auf dem Kirchenturm,
> wo er nicht hingehöret?
>
> Dort klappt und klappert er genung;
> verdrießlich anzuhören;
> doch wagt es weder alt noch jung,
> ihm in das Nest zu stören.
>
> Wodurch – gesagt mit Reverenz –
> kann er sein Recht beweisen
> als durch die löbliche Tendenz,
> aufs Kirchendach zu ...?

Nur, an die Stelle der geistlichen Auslegung könnte hier vielleicht eine kirchenpolitische treten.

Tiergeschichten lassen sich offenbar nicht ohne «Tendenz»
erzählen. Selbst ein Märchen aus der alten Schatztruhe des
Aelian (VIII, 22) hat noch eine andere Absicht als die der
Unterhaltung. Die Geschichte geht so: In Taranto lebte eine
Frau von bewundernswerten Qualitäten, und vor allem war
sie eine treue Frau. Sie hieß Herakleis. So lange ihr Gatte
lebte, umhegte sie ihn mit der größten Hingebung. Aber als
er starb, hatte sie keine Freude am städtischen Leben mehr,
und sie zog sich zum Grab ihres Mannes zurück. Einmal,
es war Sommer, versuchten dort in der Nähe ein paar junge
Störche ihre ersten Flüge; der jüngste, dessen Flügel noch
nicht stark genug waren, stürzte dabei und brach sich ein
Bein. Als Herakleis fand, wie sehr das Bein verletzt war,
befiel sie Mitleid mit dem kleinen Vogel. Sie nahm ihn vorsichtig auf, umwickelte die Wunde und versorgte sie mit Sal-
ben und Pflastern, brachte Futter und Wasser herbei und ließ
den Vogel wieder frei, als er sich gestärkt und kräftigere
Federn entwickelt hatte. Der Storch wußte wohl, was er dieser Frau zu verdanken hatte. Ein Jahr später saß sie wieder

einmal in der Sonne, da flog ein Storch herbei, ließ sich bei seiner Wohltäterin nieder, öffnete seinen Schnabel und ließ einen Stein in den Schoß der Herakleis fallen. Dann flog er wieder auf und setzte sich auf das Dach. Die Frau war überrascht, wußte nicht, was sie mit dem Stein anfangen solle, legte ihn im Hause weg. Doch in der Nacht bemerkte sie ein Leuchten, und das Haus war wie von einer Fackel erhellt, und diese Strahlen gingen von dem Stein aus. Erst am nächsten Tag erkannte die Frau, daß der Gabenbringer ebenderselbe Storch war, den sie so treu umsorgt hatte.

Die Moral, hätte James Thurber vielleicht gesagt, ist offenbar die: Wenn eine Witwe eine Nachttischlampe braucht, muß sie nur Tierpflegerin werden. Irgendwie bleibt Adebar eben doch ein komischer Vogel.

Strauß

Die mitteleuropäischen Eisenhändler und, damit zusammenhängend, die österreichische Stadt Leoben, tragen einen Vogel Strauß in ihren Wappen, nicht etwa, weil sie als Kaufleute besonders geschwind gewesen wären, sondern weil sie auf alten Darstellungen bemerkt hatten, daß der Strauß *(Struthio)* je ein Hufeisen in seinem Schnabel und in seinen Fußkrallen trug. Und das hatte wiederum seinen Grund in der Auffassung älterer Naturkundler, dieser Vogel sei ein Eisenfresser. Schon Plinius (X, 1) hatte festgestellt, der rasche Rennvogel verwerte in seinem Magen alle Speisen ohne Unterschied; Aelian (XIV, 7) präzisierte, der Strauß könne sogar Steine verdauen, und Konrad von Megenberg geht im 14. Jahrhundert in seinem *Buch der Natur* die Sache noch härter an: »Er ißt Eisen und verdaut das, denn er ist gar heißer Natur.« Gottlieb Konrad Pfeffel wiederholt noch 1796 diese Vorstellung, freilich mit einem Seitenhieb auf eine bestimmte Beamtenmentalität, in seiner Fabel *Der Strauß:* Der Goliath der Vögel habe sich dem Adler als Minister empfohlen:

> Der Adler fragte die Magnaten
> um ihren Rat. Zuerst nahm Junker Star,

als des erhabnen Potentaten
bestallter Hofnarr und Canzlar,
das Wort und sprach:
Du darfst ihm keck das Amt vertrauen,
Er kann gut schlucken und verdauen.

Eisen ließ sich am besten in der Form eines Hufeisens darstellen (eine Eisenstange hätte man für einen Holzstab halten können), und dieses fügte sich lange Zeit bestens zu
des Vogels Schnabel. In dem spanischen Emblembuch des
Juan de Boria (16. Jahrhundert) heißt zu einer solchen Darstellung der Wahlspruch: «So nähren sich die Starken» und
die Erklärung: «Dieser Vogel hat so viel natürliche Hitze im
Magen und so viel Heftigkeit der Lebensgeister, daß er Eisen
und Steine verdauen und davon leben kann.» In einem zu
Frankfurt 1569 und öfter erschienenen Tierbuch von Hans
Bocksperger mit Illustrationen von Jost Amman steht beim
Strauß gedruckt:

Den Straußen, so du hier siehst an,
soll so ein' hitzigen Magen han,
daß er Stahel und Eisen frißt,
deß Plinius ein Zeuge ist.

Im 18. Jahrhundert gelangten solche Straußenbilder sogar in
illustrierte Lesebücher für Kinder; auch die Kleinen sollten
offenbar lernen, wie sich die Mächtigen als Eisenfresser be-
währen. Wenn Gasthäuser einen Strauß im Schilde führen,
dann wollen sie wohl weniger auf eiserne Rationen hinwei-
sen als betonen, daß der Gast bei ihnen so mancherlei zu
schlucken und zu verdauen bekommt.

Aber auch sonst gibt es vom Strauß allerlei Wunderbares
zu erzählen. Der Name *Struthokamelos*, den Diodorus Sicu-
lus im ersten vorchristlichen Jahrhundert diesem Tier gibt,
ließ manche Schriftsteller glauben, es handle sich da um
einen Kamelvogel mit zwei Beinen. Er könne, hieß es, Steine
in seine Krallen nehmen und auf die ihn verfolgenden Reiter
schleudern. Plinius hält ihn für dumm, weil er seinen Kopf
in den Busch stecke und dann meine, er sei nicht mehr zu
sehen. Aelian rät den Jägern, die ihn fangen wollen, Stangen

mit Eisenspitzen um sein Nest herumzustellen, wenn er dann nach Hause komme, spieße er sich selbst auf. Und Konrad von Megenberg schreibt schließlich noch dazu: «Man spricht auch, daß der Strauß mit einem Auge den Himmel ansehe und mit dem andern die Erden.» Ein umsichtiger Vogel also. Daß der Strauß seinen Kopf in den Sand stecke, wird hingegen bei den Alten nirgends behauptet.

Besonders kurios erscheint ein im Spätmittelalter verbreitetes Exemplum (Tubach, 3541) von einem Straußenjungen, das Gervasius von Tilbury dem Kaiser Otto von Braunschweig ungefähr so erzählte: Beim Bau des Tempels von Jerusalem hatte König Salomo ein Mittel, um die Steine rascher bearbeiten zu können, nämlich das Blut eines Würmleins, welches Tanir heißt. Wenn er den Marmor mit diesem Blut besprengte, dann ließ er sich leicht schneiden. Diese Technik hatte er folgendermaßen entdeckt: Salomo besaß einen Straußenvogel, und zu diesem gehörte ein Junges. Dieses Vöglein nun hatte der König in ein Glasgefäß eingeschlossen. Als der Strauß sein Junges sah, aber nicht zu sich nehmen konnte, da brachte er aus der Wüste ein Würmlein herbei, und mit dessen Blut bestrich er das Glas, so daß es in Stücke sprang. Leider wird uns bei dieser Geschichte (unter anderem!) nicht erklärt, warum Salomo das Straußenküken in eine Flasche steckte, auch wird nicht gesagt, wie viele von diesen Würmlein der König denn brauchte, um den Tempel ordentlich herstellen zu können. Den Theologen des Hochmittelalters ging es nämlich um eine andere Wahrheit: Unter dem Würmlein war Christus zu verstehen, der mit seinem Blut die Wände der Hölle zerbricht und die Seelen der Heiligen aus ihrer Gefangenschaft befreit. So erklären es jedenfalls die *Gesta Romanorum*, die sich ihrerseits auf die *Historia scolastica* (eine Biblische Geschichte) des Petrus Comestor aus dem 12. Jahrhundert berufen.

In der modernen Landwirtschaft gewinnt der Vogel Strauß eine neue Bedeutung: In Ammerzwil bei Lyss im Kanton Bern haben neuerungsfreudige Bauern kürzlich mit der Aufzucht von Straußen begonnen. Sie heißen ‹Hoss›, ‹Dolores› oder ‹Juanita› und sollen bald sehr viel mehr GenossInnen erhalten. Das ganze Unternehmen läuft nicht unter der Flagge ‹Vogelschutz›, sondern trägt den Namen ‹alternative Fleischproduktion›. Straußensteak soll angenehm schmekken. Einem Liebhaber von Hamburgern wird es schließlich egal sein, ob er Fleisch von Rindern oder von Straußen unter die Zähne bekommt; Hauptsache, es schmeckt nach Ketchup!

Taube

Der alte Aesop spricht in seiner Fabel von *Ameise und Taube* über diesen Vogel mit großer Hochachtung. Die Ameise (in anderen Fabeln die Biene) sei einst von einem Wasserlauf fortgerissen worden und in Lebensgefahr geraten. Da habe die Taube einen Zweig abgebrochen und in die Strömung gehalten, so daß sich das Insekt habe an Land retten können. Als nun anderseits die Taube einem Vogelsteller auf die Leimrute geriet, da habe die Ameise den Mann so in den Fuß gebissen, daß er sein Fanggerät fallen ließ und die Taube sich befreien konnte. «Die Fabel zeigt, daß man seinen Wohltätern dankbar sein soll», lautet die Moral. Bei dem französischen Fabeldichter Jean de La Fontaine ist es ein Jägersmann, der das Täublein erlegen will:

> Grad steht der Kerl bereit, zum Schießen willig,
> da piekt die Ameis ihn in seinen Fuß,
> so daß der Tölpel heftig wackeln muß.
> Die Taube hört ihn, flattert aus dem Strauch.
> Das Abendessen fliegt mit ihr nun auch
> davon. Ein Täubchen kriegt man nicht so billig!

Hohen Wert mißt der Taube *(Columba)* auch die Bibel bei. In Davids Siegeslied (Ps. 68,14) schimmern ihre Flügel wie Gold und Silber, und ihre Schönheit dient im Hohenlied Salomos zur Beschreibung der geliebten Freundin: Sie wohnt in ihrem Gemach wie die Taube in den Felsklüften (gemeint ist die *Columba livia*), und der Freund wünscht, daß sie daraus hervorkomme, um ihre Schönheit zu zeigen; ihre Augen sind schön wie Taubenaugen. «Tue mir auf, liebe Freundin», ruft der Freund, «meine Schwester, meine Taube, meine Fromme! denn mein Haupt ist voll Taues und meine Locken voll Nachttropfen.» Hier ist alles Zuneigung, Zärtlichkeit und Eintracht, und so kann man verstehen, daß ein Taubenpaar (neben den vielen theologischen Taubeninterpretationen) zum Sinnbild für Liebende geworden ist: Die seien gut zueinander wie die Turteltäubchen, heißt es dann (gemeint ist *Columba turtur*; ‹turtur› ahmt das Gurren der Vögel lautmalerisch nach), und diese Idee gipfelt in den bei jungen, turtelnden Freundinnen ungemein beliebten Poesiealben-Versen:

> Zwei Täubchen auf dem Dache,
> die lieben sich so sehr,
> aber dich, liebe Marianne,
> dich liebe ich noch mehr.

Jung verheiratete Paare können sich übrigens nach wie vor während ihrer Flitterwochen in Venedig auf dem Markusplatz oder in Mailand vor dem Dom mit zahmen Täubchen auf Schultern oder Armen fotografieren lassen. Zu solcher Kunst geschickte Bildermacher stehen dort gern für die Herstellung eines liebevollen Andenkens bereit.

«Die Taube ist aber auch unseres Herrgotts Lieblingsvogel», schreibt der badische Volksschriftsteller Heinrich Hansjakob in seinem Buch *Aus meiner Jugendzeit*. «Eine Taube brachte dem Noah den Ölzweig der versöhnten Gottheit, das Zeichen der verrinnenden Sündenflut [1. Mos. 8, 8–12]; ein Paar Tauben opferte die Mutter für den erstgeborenen Gottessohn [Luk. 2,24], und in Taubengestalt erschien der Hl. Geist am Jordan [Matth. 3,16]. Sie ist ferner der Lieblingsvogel der Haslacher. Nirgends gibt's im Verhältnis so viele Tauben als in meiner Heimat und nirgends so viele Herzmenschen voll Taubeneinfalt.» Der Geistliche hätte hinzufügen können, daß der Herr, als er seine Apostel aussandte, ihnen riet: «Seid klug wie die Schlangen und ohne Falsch wie die Tauben» [Matth. 10,16]. Aber hätte auch dieser Spruch auf die Haslacher gepaßt? Und schickt sich denn die sanfte Taubenart (die Alten meinten, sie habe keine

Galle), das reine Seelengemüt für alle Menschen? Johann Wolfgang von Goethe hat in seiner Fabel *Der Adler und die Taube* gezeigt, daß dem verkrüppelten König der Vögel (einem Behinderten, dem man sagt, die Welt sei doch so schön) nicht gedient ist mit den weichen, tröstenden Worten des liebelnden Täubers:

> O Freund, das wahre Glück ist die Genügsamkeit,
> Und die Genügsamkeit hat überall genug!
> O weise, sprach der Adler, und trüb' erst
> Versinkt er tiefer in sich selbst,
> O Weisheit! du redst wie eine Taube.

Der Lügenerzähler Rafik Schami demontiert übrigens auch noch den Mythos von der Taube, die dem Noah bei der dritten Aussendung eines Vogels aus der Arche den Palmzweig brachte: Die Nachricht vom Ende der Sündflut habe sie dem kundigeren Raben abgelistet, sie selbst sei gar nicht weit herumgeflogen, und den Zweig habe sie «eine Flugminute von der Arche entfernt» pflücken können. Aber, wie gesagt, Schami und sein Erzähler Sadik lügen gerne.

Hansjakob vergißt zudem – er ist Protestant – die Mariendarstellungen mit dem Heiligen Geist, der als Taube auf sie herabkommt, und er läßt auch einen anderen Taubenliebhaber aus dem Spiel: den hl. Franziskus nämlich, der eine besonders enge Beziehung zu Turteltauben hatte. Er errettete einige dieser Tierlein aus den Netzen eines Vogelfängers, nahm sie an die Brust und sprach zärtliche Worte zu ihnen: «Meine kleinen Schwestern, ihr seid so schlicht, so unschuldig und rein, warum ließet ihr euch fangen? Ich will euch vor dem Tode bewahren und euch ein Nest bauen, so daß ihr fruchtbar seiet und euch mehret, wie Gott, unser Schöpfer, es befohlen hat.» Und die Täubchen blieben, zahm wie Hühner und nicht ohne Nachkommen, bei Franziskus und seinen Brüdern, bis der Heilige sie mit seinem Segen in die Freiheit entließ. So erzählen es die *Blümlein des heiligen Franz*.

Die Episode läßt sich nur zum Teil geistlich interpretieren. Der *Physiologus* hatte nämlich folgende Parabel erzählt: «Wenn alle Tauben auf einmal fliegen, dann wagt der Habicht nicht, einer von ihnen nahe zu kommen wegen des zusammenklingenden Schwirrens ihrer Flügel. Findet er dagegen eine, die sich verirrt hat, dann schlägt er sie leichtlich und verschlingt sie.» Gemeint waren die Jungfrauen, die sich zu einer Gemeinde, sprich in einem Nonnenkloster zusammenschließen sollten. Franziskus, könnte man daraus folgern, errettet also gefährdete junge Frauen aus den Klauen eines Mädchenhändlers. Doch will die dabei anempfohlene Fruchtbarkeit nicht ganz zum Keuschheitsgebot von Klöstern passen. Vielleicht sind manche fromme Texte eben doch nur vordergründig realistisch gemeint?

Seit der (von Hansjakob angedeuteten) Taufszene am Jordan («Und er sah den Geist Gottes, gleich als eine Taube, herabfahren und über ihn kommen») ist die Taube Sinnbild des Heiligen Geistes. Diesen ‹spiritus sanctus› stellten sich die mittelalterlichen Erzähler oft allzu konkret als Taube vor: Ein französisches *Handbuch der Sünden* aus dem 13. Jahrhundert erzählt von einem Wüstenvater, sprich einem frommen Einsiedler, der sich in die Tochter eines ägyptischen, heidnischen Priesters verliebte und, um das Mädchen zu bekommen, seinen christlichen Glauben verleugnete. Sogleich flog eine Taube aus seinem Mund, und sie kehrte erst wieder in ihn zurück, als er drei Wochen lang gefastet und Buße getan hatte. Das Exemplum war noch beliebter (Tubach, 1760) als das vom falschen Propheten Mohammed, der wahrhaftig so gerissen war, sich eine Taube auf die Schulter zu setzen, die ihm Körner aus dem Ohr pickte: Die Leute sollten glauben, der Heilige Geist flöße ihm Allahs Weisheit ein (Tubach, 1762). Nein, die heilige Taube bleibt, bitte, für die Christenheit reserviert! Wenn ein Mönch dieser Religion sie auf dem Kopf sitzen hat (Tubach, 1763), dann wissen wir, daß der Heilige Geist wirklich bei ihm ist. Wenn sie einem soeben Verstorbenen aus dem Munde fliegt, dann bedeutet das, er sei selig dahingeschieden. Caesarius von Heisterbach erzählt im frühen 13. Jahrhundert in seinem *Dialogus miraculorum* von einem wollüstigen Priester, dem eine Taube bei der Weihnachtsmesse dreimal die Hostie wegnahm, um ihm seine Unwürdigkeit vor Augen zu führen. Erst als er seine Sünden bereute, bekam er von der Taube das Allerheiligste zurück.

Zurück zu Weltlichem, etwa zu den Tauben auf dem Dache. Ein mexikanisches Volkslied sieht die Sache (weniger kitschig als das deutsche Poesiealbum) so:

> Vier kleine Turteltauben, weiße,
> vier kleine Turteltauben, weiße,
> die hocken auf dem innern Hofdach,
> die hocken auf dem innern Hofdach.

> Die einen sagen zu den andern:
> [je zwei- oder dreimal gesungen]
> Die Liebe wie die erste kommt nicht wieder.

> Mir schmeckt das Brot mit leckerm Käse,
> wenn ich auf meinem Höfchen lebe.

> Doch besser schmeckt mir noch ein Küßchen,
> wenn breit genug ist der Sombrero.

In anderen populären Liedern fliegen die Tauben (wie *La Paloma* und ihre Artverwandten) bekanntlich weite Strecken, um Liebesgüße zu überbringen; sie scheuen nicht Wind noch Wetter und übertreffen selbst die Möwen bei der Überquerung von Meeren. Allerdings sind sie im Volksmund jederzeit gegen Nachtigall, Lerche oder Schwalbe austauschbar. Wenn 1914 die Deutschen den Schlager sangen:

> Ich glaube, ich glaube,
> da oben fliegt 'ne Taube.
> Die kommt aus einem deutschen Nest,
> wenn die hier bloß nichts fallen läßt [...],

dann waren allerdings Flugmaschinen wie der Zeppelin gemeint, und man stellte sich dabei höhnisch und hämisch vor, wie die Franzosen Angst vor deren Bomben haben müßten. Die Leistungen der Brief- oder Posttauben sind freilich seit Noahs Zeiten unbestritten; auch sie (die friedliebenden!) wurden allerdings, wie schon die *Gesta Romanorum* (Kap. 38) wissen, zu Kriegsdiensten mißbraucht. Heutzutage sind allerdings die telegrafischen Übermittlungen von Botschaften schneller als sie.

Weniger bekannt ist, daß die Haustauben einstmals in Taubenschlägen – unter Dächern oder auf besonders aufgerichteten Stangen – als zum Verzehr bestimmtes Geflügel gehalten wurden; der Taubenkot war sozusagen als kostenlose Dreingabe für die Düngung des Gartens willkommen. Unser Biologielehrer Raff klärt uns auf: «Wir [die Tauben] vermehren uns unter allen Vögeln am stärksten. Kein Wunder also, daß die Menschen immer jährlich so viele von uns erwürgen und essen. Unser Fleisch muß gesund sein und recht sehr gut schmecken, weil wir fast nichts als gute Samenkörner und Brot und ganz und gar nichts Unreines fressen.» Und Meyers Konversations-Lexikon empfiehlt noch 1896: «Junge und Alte liefern eine gesunde, leichtverdauliche Speise für Kranke und Genesende und bilden im Sommer oft die einzige Fleischkost auf dem Lande oder einen einträglichen Marktartikel.» Heutzutage können die städtischen Taubenfänger (sehr früh am Morgen sind sie mit ihren Flinten unterwegs, um das Explodieren der Taubenpopulation zu verhindern) keineswegs mit ihrer Jagdbeute zu Markte ziehen: Die Tierschützer würden aufschreien, und das Taubenfleisch ist keineswegs mehr so gesund wie zu Raffs Zeiten. Aber wer weiß, ob es nicht in irgendwelchen Würsten steckt!

Vorüber sind also die Zeiten, als man sich noch Täubchen als nachbarliche Geschenke brachte. Nur ein alter Schwank (AaTh 1296 B) erinnert an diese Sitte. Da schickte einer seinem Freund oder Bekannten ein paar Täubchen in einem Korb und einen entsprechenden Brief dazu. Der Diener, der das Geschenk überbringen sollte, macht unterwegs den Korb auf, und schon fliegen die Vögel davon. Unverdrossen geht er weiter und gibt beim Empfänger wenigstens den Brief ab. «Hier sind zwei Tauben im Brief», sagt der, «wo sind sie?» – «Die sind davongeflogen», gibt der Tölpel zur Antwort, «gut daß sie wenigstens im Brief sind!»

Nein, die Tauben sind keineswegs vom Aussterben bedroht. Trotz aller frühmorgendlichen Nachstellungen durch die dazu angestellten Säuberungsmänner sind sie fruchtbar und mehren sich. Insofern müßten sie auch nicht unbedingt hier auf dem Papier stehen.

Tiger

«*Es* ist wunderbar», so läßt Goethe in seiner *Novelle* den Fürsten sagen, «daß der Mensch durch Schreckliches immer aufgeregt sein will. Drinnen [in der Menagerie der Wanderschausteller] liegt der Tiger ganz ruhig in seinem Kerker, und hier [auf der bunten Reklame-Tafel] muß er grimmig auf einen Mohren losfahren, damit man glaube, dergleichen inwendig [in der Schaubude] ebenfalls zu sehen; es ist an Mord und Totschlag noch nicht genug, an Brand und Untergang; die Bänkelsänger müssen es an jeder Ecke wiederholen. Die guten Menschen wollen eingeschüchtert sein, um hinterdrein erst recht zu fühlen, wie schön und löblich es sei, frei Atem zu holen.» Unsere Zirkustiger erfüllen noch immer den Zweck, daß die Zuschauer zuerst Angst haben, der Dompteur, und vielleicht sie selber, könnten gefressen werden, und nach dem Zeltbesuch behaupten, der Tiger habe sich vor der Peitsche gefürchtet.

Alexander der Große, berichtet Aelian (VIII, 1), soll Tigerhunde haben züchten lassen, die wilder waren als alle anderen Hunde oder Tiger zusammen. Conrad Gesner nennt den Tiger «ein rauhes, grimmiges, wütendes und zorniges Tier». «Verheerend ist des Tigers Zahn», heißt es in Schillers *Glocke*: Der Löwe ist für den Dichter gerade eben gefährlich, der Tiger aber ein Tier von entsetzlicher Zerstörungskraft. Für Gottlieb Konrad Pfeffel (*Der Tiger in der Hölle*, 1800) ist nicht einmal im Schattenreich der Tiere Platz für den toten Tiger, er wird von dort in die Menschenhölle geschickt. «Ihr seid Betrüger, Diebe, Würger», sagt Pfeffels Zeus 1791 zu den Tigern und weigert sich, sie zu einem freien Volk zu erklären. Des Menschen Haß auf den Tiger scheint maßlos groß gewesen zu sein, und der Mensch ist nicht glücklich, wenn er sich nicht auch dieses todbringende Tier untertan macht. Eine antike Fabel (AaTh 157 A) lehrt uns, wie er dem Tiger Respekt einflößt. Die Raubkatze meint zunächst, sie könne die Macht des Jägers mißachten, bis sie plötzlich von einem Schuß getroffen wird: Da weiß sie dann, daß es etwas Höheres gibt als den Tiger: den Menschen.

Von dieser asiatischen Großkatze *(Panthera tigris)* geht aber doch immer wieder, und nicht nur für Dichter, eine ungeheure Faszination aus. Selbstverständlich konnten etwa die Pädagogen ihren Kindern mit diesem Schreckbild gehörig Angst einjagen. So meint Georg Christian Raff 1791: «Der Tiger ist viel wilder und fürchterlicher als der Löwe und das geschwindeste und grausamste [!] Tier unter allen vierfüßigen Tieren. Der Löwe ist doch zuweilen gütig und schonend und mordet nicht aus Lust, sondern nur aus Not; der Tiger hingegen mordet alles zusammen, Mensch und Tiere,

und das in einem fort, es mag ihn hungern oder nicht, und schont im Hunger selbst seines Weibchens und seiner eigenen Kinder nicht. Denn wenn er seine Kinder erwürgt, und sein Weibchen will sich dagegen wehren, so zerreißt er es sogleich auch.» Hans-Wilhelm Smolik fügt solchen Schreckvorstellungen hinzu: «Es gibt Erzählungen genug, in denen er weite Gebiete terrorisiert, Frauen und Kinder raubt, die kühnen weißen Jäger reihenweise umbringt, ohne daß er selbst gestellt werden kann.» In Wirklichkeit, um es gleich zu sagen, ist der Tiger ein den Menschen scheuendes, vorsichtiges Tier, vor allem kein Massenmörder, und er wird dem Menschen höchstens gefährlich, wenn dieser ihn verwundet hat und ihn dann noch weiter verfolgt. Vielleicht hat William Blake (1757–1827) dem Tiger ein gerechteres Lied gesungen: Er stellte sich vor, schaudernd freilich auch er, dieses Tier müsse in einer Schmiede des Himmels oder der

Hölle von einem mächtigen, furchtlosen Schöpfer geglüht
worden sein, und er fragt (frei übersetzt):

Hat Er, Sein Werk betrachtend, zufrieden dann gelacht?
Hat Er, der sanft das Lamm gemacht, auch dich gemacht?
Tiger, Tiger, brennst wie heißes, helles Feuer
in der Waldnacht, die so tief und ungeheuer.
Welch unsterblich' Auge, welche starke Hand,
wer hat dich Schrecklichen gebaut und auch gebannt?

Zurück zu den Vorurteilen. Nicht der Tiger zerreißt seine
Kinder, sondern der Mensch stellt den jungen Tigern nach
und will sie ihrer Mutter entreißen. Das berichten uns die
ältesten Tigergeschichten, und diese beruhen auf der Tatsache, daß junge Tiger im alten Rom als Nachwuchs für
Aufmärsche, Zirkusspiele und Tierhatzen sehr gefragt waren. Nichts konnte für einen Triumphator ehrenvoller sein,
als einen oder mehrere gefangene Tiger, diese Schrecken
aller tierischen Schrecken, mit sich herumzuführen. Plinius
meint, die rasende Schnelligkeit des Tigers trete erst so recht
zutage, «wenn man ihm seine Kinder geraubt hat». Das
Weibchen eile dann dem Jäger nach; dieser, um sich zu retten, werfe eines der Jungen hinter sich, die Tigerin bringe es
auf schnellstem Wege in ihr Lager zurück, und schon sei sie
dem Reiter wieder auf den Fersen, der sich dann nur durch
einen Sprung auf ein Schiff retten könne. Auf diese Szene
spielt Ludovico Ariosto in seinem *Rasenden Roland* (XVIII,
35) an, wenn er einen zornigen heidnischen Mohren mit
einer Tigerin vergleicht:

Er glich der Tigrin, die, zurückgekommen
ins leere Lager, umschaut voll Verdacht
und rasch und voller Schrecken wahrgenommen,
daß man die Jungen heimlich weggebracht,
und dann, von Wut und Raserei entglommen,
nicht weiter denkt an Berg, noch Strom, noch Nacht,
noch Hagelschlag. Mit hassendem Entsetzen
wird hinter diesem Räuber her sie hetzen.

In den Naturbüchern des Spätmittelalters liest man häufig
eine andere Version der Jagd auf Tigerjunge. Bei Konrad von

Megenberg steht sie im 14. Jahrhundert etwa so: «Die Tiere sind gar grimmig, und wenn die Jäger sie ihrer Kindel beraubt haben, so können die Jäger zuweilen nicht fliehen, darum werfen sie gläserne Täfelchen hinter sich, wie Ambrosius spricht. Wenn dann die Tiere darankommen und die Spiegel ansehen, so glauben sie, ihre Kinder sitzen da, und sie stellen sich über die Spiegel und küssen die und umarmen sie. Zuletzt treten sie auf die Spiegel und scharren, doch sie finden nichts. In der Zeit können die Jäger fliehen.» Andere Autoren (Tubach, 4865) reden in diesem Zusammenhang von Glaskugeln, die der Tigerin zugeworfen werden: Sie erblickt sich darin selbst, meint, da sei ihr Kind, und wird so von der Verfolgung des Jägers abgelenkt. Wie wenn die Tigerin mit einer leicht zu überlistenden Äffin vergleichbar wäre!

Aber auch in der modernen Abenteuerliteratur wird vom Tiger wenig Erfreuliches berichtet. In Rudyard Kiplings *Dschungelbüchern* (1894) raubt der bösartige Tiger Shere Khan den kleinen Inder Mowgli, der dann bei den Wölfen Unterschlupf findet, bis er seinen alten Erzfeind zur Strecke bringen kann und damit (nicht ohne imperialistische Töne von seiten des Autors) zum Führer aller Dschungelvölker aufsteigt. Gut, daß auf der anderen Seite Sandokan, der *Tiger von Malaya*, der berühmte Held indischer Abenteuerserien des italienischen Seefahrers und Journalisten Emilio Salgari (1863–1911) eine gezähmte Tigerin namens Darma bei sich hat, die ihn oder seine Freunde vor den schrecklichen Nachstellungen der bösartigen Thugs errettet: «Tremal-Naik hatte sich erhoben, um nachzusehen, ob dort jemand sei; da vernahm er in geringer Entfernung ein Rauschen im Dickicht, dann spürte er auf den Schultern einen Strick, und die Kehle wurde ihm zugeschnürt. Er hob seinen *parang*, um den Strang durchzuschneiden, da schleuderte ihn ein mächtiger Stoß zu Boden. ‹Jetzt habe ich dich›, sagte eine Stimme ganz in der Nähe. Dann sprang ein halbnackter Mensch, der auf der Brust die Tätowierung der Thugs trug, aus dem Dickicht, warf sich auf ihn und hielt in der Hand einen langen Dolch. Aber der Würger war zu sehr damit beschäftigt, seinen Gegner zu fangen, als daß er darauf geachtet hätte, ob noch andere Gefahren nahe seien. Es schien, als ob Tremal-Naik keinen Widerstand leisten wolle; er wartete ab. Der Thug war glücklich über seine Beute, aber plötzlich löste sich ein Schatten aus dem Bambusgehölz und sprang ihm mit einem ungeheuren Satz an den Hals und warf ihn mit einem Schlag zu Boden. Man hörte einen erstickten Schrei, dann so etwas wie das Mahlen von Knochen. Darma hatte sich auf den Würger gestürzt und ihm die Kiefern um den Schädel gepreßt, während die mächtigen Krallen ihm grausam die Brust zerfleischten.»

So etwas lasen unsere Großväter mit dem höchsten Vergnügen, immerhin ging es nur um ein paar böse Thugs, und die weißen Helden blieben stets unverletzt und retteten reihenweise von den Bösewichtern geraubte Mädchen. Aber auch von Tigerjagden lasen und hörten sie gerne. Heute sind nun, nach Jahrhunderten der Tigerausrottung, die Wildkatzen so selten geworden, daß ihre Bestände mit Wildlife-Projekten (in Indien oder Sibirien) wieder mühsam aufgefüllt werden müssen. Chinesische Wilderer, heißt es in Presseberichten, hätten es auf die Knochen der Tiger abgesehen, weil diese als Basismaterial für verschiedene Medikamente hochgeschätzt seien. Aber machen wir uns nichts vor: So oder so sind wir alle mit den Chinesen verwandt.

Wale

Die Walfische erhalten hier einmal mit Absicht ihren populären Namen; auch Hermann Melville, der bessere Kenner, hatte das 1851 so gemacht: «Ich stelle mich auf den guten, altmodischen Standpunkt, daß der Wal ein Fisch ist und rufe den heiligen Jonas als Zeugen an.» Zoologisch heißen sie *Cetacea*, und sie bilden eine der neunzehn Ordnungen in der Klasse der Säugetiere. Mehr als andere von der Ausrottung durch den Menschen bedrohte Gattungen konnten Meeressäuger wie der Blauwal (*Balaenoptera musculus*, mit bis zu dreißig Metern Länge und einhundertdreißig Tonnen Gewicht das allergrößte Tier überhaupt!), Glattwale oder

Buckelwale (diese und andere sind Bartenwale *[Mystacoceti]*, die mit dicht beieinanderstehenden Hornplatten den Krill, das heißt Kleinmeerestiere aus dem Wasser seihen), Pottwale, Weißwale oder Delphine (diese und andere sind Zahnwale *[Odontoceti]*) von sich reden und schreiben machen: Einflußreiche Naturschutzorganisationen haben immer wieder auf die Ausbeutung der Meere durch die Menschen hingewiesen; den Cetaceen (sie umfassen neun Familien, 39 Gattungen, 78 Arten!) wurden aufklärende und aufrüttelnde Ausstellungen gewidmet, die Massenmedien haben häufig vor der weiteren Abschlachtung der Wale gewarnt.

Nicht nur deren Körpervolumen, auch ihre Bedeutung kann man, wie Hans-Wilhelm Smolik das tut, mit Superlativen beschreiben: Sie haben «körperlich die vollendetste Stromlinienform, den gewaltigsten Schraubenantrieb, vermögen am längsten und am tiefsten zu tauchen, wagen sich am weitesten auf das offene Meer hinaus und sind die ausgeprägtesten Kosmopoliten». Wale verfügen zudem über ein ungemein feines Kommunikationssystem; sie singen ihre eigene Sprache (von der es inzwischen sehr gute Tonbandaufnahmen gibt), und nicht wenige Zoologen bemühen sich darum, diese Mitteilungen immer besser verstehen zu lernen. Die Achtung vor den Cetaceen steigt parallel zu dem Prozeß ihrer Vernichtung durch eine fangtechnisch perfekt ausgerüstete Hochseefischerei. Lang vorbei sind die Zeiten, als die Matrosen auf der Pequod noch Walfang-Lieder sangen und Kapitän Ahab den Weißen Wal *Moby Dick* drei Tage lang mit Harpunen und Seilen jagte; vorbei auch die Zeiten, als der Wal noch eine Chance hatte, Sieger zu bleiben.

Hohe Beachtung haben die Cetaceen allerdings schon seit dreitausend und mehr Jahren gefunden. So sind zum Beispiel phantastische Walgeschichten seit der Antike mündlich wie schriftlich ungemein verbreitet gewesen. Was ließ sich nicht alles von der beeindruckenden Größe eines solchen ‹Fisches›, der durch die Wogen wallt, aber nicht selten auch an einen Strand gespült wird, erzählen! Schon der *Physiologus* weiß, daß der Wal *(Balaena)*, der mit Vorliebe Wohlgerüche aus seinem Rachen verströmt, um Fische anzulocken und zu fressen, so groß wie eine Insel erscheinen kann. Seeleute ankern und landen dann an diesem unsicheren Ort, zünden gar ein Feuer an, um sich ein Süppchen zu kochen, doch das irritiert den Fisch: Er stürzt sich in die Fluten und reißt die armen Matrosen, Mann und Maus mit sich hinab. Warum auch hatten sie den trügerischen Dingen der diesseitigen Welt, den eitlen Versprechungen des Satans vertraut?

Moralische Auslegungen einer solchen Inselszene finden sich in großer Zahl, aber auch der frühe Abenteuerroman greift diesen Bericht gerne auf: Im *Wilhelm von Österreich* (14. Jahrhundert) erblickt der Held auf seiner Meerfahrt eine Insel mit einem grünen Baum, der angenehm duftet. Die Seeleute landen; Wilhelm macht sich daran, eine Frucht zu pflücken, da erbebt der Boden unter ihm, doch er kann sich mit einem Satz auf sein Schiff retten, während ein Knabe Opfer der Fluten wird, die über der vermeintlichen Insel zusammenschlagen.

Auch Heilige, wie zum Beispiel Sankt Brandan, erfuhren solche Begegnungen, doch das Unheil blieb aus, weil die Gottesmänner auf der Walfischinsel einen Altar errichtet und eine heilige Messe zelebriert hatten. Aber schon der antike Lügendichter Lukianos von Samosata hatte sich im 2. nachchristlichen Jahrhundert in seiner *Wahren Geschichte* über solches Seemannsgarn, das offenbar schon damals fleißig auf- und abgespult wurde, lustig gemacht: Matrosen klettern auf einen Walrücken, bringen ihren Göttern Opfer dar, begraben ihre Toten und segeln unbehelligt wieder weiter.

Dieser antike Münchhausen weiß aber auch noch eine andere bedeutende Walfischtradition zu kolportieren: Nach einer Reise zu den Seleniten gerät das Schiff des Erzählers in den mit riesigen spitzen Zähnen bewehrten Rachen eines Wals und dann, in seinem Bauch, in ein ungeheures Durcheinander von Fischen und Schiffen, Masten, Menschen und Märkten, Wiesen und Wäldern, Kranichen und Krähen, kurzum in eine völlig neue Eingeweidewelt, ein schwimmendes Jenseits mit Innenbeleuchtung. Siebenundzwanzig Jahre lang leben die Kerle dort hinten oder dort unten und tun das, was sie an Land auch getan hätten, nämlich Kriege führen.

Schließlich wird der Innenwald in Brand gesteckt, dies erhitzt den Wal wie ein Sodbrennen und schließlich siecht er dahin. Da sperren ihm nun die Matrosen mit Schiffsmasten die Kinnbacken und segeln in die wahre Welt. Wie oft ist dieses Wal-Interieur nicht von den Literaten ausgemalt worden! Der Gedanke an ein derartiges Nonplusultra von Abenteuer war gleichsam allgegenwärtig: In Shakespeares *Pericles* (II, 1) etwa sitzen Fischer beim Geschichten-Garnen, dabei kommt man auch auf Wale zu sprechen, die ein ganzes Dorf verschlingen könnten, und der eine sagt, da wäre er doch gern Küster gewesen, «dann hätte er mich mit verschluckt, und wenn ich dann in seinem Bauch gewesen wäre, hätte ich die Glocken so unaufhörlich gebimmelt, daß er Glocken, Kirchturm, Kirche und Pfarrgemeinde wieder hätte auswerfen müssen». Weder Christoph Martin Wieland in seinem *Prinzen Biribinker*, noch Gottfried August Bürger in seinem *Münchhausen* und auch nicht Carlo Collodi in seinem *Pinocchio* mochten auf diesen Verschlingungsschlager verzichten.

Selbstverständlich haben solche Abenteuer im Walfischbauch auch mit dem biblischen, etwa 300 vor Christus entstandenen Jonas-Buch zu tun. «Aber der Herr verschaffte einen großen Fisch, Jona zu verschlingen. Und Jona war im Leibe des Fisches drei Tage und drei Nächte» (Jona 2,1). Es steht zwar nicht geschrieben, daß der «große Fisch» ein *Cetus* gewesen sei, doch hat die volkstümliche Phantasie – im Hinblick auf entsprechende bildliche Darstellungen und in Unkenntnis der Enge eines Walschlundes – immer angenommen, Jonas sei auf seiner Reise nach Tarsis von einem Walfisch verschluckt worden. In den *Sagen der Juden,* die Micha Josef Bin Gorion für uns gesammelt hat, lesen wir: «Jona aber sprach abermals [zu den Matrosen]: Durch mich ist das Böse geschehen; werft mich ins Meer. Da ergriffen sie den Jona und steckten ihn mit den Füßen ins Wasser; alsbald legten sich die Fluten. Sie zogen ihn heraus, und der Sturm tobte weiter. [...] Da gaben sie den Jona den Fluten preis, und das Meer zürnte nicht mehr. Aber Gott ließ einen großen Fisch heranschwimmen, daß er den Jona verschlinge. Dieser Fisch war von der Schöpfungszeit her dazu bestimmt gewesen, dem Jona eine Zuflucht in seinem Bauche zu geben. Und Jona stieg in den Rachen des Fisches wie ein Mensch, der einen Raum betritt, und stand aufrecht in seinem Leibe. Die zwei Augen des Wassertieres waren wie Fenster und leuchteten auch nach innen. Andre meinen, eine große Perle habe dem Jona dort Licht gespendet, wie die Sonne um Mittag, und bei ihrem Schein habe er alles gesehen, was im Meer und in den Gründen vorgeht.»

An populären Variationen auch dieses Themas fehlt es nicht. In Giambattista Basiles Geschichtensammlung *Das Märchen von den Märchen (Lo cunto de li cunti,* 1634) wird zum Beispiel die Heldin Nennella (V, 7) von einem Korsaren verschleppt; mit diesem gerät sie in einen schrecklichen Sturm, und da erscheint, «ein großer gefeiter Fisch, der öffnete sperrangelweit sein Maul und schluckte sie hinab. Das Mädchen dachte schon, ihr letztes Stündlein habe geschlagen, aber dann fand sie unerhörte Dinge im Bauch dieses Fisches, nämlich wunderbare Ländereien, köstliche Gärten, ein herrschaftliches Haus mit allen Bequemlichkeiten, und da blieb sie als Prinzessin.» Der Fisch geht dann an Land, just gegenüber dem Palast eines Fürsten, wo auch ihr Bruder Ninnillo als Diener arbeitet; durch das Maul des Wals ruft sie diesen um Hilfe:

> Bruder, lieber Bruder mein,
> laß das Messerputzen sein,
> gut gedeckt hast du den Tisch.
> Hol mich, ich bin so allein
> ohne dich in diesem Fisch,

und als Ninnillo zu dem Ungeheuer kommt, macht es sein Maul sechs Stangen weit auf und läßt die Schwester frei.

Nicht immer sind die Märchenwale so liebenswürdig, einen verschluckten Menschen freiwillig von dannen ziehen zu lassen; hie und da muß die Heldin oder der Held mit Feuer oder mit einem Messer nachhelfen. Und anderseits ist das verschluckte Opfer nicht immer darauf erpicht, wieder in diese unsere Welt hinaus entlassen zu werden. Der nordamerikanische Märchenautor Richard Hughes erzählt in seiner Geschichte *Das Walfischheim,* wie ein Mädchen mit einem Hund in einen Wal spaziert, sich dort einzurichten versucht und von dem großen Fisch sogar ein Kinderbett geschenkt bekommt. Außerdem bringt ein Papagei das tägliche Brot herbei, und so beschließt das Mädchen, in dem Walfisch wohnen zu bleiben. Nehmen wir einmal an, der Wal habe, wie bei Jonas, große Augenfenster zum Hinausschauen gehabt und das Mädchen habe das ganze prächtige Meeresleben von ihrer Unterseevilla aus beobachten können, während Hund und Papagei, gemütlich wie bei Dr. Dolittle, mit ihr plauderten – dann könnten wir uns doch wohl vorstellen, daß die junge Frau keine Sehnsucht hatte, nach New York oder Chicago zurückzukehren!

Wanze

Was für ein abscheuliches, ja sogar stinkendes Tier! Die prüde und schnöde Welt straft dieses Insekt *(Cimex lectularius)* für seine Grausamkeiten dadurch, daß sie von ihm keine Geschichten und Gerüchte nur hinter vorgehaltener Hand erzählt: «In dem Hotel (immer im Ausland, selbstverständlich, Paris oder Peking) gab es Wanzen!» oder: «Bei denen (immer Ausländer, versteht sich, Türken oder Tamilen) gibt es doch Wanzen!» oder, als Konzentrat vergangenen Elends: «Im Krieg (oder im Lager) gab es Wanzen.» Leute aus dem Lande X behaupten jeweils, die Leute aus dem Lande Y hätten diese Pest eingeschleppt. Kurzum, wir wünschen uns diese Schnabelkerfen möglichst weit vom Hals, von der Nase und von der Tapete. Widerlich, diese Wanzen!

Gut zu wissen ist es aber doch zumindest, daß die Wanze ihren süddeutschen Namen von ‹Wandlaus› ableitet; ein hinter der Tapete verstecktes Abhörgerät heißt denn auch entsprechend ‹Wanze›. In anderen deutschen Dialekten kann das Ungeziefer auch ‹Wändel› oder ‹Wanzke› geheißen werden. Die Engländer nennen sie, umschreibend (um nicht zu sagen zärtlich), ‹bed bug›, also Bettkäfer, die Franzosen ‹punaise›, und das bedeutet soviel wie ‹Stink-in-die-Nas›. ‹Stinken wie eine Wanze›, ist eine bekannte französische Wendung, auch sagt man, jemand oder eine Sache sei ‹platt wie eine Wanze›. Die flachen Reißzwecken werden deshalb ‹punaises› genannt. Wenigstens *die* sind geruchlos. In der deutschen Umgangssprache kann, so erfahren wir von Heinz Küpper, ‹Wanze› einen lästigen oder zudringlichen und auch einen schmarotzenden Menschen bezeichnen; mit ‹Wanzenburg› oder ‹Wanzenloch› meint man ein dreckiges altes, abbruchreifes Haus. Eine ganze Reihe von deutschen Sprichwortlexika kennt das Stichwort *Wanze* allerdings nicht. Zu vermuten ist indes, daß sie es nicht kennen wollen.

Breitschultrig und breitbrüstig (aber wie gesagt platt) und mit abgerundetem Hinterleib kommen die meisten *Heteroptera* (Verschiedenflügler) daher, ihre Flügel sind verkümmert, ihr Kopf ist klein, sie scheuen das Licht, aber sie können siebzig Meter in der Stunde zurücklegen, gern lassen sie sich von oben auf ihre Opfer herunterfallen, und dann arbeiten ihre Mundwerkzeuge mit großer Effizienz: Zuerst senken sich zwei Stacheln mit Widerhaken in das fremde, saftige Fleisch (von Vögeln, Hunden, Katzen oder Menschen), dann folgt ein Röhrchen, mit dem sie eine ätzende Flüssigkeit absondern oder das Blut des Opfers hochsaugen können. Wanzen beißen mehrfach hintereinander; die zurückgelassenen Wunden jucken ungemein stark.

Das hat weniger in der Haut als im Gedächtnis vieler Menschen – auch der Dichter und Denker – bleibende Spuren hinterlassen. Grimms *Deutsches Wörterbuch* zeugt im Artikel *Wanze* von diesen Erinnerungen mit nicht wenigen Zitaten. Oft werden sie dabei in Gesellschaft anderer Sorten lästigen Ungeziefers genannt: «Auch peinigt mich zu Nacht Wanzen, Ratzen und Mäus'», liest man bei Hans Sachs. Einige Schriftsteller halten Wanzen für Hexen- und Teufelszeug, das insbesondere die Zigeuner mit Zauberkünsten in andere Häuser verbannen können; Wanzen, nun gut, die müssen sein, heißt die Parole, aber nicht bei mir! In Joseph Victor von Scheffels Liederbuch *Gaudeamus* wird die Wanzenerfahrung nach einem ähnlichen Prinzip ins südliche Ausland verlegt: *Der Delphin* beschreibt eine Meerfahrt nach Salerno, wo es abends feine Makkaroni gibt; der Delphin, der zuvor um das Schiff geschwommen war, geht zwar bei diesem Festessen leer aus, aber hat nicht sein Leben ohne Pastasciutta seine Vorteile?

> Doch als das Meer phosphorisch schien
> in mitternächtigem Schein,
> da war's als schau uns der Delphin
> vom Golf zum Fenster 'rein.
> Giftstachlig saugten unser Blut
> Mordschnake, Wanz und Floh...
> Er aber lacht' aus kühler Flut:
> «'Sta sera Makkaró!»

Daß es auch in Mitteleuropa an Wanzen nicht mangelte, zeigen die vielen abergläubischen Praktiken (das *Handwörterbuch des Deutschen Aberglaubens* weiß notfalls mehr Einzelheiten zu bieten), die in Szene gesetzt wurden, um diese Plagegeister loszuwerden. «So geht man [!] am Karfreitag vor Sonnenaufgang nackt an drei Wänden der Stube herum und spricht: ‹Wanz' in der Wand, Wanz' in der Wand, die Ostern sind vor der Hand.›» Oder: «In Herve (Belgien) wird das Johannesevangelium an den drei Ecken des Bettes gelesen.» Man [!] sieht, wie ratlos die Menschen angesichts dieses Teufelszeugs vor den drei Wänden oder den drei Bettpfosten in ihrem Zimmer standen.

Ist an diesem Insekt noch etwas zu retten? Plinius schreibt, er schäme sich eigentlich, von «gewissen Dingen» zu reden, aber das müsse eben auch einmal gesagt sein: Die Wanze sei zwar häßlich, man ekle sich vor ihr, aber sie sei doch als exzellentes Mittel gegen den Schlangenbiß zu gebrauchen; sogar das Fleisch von Hühnern, die Wanzen gefressen hätten, sei gegen den Biß der Schlange Aspis heilsam. Gegen Schlafsucht seien sieben Wanzen in einem Becher Wasser (für Kinder nur vier Wanzen, bitte!) sehr wirksam. «So hat Mutter Natur selbst den kleinsten Geschöpfen unermeßliche Kräfte gegeben», meint Plinius. Zu erinnern ist auch daran, daß es neben der Hauswanze noch hübsche, schön gefleckte Gartenwanzen gibt, so etwa die rot und schwarz gezeichnete Flügellose Feuerwanze *(Pyrrhocoris apterus)*, die an Pflanzen saugt und Aas frißt, aber, auch wenn sie in Mengen unter alten Linden herumkriecht, niemanden beißt. Die Kotwanze *(Reduvius personatus)* trägt zwar wiederum einen üblen Namen, aber ihre Larve räumt im Haus mit Silberfischchen, Asseln, Flohlarven und sogar Bettwanzen auf. Und nicht vergessen sei die vierzehn Millimeter lange Saumwanze *(Syromastes marginatus)*, die lieblich nach Äpfeln duftet. Und da nun die Bettwanzen endgültig durch Insektizide ausgerottet sind, können wir uns den übriggebliebenen Wanzen in Frieden und mit Freuden nähern.

Wespe

Über die Biene schreiben die antiken und mittelalterlichen Naturkundigen gerne und in aller Ausführlichkeit. Nicht so über die Wespen. Zu diesen Hautflüglern *(Hymenoptera)*, diesen Angehörigen der Unterordnung der Stechimmen *(Aculeata)*, engen Verwandten also der Bienen und der Ameisen, gibt es offenbar nicht viel zu sagen, außer daß sie irgendwo in der Höhe nisten oder im Erdboden und vielleicht ein Nest aus Schmutz bauen; auch glaubten die Alten zu wissen, daß die Wespe *(Vespa)* sich von Fleisch ernährt; Konrad von Megenberg schreibt gar, «der Wefs» entstehe aus Pferdefleisch. Diese geringe Begeisterung hängt damit zusammen, daß sich die Wespen nicht nutznießen lassen: Sie liefern keinen Honig und kein Wachs; ihre sechseckigen Waben bauen sie aus einem Gemisch von Holzschliff und Speichel; kurz, sie sind ihre eigenen (sehr geschickten) Architekten, fliegen ihre eigenen Wege und machen sich dem Menschen nicht untertan. Nach einer von Oskar Dähnhardt mitgeteilten ‹Natursage› der Wotjaken (einem in Rußland lebenden finnischen Volk) wollten die Wespen nicht einmal dem lieben Gott gefällig sein und ihm keinen süßen Seim liefern. Da sprach der Herr: «Da du mir keinen Honig geben willst, wirst du auch wenig für dich haben und sehr wenig für andere.» Die Biene mit ihrem frommen Wachs war Gott durchaus wohlgefälliger. Eine neugriechische Tiergeschichte meint, Biene und Wespe seien früher Herzensschwestern mit denselben Qualitäten gewesen. Doch als ihre Mutter ans Sterben kam, verweigerte ihr die Wespe, im Gegensatz zur Biene, alle Pflege und Hilfe. So gab die Mutter nur der Biene ihren Honig-Segen; die Wespe aber verfluchte sie, «daß sie immer voll Leid, Hunger und ohne Süße sei und nie in ihrem Leben Glück und Gedeihen sehe». Nein, die Wespe genießt kein hohes Ansehen.

Kommt hinzu, daß Weibchen stechen können; viele Menschen haben Angst vor diesem Wespenstich und provozieren die Insekten, wenn diese sich zum Beispiel auf ihren Zwetschgendatschi setzen, mit heftigen Scheuchbewegungen nur um so mehr. Wespenstichen begegnet man auch in der übertragenen Bedeutung von unerwartet heftigen Angriffen oder bissigen verbalen Äußerungen. Aristophanes hat im Jahre 422 v. Chr. in einer seiner Komödien, *Sphekes*, den Chor als stachelbewehrte Wespen auftreten lassen: Sie symbolisieren demagogische Reden der Politiker und die Prozeßwut der Richter unter der Herrschaft des Volksführers Kleon. Sprichwörtlich ist der Ratschlag, daß man nicht in ein Wespennest stechen soll. «Greif niemals in ein Wespennest», soll ein preußischer Abgeordneter 1866 gesagt haben, «doch wenn du greifst, so greife fest!» Er hatte (was Karl Friedrich Wilhelm Wanders *Sprichwörter-Lexikon* nicht merkte) fest, aber falsch bei Matthias Claudius zugegriffen:

> Greif nicht leicht in ein Wespennest,
> doch, wenn du greifst, so stehe fest,

heißt es 1803 in des Wandsbecker Boten *Silbern ABC*. Vor der Hornisse *(Vespa crabro)* gar, die größer als drei Zentimeter sein kann, entwickeln manche Leute Horrorgefühle. Der biblische Herrgott wollte ja (nach 5. Mos. 7,20) die Hornissen loslassen auf die Feinde Israels, bis alle vernichtet seien, die sich noch irgendwo versteckt hielten. Heutzutage gilt offenbar ein umgekehrtes Prinzip: Wenn sich ein paar Hornissen zeigen, muß die Feuerwehr her und ihr ganzes Nest ausräuchern. Bei solchen Vernichtungsaktionen kann es mehr als tausend Tote geben! Die Feinde Israels hingegen kommen ungestraft davon.

Die Wespe bringt nichts. Das ist auch die Botschaft der Fabel von der Wachtel und der Wespe (zwei unsteten Vöglein!), die dem Bauern gerne hilfreich sein wollten, wenn er ihnen ein wenig Wasser geben würde. Doch von solchen vagen Versprechungen hielt der Bauer nichts. Das Wasser gab er lieber seinen Ochsen, da konnte er sicher sein, daß sie sich zu allem einspannen ließen. In den *Fuchs-Fabeln* des Rabbi Berechiah Ha-Nakdan (13. Jahrhundert) findet sich jedoch, mit ganz anderer Einschätzung der Wespenwelt, die Geschichte vom Esel, dem eine Wespe begegnete. Sie flog dreist um seine Nase herum und kroch dann in eines seiner Ohren. Sein Brüllen und Trampeln half ihm nichts. Wütend forderte er die Peinigerin zu einem offenen Kampf zwischen Eseln und Wespen heraus. Dieser sollte dann tatsächlich in naher Zukunft stattfinden. In der Zwischenzeit konsultierte der Esel den Löwen; der riet den Langohren, sie sollten sich vor dem Kampf alle ihre Körperöffnungen verstopfen. Die Esel folgten dem Rat, doch in der Schlacht fuhren ihnen die Wespen an ihre ungeschützten Bäuche. Als die Esel sich dieser Stiche zu erwehren suchten, lösten sich die Vorrichtungen, mit denen sie ihre Öffnungen verschlossen hatten, und die Wespen stürzten sich auf diese sensiblen Partien. Endlich ergaben sich die Esel und erklärten sich zu Sklaven der Wespen.

Die Geschichte zeigt, daß auch im unscheinbaren Tierchen unvorhergesehene Fähigkeiten stecken, oder, in moderne Verhältnisse übertragen, daß auch tapfere Guerilleros eine Schlacht gewinnen können.

Wiesel

In Kenneth Grahames *The Wind in the Willows* spielen die Wiesel eine bemerkenswert schurkische Rolle. Sie haben nämlich zusammen mit den Frettchen und den Hermelinen das Landschloß des Kröterichs Toad während dessen Abwesenheit besetzt. Als Toad aus dem Gefängnis und von verschiedenen Abenteuern heimkehrt, erobert er zusammen mit Dachs, Maulwurf und Ratte sein Herrenhaus zurück, und die Genossen vertreiben den König der Wiesel und seine Mannen, die gerade dabei sind, bei einem großen Gelage Spottlieder auf Toad zu singen. Sind die Wiesel freche und aufdringliche Tiere? Die moderne Zoologie kennt von diesen zu den Mardern *(Mustelidae)* gehörigen schmächtigen Raubtierchen dreizehn Arten (dazu gehört auch das Hermelin, *Mustela erminea*) und bescheinigt ihnen Sprungkraft, Mut, Bißtüchtigkeit (immer in die Halsschlagader des Gegners) und Feindschaft mit Ratten oder Schlangen. Von der Beweglichkeit eines besonders flinken Wiesels erzählt Conrad Gesner: «Es soll auch einstmals ein Wieselein über den Limmatfluß mit Springen laufend sein gesehen worden, ohne Untersinken oder Schwimmen, welches von wegen seines leichten Leibes und seiner schnellen Geschwindigkeit wohl zu glauben ist.»

Den spätmittelalterlichen Naturkundigen war das Wiesel *(Mustela)* kein vertrautes Tier. Brunetto Latini schreibt um 1265 in seinem *Livre du Trésor*, das Wiesel (es heißt im Französischen ‹belette›, das ‹Schönchen›) sei länger als eine Maus und jage Mäuse und Nattern, und bei diesen Schlangen verwende es eine Fenchelstaude, um sich gegen ihr Gift zu wappnen. Es gebe ein Haus- und ein Feldwiesel, beide empfingen den Nachwuchs durchs Ohr und gebärten durch den Mund – oder umgekehrt, aber das sei eine Streitfrage. (Der *Physiologus* meint gar, die Männchen kämen zum rechten, die Weibchen zum linken Ohr heraus.) Die Jungen schleppe es hin und her, und wenn sie tot seien, könne es sie wieder aufwecken, aber man wisse nicht, mit welcher Medizin es das zustande bringe.

Bei Konrad von Megenberg liest sich das im Jahre 1350 folgendermaßen: Das Wiesel heiße auf griechisch Mustela, und das bedeute soviel wie ‹lange Maus›. «Das Tierl ist zweierlei: eines größer, das andere kleiner, und das heißt Ictide, wie Isidorus [von Sevilla] spricht. Wenn das Wiesel mit der Schlangen streiten will, so warnet [wappnet] es sich mit Ackerraute, die den Schlangen zuwider ist. [Das Rautenrezept geht auf Aristoteles zurück.] Es ist den Mäusen und den Schlangen feind und schadet ihnen, wo es mag. Solinus spricht, daß es den Unk tötet, der zu Lateinisch ‹basiliscus› heißt, der den Menschen tötet nur mit seinem Gesicht [durch seinen Anblick] und andere Tiere mit dem Atem. Wenn nun der Unk tot ist, so stirbt auch das Wiesel. Der Wiesel Galle ist gut gegen die gelbe Schlange, die Aspis heißt. [So steht es auch bei Plinius zu lesen.] Das andere an den Wieseln ist alles giftig, wie Plinius spricht. Das Wiesel trägt oft seine Kinder an eine andere Statt, damit man sie nicht findet in den Häusern, wo es wohnt. Es ist gar ein gewitzter Jäger nach den Mäusen und ist gar ein schneller Rächer, wenn ihm Unrecht geschieht.»

Abermals haben wir ein doppelwertiges Tier vor uns: Das Wiesel tötet des Menschen Feinde, kann aber auch dem Menschen selbst zum Verhängnis werden, es vergiftet «mit seinem Biß und Anhauchen Mensch und Vieh», wie Conrad Gesner schreibt. Auf der anderen Seite wußte man von Brunetto Latini oder auch von Odo von Ceritona (Tubach, 5229), daß das Wiesel im Falle einer Verletzung ein Kraut kenne, durch das es wieder gesund werden könne. So erzählt Marie de France in ihrem *Eliduc*, ein Wieselweibchen (‹une musteile›) habe, indem es sich um eine tote Artgenossin kümmerte, der Ehefrau des todtraurigen Ritters gezeigt, wie sie seine scheintote Geliebte (und ihre Rivalin!) wieder aufwecken könne:

> Sie brachte mit den Zähnen fein
> ein rotes Blümlein, leuchtend rein
> daß eilig sie's zur Stelle trag,
> wo die Genossin leblos lag.
> Sie steckt es in des Wiesels Mund
> und macht es lebend und gesund.

Dieses Blümchen wird nun der toten jungen Frau zwischen die bleichen Lippen gelegt, und sie erwacht zu neuem Leben. Gut, daß sich dann die Ehefrau des Ritters in ein Kloster zurückzieht und das junge Glück nicht weiter stört!

Das Wiesel kann aber, neben dem Töten und dem Wiederaufwecken, auch noch eine dritte, allegorische, also sinnbildliche Aufgabe übernehmen. Die *Gesta Romanorum* (Kap. 172) erzählen von einem Ritter Guido, der kurz nach seiner

Hochzeit ins Heilige Land zieht, um dort die Heiden zu bekämpfen. Bei seiner Rückkehr trifft er seinen alten Freund Tyrius und schläft in dessen Schoß ein. «Wie er nun schlief, da stand sein Mund offen, und als Tyrius hinsah, sah er ein weißes Wiesel aus dem Munde schlüpfen, das rannte zu einem benachbarten Berg und lief dort hinein. Nach kurzer Zeit kehrte es zurück und lief wieder die Kehle des Schläfers hinunter.» Da beschließen die beiden Männer, dem Wiesel nachzuspüren, und in dem Berg finden sie einen toten gol-

denen Drachen und ein Schwert. Mit dieser Waffe besteht Guido fürchterliche Kämpfe gegen einen Bösewicht namens Plebeus und seine sieben Söhne, bevor er, nach sieben Jahren, zu seiner Frau und seinem Söhnlein zurückkehrt und tot umfällt. Das klingt nach einem mittelalterlichen Abenteuerroman, ist aber vom Autor ganz anders gemeint: der Ritter Guido bedeutet für ihn Gott. Das Wiesel stellt Johannes und die Propheten dar, welche die Ankunft Christi vorhersagten, der Berg meint die Welt, in die er kam. Der tote Drache ist das alte Gesetz und der Schatz darin die Zehn Gebote. Das Schwert ist die Autorität – und so fort. Die Erklärungen erwecken den Anschein von Beliebigkeit: Das Wiesel ließe sich schließlich doch auch als die Seele auslegen, welche den Christen bei seinem ewigen Schlaf verläßt, bis sie denn, nach der Auferstehung, wieder eins mit ihm wird.

Die Bauern in der Schweiz, meint Gesner, seien glücklich über die Wiesel, «dieweil sie allerlei Mäus, wie Ratten, wilde Mäuse, Feldmäuse, Schermäuse [Maulwürfe] und dergleichen fressen». Auch in Tierfabeln wird das Wiesel gern zum Widersacher der Maus erklärt. Phaedrus behauptet in seiner Geschichte von der Schlacht zwischen Mäusen und Wieseln, dieses Ereignis sei doch in jeder Kneipe abgebildet. Bei anderen Fabeldichtern versteckt sich Frau Mustela unter dem Mehl, um sich ein Opfer zu schnappen, hat dabei allerdings höchstens bei jungen, unerfahrenen Mäuschen Erfolg. Auch wenn das Wiesel in einen Topf mit Farbe gefallen ist, bleibt es dennoch ein Mäusefänger: Natur kehrt bekanntlich, auch wenn man sie mit der Mistgabel austreibt, als Natur zurück, so auch in der Erzählung vom Wiesel als Braut. Aphrodite, so erzählt der Fabeldichter Babrius, habe Mustela erlaubt, sich in eine schöne Frau zu verwandeln und einen Mann zu heiraten. Nach dem Hochzeitsmahl lief nun eine Maus durch das Zimmer, da sprang die Braut dieser Beute nach, und mit der Hochzeit war's vorbei.

Wiesel und Schlange geben allerdings ihren Kampf gegeneinander auf, wenn die Mäuse im Hause diesen Kriegszustand ausnutzen und zu frech werden, und sie stürzen sich gemeinsam auf die Schwächeren. «Wer sich in den Streit der Parteien einmischt», meint der alte Aesop dazu, «kann leicht beiden zum Opfer fallen.» Oder ein Mann hält sich ein Wiesel als Mäusejäger, läßt es aber dann nicht, wie zuvor versprochen, frei, weil, so sagt er, das Wiesel die Mäuse nur zu seinem eigenen Vorteil (um das Brot für sich allein zu haben) totgebissen hätte (oder es habe ihm auch die Hühner geschlachtet). Gottlieb Konrad Pfeffel schließlich läßt das vom Wiesel geschnappte Mäuschen um Gnade flehen, und es verspricht dem «gestrengen Herrn», ihn zu einem Hamsternest zu führen. Das Wiesel hat also ein Einsehen, verspeist zunächst einmal die Hamster und – wie kann es bei Pfeffel anders sein – das Mäuschen zum Dessert. Moral:

> Gestatten mächtige Korsaren
> der schwachen Unschuld ihren Schutz,
> so tun sie's bloß aus Eigennutz
> und um zum Nachtisch sie zu sparen.

Wildschwein

«Wilde Schwein wohnent gern in den Vorländern des Alpgebirgs», schreibt Johannes Stumpf 1547 in seiner *Schweizerchronik*, «denn es hat viel Obst und Frücht, die ihrem Gebrauch dienstlich. Darum werden in helvetischen Landen viel wilde Schwein gefangen, und würden ohne Zweifel noch mehr darin gefunden, wo sie nit so täglich vom gemeinen Mann gejagt und gefangen würden.» Das Wild gehöre zwar der Obrigkeit, die freie Jagd sei nicht erlaubt, doch «dieweil sie den armen Leuten überlegen und in Wäldern und Früchten schädlich sind, werden sie dem gemeinen Mann vergönnt zu jagen». Der gemeine Mann – Leute mit Hausbesitz und Bürgerrechten – hat mit Schweineeisen und starken Büchsen gut gearbeitet; viel Schwarzwild ist nicht übriggeblieben. Begehrt war das Fleisch dieser Tiere, aber einige Organe und Abfälle konnten auch als Heilmittel dienen, wie Conrad Gesner bezeugt:

> Es gibt für die Arznei auch aus dem wilden Schwein
> sechs Stücke, die da gut und nützlich können sein:
> Die Glieder der Geburt, der Kot und Harn dabei,
> Gall, Fett, der Zahn, doch daß er von einem Hauer sei.
> Die Glieder der Geburt tut man zu Pulver machen,
> es hilft zur Fruchtbarkeit und zu dergleichen Sachen.
> Man trinket auch den Kot, der erst gedörrt muß sein,
> das Blut Auswürfe und das Husten stellet ein.
> Es ist sehr gut der Harn von einem wilden Schwein,
> es löset auf und treibt Sand, Grieß, Harn und den Stein –

und so fort. Tote Wildschweine wurden offenbar total verwertet.

Das Mitteleuropäische Wildschwein *(Sus scrofa scrofa)* ist heute nur noch in Wappenschilden (etwa der Stadt Grosseto in Mittelitalien) oder in überwachten Gehegen zu finden. Dort sehen wir, hinter den Umzäunungen, den starken borstigen Keiler mit seinen Hauern, die kleinere Bache und ihre gelblich gestreiften Frischlinge – eine Idylle. Tatsache ist nämlich, daß sich das Schwarzwild, wenn es denn noch irgendwo frei herumläuft, kaum sehen läßt. Es scheut den Menschen, wechselt rasch die Reviere, meidet helles Licht. Sein französischer Name ‹sanglier›, und sein italienischer, ‹cinghiale›, kommen vom lateinischen ‹singularis› (porcus): Das Wildschwein ist ein Einzeltier. Nur an den Spuren im lehmigen Acker kann man seine Anwesenheit erkennen.

Von Wildschweinjagden erzählen die Geschichtenbücher und Heldenlieder von der frühen Antike bis ins späte Mittelalter. So zum Beispiel Herodot, der ‹Vater der Geschichte›, im 5. vorchristlichen Jahrhundert: Atys, der schöne Sohn des Krösos, zieht, trotz einer Warnung vor einer tödlichen Eisenspitze, die er im Traum erhält, aus zur Jagd auf einen die Felder am Berge Olympos verwüstenden Eber. Ausgerechnet der Mann, der Atys beschützen soll, Adrastos, trifft mit seinem Wurfspieß nicht den alten Saubären, sondern den jungen Atys und tötet ihn. Auch im altfranzösischen *Lai de Guingamor* (um 1200) erscheint die Wildschweinjagd in unheimlichem Licht. Die vom Ritter Guingamor zurückgewiesene Königin fordert diesen heraus, das weiße Wildschwein zu erlegen, das schon zehn anderen Helden das Leben genommen hat. Auf der ungemein gefährlichen und anstrengenden Jagd gelangt Guingamor in das Zauberschloß einer jungen Frau und bleibt dort drei Tage, die sich dann als dreihundert Jahre erweisen. Mit dem Kopf des Wildschweins kehrt er in die Diesseits-Welt zurück, wird aber kurz darauf wieder in das Feen-(oder Toten-)reich jenseits eines Flusses zurückgeholt.

Die mittelalterlichen Gottesmänner zeigen mit Hilfe gerade der Wildschweine ihre Macht über die rohe Natur, die sie in christliche Kultur verwandeln. Der irische Heilige Ciaran, ein Kollege des hl. Patrick, gründete im 5. Jahrhundert das Kloster Saighir bei der Quelle von Fuaran in Mittelirland. Als er das erste Mal in diese Waldwüste kam, begegnete er einem wilden Eber (im Englischen ‹boar›, wie im Deutschen ‹Sau-Bär›, ‹Sau-Petz›), der sich bald zähmen ließ und ihm beim Roden des Waldes und beim Bau einer ersten Hütte half. Später kamen andere Waldtiere dazu, ein Dachs und ein Wolf, ein Fuchs und ein Reh, und sie folgten ihm alle so, wie wenn sie seine Mönche wären. Auch der hl. Kevin (er starb um 620) hatte mit einem wilden Eber zu tun: Das Tier flüchtete sich vor den Jägern des Königs von Leinster in die Kapelle des frommen Mannes. Die Hunde getrauten sich nicht, ihm weiter zu folgen, und legten sich vor dem Gebetshause brav auf den Boden. Da verschonten auch die Jäger das wilde Tier.

Das Wildschwein in der Kapelle kennen wir selbstverständlich aus dem *Tapferen Schneiderlein* der Brüder Grimm (KHM 20); nur geht es da anders zu: «Als das Schwein den Schneider erblickte», heißt es bei der dritten Aufgabe des Schneiders, «lief es mit schäumendem Mund und wetzenden Zähnen auf ihn zu und wollte ihn zur Erde werfen; der flüchtige Held aber sprang in eine Kapelle, die in der Nähe war, und gleich oben zum Fenster in einem Satze wieder hinaus. Das Schwein war hinter ihm hergelaufen, er aber hüpfte außen herum und schlug die Türe hinter ihm zu; da war das wütende Tier gefangen, das viel zu schwer und unbehilflich war, um zu dem Fenster hinauszuspringen.» Das Wildschwein, «das in dem Wald großen Schaden [!] tat», wird nicht domestiziert, sondern (wahrscheinlich) durch die Waidmänner vernichtet.

Im Rennen wetzt, so das Märchen, das Wildschwein seine Zähne. Von der Gefährlichkeit der Hauer eines wilden Ebers oder Keilers wußte auch so mancher Naturforscher oder Jägersmann zu erzählen. So lesen wir in Conrad Gesners Tierbuch: «Ein sehr grimmiges und zorniges Tier ist das wilde Schwein und erhitzet sich aus Zorn dermaßen, daß [...] seine Zähne sich von dem hitzigen Atem dermaßen entzünden, daß, so man ihm seine Borsten aus dem Hals herausrupft und an die Zähne hält, selbige verbrennen und schmelzen sollen. Desgleichen, wenn sie einen Hund damit beschädigen, so sieht der Schaden einem gebrannten Mal gleich und zieht das Haar zusammen.» Auch der Baron von Münchhausen läßt sich ein solches Jagdabenteuer mit einem Keiler nicht entgehen: «Mit genauer Not konnte ich noch hinter einen Baum schlüpfen», erzählt er, «als die wütende Bestie aus Leibeskräften einen Seitenhieb nach mir tat. Dafür fuhren aber auch seine Hauer dergestalt in den Baum hinein, daß er weder imstande war, sie sogleich wieder herauszuziehen, noch den Hieb zu wiederholen. [...] Flugs nahm ich einen Stein, hämmerte noch vollends damit darauf los und nietete seine Hauer dergestalt um, daß er ganz und gar nicht wieder loskommen konnte. So mußte er sich denn nun gedulden, bis ich vom nächsten Dorfe Karren und Stricke herbeigeholt hatte, um ihn lebendig und wohlbehalten nach Hause zu schaffen.»

Nein, erdichtet hat Gottfried August Bürger dieses Jagdabenteuer nicht. Es findet sich schon 1579 in der Novellensammlung des normannischen Lügenbolds Philippe d'Alcripe (Kap. 64), wo es heißt, ein Schlosser sei im Walde einem Keiler begegnet, der so hitzig auf ihn einstürmte, daß er sich auf einen Baum flüchten mußte: «Er wurde äußerst wütend, weil er dem Kerl nicht nahekommen konnte und hieb mit einem seiner Hauer so heftig gegen den Stamm der Eiche, daß er ganz und gar hindurch fuhr und auf der anderen Seite einen großen halben Fuß herausguckte. Als der Schlosser das sah, stieg er rasch herab und schlug das Ende des Zahns mit einem Hammer platt und krumm, so wie man einen Nagel bei Schlosserarbeiten umschlägt.» Wieder einmal zeigt sich hier, wie traditionsgebunden die Tiergeschichten daherkommen.

Selbst die Fabeldichter zeigen Respekt vor diesen scharfen Zähnen. Gottlieb Konrad Pfeffel schreibt:

> Den Keiler sah'n sein Hauerpaar
> die Ferkel an der Eiche wetzen,
> und alle riefen mit Entsetzen:
> «Wie? Vater, drohet uns Gefahr?»
> Der Vater sprach: «Nicht, daß ich wüßte;
> Allein, es wäre viel zu spät,
> falls ich, wenn die Gefahr entsteht,
> erst meine Waffen schleifen müßte.»

Doch zurück zu den Jagdabenteuern aus der Normandie. Hat denn der witzige Klosterbruder Philippe d'Alcripe seine Geschichten erfunden oder aus dem Munde der Jägersleute gehört? Da ist zum Beispiel noch das Abenteuer von dem blinden alten Keiler, der, um sich durch den Wald und durch die Welt zu bewegen, eine Art von Pícaro in Gestalt eines jungen Ebers bei sich hatte. Der Alte nahm ganz einfach den Schwanz des Jungen in die Schnauze und kam auf diese Weise unbeschadet durch dick und dünn. Doch ein Jäger zielte geschickt auf ebendiesen Schwanz und schnitt ihn durch. Das Jungtier jagte davon und ließ den Alten im Stich, dergestalt, daß der Jäger den Keiler, der noch das Schwanzende im Maule hatte, gemütlich in einen Koben führen konnte. «Und als er nun im Stall war, da schnitt ihm besagter Jäger den Säckel ab, damit er nicht so wild riechen solle, und bei dieser Abschneidung erhob das Biest, wegen der Schmerzen, die es fühlte, ein schreckliches Gebrüll. Auf dieses Schreien hin versammelte sich eine große Menge von Wildschweinen, und sie kamen aus dem Walde zu dem besagten Stall, um ihrem Großvater beizustehen, und da wurden sie dann alle gefangen und eingeschlossen. Nie im Leben habe ich ein solches Grunzen gehört.»

Spannend, die Geschichte (AaTh 1889 A), zumal wir jetzt wissen, wozu der Jäger die Hoden gebrauchen will, aber sie ist nicht ganz neu, Johannes Pauli und Heinrich Bebel hatten sie in den Grundzügen schon zuvor erzählt; Philippe lügt nur noch den Rest hinzu. Auch seine ironisch gemeinte Moral klingt nicht ganz neu:

> Die Kinder soll man höchlich preisen,
> die ihren Vätern Hilf erweisen.

Bemerkenswert ist jedoch, daß Philippe sie an den Wildschweinen demonstriert.

Wolf

«*In* diesem 30. Jahr sind Wölf umgeloffen am Comer See; die hand die Lüt angefallen und Schaden tuon und in etlichen Dörfern die Kind erbissen und hinweg tragen; wie groß Sorg und Ufsehen man uf sie ghan hat, dennocht hand sie Lüt und Viech nider gerissen.» Wie im Tagebuch (1530) des Joachim von Watt oder so ähnlich stehen solche Geschichten in vielen Chroniken des 15. bis 18. Jahrhunderts zu lesen. Von grimmigen Wölfen wurde einst viel erzählt, zum Teil Realistisches (er ist in der Tat ein Raubtier), zum Teil Phantastisches (aber er ist keine menschenvernichtende Bestie), teilweise erscheint der *Canis lupus* dabei als Verkörperung alles Bösen, doch teilweise auch – so in einigen Märchen – in einem eleganten Pelz von (geheuchelter) Liebenswürdigkeit.

Schon in einem lateinisch geschriebenen, aus England stammenden Tierbuch (‹bestiary›) des 12. Jahrhunderts (Pierpont Morgan, N. Y., M 81) zeigt die Illustration zu einer verbreiteten aesopischen Fabel einen blauen Wolf mit eingeklemmtem Schwanz und hochgereckten Schultern, wie er vor einem Stall schnüffelt, in welchem sich sechs gehörnte Tiere (Schafe und Ziegen) befinden. Doch der Wolf beschränkte sich bei der Suche nach Beute angeblich nicht auf die leicht zu reißenden, weil schwerfälligen Schafe. Rudolf von Schlettstadt berichtet im 13. Jahrhundert von einer Frau aus Reichenweiher im Elsaß, sie sei in ihrem Weinberg von einem Wolf angefallen worden. Sie habe ihn umarmt, sei mit ihm den Weinberg hinuntergekugelt und habe ihn an der Zunge festgehalten, bis ihn herbeieilende Männer getötet hätten. Im Jahre 1555, so liest man in J. G. Th. Grässes *Sagenbuch des preußischen Staats* (1868), «trieb sich ein Wolf etliche Wochen lang im Weichbild von Erfurt herum; der lief den Leuten nach, umarmte, herzte und drückte sie, namentlich die Weibspersonen». Er tat seinen Opfern zwar nichts Böses, erschreckte sie aber doch mit seinem Rachen, «der von ungeheurer Größe war», «daß sie fast den Tod davon hatten». Ein Schmied aus dem Bündnerland (so steht's 1742 bei Nicolin Sererhard zu lesen) sei nachts mit einem Ochsengespann unterwegs gewesen und von einem Wolf angefallen worden. Mit einem Zaunstecken setzte sich der Mann zur Wehr, aber erst herbeieilende Gefährten konnten das Tier lahm schlagen und gefangennehmen. Als sie dann ihren Gefangenen durch die Dörfer führten, habe der sich benommen «als wie ein zahmer Hund». Im *Zürcher Kalender* aufs Jahr 1800 ist immer noch, wie ungezählte Male zuvor, von einem kleinen Mädchen die Rede, das vom Wolf in den Wald und in seine Höhle geschleppt wurde. Das Kind ließ sich aber von den sechs jungen Wölfen nicht einschüchtern und schlug ihnen mit einem Kochlöffel auf die Köpfe mit den Worten: «Geh, oder ich schlag dich aufs Maul!»

Nein, man braucht nicht die Mythologie oder die indische Erzählkultur zu bemühen, um Wolfsgeschichten zu finden, die unsere Märchen von den *Sieben Geißlein*, vom *Daumes-dick* (auch er wird von einem Wolf verschluckt) oder von *Rotkäppchens* Wolf-Liebschaft angeregt haben könnten. Mit Recht warnt Charles Perrault in seiner erotischen Fassung des *Petit chaperon rouge* die Mädchen vor jenen soften Wölfen, die ihnen mit süßen Worten nachstellen. Gewiß, hungrige Wölfe trabten, vor allem winters, bis ins 19. Jahrhundert hinein überall in Europa herum. Mehr Schafe zu töten als sie zum Lebensunterhalt brauchten, war ihr abscheulichstes Verbrechen; für Frauen und Mädchen, dann aber auch für Gottesmänner, scheinen sie jedoch mehrfach eine Art von sanfter Zuneigung gezeigt zu haben; der hl. Franz von Assisi machte aus dem wilden Wolf von Gubbio ein fast menschlich verständiges, zivilisiertes Lebewesen. Auch andere Heilige verstanden es, diese wilden Naturtiere in hilfreiche Kulturwesen umzuwandeln. Zahme Wölfe zogen ihnen Wagen, brachten ihnen geraubte Tiere zurück, arbeiteten als Holzträger für sie oder jagten die eigene Spezies.

Mehrere europäische Traditionen berichten auch von Menschenkindern, die, wie Romulus und Remus zu Rom, von Wölfen aufgezogen wurden. In einem russischen Märchen

vom Zarensohn Ivan hilft ein grauer Wolf dem Prinzen beim Einfangen des Feuervogels und dient ihm als Reittier. Der französische Glasergeselle Jacques-Louis Ménétra lebte Ende des 18. Jahrhunderts eine Zeitlang mit einem jungen Wolf zusammen, der ihm überallhin folgte, bis denn freilich der Wildhund den Kindern gefährlich wurde und erschossen werden mußte. Zu nennen ist hier auch der kirgisische Schriftsteller Tschingis Aitmatov, der in seinem Roman *Placha* (*Der Richtplatz*, 1986) das Leben der Wölfin Akbara und des Wolfes Taschtschajnar so packend beschreibt, als sei er selbst unter Steppenwölfen aufgewachsen.

Doch offenbar wurden die sanften Wolfsgeschichten von älteren Erzählern gerne unterdrückt; Kinder ließen sich eben eher mit Geschichten von wilden Wölfen erschrecken und erziehen. In der Perrault-Edition von 1695 steht am Rande neben dem berühmten Satz «Damit ich dich besser fressen kann» zu lesen: «Diese Worte spricht man mit lauter Stimme, um dem Kind Angst zu machen.» Elias Canetti erzählt in seiner *Geretteten Zunge* von seinem Vater, der sich ihm, in der Nacht des Purim-Festes, in einer furchterregenden Wolfsmaske zeigte, und von seiner Mutter, welche die Kinder mit Geschichten von Wölfen auf der zugefrorenen Donau beeindruckte: «Die Mutter hatte große Angst, sie schilderte die roten Zungen der Wölfe, die so nahe gekommen waren, daß sie noch in späteren Jahren von ihnen träumte. Ich bettelte oft um diese Geschichte, und sie erzählte sie gern.»

‹Lupus in fabula›, ‹Der Wolf in der Fabel› sagte man früher mit der Bedeutung: Wenn man von Bösem redet, dann ist es auch schon da, oder: Das Unheil ist in der Realität so präsent wie der Wolf in den Erzählungen. Die alten Wolfsfabeln wurden in früheren Jahrhunderten oft erzählt, und der moralische Zeigefinger ist dabei nicht zu übersehen. So etwa in der Geschichte von der *Beichte des Wolfes:* Der Pfarrer solle ihm nur schnell die Absolution erteilen, sagt das gierige Tier im Beichtstuhl, denn er sehe da gerade eine Herde Schafe herankommen. Heißt also, der Wolf zeigt statt der Reue nur weitere Reißlust. Und so fort; einige Beispiele müssen genügen.

Wolf und Gänse: Der Wolf hält den Gänsen eine schöne moralische Predigt, und dann wird er an ihnen zum Mörder. *Wolf und Herde:* Der Wolf wird zum Hirten gemacht, aber er schützt die Herde nicht, sondern verkleinert sie. *Wolf und Kranich:* Der Wolf läßt sich einen im Halse steckengebliebenen Knochen aus dem Rachen ziehen, gibt dem Vogel aber keineswegs seinen versprochenen Lohn (AaTh 76). *Wolf und Lamm:* Der Wolf beschuldigt das Lamm, das an einem Bache unterhalb von dem Standort des Wolfes trinkt, es trübe ihm das Wasser, schlägt die Verteidigungsrede des Lammes in den Wind und frißt es auf (AaTh 111 A). Klug ist die *Sau,* welche dankend ablehnt, als sich ihr der Wolf als Hebamme anbietet. Gut beraten ist das *Schaf,* das dem angeblich kranken Wolf nichts zum Trinken bringt. Recht hat das *Stachelschwein,* wenn es sich weigert, friedlich zu sein und seine Waffen vor dem Wolf abzulegen. Unter den verschiedensten Schafspelzen versteckt, bleibt der Wolf doch immer der böse Mörder und Räuber, der zudem, wie Ysengrin/Isegrim im Tierepos vom Renart/Reineke zeigt, mit dem Fuchs in List und Verschlagenheit wetteifert. Er ist unbekehrbar und unbelehrbar, kurz, er verweigert sich jeglichem Prozeß der Zivilisierung.

Solchen Lebewesen gegenüber zeigt der Mensch bekanntlich keine Gnade. Am wilden Wolf konnten sich, wie bei den Märchenwölfen der Brüder Grimm, alle Folter- und Totschlagsgelüste der Menschen austoben. Die Ausrottung des Wolfes ist denn auch fast vollkommen gelungen. Die Menschen rückten ihm mit Treibjagden, Tellereisen und Fallgruben zu Leibe. «Man jagt den Wolf überall, um ihn zu vertilgen, aber auch des Pelzes halber. Die meisten Wölfe werden gegenwärtig mit Strychnin getötet», schreibt Meyers Konversations-Lexikon vor hundert Jahren. Nur ein paar Tausend von ihnen sind, vor allem in Rußland und auf der Balkanhalbinsel, nach jener Massenvernichtung übriggeblieben. Vom Apennin aus, der heute etwa dreihundert Wölfe beherbergt, rücken sie vielleicht, menschenscheu wie eh und je, aber argwöhnisch beobachtet, wieder auf die Schweiz vor. Zoologen versichern uns, daß wir uns in den Alpen ein paar

Hundert Wölfe gut und gerne leisten könnten. Doch die Angst von Schafhaltern und Wildschützern sitzt so tief wie die falsche Vorstellung vom frauenfressenden Wolf. Die Toleranz einiger Italiener den Wölfen gegenüber wird den Bayern oder Schweizern kaum ein Vorbild sein.

Würmer

Gerade bei dem Begriff ‹Wurm› denkt das Volk zoologisch sehr ungenau; es folgt alten tierkundlichen Einteilungen der animalischen Welt in vier Bereiche: Fische (Wasser) und Vögel (Luft), vierfüßige Tiere (Erde) und kriechende Würmer, wobei die Zuordnung der letzteren zum Element Feuer nicht ganz passen mag. Nicht nur der Regenwurm kann mit ‹Wurm› gemeint sein, sondern alles kriechende ‹Ungeziefer› oder ‹Gewürm› (französisch ‹vermine› bedeutet aber auch ‹Geschmeiß› und ‹Gesindel›), vom Spulwurm im Magen des Menschen und vom Engerling in der Erde des Ackers, von der Made im Speck oder im Käse, dem Kornwurm im Getreide und der Seidenraupe am Maulbeerblatt über den Holzwurm im Schrank und den Bücherwurm im Folianten («den Würme nagen, Staub bedeckt», sagt Faust), bis hin zum Glühwürmchen (einem Käferchen!) in der Nacht und gar bis zum grimmigen Lindwurm, dem Drachen, zum Beispiel dem, den die hl. Margarete («die Margret mit dem Wurm») bei sich führt. Ja, auch Frosch, Kröte, Schildkröte, Krokodil und Eidechse und selbstverständlich bösartige Menschen, insbesondere zänkische oder trügerische Frauenzimmer dürfen in der Dichtung, in Streitschriften oder in verbalen Auseinandersetzungen ‹Wurm› genannt werden. Wie schreit doch der polternde Musikus Miller in Schillers *Kabale und Liebe* (1784), wenn er (II, 5) seine Tochter Luise dem Major Ferdinand von Walter «zuschleudert»: «[...] du sollst mir zuvor diesen wimmernden Wurm zertreten, den Liebe zu dir so zuschanden richtete!»; und Ferdinand beleidigt das Mädchen (V, 7) mit derselben Metapher: «Komm in deiner ungeheuren Furchtbarkeit, Schlange!, spring an mir auf,

Wurm! [...] Ich muß dich zertreten wie eine Natter oder verzweifeln.»

‹Würmer› können zudem alle möglichen Krankheitserreger oder Störenfriede sein; sie nagen am Herzen oder sitzen tief in der Nase und plagen vor allem die Verdauungsorgane der Kinder. Für eine erfahrene Heilerin oder einen erfolgreichen Zauberdoktor ist die Kenntnis von ‹Wurmsegen› ungemein wichtig. Sie lauten etwa so:

Fährt ein Bauer ackern hinaus
und ackert drei Würmer aus,
der erste ist schwarz,
der zweite ist grün,
der dritte ist weiß,
es hilft ihm Gott Vater, der Sohn und der Heilige Geist.

Oder:

Petrus und Jesus fuhren auf den Acker,
ackern drei Furchen,
ackern auf drei Würmer:
der eine ist weiß,
der andere ist schwarz,
der dritte ist rot,
da sind alle Würmer tot.

Manchmal haben diese Zauberwürmer auch Namen wie ‹Haarwurm›, ‹Streitwurm› oder ‹Geizwurm›, jedenfalls müssen sie aus den verborgenen Schrunden des Menschen herausgeholt und vernichtet werden.

Für die Bibel sind die Würmer armselige, niedrige Lebewesen: «Ich aber bin ein Wurm und kein Mensch, ein Spott der Leute und Verachtung des Volks», heißt es da (Ps. 22,7), oder Bildad von Suah wirft dem Hiob (25,6) an den Kopf, der

Mensch sei eine Made, das Menschenkind ein Wurm. Dem armen Hiob (2,7) auf seinem Misthaufen wuchern, nach populären Überlieferungen, die Würmer aus dem Leibe. Und die wichtigsten Beibedeutungen der Würmer (in unseren Vorstellungen) sind nach wie vor Fäulnis, Verwesung, Verborgenheit, Verwirrung, Vernichtung.

Nicht zu reden vom *G'wissenswurm,* der nicht erst den Ludwig Anzengruber (1874) zu dichterischen Verstrickungen geführt hat; schon der große Augustinermönch Abraham a Sancta Clara (1644–1709) schrieb: «Es ist kein so schädlicher, tödlicher, reißender, beißender, winniger, unsinniger, greulicher, abscheulicher Wurm als der nagende Wurm eines bösen Gewissens.» Aber der kaiserliche Hofprediger in Wien kennt auch noch einen Interessewurm der Beamten, einen faulen Wurm der Handwerker, einen Zankwurm der Eheleute, einen politischen Wurm oder einen Galanteriewurm. Kurzum: überall in der Welt steckt der Wurm drin.

Würmer bilden sich sogar im Gehirn eines Menschen: Der Kuriositätenschreiber Misander (Johann Samuel Adami) erzählt 1699 in seinem *Theatrum tragicum:* «Eine Magd hatte lange Zeit grausame Haupt-Pein gehabt. Wie sie einst auf dem Wagen fuhr und den Kopf hinten anlehnte, kam unversehens einer und schlug mit dem Stock so ungestüm auf den Wagen, daß der Dirne die mürbe Hirn-Schale voneinander sprung und unzählig viele Würme hervorkrochen. Eine andere, mit der gleichen Plage behaftet, kehrte die Stuben; da machte einer geschwinde die Türe auf und stieß sie damit vor den Kopf, daß er voneinander platzte, und die hatte ebensolche Brut bei sich, wie Thomas Bartholinus [ein berühmter Arzt der Barockzeit] meldet.» Wenn heutzutage eine solche Geschichte erzählt wird, nennt man sie eine ‹moderne Sage›. So liest man etwa in der Sammlung des schwedischen Forschers Bengt af Klintberg: «Ein Mädchen [...] sagte eines Tages zu ihren Mitschülern, sie habe furchtbare Kopfschmerzen. Kurze Zeit später fiel sie in Ohnmacht. Sie wurde ins Krankenhaus gefahren, und dort entdeckte der Arzt ein mehrere Wochen altes Brötchen in ihrer Dauerwelle. Es war verschimmelt und voller Würmer [wie einst das Manna bei

2. Mos. 16,20!], die auch in die Kopfhaut eingedrungen waren und die Kopfschmerzen verursacht hatten.»

Aber auch zoologisch gesehen ist der große Stamm der *Vermes* ungeheuer komplex und verwirrend in seiner Vielfalt, widerborstig und ungegliedert, zwitterhaft und breiig – wie viele von ihnen eben sind. Hier ist nicht der Ort, den verschlungenen Wegen solcher Lebewesen nachzugehen, doch läßt sich noch ein wenig von dem berichten, was die Menschen insbesondere von dem Wurm aller Würmer, dem krummen, langen, langsamen und angeblich blinden, öligen, erdfressenden, zerschneidbaren und doch weiterlebenden Regenwurm *(Lumbricus terrestris)* sagen.

Er heißt so, weil die Leute glauben, er kündige, wenn er aus der Erde komme, den Regen an. Konrad von Megenberg lobt ihn als einen guten Köder an der Angel und behauptet: «Der Wurm wächst aus lauter Erden ohne Unkeuschheit, und dem Wurm vergleicht sich unser Herr in dem Psalm, wenn er spricht: ‹Ego sum vermis et non homo›, das heißt: ‹Ich bin ein Regenwurm oder ein Erdwurm und nicht ein Mensch.›» Die Entstehung aus der Erde wird dann, nach bekanntem Muster, mit der Geburt Christi aus dem keuschen Leib der Jungfrau verglichen, das Elend des Wurms mit der Marter unseres Herrn. Süditalienische Volksüberlieferungen bringen den ‹lombrico› in der Erde mit den armen Seelen in der Unterwelt in Zusammenhang. Von großer Bedeutung ist, wie uns das *Handwörterbuch des deutschen Aberglaubens* lehrt, der Regenwurm in der Volksmedizin. Das arme Tier wurde offenbar wirklich schlimmer als Christus gemartert: «zerstoßen, zerhackt, gebraten, pulverisiert, gedörrt, zu Öl destilliert», um bei allen nur denkbaren Wunden und Schäden, Mängeln und Überflüssen seine starke Heilkraft zu erweisen. Würmer im Bauch – insbesondere in Italien eine weitverbreitete Angstvorstellung – werden durch Würmer aus der Erde verjagt, den teuflischen Ungeheuern, welche die Kranken von innen zernagen, werden die christusnahen Regenwürmer auf die wirbellosen Leiber gehetzt; in den leidenden Eingeweiden der Menschen toben ungeheure Wurmschlachten – ein Sujet für einen weiteren amerikanischen Gruselfilm mit dem Titel: Die letzten Tage der Würmer!

Doch vielleicht ist ein solcher Titel nicht ganz absurd. Zwar soll hier den LeserInnen ein Einblick in das Leben und Treiben der Leichenwürmer erspart bleiben – Grimms *Deutsches Wörterbuch* liefert zu dieser Vorstellung unter *Wurm* (IV, 4) eine Fülle von literarischen Belegen. Soviel darf jedoch, zusammenfassend, zu diesem Thema gesagt werden: Am Ende aller Schrecken werden die wackeren Würmer mit dem armen Würmchen Mensch leicht fertig.

Zaunkönig

Die Franzosen nennen ihn ‹roitelet›, ‹kleiner König›, und eine seiner Arten heißt auch ebenso *Regulus regulus*. Der Name bezieht sich auf den goldgelben Schopf, den dieser hübsche kleine Vogel sozusagen als Krone auf dem Kopfe trägt. Sein allgemeiner lateinischer Name, *Troglodytes troglodytes*, ‹Höhlenbewohner›, deutet darauf hin, daß er sein Nest in der Vertiefung eines Baumstammes oder einer Mauer baut. Eine katalanische Tiererzählung (AaTh 221) erklärt, wie der Zaunkönig zu seinem Rang und Namen kam: Gott versprach demjenigen Vogel die Krone, welcher am höchsten fliegen könne. Da hatte nun der Kleine kaum Aussicht auf Erfolg. Doch er beschloß, sich auf den Rücken eines Adlers zu setzen. Als der nun weit in den Himmel gestiegen war und sich, ermüdet, wieder zur Erde senken wollte, da flog das Vöglein, frisch und ausgeruht, erst auf und kam noch höher als der Greifvogel. So wurde ihm die Krone zuerkannt. In einer ähnlichen Erzählung geht es um einen Geschwindigkeitswettbewerb, und der Zaunkönig nimmt sich zuerst den Storch als Träger, um ihm zum Schluß noch weit vorauszufliegen.

Die Brüder Grimm haben diese verbreitete ätiologische Erzählung (KHM 171) ausgemalt, erklären dabei die Rufe von Vögeln – diese sprechen, das ist bemerkenswert, alle Plattdeutsch – und lassen den lieben Gott aus dem Spiel; vielmehr sind es die Vögel selbst, die einen König wählen wollen, obwohl der Frosch sie mit seinem «natt, natt, natt!» warnt. Man beschließt also einen Höhenwettflug. «Der Staub stieg da von dem Felde auf, es war ein gewaltiges Sausen und Brausen und Fittichschlagen, und es sah aus, als wenn eine schwarze Wolke dahinzöge.» Der Adler stieg dabei so hoch, «daß er der Sonne hätte die Augen aushacken können». Schon wollten ihn die anderen zum König küren, da schrie der kleine Kerl ohne Namen, er könne sehr wohl noch höher fliegen. «Und da er nicht müde war, so stieg er auf und stieg so hoch, daß er Gott auf seinem Stuhle konnte sitzen sehen.» Und nach seiner Rückkehr ruft er: «König bün ick, König bün ick!» Die Vögel waren jedoch nicht zufrieden und forderten zusätzlich auch noch einen Höhlentest (wir wissen schon, warum). In seinem Mauseloch sollte der Troglodyt von einer Eule bewacht werden, doch sie schlief ein, und so konnte der kleine Listige entwischen. Die Eule sei seitdem den Vögeln verhaßt, erklären die Brüder Grimm, sie könne sich bei Tage nicht mehr blicken lassen. «Auch der kleine Vogel läßt sich nicht gerne sehen, weil er fürchtet, es ginge ihm an den Kragen, wenn er erwischt würde. Er schlüpft in den Zäunen herum, und wenn er ganz sicher ist, ruft er wohl zuweilen ‹König bün ick›, und deshalb nennen ihn die andern Vögel aus Spott Zaunkönig.»

Ein zweites Mal (KHM 102) erinnern die Brüder Grimm an die Beliebtheit des König-Vogels. Im Tiermärchen *Der Zaunkönig und der Bär* (AaTh 222) ist Meister Petz so unvorsichtig, die Königswürde der Kinder des Regulus zu bestreiten und ihre Ehrenhaftigkeit in Zweifel zu ziehen. Der Zaunkönig stellt ihn zur Rede und erklärt ihm den Krieg; zur Hilfe ruft er nicht nur die anderen Vögel, sondern auch die Insekten (die ja auch als ‹Vöglein› galten). Auf seiten der Vierbeiner wird der schlaue Fuchs zum Feldmarschall ernannt; er will seinen Schwanz hoch in die Luft heben, wenn es zum Angriff geht oder ihn senken, wenn Rückzug angesagt ist. Auf der Vogelseite bekommt die Hornisse den Auftrag, dem Fuchs unter den Schwanz zu fahren. Beim dritten Stich «konnte er sich nicht mehr halten, schrie und nahm den Schwanz zwischen die Beine. Wie das die Tiere sahen, meinten sie, alles wäre verloren, und fingen an zu laufen, jeder in seine Höhle: und hatten die Vögel die Schlacht gewonnen.» Der Bär muß schließlich vor den jungen Zaunkönigen Abbitte leisten («sonst sollen dir die Rippen im Leib zertreten werden», sagt der freche Zaunkönig), und dann setzten sich die Vögel zusammen, «aßen und tranken und machten sich lustig bis in die späte Nacht hinein».

Wenn man älteren britischen Folkloristen Glauben schenken darf, dann ist im letzten Jahrhundert das Einfangen von lebenden Zaunkönigen, freilich oft auch das blinde Totschlagen dieser Vögel, eine Art Sport für junge Leute gewesen. Ob solches Tun mit heidnischen Fruchtbarkeitsriten zu tun hat, ist höchst fraglich. Möglich ist indes, daß die Knaben bei bestimmten Schulfesten einen ‹kleinen König› mit sich führen wollten. Wenn einige Dichter das Vöglein mit der Liebe in Zusammenhang bringen, dann teilt es diese Assoziation mit vielem anderen Geflügel, das nicht nur fliegt, sondern auch ‹vögelt›. In Shakespeares *König Lear* (IV, 6) tadelt zum Beispiel der alte Mann gegenüber Gloucester seine lieblosen Töchter und verteidigt mit bitterer Ironie die sexuelle Freizügigkeit:

> Was war dein Fall? Ehebruch?
> Du sollst nicht sterben. Für Ehbruch sterben? Nein.
> Der Zaunkönig ist drauf scharf. Vor meinen Augen
> treibt's die kleine gold'ne Fliege.
> Soll'n sie sich lustig aufeinanderlegen!,
> denn Gloucesters Bastardsohn war seinem Vater
> mehr zugetan als mir die ehelich gezeugten Töchter.

Da der deutsche ‹Zaunkönig› (im Englischen: ‹wren›) mindestens zwei Silben zuviel hat (das althochdeutsche Wort ‹wrendo› ist im 15. Jahrhundert ersetzt worden), machen deutsche Übersetzer in dieser Szene einen Zeisig aus ihm – in der Tat ohne besonderen Bedeutungsverlust; jeder lustige Vogel tut's in diesem Vers und an anderen Stellen der Liebeslyrik genausogut.

Auch ‹Schneekönig› wurde der Regulus genannt, weil er im Winter in unseren Breiten bleibt und trotz der Kälte weiterpfeift. Die Redensart ‹sich freuen wie ein (kleiner) Schnee-könig› bedarf nach dem Gesagten keiner ausführlichen Er-klärung mehr. Da er froh ist, darf der Kleine auch in diesem Sinne die Königswürde beanspruchen.

Zebra

«*Der* Zebra», schreibt Georg Christian Raff, sei «sehr wild und unbändig und läuft entsetzlich geschwind und hält sich nur im heißesten Afrika auf, wohin fast keine Menschen kommen. Daher ist es auch kein Wunder, daß man selten ei-nen lebendigen Zebra in Europa zu sehen bekömmt.» In der antiken Welt des Mittelmeerraumes war das Zebra nahezu unbekannt; die Naturkundler des Mittelalters und der frühen Neuzeit erwähnen es nicht. In der Wunderzeichenliteratur des 16. Jahrhunderts taucht, mehrfach kopiert und manch-mal mit einem Holzschnitt illustriert, die Nachricht von der Geburt eines Pferdes auf, das eigentümliche Streifen an sich gehabt haben soll. Die Erklärung lautet etwa, die «Haut sei allenthalben zerhackt und zerschnitten gewesen, als wenn es zerhauene Hosen und Wammes» wie ein Landsknecht ange-habt hätte. Hatte da jemand ein Zebra oder eine Abbildung davon gesehen und danach solche Wunderdinge erzählt?

Im Zeitalter des modernen Kolonialismus ist jedoch das Tigerpferd *(Hippotigris)*, vor allem das südafrikanische Berg-zebra *(Equus zebra)* oder das Grevy-Zebra *(Equus grevyi)* aus Abessinien, mehr und mehr in die europäischen Tiergärten gelangt, und heute gehört es (genauer eine seiner Quagga-Arten wie Böhm-Zebra, Chapman-Zebra oder Grant-Zebra) selbstverständlich zum Kern eines jeden städtischen Zoos. Freilebende Zebraherden wurden gleichzeitig mehr und mehr ausgerottet. «Der schlimmste Feind ist auch für die Zebras der Mensch», liest man bei Alfred Edmund Brehm. «Der Mensch» gehörte zum Beispiel zur Klasse der Buren, die ihre Anpflanzungen durch Zebras bedroht sahen und Tausende von ihnen erlegten. Nicht zu leugnen ist auch, daß heutzuta-ge die Zebrastreifen eher als (durchaus langweilige) Straßenmarkierungen bekannt sind denn aus der Anschauung des ebenso reizvoll wie verwirrend gestreiften Fells dieser Pferdeart. Schwierig zu beantworten scheint nämlich die Frage, ob die Grundfarbe des Zebras weiß oder schwarz, ob die Streifen schwarz oder weiß seien; aus diesem Scheinproblem läßt sich gar (wie Hugo Loetscher nach Stephen J. Gould das tut) eine Philosophie der Identitätskrise entwickeln. Doch lassen die Hinterseite des Bauches und die Innenseite der Oberschenkel die Behauptung zu, das Fell des Zebras sei hauptsächlich weiß oder hellgelblich. Ob die schwarzen Streifen der Tarnung dienen, ist fraglich. Betrachtet man die sogenannte Sträflingskleidung (sie ist heutzutage allerdings gar nicht mehr gestreift), dann sollte man eher vermuten, daß die Zebrazeichnung dazu dient, Aufmerksamkeit zu erregen. Doch warum will man eigentlich der Natur eine Neigung zu Nonsens, zu zwecklosen, aber phantasievollen Einfällen absprechen?

Daß das Zebra «entsetzlich geschwind» sei, gilt nur mit der Einschränkung «aber ohne Ausdauer». Mit einem Pferd läßt sich ein Zebra durchaus einholen. Zebras sind jedoch zu raschen Ausfällen aufgelegt, der sie verfolgenden Löwin entkommen sie oft durch einen rasanten Spurt, sie schätzen das Herumtollen, sie wälzen sich gerne im Staub der Steppe, das wilde Ausschlagen ihrer Hinterhufe kann vielen Tieren gefährlich werden. Ob ihnen diese Bewegungsspiele und Aufregungen auch in einem Zoo geboten werden, ist fraglich. Auch auf mancherlei gewohnte Gesellungen mit anderen Steppentieren (Büffeln oder bunten Böcken) müssen sie im Gehege verzichten. «In der Nähe der Karooberge bemerkte ich, daß zwischen diesen Tieren und den Straußen eine besondere Zuneigung stattfindet, beide sich zusammenhalten und die Quaggas bei der Flucht den Straußen immer folgen, weil diese ein besseres Gesicht haben und daher die Gefahr von ferne wahrnehmen», berichtet Professor Relsserd. Das mag eine gute Beobachtung aus der ‹freien Wildbahn› sein; im Zoo jedoch braucht das Zebra keine bessere Übersicht und folglich auch den Vogel Strauß nicht mehr.

Kaum der Rede wert sind jene Tierwitze, die ihre Pointe aus den Streifen des Zebras ziehen und Beziehungen herstellen zwischen dem Tier und dem Zuchthäusler oder zwischen Zebra und Fußgängerstreifen oder zwischen allen dreien. Wenn der Witz-Stier gar den Anzug der Zebrafrau für einen Pyjama hält und daran eine auszügliche Bemerkung knüpft, dann zeugt das eigentlich weniger von der Dummheit des Stiers als von der schlechten Beobachtungsgabe des Menschen: Die Streifen des Zebras sind beileibe nicht mit denen eines Ringelpullis (der bekanntlich dick macht) zu vergleichen; ihre Ungleichmäßigkeit verleiht dem Tier vielmehr ein lebhaftes, beschwingtes, tänzerisches Aussehen. Und vor allem: Kein Zebra ist dem andern gleich – was man von Pyjamas oder Pullovern nicht behaupten kann. Leider läßt sich auch von dem gleichmäßig senkrecht gestreiften Kinderbuch-Zebra namens *Zebby*, einer Kreatur der englischen Zeichnerin Binette Schroeder, nicht sagen, daß es von der abwechslungsreichen Sorte wäre. Es streift mit seinen schwarzen Stiefeln schlapp durch die bunten Pappdeckel.

Insgesamt gesehen ist das Zebra, vergleichbar mit dem in der Antike unbekannten Pinguin, ein spätes und daher kein fabelzeugendes oder geschichtenträchtiges Tier. Nicht einmal in der Kinderliteratur ist es besonders beliebt, will man davon absehen, daß es in diesem oder jenem Tieralphabet für den Buchstaben Z herhalten muß. So heißt es in dem *Complete Nonsense Book* des englischen Zeichners und Limerick-Dichters Edward Lear (1812–1888):

> Z war ein Zebra
> mit weißen und schwarzen Streifen;
> und wenn es ein zahmes Rößlein wär,
> dann könntest du auf ihm reiten.

Ja wenn! Das Zebra ließ sich eben nicht domestizieren, und wie hätte sich seine Wildheit vor einem Kinderpublikum als vorbildlich hinstellen lassen? So weiß der Pädagoge C. F. A. Kolb in *Martin's Naturgeschichte für die Jugend* (1885) nur Entsetzliches von der Zebrazähmung zu berichten: Ein kühner Reiter wollte versuchen, «dieses Tier zu bändigen. Kaum hatte er sich auf den Rücken desselben geschwungen, so schlug es mit großem Ungestüm mit den Hinterbeinen aus, stürzte zusammen und blieb mit dem Reiter auf dem Boden liegen. Plötzlich raffte es sich wieder auf, sprang von einem hohen Flußufer ins Wasser und versuchte hier, den Reiter abzuschütteln, doch dieser hielt sich am Zügel fest und wurde von dem Zebra, welches dem Ufer zuschwamm, wieder glücklich auf das feste Land gezogen. Hier aber empfing er eine Belehrung von den Ansichten seines Reittiers, welche er höchstwahrscheinlich nie wieder vergessen hat. Das Zebra wandte sich plötzlich um, fuhr mit dem Kopf nach dem Gesicht des Bändigers und biß ihm ein Ohr ab.» Immerhin wird hier dem Zebra zugestanden, daß es eigene Ansichten haben und dem Menschen Belehrung zukommen lassen kann.

Z war ein Zebra
mit Streifen, schwarzen und weißen,
und wenn du es mißbrauchen willst,
wird's dir ein Ohr abbeißen.

Ziege

Der große französische Zoologe Georges-Louis Buffon war überzeugt, daß die Ziege ein weniger edles Tier sei als das Schaf, eine untergeordnete Gattung sozusagen, so wie der Esel in seinem allgemeinen Wert unterhalb des Pferdes einzustufen sei. Und doch versuchte er 1755, die Eigenheit der Ziege zu betonen und ihre Vorteile herauszustreichen: «Die Ziege liefert Milch wie das Schaf, auch eine Menge Talg kann man von ihr gewinnen. Ihre Haare sind zwar gröber als die Wolle, aber es lassen sich sehr gute Stoffe daraus fertigen; ihr Leder ist besser als das vom Schaf, und das Fleisch des Zickleins kommt dem des Lamms sehr nahe, und so fort. Diese geringeren Gattungen sind ländlicher, kräftiger als die höheren Gattungen; Esel und Ziege brauchen nicht soviel Pflege wie Pferd und Schaf; sie finden überall ihren Unterhalt und nähren sich von Pflanzen aller Art: groben Kräutern, dornigen Büschen; sie sind den Unbilden der Witterung in geringerem Maße unterworfen und bedürfen weniger der Hilfe des Menschen; je weniger sie uns gehören, um so mehr scheinen sie der Natur zugeordnet.» Die Ziege solle man also nicht so sehr dem Schaf unterstellt sehen als vielmehr das Schaf als eine höher gezüchtete, unseren Zwecken angepaßtere Gattung. Man sieht, wie Buffon auch hier seine Einschätzungen ganz dem Kriterium des Nutzens für die Menschen unterordnet; doch kommt die vielfach verachtete Ziege *(Capra)* dabei nicht schlecht weg.

Berthold Auerbach, ein trefflicher Beobachter des Alltagslebens im Schwarzwald, entdeckt noch einen anderen günstigen Umstand der Ziegenhaltung, wenn er in seiner Dorfgeschichte vom *Lauterbacher* den Lehrer notieren läßt: «Es ist gut, daß immer noch Plätzchen auf der Welt sind, die niemandem gehören, wo die Armen ihr Gras sammeln können; das sind die Raine, Anwände oder wie man sie nennen mag. Wo aber der Fuß des Menschen kaum mehr einen Halt findet, da klettert noch die Ziege, die Genossin der Armen, umher, um sich ein frisches Kraut oder ein schmackhaftes Läublein zu holen.» Eine ätiologische Volkserzählung, die der Pfarrer Josef Müller im Spital zu Altdorf/Uri aufzeichnete, legt den Ziegen diese positive Eigenschaft allerdings zu ihrem Nachteil aus: Vor dem Herrgott hätten sie bei der Verteilung der Weideplätze immer wieder «Nu meh, nu meh!» («noch mehr») geschrien, bis es dem Herrn zuviel wurde und er rief: «So geht doch, wohin ihr wollt, dummes Vieh!» «So ist es gekommen, daß die Ziegen Schelmentiere sind und überall stehlen und naschen.» Läßt sich denn nichts Lobenderes über die Geißen sagen?

Von der großen wirtschaftlichen Bedeutung der Ziege für viele wenig begüterte Familien auf dem Lande, in der Stadt («die Kühe des Bergmanns» nannte man sie im Ruhrgebiet), aber auch für ganze Provinzen kann man sich hier und jetzt, obwohl es noch rund 150 Millionen Ziegen auf der Erde geben soll, kaum noch eine Vorstellung machen. Conrad Gesner widmet diesem Wild- und Haustier mit den Namen ‹Geiß›, ‹Bock› und ‹Gitz› nicht weniger als zwanzig Spalten und sieben Abbildungen seines Tierbuchs und betont vor allem, «Was für Nutzen und Bequemlichkeit die Geiß dem Menschen bringe»: Sie liefert Wolle, Felle, Fleisch, Medikamente wie Bezoarsteine, Blut und Galle und außerdem Unschlitt, Milch, Käse, Kot und Harn:

Die Gall, wie sich's gebührt, zum Pflaster nur gemacht,
das täglich Fieber wird dadurch hinweg gebracht.
Die Stein, so man in Gall und Magen finden tut,
sie treiben, lösen auf und seind zum Schwitzen gut.
Nehmt wohlgedörrten Kot, ein Drachme an Gewicht,
dann in der Geelsucht er das Seinige verricht.
Legt über Netz und Därm, wann ihr seid hitzig sehr,
stillt große Schmerzen auch, so man verrücket wär.

Das klingt heute exotischer als die Beschreibung einer Alltagsszene, an die sich Rafik Schami aus Damaskus in seinem *Ehrlichen Lügner* erinnert: Onkel Nadim kam jeden Morgen mit seiner kleinen Herde von rötlichen Ziegen durch die Gassen der Stadt und rief die Milch aus: «Wenn er einen Kunden erreichte, pfiff er durch die Zähne, und die Ziegen hielten an. Er wählte dann eine von ihnen und molk sie vor den Augen des Kunden, dann ließ er die warme Milch kunstvoll in hohem Bogen durch ein feines Sieb fließen und maß die Menge für seinen Kunden in einem glänzenden Metallbehälter ab. Gegen Mittag kehrte er mit seinen Ziegen, deren Euter leer und schlaff wie ausgepustete Ballons herabbaumelten, zur großen Weide zurück.» Doch «eines Tages verbot die Regierung den Verkauf frischer Milch an den Haustüren». Zweihundert holländische Milchkühe, vom Volke ‹Milchbomber› getauft, wurden eingeführt, ein Politiker bekam eine «vollautomatische bulgarische Molkerei» geschenkt, von da an gab's nur noch Flaschenkuhmilch, die niemand trinken wollte. Ziegenmilch, das wissen wir zumindest aus Johanna Spyris *Heidi*, hat eben ihren eigenen, unverwechselbaren Heimatgeschmack. Und der Geißen-Peter führt dort das kleine Mädchen aus der Stadt in die Geheimnisse und Schwierigkeiten des Ziegenhütens ein (die beiden Tiere des Öhi heißen ‹Schwänli› und ‹Bärli›), das Mädchen lehrt den wilden Buben anderseits eine Grundregel des Tierschutzes: Die Ziegen dürfen nicht geschlagen werden!

Um so unverständlicher scheint es, daß ausgerechnet die genügsame, aber doch so viele Lebensgüter liefernde Ziege dazu herhalten muß, mit ihren *angeblich* negativen Eigenschaften angeblich dumme, dürre, unzufriedene und ungefährliche Frauen zu beschimpfen (wie es uns Heinz Küpper in seinem *Wörterbuch der deutschen Alltagssprache* zeigt). Der Ausdruck ‹ausgemolkene Ziege› für eine Fernsehsprecherin ist übrigens nicht nur «hämisch» (so Küpper) und strafbar, sondern männlich-infam und nicht nur das: Er beleidigt auch die nahrungsspendenden Kulturleistungen der Ziege.

‹Meckern› können übrigens auch miese Männer, Frauen und Männer dürfen sie füglich ‹Ziegenböcke› nennen. Es tröstet die mit ‹Ziege› beschimpften Frauen freilich wenig, wenn die echten Böcke wegen ihres *wirklich* abscheulichen Gestanks in einem noch übleren Geruche stehen. Der schlechte Ruf der Böcke und Ziegen hat seine historischen Gründe in den seit den Hexenprozessen verbreiteten Vorstellungen von ihren Verbindungen zu Teufels- und Hexenwerk: Der ‹geile Bock› ist im Mittelalter Sinnbild des Lasters der ‹luxuria›, also der Fleischeslust. In einem gern erzählten

Schwank wird der im Schrank eingesperrte Liebhaber, während der Ehemann die Nachbarn holt, um die Schande der Frau öffentlich zu machen, rasch durch einen Bock ersetzt (AaTh 1419 B): Ehebrecher und Böcke sind austauschbar. Auf Böcken ritten die Hexen zu ihren Versammlungen und ließen sich mit dem Teufelsbock ein; ‹Ziege› ist also allemal auch mit ‹Hexe› assoziiert.

Ein 1916 geborener italienischsprachiger Bündner erzählte dem Sagenforscher Arnold Büchli: «Zwei Burschen, die jeden Abend zwei Mädel besuchen gingen, mußten bei der Heimkehr über eine Weide laufen. Jeden Abend begegneten sie dabei, immer an derselben Stelle, zwei Ziegen, die wollten sie nicht vorbei lassen, und sie wußten nicht, was das bedeuten sollte.» Der Pfarrer rät den jungen Männern, sie sollten die Ziegen einfangen und bis zum Avemarialäuten festhalten. Das gelingt ihnen unter den größten Anstrengungen. «Als es zu läuten aufhörte, stellten die Burschen mit Verwunderung fest, daß sie die beiden Mädchen an den Zöpfen hielten; anstelle der beiden Ziegen hatten sie die Mädchen vor sich, die sie immer besucht hatten. Sie verwandelten sich in Ziegen. Sie waren Hexen.»

Andere Volkserzählungen wissen die Geiß und ihre hohen Werte besser einzuschätzen. Das Märchen vom *Wolf und den sieben Geißlein* ist alt. Von dem streitbaren Reformator Erasmus Alber wird die Geschichte 1550 in Form einer Fabel erzählt: Die Geiß habe ein Haus besessen und ihr allerliebstes Böcklein darin eingesperrt mit der Warnung, niemandem die Türe zu öffnen, während sie auf Futtersuche ausgegangen sei. Der Wolf habe dann mit verstellter Stimme und süßen Worten Einlaß gefordert, doch das Böcklein habe den bösen Wolf erkannt und ihn abgewiesen

> Und spricht: «Du kommst mir nicht herein!
> Du bist doch nicht mein Mütterlein!
> Drum will ich dich nicht lassen ein.
> Du redst wohl wie die Mutter mein,
> und möchtst doch wohl ein Mörder sein.
> Du siehst mich an durch diesen Riß,

als ob du habst ein Wolfsgebiß!
Nein, nein, ich werd dir nicht zuteil,
mein Leben ist mir noch nicht feil!»

Bei den Brüdern Grimm (KHM 5) gewinnt diese simple Moralgeschichte an Spannung durch die Siebenzahl der Kitzen und durch ihre Errettung. Nicht zu übersehen ist, daß die Märchenbrüder mehrfach von Mutterliebe, elterlicher Fürsorge und kindlicher Zuneigung der Ziegen und Zicklein schreiben (zum Beispiel nach der Katastrophe: «Da könnt ihr denken, wie sie über ihre armen Kinder geweint hat.»); der Bösewicht ist ganz und gar der Wolf, der nur seine Lust büßen will. Mutig geht die alte Geiß zu Werke und rettet ihre Kinder, und die hüpfen, wie es ihre Art ist (die Sprünge nennt man deshalb ‹Kapriolen›), «wie ein Schneider, der Hochzeit hält» und tanzen, nach der Vernichtung des Bösen, die freilich auch nicht unserem heutigen Grundgesetz entspricht, noch einmal um den Brunnen herum.

Eine geschickte Springerin ist die Geiß auch in einer angeblich wahren Geschichte, die der Bündner Chronist Nicolin Sererhard erzählt: Ein Mann habe auf der Lenzer Heide eine Geiß an eine Kapellentür gebunden. Ein Wolf findet Gefallen an ihr. «Die Geiß aber, nach dieser Tieren Art, tut einen gewaltigen Ziegensprung und springt hinein in die Kapellen. Der Wolf springt ihr nach, die beängstigte Geiß aber, nicht faul, macht einen neuen Kapriol- oder Ziegensprung und springt wieder aus der Kapellen heraus, und im Herausspringen zieht sie mit dem Seilchen, mit welcher sie an die Handhebe der Tür angebunden war, die Kapellentür zu, und der Wolf blieb inwendig eingeschlossen.» Auch hier wurde dem Wolf durch die Bauern von Lenz kurzer Prozeß gemacht. «Dies soll sich noch bei Menschengedenken zugetragen haben», behauptet Sererhard. Wahr oder nicht – so ein tolles ‹Capriccio› bietet eine bessere Moral als die von der *Ziege des Monsieur Seguin* (in den *Lettres de mon Moulin* von Alphonse Daudet, 1887), die zwar ihrem Freiheitsdrang nachgibt und mutig ins Gebirge zieht, aber dort vom bösen Wolf gefressen wird. Ach, wär' sie doch, wie es sich insbesondere für weibliche Wesen geziemt, bürgerlich brav zu Hause geblieben!

Fazit: Zuviel Törichtes ist über die Ziege – wie über so viele andere Tiere – gemeldet worden. Man muß die Fremden wie Rafik Schami oder die Frauen wie Johanna Spyri oder die Alten wie Nicolin Sererhard fragen, um von ihnen Beispiele der Nützlichkeit, Klugheit und Liebenswürdigkeit, um nicht zu sagen Vorbildhaftigkeit zu lernen. Hier eine letzte Geschichte (die auch von Michel de Montaigne stammen könnte): Conrad Gesner berichtet, zwei Ziegen seien sich mitten auf einer hohen, schmalen Brücke ohne Geländer begegnet; links und rechts gähnte ein tiefer Abgrund; an ein Rückwärtsgehen war nicht zu denken. Was tun? Nun, die eine Ziege legte sich ebenso ruhig wie vernünftig nieder und ließ die andere über sich hinwegsteigen; dann konnten beide ihres Weges ziehen.

Anmerkung: Von dem zeitgenössischen Kurzfabel-Verfasser Helmut Arntzen können wir lernen, daß sogar das Meckern der Ziege (oder des Menschen) seine lobenswerten Vorzüge hat: «Du meckerst den ganzen Tag, schalt die Lerche die Ziege. Und du, bemerkte die Ziege, kannst nichts anderes als jubilieren.»

Schlußwort:

> Ci fenist li livres des bestes,
> Dex nos gart nos biens et nos testes.

> (Hier hört das ABC der Tiere auf.
> Gott schütze uns und unsres Lebens Lauf.)

Le Bestiaire de Gervaise

Bibliographie

Auswahl übergreifender Darstellungen

AaTh = Aarne, Antti/Thompson, Stith: The Types of the Folktale. A Classification and Bibliography. Second Revision. Helsinki 1961. (Folklore Fellows Communications 184)

Aelian[us], [Claudius]: On the Characteristics of Animals. [De natura animalium.] With an English translation by A. F. Scholfield. 1–3. Cambridge/London 1971

Amades, Joan: L'Origine des bêtes. [1950]. Petite cosmogonie catalane. Traduction et présentation de Marlène Albert-Llorca. Carcassonne 1988

Ansell, Robin P.: Animal Lore in English Literature. London 1932

Auteri, Laura: Nel regno del disumano. Uno studio sull'epopea degli animali nella Germania tardo-rinascimentale. Milano 1990

Bächtold-Stäubli, Hanns/Hoffmann-Krayer, Eduard (Hg.): Handwörterbuch des deutschen Aberglaubens. 1–10. Berlin/Leipzig 1927–1942

Baker, Steve: Picturing the Beast. Animals, Identity and Representation. Manchester/New York 1993

Balouet, Jean Christophe/Alibert, Éric: Le grand livre des espèces disparues. Préface de J. Y. Cousteau. Paris 1989

Bartos-Höppner, Barbara (Hg.): Tiergeschichten unserer Zeit. Neue Erzählungen bekannter Schriftsteller. Würzburg 1972

Batereau, Otto: Die Tiere in der mittelhochdeutschen Literatur. Diss. Leipzig. Borna-Leipzig 1909

Baumann, Peter/Kaiser, Dieter: Die Sprache der Tiere. Stuttgart 1992

Bausinger, Hermann: Tierzucht und Namengebung. Zu den Eigennamen des Zuchtviehs. In: Festschrift für Paul Zinsli, Hg. Maria Bindschedler u. a. Bern 1971, 170–184

Becker, Siegfried/Bimmer, Andreas C. (Hg.): Mensch und Tier. Kulturwissenschaftliche Aspekte einer Sozialbeziehung. In: Hessische Blätter für Volks- und Kulturforschung NF 29 (1991) 7–229

Berkenhoff, Hans Albert: Tierstrafe, Tierbannung und rechtsrituelle Tiertötung im Mittelalter. Straßburg 1937

Bezzel, Einhard: Liebes böses Tier. Die falsch verstandene Kreatur. München/Zürich 1991

Blankenburg, Wera von: Heilige und dämonische Tiere. Die Symbolsprache der deutschen Ornamentik im frühen MA. Leipzig 1943

Blount, Margaret: Animal Land. The Creatures of Children's Fiction. London 1974

Bodemann, Ulrike (Hg.): Fabula docet. Illustrierte Fabelbücher aus sechs Jahrhunderten. Wolfenbüttel 1983. (Ausstellungskataloge der HAB 41)

Bonsels, Waldemar: Die Biene Maja und ihre Abenteuer. Roman für Kinder. Berlin 1912

Brehm, Alfred Edmund: Brehms Tierleben. Neue Volksausgabe. Der originale Brehm. Säugetiere. Hg. von H. W. Behm. Berlin 1967

Breland, Osmond Philipp: Animal Life and Lore. New York 1972

Brohmer, Paul: Fauna von Deutschland. Ein Bestimmungsbuch unserer heimischen Tierwelt. 17. Aufl. von Matthias Schaefer. Wiesbaden 1988.

Brøndegard, V. J.: Folk og fauna. Dansk etnozoologi. 1–3. København 1985/86

Brückner, Annemarie: Quellenstudien zu Konrad von Megenberg. Thomas Cantipratanus De animalibus quadrupedibus als Vorlage im Buch der Natur. Frankfurt/M. 1961

Buffon [Georges Louis Leclerc de]: Histoire naturelle. Textes choisis et présentés par Jean Varloot avec des extraits du Voyage à Montbard d'Hérault de Séchelles. Paris 1984. (Collection Folio 1569)

[Buffon, Georges Louis Leclerc de:] Le Buffon classique de la jeunesse ou résumé d'histoire naturelle. Rédigé pour les jeunes gens des deux sexes, d'après le texte de Buffon, et de tous ses continuateurs, par A. H. et P. B. Tome premier. Paris 1837

Buzzati, Dino: Bestiario. Milano 1991

Cosentino, Christine: Tierbilder in der Lyrik des Expressionismus. Bonn 1972

Dähnhardt, Oskar: Natursagen. Eine Sammlung naturdeutender Sagen, Märchen, Fabeln und Legenden. Band 3–4: Tiersagen. Leipzig/Berlin 1910–1912

Delort, Robert: Der Elefant, die Biene und der heilige Wolf. Die wahre Geschichte der Tiere. Aus dem Französischen von Josef Winiger. München/Wien 1987

Dicke, Gerd/Grubmüller, Klaus: Die Fabeln des Mittelalters und der frühen Neuzeit. Ein Katalog der deutschen Versionen und ihrer lateinischen Entsprechungen. München 1987. (Münsterische Mittelalter-Schriften 60)

Dithmar, Reinhard (Hg.): Fabeln, Parabeln und Gleichnisse. Beispiele didaktischer Literatur. [1970.] 3. Aufl. München 1974. (dtv, 4047)

Doderer, Klaus: Fabeln, Formen, Figuren, Lehren. München 1977. (dtv, WR 4276)

Dorson, Richard M.: Man and Beast in American Comic Legend. Bloomington/Indiana 1982

Dröscher, Vitus B.: Sie turteln wie die Tauben. Mit Illustrationen von Marunde. Hamburg 1988

Encyclopédie du monde animal. Paris/Bruxelles/Montréal/Zürich 1989

EM = Enzyklopädie des Märchens. Herausgegeben von Kurt Ranke [ab Bd. 5: Rolf Wilhelm Brednich] zusammen mit Hermann Bausinger, Wolfgang Brückner, Max Lüthi [bis Bd. 4], Lutz Röhrich, Rudolf Schenda. Bd. 1–7. (A–K) und ff. Berlin: 1977–1994 und ff.

Esterl, Arnica/Solms, Wilhelm (Hg.): Tiere und Tiergestaltige im Märchen. Regensburg 1991. (Veröffentlichungen der Europäischen Märchengesellschaft 15)

Fabre, Jean-Henri: Les Ravageurs. Récits sur les insectes nuisibles à l'agriculture. Paris [1912]

Fabricius, Hieronymus: De brutorum loquela. Padova 1603

Feld, Helmut: Beseelte Natur: Franziskanische Tiererzählungen. Tübingen 1993

Fitzgerald, Sarah: Internatioal Wildlife Trade: Whose Business Is It? Washington/D. C. 1989

Gattiker, Ernst und Luise: Die Vögel im Volksglauben. Eine volkskundliche Sammlung aus verschiedenen europäischen Ländern von der Antike bis heute. Wiesbaden 1989

George, Wilma: The Naming of the Beasts: Natural History in the Medieval Bestiary. London 1991

Gervais de Tilbury: Le Livre des merveilles. Divertissement pour un Empereur (Troisième partie). Traduit et commenté par Annie Duchesne. Paris 1992

[Gesner, Conrad:] Gesnerus redivivus, auctus & emendatus. Oder: Allgemeines Thier-Buch, Das ist: Eigentliche und lebendige Abbildung aller Vierfüssigen, so wohl zahmer als wilder Thieren [...]. Hg. Conrad Forer/Georg Horst. Frankfurt/M. 1669

Girtler, Roland: Gams und Wilderer. (Eine mystisch-symbolische Verbindung als Zeichen alten sozialen Rebellentums.) In: S. Becker/ A. C. Bimmer: Mensch und Tier [...], 1991, 25–40

Goossens, Jan/Sodmann, Timothy (Hg.): Proceedings of the Third International Beast Epic, Fable and Fabliau Colloquium, Münster 1979. Köln/Wien 1981. (Niederdeutsche Studien 30)

Grahame, Kenneth: The Wind in the Willows. Illustrated by Ernest H. Shepard. (1908). London 1981 (Reprint 1985)

Grieser, Dietmar: Im Tiergarten der Weltliteratur. Auf den Spuren von Kater Murr, Biene Maja, Bambi, Möwe Jonathan und den anderen. München 1991

Grosse, Max: Das Buch im Roman. Studien zu Buchverweis und Autoritätszitat in altfranzösischen Texten. München 1994

Grubmüller, Klaus: Meister Esopus. Untersuchungen zu Geschichte und Funktion der Fabel im Mittelalter. Zürich/München 1977. (Münchener Texte und Untersuchungen zur deutschen Literatur des Mittelalters 56)

Haas, Gerhard: Das Tierbuch. In: ders.: Kinder- und Jugendliteratur. Ein Handbuch. 3. Aufl. Stuttgart 1984, 177–205

Hagen, Wally und Horst: Was Tiere sich zu sagen haben: Formen und Inhalte der Verständigung. Hamburg 1991

Hasubek, Peter (Hg.): Fabelforschung. Darmstadt 1983. (Wege der Forschung 572)

Henkel, Nikolaus: Studien zum Physiologus im Mittelalter. Tübingen 1976. (Hermaea, NF 38)

Herzog, Urs: Vorschein der neuen Erde: Der Heilige und die Tiere in der mittelalterlichen Legende. In: Verborum amor. Studien zur Geschichte und Kunst der deutschen Sprache. Festschrift für Stefan Sonderegger. Hg. Harald Burger u. a. Berlin/New York 1992, 249–262

Heusinger, Gerd (Hg.): Beiträge zum Artenschutz 15. Rote Liste gefährdeter Tiere Bayerns. München 1992. (Bayerisches Landesamt für Umweltschutz. Schriftenreihe, 111)

Holbek, Bengt (Hg.): Æsops levned og fabler. 1–2. København 1961

[Isiodor von Sevilla:] Isidori Hispalensis Episcopi Etymologiarum sive originum libri XX. Hg. H. M. Lindsay. 1–2. [1911.] Oxford 1962

Jammes, Francis: Der Hasenroman. Deutsch von Jakob Hegner. 9. Aufl. Köln/Olten 1963

Jauss, Hans-Robert: Untersuchungen zur mittelalterlichen Tierdichtung. Tübingen 1959. (Beihefte zur Zs. für Roman. Philologie 100)

Johnson, William: Zauber der Manege? Der grausame Alltag der Tiere in Zirkus, Tierschau und Delphinarium. Hamburg 1992

Jones-Davies, M. T. (Hg.): Le Monde animal au temps de la Renaissance. Paris 1990

Kaiser, Dieter (Hg.): Wir töten, was wir lieben: Das Geschäft mit geschützten Tieren und Pflanzen. Hamburg 1989

Kastner, Joseph/Gross, Miriam T.: The Animal Illustrated 1550–1900. From the Collections of the New York Public Library. New York 1991

Kaufmann, Alexander: Über Tierliebhaberei im Mittelalter. In: Historisches Jahrbuch der Görres-Gesellschaft 5 (1884), 399–423

Keller, Otto: Thiere des classischen Alterthums in culturgeschichtlicher Beziehung. Innsbruck 1887

KHM = [Grimm, Jacob und Wilhelm:] Brüder Grimm, Kinder- und Hausmärchen. Hg. Heinz Rölleke. 1–3. Stuttgart 1980 (Reclams Universal Bibliothek 3191/93)

Kippar, Pille: Estnische Tiermärchen. Typen- und Variantenverzeichnis. Helsinki 1986. (Folklore Fellows Communications 237)

Klausnitzer, Bernhard: Insekten. Biologie und Kulturgeschichte. Fotos von Manfred Förster. Rüschlikon-Zürich/Stuttgart/Wien 1987

KLL = Kindlers Literatur Lexikon. Bde. 1–7 und Ergänzungsband. Zürich 1965–1974

Knapp, Fritz Peter: Tierepik. In: Mertens, Volker/Müller, Ulrich (Hg.): Epische Stoffe des Mittelalters. Stuttgart 1984. (Kröners Taschenausgabe, 483), 229–246

Knortz, Karl: Die Vögel in Geschichte, Sage, Brauch und Literatur. München 1913

Kolloff, Eduard: Die sagenhafte und symbolische Thiergeschichte des Mittelalters. In: Historisches Taschenbuch, Hg. F. von Raumer. Vierte Folge, Bd. 8 (1867), 177–269

Konrad von Megenberg: Das Buch der Natur. Die erste Naturgeschichte in deutscher Sprache. Hg. Franz Pfeiffer. Stuttgart 1861

Kretzenbacher, Leopold: Tiere an heiliger Stätte. In: Österreichische Zeitschrift für Volkskunde 85 (1982), 233–252

Küpper, Heinz: Wörterbuch der deutschen Alltagssprache. Bd. 1–2. München 1971. (dtv, 3034/35)

La Fontaine, Jean de: Sämtliche Fabeln. Übers. von Ernst Dohm und Gustav Fabricius, Hg. Hermann Lindner. München 1978

[Le Picard, Philippe:] Philippe D'Alcripe: La nouvelle Fabrique des excellents traicts de vérité. Edition critique par Françoise Joukovsky. Paris/Genève 1983. (Textes littéraires français, 319)

Lenz, Harald Othmar: Zoologie der alten Griechen und Römer, deutsch in Auszügen aus deren Schriften, nebst Anmerkungen. Gotha 1856

Lixfeld, Hannjost: Gott und Teufel als Weltschöpfer. Eine Untersuchung über die dualistische Tiererschaffung in der europäischen und außereuropäischen Volksüberlieferung. München 1971. (Motive 2)

Loetscher, Hugo: Der predigende Hahn. Das literarisch-moralische Nutztier. Zürich 1992

Lofting, Hugh: The Story of Doctor Dolittle. Harmondsworth 1967. (Puffin Books)

Mackensen, Lutz/Bolte, Johannes (Hg.): Handwörterbuch des deutschen Märchens. 1–2. (Abend–Gyges; mehr nicht erschienen). Berlin/Leipzig 1931–1935

Marx, August: Griechische Märchen von dankbaren Tieren und Verwandtes. Stuttgart 1889

Massignon, Geneviève: Contes corses. Paris 1984

Meier, Georg Friedrich: Versuch eines neuen Lehrgebäudes von den Seelen der Thiere. Halle 1749

Meyers Konversations-Lexikon. Ein Nachschlagewerk des allgemeinen Wissens. 5. Auflage. 1–18. Leipzig/Wien 1894–1898

Michel, Paul: Tiere als Symbol und Ornament. Möglichkeiten und Grenzen der ikonographischen Deutung, gezeigt am Beispiel des Zürcher Großmünsterkreuzgangs. Wiesbaden 1979

Michel, Paul, (Hg.): Tiersymbolik. Bern/Berlin 1991. (Schriften zur Symbolforschung 7)

Miquel, Dom Pierre: Dictionnaire symbolique des animaux: Zoologie mystique. Paris 1991

Narr, Dieter und Roland: Menschenfreund und Tierfreund im 18. Jahrhundert. In: Studium Generale 20 (1967), 293–303

Nell, David N.: Wholly Animals. A book of Beastly Tales. Kalamazoo 1992

Newall, Venetia: Discovering the Folklore of Birds and Beasts. Tring 1971

Nissen, Claus (Hg.): Tierbücher aus fünf Jahrhunderten. Mit einer Einführung in die Geschichte der Zoologie. 1–2. München/Zürich 1968

Nissen, Claus: Die zoologische Buchillustration: ihre Bibliographie und Geschichte. 1–2. Stuttgart 1969–1978

[Ovidius, Publius]: Les Métamorphoses d'Ovide. Traduction française de Gros. Hg. M. Cabaret-Dupaty. Paris o. J.

Pfeffel, Gottlieb Konrad: Politische Fabeln und Erzählungen in Versen. Hg. Helmut Popp. Nördlingen 1987. (Greno 10/20, 37)

Physiologus siehe Seel, Otto, 1960

Plinius Secundus, C.: Natural History. With an English translation by H. Rackham. Vol. III: libri VIII–XI. London 1983. (Loeb Classical Library 353)

Portmann, Adolf: Das Tier als soziales Wesen. Zürich 1953

Raff, Georg Christian: Naturgeschichte für Kinder. Wien 1791

Ragache, Claude-Catherine und Gilles: Les Loups en France. Légendes et réalité. Paris 1981. (Coll. Floréal)

Rawson, Jessica: Animals in Art. London 1977

Reinitzer, Heimo (Hg.): All' Geschöpf ist Zung' und Mund. Beiträge aus dem Grenzbereich von Naturkunde und Theologie. Hamburg 1984. (Vestigia Bibliae 6)

Relsserd [pseud. für Dressler, O.], (Prof.ss): Naturgeschichte der Thiere mit naturgetreuen Abbildungen in lithographischem Buntdruck. Nach den vorzüglichsten Originalen bearbeitet für die reifere Jugend. Beschreibungen vom Prof.ss Relsserd. Glarus o.J. [um 1840]

Riegler, Richard: Das Tier im Spiegel der Sprache. Dresden 1907. (Neusprachliche Abhandlungen 15–16)

Ritvo, Harriet: The Animal Estate. The English and Other Creatures in the Victorian Age. Cambridge/Mass. 1987

Röhrich, Lutz: Tiererzählungen und ihr Menschenbild. In: The Telling of Stories: Approaches to a Traditional Craft. A Symposium. Hg. Morten Nøjgaard/Johan de Mylius/Jørn Piø. Odense 1990, 13–33

Röhrich, Lutz/Meinel, Gertraud: Lexikon der sprichwörtlichen Redensarten. 1–4. Freiburg/Basel/Wien 1977

Rondelet, Guillaume: Libri de piscibus marinis, in quibus verae piscium effigies expressae sunt. 1–2. Lyon 1554–1555

Sälzle, Karl: Tier und Mensch, Gottheit und Dämon. Das Tier in der Geistesgeschichte der Menschheit. München 1966

Sax, Boria: The Parliament of Animals. Anecdotes and Legends from Books of Natural History 1775–1900. New York 1992

Scherf, Walter: Das Märchenlexikon. 1–2. München 1995

Schmidtke, Dietrich: Geistliche Tierinterpretation in der deutschsprachigen Literatur des Mittelalters (1100–1500). Diss. FU Berlin. Berlin 1966

Schmitz, Siegfried (Hg.): Da sprach der Fuchs zum Hasen. Die schönsten Tiergeschichten von Äsop bis Lorenz. München 1968

Schnur, Harry C. (Hg.): Fabeln der Antike. Überarbeitet von Erich Keller. München/Zürich 1985

Schulz, Kurd: Tiererzählungen. Ein besprechendes Bücherverzeichnis. Stettin 1928

Schwab, Ute (Hg.): Das Tier in der Dichtung. Heidelberg 1970

Schwarzbaum, Haim: The Mishlé Shu'alim (Fox Fables) of Rabbi Berechiah Ha-Nakdan. A Study in Comparative Folklore and Fable Lore. Kiron 1979

Seel, Otto (Hg.): Der Physiologus. Zürich/Stuttgart 1960

Smolik, Hans-Wilhelm: Das große illustrierte Tierbuch. Gütersloh 1966. (Die große Bertelsmann-Lexikon-Bibliothek)

Spiewok, Wolfgang (Hg.): Der Fuchs und die Trauben. Deutsche Tierdichtung des Mittelalters. Wiesbaden 1978

Steffahn, Harald: Menschlichkeit beginnt beim Tier: Gefährten und Opfer. Stuttgart 1987

Steiner, Carl J.: Die Tierwelt nach ihrer Stellung in Mythologie und Volksglauben, in Sitte und Sage, in Geschichte und Literatur, im Sprichwort und Volksfest. Beiträge zur Belebung des naturkundlichen Unterrichts und zur Pflege einer sinnigen Naturbetrachtung, für Schule und Haus. Gotha 1891

Tenèze, Marie-Louise: Aperçu sur les contes d'animaux les plus fréquemment attestés dans le répertoire français. In: IV International Congress for Folk-Narrative Research in Athens. Lectures and Reports. Athens 1965. (Laographia, 22), 569–575

Tester, Keith: Animals and Society: The Humanity of Animal Rights. London 1991

Thompson, Stith: Motif Index of Folk-Literature. A Classification of

Narrative Elements in Folktales, Ballads, Myths, Fables, Medieval Romances, Exempla, Fabliaux, Jest-Books and Local Legends. 1–6. Copenhagen 1955–1958

Topsell, Edward/Mouffet, Thomas: The History of Four-footed Beasts, and Serpents and Insects. 1–3. [London: E. Cotes 1658.] New York 1967

Tschudi, Friedrich von: Das Thierleben der Alpenwelt. Naturansichten und Thierzeichnungen aus dem schweizerischen Gebirge. 10. Auflage. Leipzig 1875

Tubach, Frederic C.: Index exemplorum. A Handbook of Medieval Religious Tales. Helsinki 1969. (Folklore Fellows Communications 204)

Vauclair, Jacques: L'Intelligence de l'animal. Paris 1992

Wendt, Herbert: Auf Noahs Spuren. Die Entdeckung der Tiere. Berlin/Darmstadt 1956

White, Theodor H. (Hg.): The Bestiary. A Book of Beasts, Being a Translation from a Latin Bestiary of the Twelfth Century. New York 1960

Wienert, Walter: Die Typen der griechisch-römischen Fabel. Mit einer Einleitung über das Wesen der Fabel. Helsinki 1925 (Folklore Fellows Communications 56)

Wollschläger, Hans: Tiere sehen dich an oder Das Potential Mengele. Essay. Zürich 1990. (Haffmanns Taschenbuch 49)

Yvon, Paul: L'Animal dans la littérature moderne et contemporaine: France, Angleterre, Amérique du Nord. Paris 1927

Ziolkowski, Jan: Talking Animals: Medieval Latin Beast Poetry, 750–1150. Philadelphia 1993

Namenregister

Abraham a Santa Clara 398
Adami, J. S. 398
Adorno, Th. W. 228
Aelianus, C. 24, 40, 138f., 155,
  160f., 179f., 204, 239, 256,
  259f., 292f., 295, 324, 338f.,
  340, 358, 359f.
Aeneas Sylvius 28
Aesop 46, 90, 148, 174, 211,
  225, 362, 386, 392
Aitmatov, T. 394
Alanus von Lille 9, 260
Alber, E. 410
Albertinus, A. 73, 114, 270,
  336
Albertus Magnus 41, 181, 348
Alciatus, A. 42, 187
Alcripe, Ph. d': s. Le Picard,
  Ph.
Aldrovandi, U. 8
Alfonsi, P. 211
Amades, J. 18, 156, 190, 237
Andersen, H. C. 69, 96
Angelus, A. 143
Annaud, J.-J. 32
Anzengruber, L. 398
Ariosto, L. 33, 202, 264, 370
Aristophanes 381
Aristoteles 17, 36, 256, 322,
  324
Arnim, A. von 238
Arntzen, H. 412
Auerbach, B. 407
Augustinus, A. 83
Aulnoy, M. C. d' 83

Bambeck, M. 42
Bandello, M. 25
Barks, C. 68
Baronius, C. 31

Bartholinus, Th. 398
Barüske, H. 294
Basile, G. B. 54, 219f., 224,
  376
Baudelaire, C. 93, 325f.
Bayle, P. 97
Bebel, H. 65, 85, 391
Becker, J. 61
Becker, R. Z. 331
Beethoven, L. van 230
Béranger, P.-J. de 321
Bermani, C. 251, 312
Bernd, A. 144
Berthet, E. 24
Bin Gorion, M. J. 375
Blake, W. 369
Boccaccio, G. 79
Bocksperger, H. 360
Bond, M. 32
Börne, L. 144f.
Bonsels, W. 39
Boria, J. de 360
Brecht, B. 61
Brehm, A. E. 34, 116, 126,
  157, 221, 244, 353
Brentano, C. 24, 238
Brito, G. 84
Brochier, J.-J. 164
Brockes, B. H. 336f.
Brueghel, P. 83
Bruggmann, A. 47
Brunhoff, J. de 61
Büchli, A. 20, 331, 410
Büchmann, G. 166
Bürger, G. A. 141, 298, 375,
  390
Buffon, G.-L. 7, 135, 205, 220,
  243, 249, 406f.
Buridan, J. 69
Busch, W. 90, 207f., 214, 271

Stichwortregister

Die Stichwörter sind aus Platzgründen zumeist in der Einzahl belassen; bei vielen von ihnen (z.B. Junges, Krieg, König, Schutz, Staat) ist das Bestimmungswort Tier- hinzuzudenken.

Abbildungsnachweis

Schutzumschlag Vorderseite:
Aloys Zötl, Das Bestiarium, Mailand/Genf 1980, S. 69

Innenteil:
Nach: Edward Topsell, The Historie of Foure-Footed Beasts;
The Historie of Serpents; The Fowles of Heaven, London 1607/08

Kulturgeschichte
im Verlag C.H.Beck

Helmut Brackert/Cora van Kleffens
Von Hunden und Menschen
Geschichte einer Lebensgemeinschaft
1989. 279 Seiten mit 78 Abbildungen. Gebunden

Hansjörg Küster
Wo der Pfeffer wächst
Ein Lexikon zur Kulturgeschichte der Gewürze
1987. 318 Seiten mit 28 Abbildungen von Holzschnitten
aus dem »New Kreüterbuch« des Leonhard Fuchs. Gebunden

Rolf Wilhelm Brednich
Sagenhafte Geschichten von heute
Die Spinne in der Yucca-Palme/Die Maus im Jumbo-Jet/
Das Huhn mit dem Gipsbein
1994. 458 Seiten. Gebunden

Walter Scherf
Das Märchenlexikon
1995. Zwei Bände zusammen etwa 1600 Seiten
Leinen im Schuber

Heinz-Gerhard Haupt (Hrsg.)
Orte des Alltags
Miniaturen aus der europäischen Kulturgeschichte
1994. 291 Seiten. Leinen

Michael Mitterauer
Ahnen und Heilige
Namengebung in der europäischen Geschichte
1993. 516 Seiten mit 15 Abbildungen und 19 Tafeln. Leinen